HANKOW:
COMMERCE AND SOCIETY
IN A CHINESE CITY,
1796-1889

海外中国研究文库

[美] 罗威廉 著
江　溶　鲁西奇 译
彭雨新　鲁西奇 审校

汉　口
一个中国城市的商业和社会
（1796—1889）

中国人民大学出版社
·北京·

代译者序

1984年美国斯坦福大学出版社出版的罗威廉教授新著《汉口：一个中国城市的商业和社会（1796—1889）》是一本对19世纪汉口商业经济有着极丰富内容和独到见解的权威著作。该书的重要贡献，除细致阐述汉口作为商业中枢对有关地区各种商品集散转输起着总揽大局的作用以外，特别对商业行会的发展作了详尽的论证与精辟的分析。该书分上下两部分：第一部分的标题为汉口"商业中心"，分章叙述1. 19世纪的汉口；2. 汉口的贸易；3. 盐贸易；4. 茶业贸易；5. 汉口的信贷与金融；6. 国家与商业。第二部分为"城市的社会组织"，分述7. 移民城市的地方根源；8. 行会结构；9. 行会功能；10. 行会与地方权力。本书的书首有城市研究理论的导言，书末有汉口商业行会形成了政治力量的结语。

此书之所以选择清嘉庆元年（1796）至光绪十五年（1889）为起讫年限，是因起点年为兴盛的乾隆时代的结束，而接下来的嘉庆、道光期间汉口的商业却有着继续前进的势头；至1889年为止则因这一年改革家张之洞就任湖广总督使武汉在兴办工业的形势下发生了变化，而在这中间的93年便是汉口作为商业大城市在原有经济机制下继续运转。其间太平军三次进军汉口，但不久即告恢复；1861年汉口对外开埠之后也在一段相当长的时间内对汉口商业无重大影响。那么，在这93年之中汉口原有机制是否发生变化呢？作者的回答是肯定的。他认为，商业行会是推进汉口稳步前进的车轮，行会以其旧日的胎体孕育着其有生气的萌芽，在调整原有机能、充实内部力量之中步入了时代的轨道，这就是本书着重于商业行会叙述的特色。

对19世纪汉口商业城市历史地位的基本估价，在西方学者中存在着两派不同的看法：一派以欧洲中世纪城市居民区发展所形成市民自治的"都市团体"为模式①，认为中国城市并不曾有过相同的政治制度和社会结构；中国城市主要是适应行政管理需要的产物，其作为地方政府所在地和军队驻地的政治作用一直是首要的；中国城市的兴盛主要不是依靠市民在经济政治上奋发进取精神而是依靠行政管理。在这些基本性质上，汉口当然也不例外。另一派则认为近代商业发展所形成的商品集散中心，推动着城市与周围乡村之间、大中小各层次城市之间以及远距离大城市之间的商品交流，从而加强着日益频繁的商业组织联系；商业团体为着本社团利益不能不考虑对方的利益，有必要订出本社团共同遵守的法则，建立在确信合理的有秩序的市场基础上的质量管理，集体抵制对本行业有损害的外来压力（包括当地政府），并共同担负应分摊的当地社会公共事业的责任。这样，商业团体实际上进到自治政体的境界。这就是社会学者施坚雅（G. W. Skinner）用"中心地方"理论以研究中国城市的基本观点，罗威廉正是弘扬这一派理论体系的杰出者，他以明显实例推重汉口行会组织的先锋作用，驳斥着韦伯（Weber）等人的论调。

(一) 从同乡会到同业行会

汉口雄踞江、汉汇口，同时又是数千里长江的水道中枢，因而显得商业地位特别重要。至清朝初期它已是一处有名的商业城市。但是它在行政区划上不过是汉阳县的一个镇。在商业发展中，这个镇以营业放任招致了大量外来客户，在19世纪这一时期中，外来户约增至占总户口的70%—80%，而堪称汉阳本籍在汉口营业的土著户则不过20%—30%左右。在来汉经商的客籍户中，由于商业经营的关系复杂以及商业竞争的激烈，他们为了本身利益起见，认为有加强同本籍在汉商户相互关切的必要，因而当康熙中期政局稳定之后，汉口客籍同乡会组织的建立一时竞相成风，以后仍继续发展，汉口成了数以百计的同乡会商业活动的集中舞台。

众所周知，同乡会对流寓他乡的客户具有不可阻挡的吸引力。同乡人有

---

① 这一派有名的学者马克斯·韦伯认为真正的城市要把自己看做一个"都市团体"，必须在商业关系方面显示出一个整体所具有的特征：1. 城防；2. 市场；3. 自己的法庭以及至少有部分的自治法律；4. 联合公会组织；5. 至少部分自给和独立。这样就有了市民参与选举所产生的权力政府。（Max Weber, *The City*, pp. 80~81）

着相同的乡音乡俗以及相互可以攀连的远亲近戚或世代友谊的关系，甚至原不相识的人只要是他乡相遇的同籍，便有一见如故的缘分。因此，凡遇到某些困难特别是营业亏损、金钱损失的时候，总会首先想到同乡人的可能帮助，甚至推荐业务上的助手和委托代办某项任务，也都不会不考虑同乡中的可靠朋友。这就是汉口这个商贾云集之地同时也是同乡会荟萃之区的原因。罗威廉指出："老家观念巩固了商业团体，包括从批发商的公所到船员、船队、码头工人、建筑工人以及仓库职员之类的团体"；"汉口同一地区的人在生意上互相依赖和联系构成了由一定的同乡团体建立起来的地区之间的贸易网，地方产品和服务的专业化为其特征，甚至商号之间经营的产品互不相干也可以从同乡关系提供信贷的援助"①。

同乡会几乎都把"同乡"定为吸收成员的标准，但各个同乡会所选定的"同乡"往往大小各异。一般以一个县的籍贯为范围，由于会员专业性不同，某一个县在汉口的寄居人可能组成几个行会，例如湖北黄陂人就在汉口组织了几个行业会馆，即是以行业为主而接纳本籍的同乡为会员，若行会所涉及地区更为广阔，则更有包含多种行业的可能，于是以行业为主组成行会有时并不考虑是否同乡而只是以同业为准。行会分成两个系统：同乡和同业。当然最好是既同乡又同业，如以特产为专业经营的行会（如湖北咸宁县的七个茶叶商店全销本县产品），以手工业产品摊销为主的行会（如江浙各处各有特色的丝绸业），那样的结合会更显得巩固而持久。

商业行会以商业经营为主旨，行业性质是突出的。然而除了单一组织的结合外，更有多重的组织。多重组织所连接的地区和专业范围愈宽，则所包容的有机体愈复杂，例如山西和陕西人共同联合组成的"山陕会馆"包含23个成员帮，这些帮有的按籍贯建立，有的按共同贸易行业组成，有的则在同乡同行业结合的基础上形成。山陕行会将众多的行业结合起来，使它们自行调整营业、打开商品流通渠道并解决内部纠纷等等，当然有利于商务的前进，特别是它们同家乡生产者建立了密切的联系，从而也有利于生产的发展。②

---

① 原著第七章《乡籍在一个城市外来客民中的意义》。
② 据原著第八章《行会组织》内容摘编。

以行业为主体的行会组织，既不以同乡籍贯为入会条件，同时也就尽量地接纳着本行业的各个个体户，以至形成一种声势，即凡同行业的非加入同一组织不可，由于这样，行业的基本力量也就显示出来。以米业为例：

汉口米业公所建于1678年（康熙十七年），是汉口第一个行会（也许是全中国第一个），其经过当地政府审批的规章是这样开头的：

> 我等从事粮食经纪，管理汉口米市，需有会议大厅供召集会众以商议米市规章，否则意见不一，度量无统一标准，我等将难以履行职责。而米为人所必需，若度量不一，将何以出示检查纪录，更何以见信于人？故此，我等会集订出度量准则，并将定期检查以昭郑重。①

当时当地官府对米市建立并不支持，米市经纪人经向上级指控，坚持成立了米粮公所，并因有了统一度量而米业有正轨可循，显然是一次进步。

汉口商人行会对19世纪的商业发展起着怎样的积极作用呢？书中举出的几个有代表性的实例说明着几方面的实质性问题。

（二）为了解决同业间利害冲突而扩大行会——以药材贸易行会、木材贸易行会为例

药材贸易行会②——汉口药材行业是随着明清之际汉口几经兵燹之后的恢复而发展起来的。首先占上风的是四川药材帮，次为河南怀庆帮、江西帮、浙江宁绍帮、陕西汉中帮等。他们为了垄断某些药材，在太平天国战后汉口重建期间贸易自由发展的气氛中，展开了尖锐的斗争。首先挑起矛盾的是江西会馆，它以营业实力让河南的禹州药材产区拒绝怀庆会馆，西安产区抵制汉中会馆。怀庆和汉中会馆于是采取联合行动，把其本地产的药材扣留起来不卖给在汉口的江西买者，而这些江西人针锋相对地给那些禁止别人进入药产区而自己把药拿往汉口市场去卖的同僚施加压力，不让他们卖给怀庆和汉中商人。实际上，怀庆和汉中商人还是从造成这种局面的江西会馆手中强行索取补偿以弥补他们所遭受的损失。像这样以牙还牙的斗争，怎不导致

---

① 原著第七章《移民城市的地方来源（外来人口的原籍）》，转引自根岸佶：《买办制度的研究》，183页。

② 原著第七章《药材贸易行会》，273~276页。

两败俱伤的结果！在大家都感到必须停战的情况下，1820年3月所有活跃在汉口的药帮商人聚集于药王庙，草拟了一份详细的贸易总章，还列了一个细目表，标出在汉口市场上销售的34种主要药材，并按照药的产地分门别类，各种药名后附有11条贸易管理细则，其中包括药物出售装箱的型式、出售的约计单位重量以及被允许的差额百分比，规定买者和卖者应按价额付出的百分数作为牙行应拿的佣金，等等。汉口全体药业商人必须服从以上各条。1820年创立行会后的三年里，各省药材行会的首领都在药王庙聚会一次，讨论如何修改他们的规章以及度量衡和价格标准的详细条款，选出一个与当地政府交涉签订合同以及与其他行业领袖交涉日常商务的正式代表（首事）。这样，汉口各帮药材业得以在统一的意志下共同前进。

木材贸易行会①——19世纪中期，汉口木材市场出现了激烈竞争的场面。清朝初年，江西商人将贵州优质木材贩来汉口出卖，随后湖南人从湖南水路运来竹木销售。1769年汉阳江岸出现了一长条沙岸，即后来的鹦鹉洲，这沙洲很快成了最好的木材市场，因为满载木材的大船不容易在汉口停泊和卸货，而在此则容易得多。到了19世纪40年代鹦鹉洲成了中国最大的木材交易市场，特别是太平天国战争结束之后，清政府要建水师舰队，加上海运大规模建造船只，使鹦鹉洲的木材需求量达到了空前的程度。

武汉木材贸易的历史记载着主要的三个行会之间的冲突，偶尔还有暴力发生。首先到汉口的是江西的两个商人行会："江西帮"和"黄帮"（黄帮是由原籍江西后来移居湖北东部黄州府的商人组成的）。直到19世纪中叶，当汉口木材市场被鹦鹉洲这个附属木材市场挤垮之前，这两个行会一直主宰着汉口木材贸易。可是，湖南人抢先进入了鹦鹉洲而获得了垄断权，江西和黄州行会无法挤入。当时另有汉水流域的"汉帮"，他们在木材贸易中隶属于江西和黄州商人，他们幸免垮台的命运，并设法增加了他们在汉口市场的重要性。

太平军战事平息之后，随着木材市场的重新开发，鹦鹉洲上建起20多个湖南会馆，1865年湖南木材商人联合建立"两湖会馆"，它在以后的几十年逐渐提高了地位，于1875年和90年代初两度重建和扩建。当湖南人正在

---

① 原著第七章《木材贸易行会》，269~273页。

逐步踏上新台阶时，湖北汉帮商人瞅着日新月异的武汉木材市场也想重新涉足。70年代初他们到汉阳府衙门去控告湖南人，说鹦鹉洲不该由湖南人霸占。汉阳县长认为这是当地社团对外来社团的起诉，他强调既然鹦鹉洲是汉阳县的一部分，而且汉帮大部分由汉阳的商人组成，则所有的或大部分的商业贸易应该转给他们。他进而对湖南人实行经济制裁，指责他们长期排斥当地商人的做法。湖南人不服气，求助于他们的两个在国内有突出地位的同乡曾国藩和左宗棠（他们都有亲戚在木材商行）。在曾的要求下，湖北巡抚干预汉阳知县的决定，做出折中裁决：木材经营和运输权仍归湖南人，因为大量木材从湖南几条水道的上游采集和搬运前来，不能否定他们的作用。而同时，汉阳是东道主所在地，所以将牙行（经纪）的美差交给汉帮。接着，湖北商人开始申请经纪业执照（牙贴）并在鹦鹉洲建了尚付。作为调解人的曾和左还提出让汉帮商人加入湖南的两湖会馆的办法，于是两湖会馆实际上成为武汉木材市场的第一个包括不同地方来源的贸易组织。曾和左对1875年重建会馆大厅慷慨解囊，试图通过这来减轻由于他们放松了会馆成员标准而产生的强烈反对情绪。此后湖南湖北的联盟也曾经历了一些动摇时期，但一直保持到清末。就这样，在药材和木材贸易中，采用了全行业统一的规章制度，建立生产、收集、分配网，随后制定一系列措施解决各网络间不可避免的争端，为太平天国战后武汉的重建增添了一股推进的力量。

（三）为了茶贸的共同利益而组成的茶业公会①

茶自唐以来一直是重要的国内商品。后来因与边疆民族交易，建立了由国家控制的"茶马法"贸易关系。18世纪末，清政府对俄国开放茶叶出口贸易，19世纪中有很大的发展，两湖茶叶由汉口上溯汉水，转陆运，从蒙古以达俄境，俄商几乎垄断了两湖茶贸。1842年前少量茶叶对欧洲市场的出口，则是通过广州港口的外轮货运。1842年五口通商时期，中国对外贸易重心移到上海，上游茶产区逐渐与汉口市场连接，但直到汉口开放商埠之后，两湖茶叶才真正开始在国际贸易中享有盛誉。自那以后没有几年工夫，英国在汉口的购茶贸易迅速居于主要地位。但贸易并非一帆风顺，而是在中英双方商

---

① 原著第四章《茶叶贸易》，122~157页。

业利益矛盾之中，经过中国茶商们与英商的百般周旋，才越过各种阻碍以继续前进的。

茶叶贸易是季节性的事务，一般是两次，偶尔有三次。第一次在五月末或六月初，第二、三季是在这之后的每两月一次。西方茶商不在汉口留住，只在茶季来汉，随后即回上海，他们与所雇的中国代理人（主要是广东人）签订合同，让他们到乡下去购茶；但大多数商行则依靠汉口的中国大茶商和经纪人管理的集散网络组织。中国的大茶商，即茶庄，依靠散在各茶区并巡回了解各处情况的茶客与茶农散户或"山头"紧密联系，将茶农生产情况向茶庄报告并将样品送交茶庄。有的茶庄经营经纪业务，与外商的代理人——买办打交道，买办从外商领得资金，交茶庄转给茶客以至茶客向茶农订货，然后茶叶经相反的方向卖给买办。经纪人是华茶外贸的总汇商，除向买卖双方索取佣金外，要负责双方交纳地方税以供当地官军反攻太平军的军费需要，这是经纪商得到官府支持的缘由。

1861年汉口开埠，英商来汉贸易，第一件麻烦事是合法的经纪人问题。当时汉阳县县长为了征税的方便，奉命向中国商人发出一项声明，命令他们将所有的茶叶运到汉口存入一个获得官方批准为经纪商的姚协兴"红茶行"，然后按到货的次序出售并交纳地方税"厘金"。英国领事金格尔（A. Gingell）坚持反对意见，认为这是1840年以前"公行制度"的翻版。汉口的中国官方采取了暂时妥协办法，指定只对中国卖者一方收取厘金和佣金。于是这年的汉口茶叶外贸，仍按照中外商人自认为合适的方式继续进行。

随后，总督官文奏请在汉口设海关，在英人控制之下征收进出口货关税，并由厘金局征收一种代替各项地方捐税以便外商的子口税（为进出口税的一半，即从价征2.5%）。这样，汉口茶叶外贸在损害中国利益的税制下继续进行。许多在汉口的外国茶商既不讲道德，也不负责任，做了许多骗人的生意，英国领事及海关官员一般都是外商的亲戚朋友，纵容外商的欺骗行径，据说："几乎每一个外国货栈的衡器（砝码）都不一样"。有的英商为了贪求利润，大量收购茶叶，欠付货款，或向西商中商贷借资金，过期不还。例如1867年英商麦克勒（Mackeller）公司因盲目经营、管理不善而被迫关门，留给中国债权人一笔高达30多万银两的欠款。英国领事根据英国破产法对麦的经理给以从轻的处罚，但麦克勒私自与西方债权人达成偿还债款的协议，而对中方债权人则采取搪塞的态度。这就激怒了中国茶商们，他们联合一致，抵制麦克勒所偿付债款的两个外国商行购买茶叶①。此次事件虽小，但说明了华茶商会联合行动的意义。

华茶商会的实力在茶庄。大茶庄在茶叶生产季节，派出自己的雇员到茶区设点收购茶叶，或从茶客手中购进，将汇集起来的茶叶，经过筛选之后，再行烘烤，然后把它们分成有特色的产品，最后贴上该茶庄的商标以卖给外商的买办。大部分茶庄是由广东、宁波或山西商人所设立，在旺季约有二百个大小茶庄活跃于汉口市场。在60年代，汉口有六个茶帮，每一帮都依各省界限而建，它们分属于湖北、湖南、江西、广东、山西和安徽，包容着各色的茶客与茶庄。当时在茶叶贸易中出现了各种竞争手法，如称茶的衡器不统一，茶样与批发的茶品质不符，信贷不守信用，等等。华商为了共同的利益，于1871年，各帮会建立汉口茶业公所。主要创始人为盛恒山，接着长期主持公所事务的是共同推崇的领袖人物张寅宾。当时公所最头痛的问题就是汉口供出售的茶叶样品与送出的成交茶叶之间质量不符。事实是这样：许多茶庄按规定给他们的经纪人货栈提供样品茶盒，让想成交的买者检查，若买者愿意买，便根据样茶定单价。在大量茶叶到达之后，就在货栈过磅并计算总价。随着茶商店数量的增加，一些低级的商人为了获得盈利，在先送出高质量样品之后，随着运去成批的低等、劣质的茶叶。这种行径被发现之后，买者就要求在算总价之前重新议定单价。他们惯用的手段是在茶叶过磅时要求再打折扣，结果使茶叶经纪人企图保持一个稳定价格的努力遭到破坏。

茶业公所于1872年6月首先起而反对这种倾向，当时六帮的负责人招集全体商人举行一次会议，拟定了两条规定。一条是不再允许茶商事先通过经纪商把茶样提供给西方买者，而是要求一个商人等到他的全部货物运到了经纪人的货栈时才能从大量的茶叶中随便选出一个样品盒。选择不是由买者而是由茶业公所特派的选择人来选。第二条规定是为了减少外国人的怀疑，建议由购买茶叶商行的一位成员和经纪人的代理人（"经手"）进行检查，在过磅和最后购买时随便抽样查看。为了阻止外国买者因市场波动而违背合同售价，公所进一步规定，在过了总数磅重和抽样查看商品后的三天之内必须付款并将货物运走。这些规定经汉口道台批准，并加上一条：不准在别的地

---

① 原著第四章《茶叶贸易》，139页。

方而只许在指定的汉口中心货栈里转手。公所还能得到道台的帮助在直接管辖的地区范围之外采用这样的规章。例如公所对九江运来的茶叶不能直接控制，往往是茶样先到汉口而大批的茶叶还在九江。为了统一管理，公所向汉口提出申请，要求九江的道台遵守他们的规章。次年，九江道台发出命令，不准在大批茶叶启运之前送茶样去汉口，至少得先在九江关税署注册，并为全部运往汉口的茶叶付税之后才能送样，目的是阻止以劣充优的情况发生。

过了一段时间，茶样盒与批量货品不一致及购买商于过磅前打折扣的情况又日益严重。为了制止这种倾向，公所打算建立一种程序，使所有争端能公开解决，而不是用私下调停的方式了结。他们规定：若有外国商人声明样品和茶叶二者不相符时，他不得再用打折扣的办法来解决问题，而必须请公所出面，停止贸易，立即进行正式查询，如发现中国商人或经纪人犯了欺骗过失，即予以处罚。同时公所还要求洋商遵守新规定：第一，监督过磅必须更加严格，在宣布短秤之前要检查一个以上的样盒；第二，重申茶叶运到之后必须在三天内付款。当时厘金局对茶叶课税，已由子口税代替厘金，但纳子口税或纳厘金，听纳税人自行选定。为了防止漏税，外国船装载茶叶离开汉口时必须经过数个水上厘金站方能到上海。如茶叶尚未付款，便不能完纳税厘，也就不能闯过厘站。这便是茶业公会与地方税局的合拍。

1883年华商拒绝出售茶叶的行动，是茶业公所发动的一次壮举。80年代初，汉口茶市出现混乱状态：茶样与整批茶叶质量不符情况十分普遍，价格打折或另加一些茶叶以资赔偿的争议，互不相让。更糟的是中西货栈在称量大批茶叶时使用的衡器变换无常，市场情况非常混乱。于是茶业公所召开一次会议，草拟了一个新规章，规章中最主要的内容是公所要求有个公证人，同时中方准备接受一个外国人做公证人，并同意汉口的英国商会竞选这一职务。其次，建立茶叶过磅中的标准化和监督的规定，严格使用西方磅制。任何时候，只要有大笔生意，不论是在中国货栈或在外国货栈，都要在公所某个职员的直接监督下公开过磅。新规章重申禁止事先或私下送样，提议由公所官员选样。最后，规定中国商人一经被发现违反了规章，将立即予以惩罚。新规章保证对外商利益力求公允，这应使西商们没有抱怨的理由了。但是，当1883年5月公所向买茶人出示第一个样箱并迟两天开始喊价时，在这开放贸易过程中竟有几个外国商人坚决抗议这种"单方面强制贸易"，英国多威尔（Dodwell）商行根本就拒绝按新规章制度进行购茶。于是中方经纪人暂停交易，公所决定收回茶样。这一行动得到所有中国茶商的同意，但英商则表示拒绝公所茶样的标价直至取消对多威尔的抵制；还对新规定提出了一系列的反对意见。他们推动英领事向汉口道台反映意见，并说中方停止向多威尔出售茶叶应负赔偿利润损失的责任。道台恽彦琦与公所负责人张寅宾一致坚持新规定已兼顾中西方利益，多威尔商行乃是无理取闹。随后多威尔与茶业公所磋商，使得茶季又恢复了正常秩序。

1883年茶叶贸易的抵制行动，并非汉口茶商在思想上有任何反对帝国主义侵略的主观意图，只是他们通过自己的行为表明，他们有依靠集体行动的方式以达到经济目的的能力。特别是这次行动捍卫了一个原则——即合理的、开放市场的原则，任何团体都能在市场价格的限制中获利。同时，这次抵制行动也是15年来控制产品质量运动的高潮，如果中国茶商想要提供一种人们所需要的、有可靠利润的产品的话，那么该产品的质量必须达到标准，因此，公所一直寻求消灭掺假和短秤现象以使价格和利润能真正建立在这些商品的市场价值的基础上。

1883年事件发生后，汉口茶业公所变得比过去更为强大了。在1884年茶季到来之初，公所发布了由张主席（寅宾）签发的用中英两种文字写的公所规则摘要，内中包括当年的仲裁人名单。仲裁人起了很好的作用。只有一次仲裁人的威信因重量问题的争论受到严重挑战。1886年英商威尔士（Welsh）公司拒不接受仲裁，茶业公所立即召开会议，一致决定停止向威尔士出售茶叶。后英国领事从中进行调解，劝威尔士让步，问题因而得到解决，茶业公所撤销了抵制行动，英领事在汇报仲裁人的情况时写道："这一制度我认为对中外双方的商人都是有利的。"因此，用《北华捷报》的话来说，茶业公所在汉口始终是具有"无限权威"的。1889年茶业公所在汉口建立了一座新的富丽堂皇的总部，与此同时还发表了一项声明，表明它今后的努力方向是"要扩大与西方各国的茶叶贸易"。茶业公所对外国人的影响非常微妙，这从它1893年开始发行汉口第一家、后来办了很长时间的中文报纸——《汉报》便可看出。同时，茶业公所通过与当地盐业公所的竞争加强了其在传统的国内贸易中的地位，而后者原在国内经济体系中是占很重要地位的。茶业公所新行会大厅是紧接着盐业公所的行会大厅竣工之后落成的，这就具有竞争的意义。更重要的意义是中国茶叶外贸当时已面临着国际竞争的挑战，茶业行会大厅的落成应看做是公所在从未遇过的严重威胁面前尽最大努力表现出的团结统一的象征。①

　　茶业公所的集体力量还表现在它对政府要求减轻税课。1886年公所针对关于茶商应纳的厘金附加"固本京饷",申请减少5%,得到了批准,第二年,经谈判之后又减少了15%(参见海关税务司:《茶,1988年》,24、49页)。但是,公所与政府的关系基本上是意见一致的,政府看到六七十年代茶叶贸易的兴盛也就是厘金税额的增加,政府与茶商的一个共同意向是茶叶贸易的发展;而当茶贸进入不景气的80年代时,政府也就允准公所提出的减税要求了。

　　时至80年代后期,汉口茶叶外贸在印度、锡兰的茶叶进入国际市场竞销之下,日益处于不利形势。1885年湖广总督卞宝第曾报告,几年前汉口茶市中每百斤茶值50—60两银子,现在则下降到第一季平均18—22两,第二季13—14两,第三季6—9两。为什么中国中部茶叶不能把握住英国市场呢?一种论调认为当时汉口的中国出售商人数目比以往任何时候都多,自相竞争,以致茶价下跌。另一种论调认为汉口的茶价是被第二、第三茶季所破坏的,因为第二和第三季的茶叶质量比不上第一季的收成,相应地价格要低一些。在1887年危机时期,汉口茶业公所极力采取行动以便缓和这一问题。公所的成员组织起来,决心停止供应第二季的茶叶以努力支持第一季的茶价,然而,第一季茶价已大幅度下降,以至第二季的茶是否出售成为了次要问题。中国茶是个体农户生产的,生产规模小,方式原始;而印度茶是从资本家的种植园生产出来的,其规模较大。中国生产者无法给他的土地提供足够的肥料,所以土地在连续几年使用之后变得更硗薄了。另外,他们也负担不起定期更换茶树的费用,而这是保证茶叶质量的必要步骤。还有一个劳动力缺乏的问题,在茶叶成熟的高峰时间需要按时采摘以保证茶叶质量,中国农户往往在收获季节雇不起短工,只靠自己家人的努力,因此常被迫拖延了采摘季节。茶价下跌愈使生产者无力雇佣短工,这就愈益影响收成,导致价格进一步的降跌。封建政府不可能改变这个局面,茶商公所除了喊叫减轻厘税以外也不可能做出有效的挽救了。

---

　　①　原著第四章《茶叶贸易》,145~150页。

(四) 以发展商业稳定金融市场为主旨的钱业公会①

19世纪汉口商业经济的繁荣，是以发展的金融业营养其躯体的。在鸦片战争以前，汉口早已存在着钱庄组织，以接受货币储存、经营商业贷款、发行私家钞票的主要业务而对汉口商业起着促进作用。开埠后，商人大量涌入，以茶叶为大宗的对外贸易突然兴盛，城乡之间、远近距离之间的产销繁忙，有赖于货币信贷关系的活跃。在19世纪上半叶，汉口有100个钱庄，至1891年可能已达到500个。

钱庄热衷于对同乡的企业投资。宁波商人由于钱庄分布于各地，他们建立了商业中心，与其他商人相比占有绝对优势。尤其是商埠开放后的外贸中，宁波人不论走到哪里都有一个准备好了的信用贷款的来源。大多数钱庄倾注于对同乡企业投资及给予金融上最多的方便。湖南商人在湘潭—汉口贸易线沿途各不同点，像四川人在汉口与重庆之间那样办了一系列互有联系的钱庄。汉口成了钱业的舞台，把沿街的许多商业经营在金融上联系起来了。信贷组织在汉口19世纪初起过重要作用，而且在世纪中期信贷使用大量增加。汉口钱庄之扩大信贷活动，用积累的资金转换更方便的钞票，然后把这些资金提供给商行；并以一定重量的银或铜作为发行银票或铜票的依据。它们可能发行一定期的期票，或任何时候都可兑现。后一种类的例子是"花票"，花票是各个不同的钱庄以1000现钱为单位发行的，在19世纪70年代，花票在武汉市成了一种普通的通货。商埠开放以后，钱庄发行的钞票很快成了中西通用货币。

给商人们贷借延期的主要方法是透支信贷。位于批发市场和商业街道的本地钱庄，准备提供实质上没有限制的钞票给他们的顾客，往往一家商店能同时延伸到六家或更多的钱庄取得贷款经营。汉口大部分钱庄手头所有硬币和现金只占他们转入流通的钞票的很小比例，即是说，钞票兑现成为钱庄受到信用考验的难关。在这里，钱庄因无限制贷放而难以收回债款，因无限制发钞而终致受到挤兑的威胁，这就成了钱庄的致命伤。

在汉口和其他许多重要商业中心的借债之容易使得19世纪后半叶在信贷上的投机活动日益猖狂。即使是十分有钱而又有悠久历史的商店也常因负

---

① 原著第五章《汉口的信贷与金融》。

了许多债而破产。投机商或者钱庄金融家渐渐发现他们自己不能偿付金融许诺约定，就静悄悄地关了店门消失在黑夜中了。据记载：在汉口有无数这样的潜逃，1860—1890年间有数以百计甚至数以千计。一个破产的商店可能使许多贷款给它的钱庄跟着破产；一个钱庄突然倒闭，接着也能引起依靠它的钞票的商人遭致破产。大多数的破产都涉及汉口的许多地方钱庄，这些钱庄或者在正式的业主关系中或是在连锁的信贷关系中彼此联系。一个钱庄倒闭常会产生一连串的倒闭，接着就是危及到各该钱庄所支持的商店。由于信贷上大量的投机活动，连锁的信贷关系以及破产商人或钱庄能相当容易地逃避支付，这种地方市场的反常使汉口各商业团体受到灾难性的影响。1874—1875年冬，汉口一个丝绸商和一个棉花商还有六个地方钱庄互相牵连的倒闭，同时十个其他的钱庄以及二十多个经营各种不同商品的商人因此被置于直接破产的危险之中（参见《申报》同治十三年十一月九日）。其他类似的例子不多举了。

为了改变这种现象，汉口的金融组织在19世纪中期已开始对集体自动调节做一些努力。1866年在湖北、浙江、安徽团体中第一次进行合作，1871年这三个帮与江西钱庄合并成立了汉口金融行会（汉口钱业公所），该公所声称其目的是控制汉口金融市场。1871年后，银子的兑换率和汉口使用的各种不同的铜币是由每天开一个钱公所的会议来定的，会议定下之后每天的生意开张之前通知公所的各个成员钱庄。公所的次要作用是在牵涉到它的成员的冲突中作为一个法庭，地方政府有时把一个金融纠纷委托给公所当局解决，有些案子他们不经政府官员就自行解决了。更重要的是公所力图全面地控制信贷中的滥用行为。公所规定：凡是在汉口要开办大钱庄的，要求其未来的业主对公所有一个联名保证存档，这个联名保证至少要有公所五个不同成员签名作担保人，这样公所才能向汉阳县长请求正式同意发行信用券。另外，公所要求每个成员都要交存一笔至少是400两银子的保险额（"保证金"）。这笔钱的数目并不很大，甚至对于那些只有较少资本而申请开钱庄的人也不算大。但是，显然它是在阻止低于这个规模的经营，这个保证契约代表了全部成员总财产值一个颇大的百分数。公所每年给保证金付一定的利息，规定这笔利息的10%给钱庄经理，10%给其他雇员，80%给钱庄的投资者（参见蔡乙青《闲话汉口》，载《新声月刊》卷6，1—2号，78页）。通过向公所成员要求保证金，钱业公所基本上解决了汉口信贷市场经常性现金储备不足的问题。①

80年代由于钱业公所加强了控制,虽然个别的地方钱庄仍旧可能遭致破产,但在相联系的钱庄和商行中的连锁破产现象就大为减少了。钱庄有较高的利润和较大的安全性,这些都归功于钱业公所的新的协作精神。20世纪初的当地史料上把汉口钱业公所看成是"镇上金融管理的总器官",说它被大家看做"一个半政府性的组织"(《汉口钱业公所图解》,见《夏口县志》)。1871年后,汉口钱业公所有意扩大,想把在汉的各省金融家都联合起来以加强协作的力量,然而,西方的银行势力很快在汉口(及其他城市)发展起来,中国的钱庄再不可能与之争雄。90年代初期,汉口地方钱庄数目达500多,1898年降至100,1915年仅余56个了。

历史说明:19世纪中期汉口钱庄扩大信贷活动,用积累的资金转换钞票,甚至实际上以无限制的钞票给顾客,使钱庄和商行同时兴旺起来,对汉口的商业繁荣有着重要意义。但是,无限制的信贷终致自食恶果并将经济危机洒向全市及有关范围,这又是一场多么汹涌的山洪暴发!然而,最后钱业资本家起来挽救自己,钱业公所起到了前所未有的职业行会的作用。钱业公所的成员保证契约及其实施,可说在中国金融管理领域开展了一场意义深远的改革,"它实际上承担了中心银行的作用"。到80年代,汉口钱业公所已有能力通过信贷控制地区之间和对外的大规模贸易,其稳定程度与上海或其他商业中心相比,有过之而无不及。②

(五) 汉口盐业公所在太平天国战后的新气象③

清代食盐官专卖制至19世纪前期弊端已极严重。官专卖制以商运为全躯脉络,有赖于灵活的商运组织。长期以来,运商处于(一)总商(二)专岸两大枷锁之下,不能自由伸展。总商首先以巨款从盐政官署买得巨额盐引的凭证("引窝"),具有包揽盐运的势力;各散商(运商)向总商分买盐引,将盐从产区运往销区。汉口是淮盐销往两湖的盐运中心,总商控制着这个枢纽,向散商征收各种名目的捐、费,这是"匦费"的来源。匦费被视为

---

① 原著第五章,167~174页。
② 原著第五章,175页。
③ 原著第三章《盐业贸易》。

集体资金，盐商们用集体资金做了某些有关公益的事项，如赈救饥荒、组织地方安全防卫、赞助地方慈善活动等；当19世纪初白莲教起义正威胁着中央政府时，盐商们被迫承担武汉地方政府某些公务及其开支的大部分。1821年汉口盐商建立了一个盐商公所，为盐商贵族们集会之处。在这里，总商仲裁内部争端，代表盐商们的整体处理外界事务。匣费开支由总商控制，除公益事项外，大部分用于贿赂官吏，在送往迎来中极尽铺张浪费之能事，这就必然影响盐价日益上涨，盐销因而阻滞。另一方面，在专岸制之下，相邻的销区，往往盐价互有差异，于是廉价的（逃了税的）私盐乘机进入高价区贩卖，官盐销售受到排斥，以致缉拿私盐成为盐政一项急务。私盐有各种来源，其中最主要的一种为"商私"，即运商在产地买盐，通过一定手段偷漏一部分税款；为了掩饰，故意设置缉私武装用以保护自己走私。这是一部分散商被迫冲破专岸藩篱而实施的惯技。就是这样，私盐充斥，官盐滞积，盐税消减，官商俱困。

直至道光中期，两江总督陶澍因两淮盐务积弊严重，奏准先在淮北废引改票，革除专商专岸，改为听任商民自往产区买盐，裁汰各种征商浮费，减轻税负，一时盐价大减，票商踊跃，盐课大增。但是这样显著收效的改制，在淮南盐区竟因腐败官僚和豪商们的私利所在，不肯仿行。至道光二十九年（1849），湖北武昌塘角大火，"烧盐船四百余号，损钱粮银本五百余万，群商请退"。在这样危急关头，两江总督陆建瀛才在淮南实行废引改票。但不久，太平军攻陷武汉，长江航道受阻，淮盐无法上运，专岸的堤坝全部崩溃，这才出现了战后新票商直挂云帆的局面。

太平天国战后汉口盐业的改组，可就下列两方面说明：

1. 盐商的改组——过去在总商制度之下，总商任意向运商增派各种额外浮收；通过匣费开支博得关心地方公益的虚声，但其挥霍浪费、贿赂官僚的恶劣作风早成了不可救药的痼疾。现在被太平军横扫一空，完成了一个世纪以来所没有做到的事情。战后官文（总督）、胡林翼（巡抚）急于复兴盐政，第一件事是举办盐商和经纪的登记，利用新登记的经纪以了解盐商：咸丰六年（1856）胡林翼派员对湖北经纪业执照系统进行一次全面的检查，于是新的票商都处于经纪人控制之下。同治二年（1863）曾国藩因1856年所登记的经纪和盐商有许多在战争中死亡或登记证失掉，为了重建两淮制度，再一次登记盐经纪，叫经纪与盐商同纳入汉口盐行（淮盐公所）。这时商人新组织在600人左右，他们既不是以前的运商，也不是陆建瀛1849年发行盐票的原始持票人。他们大多数人认为既然来自各地，应该团结起来保护相互之间的利益。

汉口盐行的业务由"月商"管理，月商由公所成员每月推举产生，"统事"则保证公所的持续性，他负责处理行会的一般行政事务以及公所家政。公所的一个主要作用是把商人的利益明确地向政府的盐务总管表述，几乎每天都有所谈判，这些谈判经常成功地使官方默许了商人的要求，例如同治十一年（1872）厘金税则的一次修订。

曾国藩的盐政措施，基本是陆建瀛1849年改制的继续，但有所后退。陆要求尽可能干净地把旧的庇护网扫除掉。在票制下，商人从盐产地购买到的盐直接被分到最终的目的县，而不是将定量配给一个湖北省或湖南省，这样便免得在汉口集中进行不必要的卸货或重新包装。而且，盐运输中的官税在先前购买的时候就已交付，因而在汉口站的现金支付也就可以被消除了。① 曾国藩规复淮南盐运制，仍旧将盐船集中到汉口再分运湖北各县或转运湖南，目的在于统管两湖盐厘的税收②，并且新添了为维持汉口盐务所征收的名目。当时湘淮军的巨额军费开支，大部分来自淮盐的盐厘，曾是军政财政的实力掌握者，他做出这样的决定是可以理解的。

2. 新盐商成分的分析——淮南盐在太平天国战争时期的隔断，使得汉口盐业贸易组织出现了大规模改组。一方面官方明确鼓励地方豪绅和名门望族购买盐运执照（由官文、曾国藩发行），由此产生了这样一批贸易商人，他们的现存势力主要来自非商业性质者，如土地占有者、科举功名获得者、反太平军的军官等。另一方面，各种新兴的商业力量，如广东商人和宁波商人，他们与外商有联系，也得以进入徽州和山西的绅商构成的势力范围。曾国藩愿意把运盐的特权兜售给任何商人，只要能付出一定的购价，也不限制买票的数额，这样就把全国各地的投机商吸引到新设的票商联合会来了。对一个批准的商人来说，票的转让要经政府允许，否则是不合法的。然而，在他们之间有一个活跃的市场，很像当代股票和商品交换中贸易特权的买卖。

---

① 原著第三章《盐务贸易》，106页。

② 盐厘是太平天国战争期间为了筹措军费于正课之外加征的，两淮盐于咸丰四年开始抽收盐厘。

一个典型的例子是投机商张子修，从汉口钱庄借得临时贷款58万两买了89张票，随即把这些票又卖出去，获得大笔利润。① 因有这些不法交易，某种程度上使票的价格迅猛上升。贸易权的转手自由，表示太平天国战后的盐务实际上丝毫没有被垄断。持票者出租他们的特权进一步使市场开放，他们有的采取半长久性的出租，有的把扬州到汉口的单程航运短期出租，到十九世纪最后几十年里这种上涨的出租价格达到了大约每只船装运需2 000两银子。长此以往，任何想租买特权的企业商人都能承运淮盐了。这样，1863年的票证就很快过渡到一种新的纯粹的商业资本家阶级之中去了。这些人既可经营商品本身又可通过对商品的特权出租运输权利。②

值得注意的是官方与盐商之间的关系。盐商的任务是按照规定手续卖盐，官方则是征收盐税。这当中存在政府如何监视盐商的问题。在太平天国战后的汉口，每天食盐的过秤、重新包装、收税及监督售盐地方商人等责任落在一个称为盐行的新官商身上，这新官商即是盐务经纪人，他们并不贮存盐到市场上出售，而是作为官方与盐商之间的中间人，也就是作为官方与铺贩（本地贩卖商）、水贩（贩往某县的商人）之间的中间人。因此盐行的作用相当于太平天国战前仓库商人即岸商的作用。他们在贸易活动中的地位不全相同，但他们的出现，总的来说意味着贸易中的一个重要改革。从纲制到票制的变更，尤其是到太平天国战争后期，由官文、胡林翼、曾国藩等筹议的票制，从本质上看是淮南盐销系统从集体到个人的一个变革。1849年前汉口市场的日常经营，责任在仓库商人身上，他们是由湖北盐道任命的，由纲商从他们自己人中提名。太平天国战后票商正相反，他们仅是民间商人。1856年胡林翼下令对湖北经纪业执照系统进行的一次全面的检查，说明政府急于对经纪情况的了解；到1863年曾国藩重建两淮制度，则更要求商行内经纪人必须在汉口仓库当局注册，填写姓名、年龄、籍贯，而且商行本身要订立互保公约，实际是经纪商人的集体"具结"。凭借这项措施，任何不正当行为的金融责任将由盐行共同承担。另一方面，盐商们向经纪反映自己利益的意见可随时转达到总管，即是盐商们有了充分的发言权，政府的意图也可

---

① 参见卞宝第光绪八年十二月奏折，见《卞制军奏议》卷四，1~3页。
② 原著107~109页。

通过经纪商达到盐商阵线。

太平天国战争后的盐绅集团本身已是参差不齐，以至包括相当小规模的资本家。"汉口盐业贸易境况在许多方面已经极为相似于西方工业革命前的都市商业资本主义社会。"①

应补充说明的是盐商过去有过关心公益事业的传统，但那时是以集体名义举办的。战后实行个体票制，商人们却以个人名义关心公益，而且愈是社会经济陷入困难时期，他们愈是不吝于解囊相助，这些事迹在这里就不赘述了。

以上简略地介绍了罗威廉教授关于19世纪汉口几个有代表性商业行会如何兴起的实例。从这些实例中可以看出各该行会在解决同行业内部纷争、发展汉口茶叶外贸、稳定汉口金融市场、复兴淮盐运销各方面的积极作用，不仅有利于本行业及华中地区商业的发展，更重要的是各行业发展进程中有其时代前进的重要历史意义，这正是著者目光炯炯之所在。

彭雨新　江溶

（原载《中国经济史研究》1994年第4期）

---

① 原著《盐业贸易》结束语，121页。

序

本书是我在哥伦比亚大学做博士论文时开始的、关于19世纪汉口的两部分研究的第一部分。虽然我努力使本卷自身能够做到首尾一贯,并在整体性上令人满意,但这里提到的一些观点,往往还是不可避免地要等到下卷中才能得到更全面的论述,而且某些对于理解汉口社会相当重要的论点是有意放在下卷中的。其中主要的一点是社会冲突,那将是下卷关注的一个中心问题。汉口曾是一个声名狼藉的狂暴之所,但值得注意的是,它在一定程度上克服了导致它走向分裂与冲突的种种诱因,而且这个城市一直在作为一个社会单元正常地运转着。这正是我在这里要特别强调的汉口地方史的一个特点。

在研究过程中,许多老师、朋友和同事慷慨地给我提供了帮助与支持。首先是我的前后三位论文导师:韦慕庭(C. Martin Wilbur)、詹姆斯·波拉切克(James Polachek)和黎安友(Andrew Nathan)。对于我理解我的论题,他们从不同思考角度提供了很多指点,我从他们那里获益匪浅。特别要感谢安迪(指黎安友——译者),我从未能充分地表达自己的谢意。在各种各样的访学期间,我曾经得到以下很多人的帮助:香港大学服务中心的约翰·杜芬(John Dolfin),台湾"中央研究院"近代史研究所的苏云峰,东京东洋文库的忠藏市子,大阪大学的斯波义信,牛津大学的伊懋可(Mark Elvin),武汉大学的萧致治、高尚荫和彭雨新,湖北省文史馆的潘新藻,武汉市档案馆的谢景安、翟学超,北京明清档案馆的朱德元(音译)、刘桂林(音译),中国社会科学院经济研究所的彭泽益。我想特别提到萧教授、斯波教授以及苏云峰先生所提供的文献线索。我还要感谢在研究的不同阶段曾经给过我帮助的巴特利特(Batrice Bartlett),巴特勒(Steven Butler),福格尔(Joshua Fogel),韩书瑞(Susan Naquin),斯特兰德(David Strand)和邹谠。科恩

(Myron Cohen)、丹尼林(Jerry Dennerline)、加德拉(Robert Gardella)、谢文孙(Winston Hsieh)、李中清(James Lee)、永田哲、帕里什(William Parish)、罗斯基(Thomas Rawski)、里斯金(Carl Riskin)、斯利克(Lyman Van Slyke)等,他们分别阅读了部分手稿,并提出了有益的意见。衷心感谢琼斯(Susan Mann Jones)、施坚雅(G. William Skinner)、白乐(J. G. Bell)、珀兹特(Edward Perzel)以及我在夏洛特北卡罗来纳大学历史系同事们的不断鼓励(这也是非常必要的)。伯格(Sandra Bergo)和鲍特利(Mary Bottomly)以极高的职业水准打印了手稿,西普逊(Jefferson Simpson)和范拉(Tran Van Ra)准备了地图。

在学术研究受到经济与政治双重压迫的今天,我非常高兴地感谢下列基金机构,它们慷慨地资助了本项研究:美国学术团体理事会和社会科学研究理事会的"外国区域研究基金项目",芝加哥大学的现代中国人文研究国家基金,美国学术交流委员会。

最后,我要把自己最深切的感激之情留给吉尔·A·弗里德曼(Jill A. Friedman),她作为我的同学、同事和伴侣,和我一起分享了这一工作的所有酸甜苦辣。谨以此书献给她和我的父母。

罗威廉(William T. Rowe)

汉　口

巨镇水陆通，弹丸压楚境。
南行控巴蜀，西去连鄢郢。
人言杂五方，商贾富兼并。
纷纷隶名藩，一一旗号整。
骈骈驴尾接，得得马蹄骋。
偋偋人摩肩，蹙蹙豚缩颈。
群鸡叫咿喔，巨犬力顽犷。
鱼虾腥就岸，药料香过岭。
黄浦包官盐，青箬笼苦茗。
东西水关固，上下楼阁迥。
市声朝喧喧，烟色昼暝暝。
一气十万家，焉能辨庐井。
两江合流处，相峙足成鼎。
舟车此辐辏，翻觉城郭冷。

查慎行（1650—1727）

目 录

绪论：欧洲与中国历史上的城市 ………………………………… 1

第一部分　商业中心

第 1 章　19 世纪的汉口 ………………………………………… 21
　　一、武汉三镇 ………………………………………………… 23
　　二、市容印象 ………………………………………………… 28
　　三、汉口早期的历史 ………………………………………… 32
　　四、行政管理 ………………………………………………… 36
　　五、人口 ……………………………………………………… 46
　　六、"汉口旅寓"：西方势力出现的影响 ………………… 52

第 2 章　汉口的贸易 …………………………………………… 63
　　一、汉口贸易的类型：全国性市场 ………………………… 65
　　二、汉口贸易的类型：地方体系 …………………………… 75
　　三、商业的运营 ……………………………………………… 82
　　四、贸易转型？ ……………………………………………… 91

第 3 章　盐贸易 ………………………………………………… 109
　　一、"纲"、"票"制度 …………………………………… 110
　　二、汉口销区的盐走私 …………………………………… 113
　　三、太平军占领前的汉口盐市 …………………………… 117
　　四、太平天国运动后的汉口盐市 ………………………… 125
　　五、盐业的商人组织 ……………………………………… 135

六、结语：盐贸易与地方社会 ………………………………… 138

第4章　茶叶贸易 …………………………………………………… 141
　　一、茶叶外贸的来龙去脉 ……………………………………… 141
　　二、1861年汉口茶叶市场的开放 ……………………………… 144
　　三、汉口茶叶贸易的结构，1861—1889 ……………………… 150
　　四、茶叶贸易中的集体组织 …………………………………… 157
　　五、1883年联合拒售茶叶事件及其后果 ……………………… 165
　　六、汉口茶叶贸易的危机 ……………………………………… 173
　　七、结语：茶叶贸易与地方社会 ……………………………… 178

第5章　汉口的信贷与金融 ………………………………………… 180
　　一、金融机构 …………………………………………………… 181
　　二、信用和债务 ………………………………………………… 188
　　三、汉口金融领域的规章制度与组织 ………………………… 192
　　四、结语：信贷、商业和社会 ………………………………… 200

第6章　国家与商业 ………………………………………………… 202
　　一、运输税 ……………………………………………………… 207
　　二、官方经纪人：财税与控制 ………………………………… 212
　　三、商业税收的其他渠道 ……………………………………… 220
　　四、湖北省商业政策的形成 …………………………………… 225
　　五、商人和官僚：个人利益的结合 …………………………… 232
　　六、结语：勾结还是冲突？ …………………………………… 237

第二部分　城市的社会组织

第7章　移民城市的地方根源 ……………………………………… 241
　　一、移居城市的三种类型 ……………………………………… 243
　　二、汉口的地方群体 …………………………………………… 253
　　三、籍贯及与家乡的联系 ……………………………………… 265
　　四、地方来源是汉口社会秩序建立的原则 …………………… 274

五、出生地、居住地和社会变迁 …… 280

第 8 章 行会结构 …… 285
  一、行会的称谓与正式地位 …… 286
  二、地缘组织 …… 293
  三、业缘组织 …… 303
  四、结构变化的趋势 …… 311
  五、结构变化和组织发展 …… 318
  六、结构革新的进程 …… 321

第 9 章 行会功能 …… 325
  一、文化功能 …… 325
  二、商业功能 …… 330
  三、团体功能 …… 335
  四、社会服务功能 …… 355

第 10 章 行会与地方权力 …… 361
  一、汉口行会内部的权力分配 …… 361
  二、行会间的结合与行会联盟 …… 370
  三、行会力量兴起过程中官府的作用 …… 375
  四、行会与城市自治 …… 379

结 语 …… 382

主要参考文献 …… 388
译校后记 …… 420

绪论：
欧洲与中国历史上的城市

在19世纪后半期，汉口，这个华中地区主要的商业城市，是世界上最大的都市之一。它是一个跨越数千里、包罗无数种商品的极其活跃的市场系统的中心，也是一个国际贸易港口。它接纳了来自四面八方的、四海为家的能工巧匠。当然，在欧洲城市已经进入工业时代整整一个世纪之后，汉口仍然没有蒸汽动力的机器。而且，西方国家早已经历了广泛的或渐进式或革命性的政治变革，而汉口却仍然处在无力对严峻的国际压力做出有效反应的古代帝国制度的统治之下。

虽然汉口以及那个时代的其他中国城市，已拥有相当的规模和经济集中化与社会复杂性，但最具影响的西方历史学派仍然倾向于认为中国的城市制度没有充分的发展，而且把它看做导致中国"倒退"的主要原因之一。根据这种观点，在19世纪及20世纪初期，中国城市未能发挥必要的催化剂作用，以促使社会、经济与政治发生像西方曾发生过的那样、走出中世纪的转变，也未能提供一种较好的物质文明基础。

这一观点是建立在如下的基本假设之上的，即我们一般认识的"城市"之类的中心地类型，真正的源头只有一个，那就是"自治共同体"，亦即一种城市聚落的相对自治形式，它最初在11世纪出现于意大利北部，然后很快扩散到法国、德国和低地国家。有关这种共同体发展的经典性论著是亨利·皮雷纳（Henri Pirenne）的《中世纪城市》（1925）。虽然皮雷纳所讨论的很多方面引起了很大争论，但他关于共同体具有深广历史意义的观点却一直得到广泛的承认。① 更为重要的也许是，著名的德国社会学家马克斯·韦

---

① 亨利·皮雷纳：《中世纪城市：其起源与贸易复兴》（普林斯顿：1969）。最近有关这一问题的讨论有弗里兹·罗杰（Fritz Rörig）的《中世纪城镇》（伯克利：1967。汇集了20世纪30年代到40年代间完成的论文）和丹尼尔·沃利（Daniel Waley）的《意大利的城市共和国》（纽约：1969），它们都对皮雷纳理论的某些方面提出了异议，但都支持他的总体看法。

伯（Max Weber）在他简要地对其同时代城市进行跨文化比较分析的论著《城市》中，将皮雷纳的基本观点整合进一个理论体系中，并予以确认。① 这些经过韦伯阐释的观点，一直到今天，都在吸引着城市研究者。

无论是皮雷纳还是韦伯，都认为一个中心地要成为"城市"，就必须具备超出行政首府的功能。比如，皮雷纳在谈到9—10世纪欧洲的"城堡"或"自治城镇"时就指出：

> 城堡没有表现出一点城市的特征。其人口组成，除了构成基本部分的骑士与牧师之外，就只有受雇服侍他们的仆人了，而且其数量微不足道。这是一个要塞的人口，而不是一个城市的人口。在这样的环境里，商人与手工业者都不可能存在，甚至连想象都想象不到。他们自己不生产任何东西，纯粹依靠周围农村的税收生活；除了作为单纯的消费者，他们没有任何其他的经济作用。因此，我们可以肯定地说，从加洛林王朝时期起，人们所说的"城市"这个词，就既没有社会意义，也没有经济意义，更没有法律意义了。②

同样，韦伯也要求一个城市要在实际上表现为"城市共同体"。要做到这一点，一个聚落必须"在贸易—商业关系中显示出相对的优势，这个聚落作为整体，表现出如下特征：（1）一个防御工程；（2）一个市场；（3）一个法庭，以及至少是局部自治的法律；（4）相关的社团组织；（5）至少是部分的自治与独立，因而有一个由市民参与选举产生的行政机构"③。

在谈到有关新兴的欧洲中产阶级寻求"城市自治"的斗争时，皮雷纳评论说：

> 他们所期望的，首先是个人的自由，也就是要确保商人或者工匠有可能自由地来去，并居住在他希望的地方……其次，是依靠市民组

---

① 关于皮雷纳的思想与韦伯思想之间的关系，请参阅唐·马丁代尔（Don Martindale）给韦伯《城市》（纽约：1958；德文初版，1921）一书所写的序，见《城市》，49~56页。
② 皮雷纳：《中世纪城市：其起源与贸易复兴》，74~75页。
③ 参见韦伯：《城市》，80~81页。

织一个特别法庭，以彻底摆脱给他们的社会与经济活动带来诸多制约与不便的政出多门的司法权，以及古代法律规定的繁琐程序。然后，就是建立一个"安宁的"城市——也就是说，要制定一部刑法典——它将保证治安。再然后，是废除那些大部分不利于商业、工业发展以及占有和获得土地的苛捐杂税。他们希望，最好可以拥有一个广泛程度不同的、本地自己的政府。①

而韦伯则详细阐述了"特别城市法"，它依靠"城市革命"为城市平民提供保护：

> 市民特别热切地渴望排除那些非理性的检验手段，特别是决斗——这不过是11世纪诸多特权许可的一个例子。市民还希望得到法律规定，禁止传唤市民到非城市法庭去。他们还迫切要求将特别适用于城市人的理性法令成文化，并通过市政厅实施。
>
> 这场革命性的城市运动的成果之一，就是长期性政治团体的发展，其成员都是法律上的同行，他们非常满意自己作为城市人的特殊法律地位……在本质上，这一过程是与采邑制和世袭财产制度的瓦解相伴随的，但它并不有利于区域性机构的制度化。因此，市民法是介于古代封建法与区域单元法之间的中途驿站。②

总而言之，中世纪欧洲的城市自治运动，留下了诸多遗产，这些遗产虽然没有被与其直接相连的时代所全部利用，但几乎全部成为我们喜欢用来描述现代西方社会的一般性文化神话的一部分。在法律上，它创造了在自由和法律面前人人平等的理念（"城市的空气使人自由"），也导致了财产的自由转让。因此，它加速了封建制度的衰亡。③ 在政治上，它留下了民主政治的传统和普遍解放，以及公共政治团体与公共部门在

---

① 皮雷纳：《中世纪城市：其起源与贸易复兴》，170~171页。
② 韦伯：《城市》，111~112页。
③ 参见皮雷纳：《中世纪城市：其起源与贸易复兴》，192~198页；韦伯：《城市》，91~96页。对这一现象更为冷静的评价，则可见罗杰：《中世纪城镇》，28页；沃利：《意大利的城市共和国》，38~39页。

财政预算、专业性的市民服务等方面都有着明确区分的观念。① 在思想上，它培育了初步的理性精神，使人们无论是在法律程序，还是在关注投资利润计算的经济方面，都开始运用理性——用韦伯的话说，中世纪城市恰好位于"走向经济人的途中"②。最后，在经济组织方面，中世纪的城市共同体为早期资本主义奠定了基础。正如一位汉学家和比较史学家所指出的那样："我们认识到，我们现在赖以生存的工业文明实际上是由居住在欧洲城市里的'中间阶层'创造的。我们相信，正是城市集聚了人口，进一步划分了劳动分工，而人口的融会又使人们有可能去从事最初的工业生产，进行更大规模的资本积聚，而这对于工业社会是必不可少的。这一论点是以具体的历史研究为基础的。"③

这几个方面，就构成了西方中世纪城市自治发展的历史意义。然而，中国城市的情形如何？他们与西方城市有何不同？它们可以被看做真正的"城市"，还是更接近于欧洲中世纪早期的"非城市"城堡？中国与西方社会发展的不同道路又给它们带来了哪些不同的影响？

＊　＊　＊

直到最近，马克斯·韦伯在《城市》与《中国宗教》中所详细阐释的中华帝国晚期的概念才引人注目地流行起来。韦伯对中国所知甚少，而且从未到过中国，但他广泛地阅读了他可以得到的西文文献。这使他在评论中国社会时仅局限于开埠港口的情况，而且他非常依赖像 H. B. 马士 (H. B. Morse)、E. H. 帕克（E. H. Parker）之类虽然见闻广博但却怀有偏见的观察家。观察的范围如此受到限制，而距离又是如此遥远，却可以得到这样的见识，这只有韦伯凭借其伟大的天才，才能从如此粗略的资料中抽象出来。然而，出自

---

① 关于民主政治，参阅韦伯：《城市》，第五章；关于公共部门观念的出现，参阅汉斯·路兹伯格 (Hans Rosenberg)：《官僚机构、贵族政治与独裁政府：普鲁士历程，1660—1815》（马萨诸塞州，坎布里奇：1958）。路兹伯格认为，中世纪的城市自治体萌生了"最初的现代公共管理、公共税收、公共财政、公共信用、公共工程和公共事业制度"（7 页）。

② 韦伯：《城市》，212 页；另请参阅皮雷纳：《中世纪城市》，118 页。

③ 沃夫拉姆·埃伯哈德（Wolfram Eberhard）：《前工业化时期中国城市结构资料》，载《经济发展与文化变迁》，第 4 辑 (1956)，254 页。另请参阅皮雷纳：《中世纪城市》，154~156 页。

韦伯笔下的中国城市并不是一种历史事实，而更主要的是一种与他所认识的欧洲城市发展相对应的理想类型。不管怎样，欧洲社会已经成功地走过了行为与组织准则从"传统"向"理性"（或者用韦伯追随者的话说叫"现代"）过渡的道路，而中国却不曾走过。

韦伯认为，中国城市在这方面失败的主要原因是中国城市本身的自然性。在中国，从未形成真正的"城市"，因为形成"城市"必不可少的先决条件"城市共同体"从未存在过。韦伯将造成此种情况的原因归结为两点：一是源自政治体制的特性，二是源自社会结构。

在政治上，他强调中央政府始终严厉地控制城市自治的发展。在中国，城市化并不像在欧洲大部分地区发生的那样，是经济变迁进程的自然结果，而更主要的是帝国政府有意识地设计的。"中国城市是一个明智政府的优秀产品之一，就像它的结构所显示的那样。"① 在整个中国城市史上，城市作为地方行政中心和军事驻防地的政治功能一直保持着十分重要的地位；城市总是"诸侯的城"，其首要功能是"诸侯的居住地"②。这种政治控制也伸展到经济领域："城市的繁荣并不主要有赖于市民在经济与政治冒险方面的进取精神，而更有赖于朝廷的管理职能，特别是对江河的管理。"③ 韦伯并没有完全忽视贸易的存在，但他断然将城市的市场功能置于其军事驻防功能之后。④

行政管理功能占据首要地位的直接结果，是城市里的政治自治从未得到发展。虽然未加详述，但韦伯似乎认识到中国城市未能在官僚管理体系中建立起单独的、与其他地区分离的区域机构。他强调帝国政府通过将城市行政置于主要行政单元"县"之下的办法，故意阻碍城市的团结。⑤ 此外，中国

---

① 韦伯：《中国宗教》（纽约：1951），16 页（见王容芬译的中译本《儒教与道教》，62 页，商务印书馆，1999——译者）。
② 韦伯：《城市》，68 页；《中国宗教》，13 页。（韦伯在这里的意思是说中国上古时代的城是"诸侯的城"，"是诸侯的住地"。罗威廉这里的引述省略了原文中的"上古"背景，而表达为一般性的概述，从而使韦伯的叙述与历史事实之间相去更远。——译者）
③ 韦伯：《中国宗教》，16 页（见中译本 61 页——译者）。
④ 韦伯：《城市》，77 页。
⑤ 同上书，82 页；《中国宗教》，91 页。

王朝不同于欧洲的神圣罗马帝国,它一直保持着在城市中的军事控制。韦伯敏锐地指出,中国王朝的这种控制能力未能伸展到乡村去:"实际上,不是城市,而是乡村才有能力组织武力团体去保卫其势力范围内的利益。"① 更为重要的是,事实上,官府有效地抑制了城市中地方自治组织的发展,尽管它特别鼓励在乡村发展这种组织。从没有城市获得过组织地方自治机构的许可。韦伯将自己的看法总结为:"'城市'是没有自治的官僚驻地,而'乡村'则是没有官僚的自治聚落。"②

然而,除了行政权力的压抑之外,在中国,还存在着更为强有力的社会、宗教因素抑制着能够有效地争取政治权力的城市共同体的发展。其中最重要的就是,在一般情况下所有中国人都被归属于某一个被认为是田园牧歌风格的自然村庄,不管是在正式场合(通过法令规定,要在自己家乡所在的行政区内登记),还是在非正式场合(通过多愁善感的同乡和血缘联系)。在韦伯看来,"中国城市居民在法律上仍属于其家庭和他出生的村庄,那里立着其祖先的宗庙,他也一直保持着一种心理上的归属感"③。结果,对其现在的居住地没有认同感的那些旅居者就一直在城市人口中占据着压倒性的优势地位。"'城市'从来就不是'故乡',对于其大多数居民来说,只不过是典型的远离家乡的一个地方而已。"④ 这也阻碍了中国城市阶层的发展。

习惯法与集体行动的方式也抑制了城市的发展。韦伯较早提出要注意中国商业运作中对排他性联系的依赖。在重要的商业中心,由于完全缺乏建立在"契约性自治"原则之上的强制性法律,这种依赖不仅得到充分表现,而且得以强化。⑤ 生意上的排他主义还被贯彻到所有集体活动领域:"在一个具有城市经济特征的亚细亚和东方式的社区里,公共活动的传播仅限于家族与

---

① 韦伯:《中国宗教》,93页。(中译本据德文本译出,将此句译作:"乡村,而非城市,是村民利益范围内的一个有实际防御能力的联合体。"[中译本,147页] 与此处据英文译出略有不同。——译者)另请参阅《城市》,119~120页。

② 韦伯:《中国宗教》,91页。

③ 韦伯:《城市》,81页。

④ 韦伯:《中国宗教》,90页。

⑤ 同上书,102页。

职业协会范围内。"① 虽然韦伯在这里使用了"协会"这个词，但显然他已注意到所有这些类似的群团在本质上还属于"前协会"性质。他指出："不存在真正的'共同体'（社团），特别是在城市里，因为不存在纯粹是有意设计的协会或企业的经济和管理组织。这些东西几乎没有什么是纯粹在中国本土发源的。所有残存的公共活动都被当做纯粹的个人事务去处理，当然，首先是通过血缘关系。"② 其结果就是，即使是中国能够存在严格意义上的城市阶层，每一单个的城市也不可能得以建立合法的城市共同体："平常没有可以代表城市市民本身的联合协会，甚至连这种可能性的想法都完全没有。看不见任何由于城市人的特殊地位而产生的公民意识。"③

因此，对于韦伯来说，中国城市的公共原则没有存在于作为整体的城市人口中，而存在于规模较小的、排他性的血缘群体（血亲）以及行会里。这种群体的问题不在于它们的能力不足——他们可以非常成功地实现私人的、非公共性的目标，而在于它们反对"城市居民联合成为一个地位相同的均质的集团"④。特别是中国的行会（以及血亲）在倾向性方面，既有亚地方性的，又有超地方性的；它们只服务于受到严格限制的部分城市人口，而且其成员也并非全部居住在城内。在韦伯看来，这些团体的总部一般设在城市里这一事实，不过是一种巧合罢了——主要是出于方便的考虑，而并不说明这是团体的意向。⑤ 同时，韦伯明确指出，事实上，从未存在过为了政治目的而联合全体城市居民的"城邦"或"共同体"之类的组织，中国城市给人的印象是几乎全部由血缘团体和行会所控制着。⑥

韦伯关于中国社会性质的观点，主要是为了给其欧洲社会发展的思想提供一个参照物而提出来的，从 20 世纪 20 年代到 60 年代，它极大地影响了中国史与社会科学研究领域里的专家。例如，他有关中国经济活动中存在着强烈排他性的论断，通过利维（Marion Levy）与费维恺（Albert Feuerwerker）

---

① 韦伯：《城市》，88 页。
② 韦伯：《中国宗教》，241 页。
③ 韦伯：《城市》，83 页。
④ 同上书，97 页。
⑤ 同上书，81、104 页。
⑥ 韦伯：《中国宗教》，16 页。

的经典性著作作为媒介，已经进入至理名言的范畴。① 其间，他有关中国城市发展是失败的这一论点得到白乐日（Etienne Balazs）、沃夫拉姆·埃伯哈德（Wolfram Eberhard）、罗兹·墨菲（Rhoads Murphey）等人的详细阐释。② 虽然这些学者各自的关注点不同，但其论著中有关中国城市的认识却有一些共同点，而这些共同点又都可以直接或间接地上溯到韦伯。

比如，埃伯哈德就把中国工业化的失败归咎于城市：

> 在几个世纪中，在中国，工业化时代似乎即将来临——在宋代，资本主义与工业化的条件已具备，而且已经向工业化迈出了必要的几步。是什么阻止了中国进一步向前发展？从欧洲工业化与城市之间的关系出发进行判断，或许可以认为，差异就是中国城市的特殊结构。③

按照白乐日的看法，中国城市"从未像欧洲城市那样，发挥同样的社会催化剂作用"④。在宏观认识上，一般认为造成这种情况的原因，乃是由于城市生活受到官僚统治的压迫。中国城市首先而且主要是行政中心和驻防地；其商业功能完全依赖官府的支持。城市是由官府创造并为官府而存在的，而

---

① 利维与石坤寒（音）：《现代中国商人阶层的兴起》（纽约：1949），特别是第一部分6、9页；费维恺：《中国的早期工业化：盛宣怀和官办企业》（马萨诸塞州，坎布里奇：1958），特别是23、144、243页。

② 我这里特别提到的是白乐日（Etienne Balazs）：《中国文明和官僚制度》（纽黑文：1964）；沃夫拉姆·埃伯哈德（Wolfram Eberhard）：《前工业化时期中国城市结构资料》，见《传统中国的社会流动》（莱顿：1962），以及《选集》，第1卷，见《亚洲的聚落与社会变迁》（香港：1967）；墨菲（Rhoads Murphey）：《作为变化中心的城市：西欧和中国》（《美国地理学家协会年鉴》，第44卷［1954］，349~362页）。与此一主题相关的论著还可以举出一些，如戴逊（F. L. Dawson）：《传统中国的法律与商业：清代法规〈大清律例〉及其对商人阶层的意义》（《中国论集》，第2卷［1948］，55~92页），特雷沃思（Glenn T. Trewartha）：《中国城市：起源与功能》（《美国地理学家协会年鉴》，第42卷［1952］，69~93页）。费孝通将几种有关中国城市的韦伯式的论点融进他多少有些不同的论著中，见费孝通：《中国绅士：城乡关系论文集》（芝加哥：1953），第五章。

③ 埃伯哈德：《选集》，第1卷，见《亚洲的聚落与社会变迁》（香港：1967），45页。

④ 白乐日：《中国乡村》，见《让·博丹学会文集》，第6卷（1954），239~261页。

后者对城市生活的各个方面都保持着"专制性"的控制。① 而且，中国城市在很大程度上保持着一种对乡村和乡绅的有害的依赖。② 这种依赖导致即使是在最大的城市中心，也长期保留着乡土观念，从而阻碍了城市阶层的发展。③ 在政治领域，对乡村的这种依赖表现在城市从未能像中世纪欧洲那样存在着一种强大的历史趋势，承认甚至是迫切要求城市自治。④ 事实上，中国城市并不是单独的官僚行政单位，而只是作为乡村占绝对优势地位的"县"的一个部分而被统治着。⑤

除了"文化自满"之外，"韦伯模式"还具体存在着几个概念性的问题，这在近年来有关中国城市的详细研究中逐步揭露出来。首先，它把"城市"和"村庄"做了强行区分，而没有注意到在县治以下还存在着重要的市场中心（甚至还有基层行政单位），也没有注意到在县、省和帝国首都等不同层级之间存在着社会环境的潜在差别。其次，韦伯模式漠视各种类型的中国城市中城市功能的差别，也可能存在着专业化分工。例如，按照韦伯式的假设，就不可能接受存在着像景德镇那样的重要制造业城镇。再次，韦伯式观点假设，至迟从宋代开始，中国城市就停滞不前了。即使是非常有历史感的沃夫拉姆·埃伯哈德也把中国城市史的"前工业化时期"说成是"没有任何差别的"；而地理学家格伦·特雷沃思（Glenn T. Trewartha）坦率地说（在1952年）："从波罗（Polo）和鄂多立克（Odoric）报道了其

---

① 白乐日：《中国乡村》，见《让·博丹学会文集》，第 6 卷（1954），239 页；埃伯哈德：《前工业化时期中国城市结构资料》，266 页；《亚洲的聚落与社会变迁》，52 页；墨菲：《作为变化中心的城市：西欧和中国》（《美国地理学家协会年鉴》，第 44 卷［1954］）357~358 页；特雷沃思：《中国城市：起源与功能》（《美国地理学家协会年鉴》，第 42 卷［1952］），81 页。

② 墨菲：《通商口岸与中国现代化：错在哪里？》（安阿伯：1970），57 页；费孝通：《中国绅士：城乡关系论文集》，98 页。

③ 白乐日：《中国文明和官僚制度》，78 页；戴逊（F. L. Dawson）：《传统中国的法律与商业：清代法规〈大清律例〉及其对商人阶层的意义》，载《中国研究》，第 2 卷（1948），56 页。埃伯哈德认为 11 世纪以后，"官僚文化"得到发展，但却强调这与政治没有直接关联，见埃伯哈德：《传统中国的社会流动》，268 页。

④ 白乐日：《中国文明和官僚制度》，78 页；埃伯哈德：《前工业化时期中国城市结构资料》，264~267 页。

⑤ 埃伯哈德：《前工业化时期中国城市结构资料》，264~267 页。

数量之繁多与繁华之后，中国城市在功能与结构方面没有什么根本性的变化，直到 19 世纪中期，西方人的影响才迫使它开始出现了某些变化。"① 与韦伯的其他追随者一样，特雷沃思赞同中国是停滞不前的、倒退的，只是由于西方的压力不断累积、扩展，才逐渐从昏昏沉沉里慢慢苏醒过来。

* * *

正是由于认识到韦伯式思想存在着这些概念性问题，并随着越来越多地发现韦伯有关中国城市的细节性假设存在着很多具体错误，近年来，一些历史学家与社会学家开始探索一条更令人满意的选择途径。这种探索趋向于强调：（1）后中世纪时期城市持续的历史发展；（2）中国城市广阔的地理与人文背景；（3）城市在中国社会中发挥的经济作用超过政治作用。

我们更深入地理解中华帝国晚期的城市，也许可以说首先是对僵化的、唐代风格的城市映像感到厌烦，而这种映像在韦伯及继承其传统的作者的观念里却显然是最重要的。② 最近的一些学者，比如斯波义信，对发生在宋代的城市性质的根本性变化，给我们提供了一份更全面的评述。这一时期意义重大的商业革命导致了新的城市类型的产生，而在这些新类型的城市中，贸易已取代行政管理，成为决定其人口规模与繁荣水平的主要因素。这些城市的内部特征表现为城外贸易区的兴起，官府对市场运营的控制减少，以及行会和其他非官方组织所发挥的作用相应地兴起。③ 可是，如果说宋代的商业革命影响了城市作用的话，那么，到明代后期，势必会发生一些更为重要的变化。当时，国内商业开始超越城市间奢侈品的交换，而进展到大宗粮食作物与诸如棉花之类的商品作物在主要地区间进行流通，从而第一次将大量乡

---

① 特雷沃思：《中国城市：起源与功能》，载《美国地理学家协会年鉴》，第 42 卷（1952），82 页。

② 例如，埃伯哈德就明确地把他所研究的唐代"古典城市"界定为"前工业化城市"。参见《前工业化时期中国城市结构资料》，261 页。

③ 斯波义信：《宋代商业和社会》（伊懋可译，安阿伯：1970）；另请参阅他的《长江下游河谷平原的城市化与市场发展》，见海格（John Winthrop Haeger）主编：《宋代中国的兴衰》（图克逊：1975），13~48 页。斯波在分析宋代城市的过程中，利用了一些较早的研究，特别是加藤繁和柯睿格（E. A. Kracke）的研究。较晚的研究，虽然影响不太大但对城市环境却有更详尽分析，则是劳伦斯·马（Lawrence J. C. Ma）所著《宋代中国的商业发展与城市变迁》（安阿伯：1971）。

村居民带入了全国性市场，他们既是生产者，也是消费者。① 现在，中国城市已完全不是简单的行政和军事控制的中心，甚至也不是非商品化的农耕腹地中的一个商业岛，它作为商品的集散中心，也与其周围发生着直接的联系。

施坚雅（G. William Skinner）在著名的有关乡村市场的研究中，首次将"中心地"理论应用到中国，从而使我们对中国城市在商品流通中的地位，及其经济作用的总体评价，发生了一次飞跃。② 这种思路最重要的贡献在于，它使我们从在这个领域中长期占据主导地位的城乡二元论中解脱了出来。从前，我们看到的只是首府城市的一端和农耕的村庄的一端，而现在，我们开始认识到存在着一个由或多或少的城市组成的层级，这些城市的分布按照集散链的轮廓，互相之间相隔一定的距离（牟复礼［Frederick Mote］把它称作中国社会中的"乡村—城市统一体"）。③ 伊懋可（Mark Elvin）和施坚雅本人在历史领域里进一步发展了这种"统一体"理论。他们都注意到，在宋代以来的中国城市化进程中，伴随着全面的社会商品化，这种"统一体"基本上取代了"中心地层级"中的中间环节。④ 而另一些社会科学家，如吉尔伯特·路兹曼（Gilbert Rozman）和罗兹·墨菲（在其最近的著作中）则倾向于强调个别中国城市在国内乃至国际"城市体系"中的地位。⑤ 这些倾向的共同特征是理所当然地强调韦伯所缺乏的城市发展的来龙去脉与

---

① 较早分析这种变化的是藤井宏，见《新安商人研究》，载《东洋学报》，第 36 卷（1953—1954），第 1 期，1~44 页；第 2 期，32~60 页；第 3 期，65~118 页；第 4 期，115~145 页；特别是第 1 期 1~44 页。

② 施坚雅：《中国农村的市场和社会结构》，第一、二部分，载《亚洲研究学报》，第 24 卷（1964—1965），3~44、195~228 页。

③ 牟复礼：《南京的变迁，1350—1400》，见施坚雅主编：《中华帝国晚期的城市》（斯坦福：1977），101~154 页。"乡村—城市统一体"的概念现在已得到西方城市学者的共同认可。

④ 伊懋可：《中国历史的模式》（斯坦福：1973），第 12 章；施坚雅：《中国农村的市场和社会结构》第 2 部分；施坚雅：《导言：中华帝国的城市发展》，《19 世纪中国的地区城市化》，均见施坚雅主编：《中华帝国晚期的城市》，3~32、211~249 页。

⑤ 吉尔伯特·路兹曼：《中国清代和日本德川时期的城市网络》（普林斯顿：1973）；墨菲：《局外人：西方人在印度与中国的经历》（安阿伯：1977），特别是177~179 页。

商业因素。

　　这种思路对于理解第一等级的中心地，比如我们所研究的汉口，特别有用。它有两个特殊贡献。首先，施坚雅商业中心地层级的概念涵盖了行政中心的层级，却与行政中心层级并不一致①，这就使我们可以系统地排列各种城市类型，即使是同样按照城市的大小进行排列。因此，一个城市中心在行政层级中的地位远远高于它在市场层级中的地位，那么，其社会结构就有可能不同于那种在市场层级中的地位高于它在行政层级中的地位的城市（事实上，前者也许与韦伯认为广泛存在于中国城市中的城市社会类型很接近）。我们即将细致探究汉口在这些层级中的地位给其社会历史带来了怎样的影响。

　　其次，特别是通过伊懋可的研究，我们越来越意识到，在较大的城市中心内部，存在着非官方的社会组织乃至政治力量。② 伊懋可自己研究的个案上海，在市场层级中所占据的地位毫无疑问远远高于它在行政层级中的地位；正如伊懋可的研究所表明的那样，在这方面，它不同于韦伯式的理想模式，而此种不同也许正是其引人注目的社会历史的决定性因素，也是它较多受到外来的西方影响的决定性因素。

　　这样，我们就可以不再依赖中华帝国晚期城市的"韦伯模式"。然而，正如斯波义信最近所指出的，韦伯的影响直到今天仍然是非常强烈的——即便是在不接受它的情况下。③ 造成这种情况的原因，一部分是由于韦伯有关中国城市特征的许多特别预设，似乎在随后的研究中得到了证实；另一部分原因则是尚未充分地认识到需要从固有的思维模式中解放出来。

---

　　① 施坚雅：《城市和地方体系的层级》，见施坚雅主编：《中华帝国晚期的城市》，275～352页。

　　② 伊懋可：《中国上海的绅士民主政治，1905—1914》，见杰克·盖瑞（Jack Gray）主编：《中国近代政治结构研究》（伦敦：1969），41～65页；《市镇与水道：1480—1910年间的上海县》，见施坚雅主编：《中华帝国晚期的城市》，441～474页。

　　③ 斯波义信：《中国城市的研究概况——以法制史为中心》，载《法制史研究》，第23卷（1974），187页。斯波指出：韦伯式传统在日本中国城市研究领域的影响至少与其在西方的影响一样强烈。最典型的例证是今堀诚二的著名研究，而今堀自己在《中国的社会构造》（东京：1953）中也承认它受惠于韦伯（303页）。

本项关于汉口社会的研究，将强调至少在这一个案中，有很多方面与韦伯的假设存在着矛盾。例如，在商业行为方面，官府"曾经"很积极地向契约提供担保，特别是对信贷合同。中国商号的运作遵循理性的资本核算原则，仔细计算投资回报，关心建立在信任基础之上的质量控制——一个理性而有序的市场，看好那些品质上乘而且长期稳定的商品。生意一般是遵循普遍性原则运作的，所以，排他性结合（诸如那些血缘或地缘性结合）并不能强制性地规定应当选择什么样的合伙人、投资人、承包人、雇员以及买主。而政府则并不压制贸易，而是很高兴看到商业的繁荣，甚至是鼓励其发展。

尽管也有很多官员，但汉口仍然得以逃脱韦伯所假设的严厉的官僚控制。行会和其他自愿团体（如慈善会）的势力逐渐强大起来，但它们还未发展到要求其余城市人口必须支付费用的地步。这些团体越来越多地试图将他们的利益与更为广泛的城市群体利益一致起来，并探索各种各样的途径，通过非官方的协调，达到公共性的目标。同时，一些新的分化也开始产生：在老商业利益集团与新兴利益集团之间，长期居民和危险的闯入者之间，最后是在刚刚开始拥有自我意识的不同经济阶层之间。

虽然我也将不断地强调我与韦伯模式的分歧之处，但我更根本的关注点则是提供一幅与韦伯式神话相反的一个具体城市的发展图景。人类学家唐纳德·德格洛柏（Donald DeGlopper）最近在勉强承认有必要将韦伯式观点看做一种特殊例外之后，指出："只有当我们对众多城市的内部秩序及其各种各样的结构类型有所了解之后，我们才有可能进一步超越那种曾误导韦伯的虚妄的'中国城市'的简单图景。"①

* * *

本项关于汉口的研究，试图证明在一个中华帝国晚期第一等级的城市中心中，存在着重要的社会力量，并力图尽可能全面展示这些力量与城市核心功能之间相互影响的面貌。近年来有关城市制度的细致研究中，还没有像如此广泛的或者说"三维"的研究。有很少几个对个案城市的全面研究（如墨菲对上海、鲍德威［David D. Buck］对济南以及李侃如［Kenneth Lieberthal］

---

① 唐纳德·德格洛柏：《一个19世纪台湾海港城市的社会结构》，见施坚雅主编：《中华帝国晚期的城市》，633~650页。

对天津的研究)① 对我们有所帮助，但其中每一项研究仍将关注面限定在一定范围内。更多的研究，如德格洛柏关于鹿港、伊懋可关于上海以及协作进行的"宁波项目"，迄今仍仅发表了部分研究成果。② 结果，关于中国城市的研究，还没有像吉尔兹（Geertz）对印度尼西亚市镇、拉皮杜斯（Lapidus）对中世纪穆斯林城市，以及众多作者对前工业化欧洲的个案城市所做的研究那样③，对其复杂的制度与社会进行分析。本项研究即试图填补这一空白。

因为汉口拥有非同寻常的商业地位，其历史发展又有其他的特殊性，比如兴起较晚，它很少被看做中国社会变迁研究的典型个案。人们更多地是因为其先进地位而关注其作用。正是这一特征引导我首先选择了汉口。我希望对罗兹·墨菲谨慎地使用的"作为变化中心的城市"这一概念做出验证，所以我放弃了受到中央政府强有力控制的北京、武昌之类的城市。同时，我希

---

① 墨菲：《上海：现代中国的钥匙》（马萨诸塞州，坎布里奇：1953。中译本1986年由上海人民出版社出版——译者）；鲍德威（David D. Buck）：《中国城市变迁》（米尔沃克：1977）；李侃如（Kenneth Lieberthal）：《天津的革命与传统，1949—1952》（斯坦福：1980）。

② 德格洛柏：《一个19世纪台湾海港城市的社会结构》；《鹿港的宗教与仪式》，见阿瑟·P·沃尔夫（Arthur P. Wolf）主编：《中国社会的宗教与仪式》（斯坦福：1974）；《在鹿港做生意》，见 W. E. 威尔穆特（W. E. Willmott）主编：《中国社会中的经济组织》（斯坦福：1972）。伊懋可：《市镇与水道：1480—1910年间的上海县》，见施坚雅主编：《中华帝国晚期的城市》，441~474页；《上海的行政管理，1905—1914》，见伊懋可与施坚雅主编：《两个世界之间的中国城市》（斯坦福：1974）；《上海公共租界的混合法庭》（到1911），见《中国论集》，第17卷（1963），131~159页。至于"宁波项目"的部分研究成果，可见苏珊·曼因·琼斯（Susan Mann Jones）：《宁波的金融业："钱庄"，1750—1880》，见 W. E. 威尔穆特（W. E. Willmott）主编：《中国社会中的经济组织》（斯坦福：1972）；《宁波帮及其在上海的金融势力》，见伊懋可与施坚雅主编：《两个世界之间的中国城市》（斯坦福：1974）；斯波义信：《宁波及其腹地》，见施坚雅主编：《中华帝国晚期的城市》；詹姆斯·科尔（James Cole）：《绍兴：清代社会史研究》，斯坦福大学博士学位论文，1975。

③ 吉尔兹（Clifford Geertz）：《小贩和王子：两个印度尼西亚市镇的社会发展和经济变迁》（芝加哥：1963）；拉皮杜斯（Ira Marvin Lapidus）：《中世纪晚期的穆斯林城市》（马萨诸塞州，坎布里奇：1967）。在众多有关欧洲城市的个案研究中，最重要的有丹尼尔·沃利（Daniel Waley）：《中世纪的奥维多》（剑桥：1952）；乔治·路德（George Rudé）：《汉诺威王朝时期的伦敦，1714—1808》（伦敦：1971）。

望将关注点放在那种迄今为止还只是较少地参与到"对西方做出回应"中去的地方,所以回避了那种完全的海岸城市,包括富有魅力的上海、广州或天津等。以下各章的讨论,将证明我选择汉口在这两方面都是有充足根据的,尽管任一方面都没有我所期望做到的那样清晰。

本项研究基本涵盖了1796年到1889年这一时期。当然,这种起讫时间反映了我对地方史时段划分的一种认识,对此,需要做一些解释。我之所以选择1796年前后作为开端,是因为乾隆皇帝于本年退位,通常所说的"盛清"至此结束。更为重要的是,这一年爆发了白莲教起义,加速了各级帝国政府的财政衰退。苏珊·琼斯(Susan Jones)与孔飞力(Philip A. Kuhn)指出:"乾隆晚期,(中央政府)积聚的盈余约有7 800万两,而镇压起义所花费掉的,估计有1.2亿两。"① 湖北省府甚至要更穷困一些,因为与白莲教的斗争很多就发生在其丘陵地区。当包世臣在19世纪初接受湖北巡抚的邀请,去帮助拟定平叛策略时,他非常直率地报道说,湖北已经破产了。② 在湖北,反对叛乱的斗争及其花费并没有随着1804年白莲教起义被正式镇压而停止,而是持续贯穿于整个嘉庆(1796—1820)和道光时期(1821—1850)。然而,与此形成矛盾的是,时常被引用的地方资料中的主导性说法一直把这一时期作为汉口商业繁荣的"黄金时代",它在这场叛乱的进攻中免遭冲击。政府力量已经山穷水尽,而地方经济却充满活力,这两者合在一起,给我们把1796年作为分析的起点,从地方社会内部,提供了一个便利的基准。

我们把研究的下限定在张之洞就任湖广总督的1889年12月。苏云峰和其他学者早已指出,张之洞主持的广泛改革实际上改变了地方和区域社会的每一个方面。最重要的是,我们可以把张之洞的到达看做地方史中工业化时期的开端。1889年,在武汉地区仅有的蒸汽动力机器都在汉口英租界里,而且仅限于三四家外国人所有并管理的小工厂。张之洞在1890年创办了湖北兵工厂和汉阳钢铁厂,并在此后几年里创办了武昌棉纺厂,从而标志着地方机器工业开始迅速发展。例如,1909年,一份日本人关于中国经济的考察报告

---

① 苏珊·曼因·琼斯和孔飞力(Philip A. Kuhn):《王朝衰退与叛乱的根源》,见费正清(John K. Fairbank)主编:《剑桥中国史》,第10卷《晚清卷》(剑桥:1978),144页。

② 包世臣:《安吴四种》卷三四,10页。

中，记述了数十个汉口的现代工厂，并标明了每一个工厂的创办年代，也包括那些1890年以来创办的工厂。① 在工业扩展的过程中，受雇于现代工业厂家的当地中国人数量有了很大增加。单是在汉口，1899年大约有1 000人，5年之后飞速增加到1万人，到民国初年，更增加到3万多人。②

这些新事物的大部分都是由外国人带来并管理的。当然，原则上的分水岭是1895年《马关条约》的签订，它第一次正式承认外国人可以合法地在内地建立工厂。同样也是在这几十年里，引进了铁路（1906年建成），轮船航线迅速扩展——技术突破使已陷入停顿的汉口对外贸易又得到了复兴。据周锡瑞（Joseph Esherick）说，从1890年到1911年，汉口直航海外的进出口货物增加了4倍。③ 这对于工业与贸易来说，都是新的机会，其结果是这个城市里的外国人越来越多，从而既引发了冲突，也鼓励了效仿。在《马关条约》签订之前的大约35年里，汉口只有英国租界；《马关条约》签订后的两年里，俄、法、德、日都决定建立属于他们自己的租界。与此相伴随，汉口的外国人也从1889年的100人左右，不到25年后，就增加到将近3 000人。④

在这些年中，中国人口也有显著增长，城市本身的自然疆界也随之有所扩大。⑤ 虽然从太平天国运动中恢复过来以后，汉口一直稳步发展，但直到20世纪初，由于提供了新的雇佣机会，它才开始大量接纳外来人口流入。更重要的是，这些新来的人口在构成与性质方面均与此前不同，他们是新生的城市化的产业工人。虽然我们可以发现，早在1890年前的数十年里，横向的

---

① 东亚同文会：《支那经济全书》（大阪：1908—1909），第11、12卷。另请参阅苏云峰：《中国现代化区域研究：湖北省，1860—1916》（台北：1981），121~124页。

② 艾伦（Allen）致沃尔什姆（Walsham），1888年6月22日，英国外交部档案，228/864；苏云峰：《中国现代化区域研究：湖北省，1860—1916》，279页。

③ 周锡瑞（Joseph Esherick）：《改良与革命：辛亥革命在两湖》（伯克利：1976），5页；《汉口贸易志》（1918），以及本书第二章。

④ 后一个数字包括1 495个欧洲人，1 502个日本人。参见本书第一章。

⑤ 19世纪90年代和20世纪最初的10年里城市土地有所增加，参见蔡乙青（辅卿）：《闲话汉口》，载《新生月刊》，第6卷，第3期；苏云峰：《中国现代化区域研究：湖北省，1860—1916》，523~526页；周锡瑞：《中国的维新与革命：辛亥革命在两湖》，120页。

阶层意识就已慢慢兴起（伴随着纵向联系的衰弱），但直到 1890 年之后，随着工厂劳动条件迅速引进，汉口个人之间、群体之间的经济、社会关系才明显地发生了重要变化。

所有这些变化都发生在本项研究所涉及的时段之后。对于汉口，我将讨论的是清代汉口的社会、经济结构及其特点，以及这种结构在 19 世纪经历的渐变进程，并最终导致它直接进入到 19 世纪 90 年代的工业革命和 1911 年的政治革命（武汉是中国最早经历这些激进事件的地方）。当然，外国干预与外来因素也发挥了作用。工业化技术全部是引进的，而且是由专制官僚机构（张之洞）和外国企业主持的。1911 年武昌起义的直接发动者"新军"，也是在本项研究之后的时段里由中央政府命令建立起来的。虽然这些外在因素也非常重要，但本项研究清晰地表明：这个城市本身的条件使它有可能——或许是必然——成为中国工业与政治革命的全国性领导者。而汉口 19 世纪的总体历程，就表现为这些事件的漫长序曲。

总之，本项研究的目的是描述在全面效法值得怀疑的西方模式、进而偏离其固有发展道路、进入一个"泛文化的城市历史"发展阶段之前，中国城市的本土化发展达到最高水平的地方。我希望这项研究不仅有助于更好地理解现代中国的社会变迁，也有助于我们更准确地认识城市在人类历史上的作用。

第一部分

商业中心

第1章
19 世纪的汉口

> 汉口通江水市斜，兵尘过后转繁华。
> 朱甍十里山光掩，画鹢千樯水道遮。
> 北货南珍藏作窟，吴商蜀客到如家。
>
> ——潘耒：《汉口》

当西方外交官和商人们于19世纪60年代第一次瞥见汉口的时候，他们眼前的这个城市同清初诗人潘耒所描写的几乎没有两样。汉口曾经两次从军事劫掠与占领之后挣扎着恢复过来：一次是在17世纪中叶清朝武力征服之后，另一次是在19世纪中叶太平军和清军作战之后。但这并不是最后的灾祸，还不是像辛亥革命时那样的浩劫。即使在比较安定的岁月里，汉口也受到白莲教、欧洲入侵者和捻军起义者的威胁；并经受频繁的洪水与火灾的猛烈袭击。尽管如此，汉口以其优越的地理位置与封建社会晚期势不可挡的商业力量相结合，形成并维持着一个卓越的商业都会，一个代表着在接受欧洲文化模式之前、中国本土城市化所达到的最高水平的城市。

武昌、汉阳、汉口三镇位于进入宽广的湖广平原的必经之地。湖广平原包括湖北省东南部、南部、中部的大部分和毗邻的湖南省北部。更重要的是，三镇构成了远远超出湖广平原而往北、往西、往南延伸一千多英里、进入山区和盆地的巨大水系的中枢。三镇横跨长江，距长江入海口大约680英里；这里衔接长江上下游，向下游的航运非常便利，而向上游则进入鄂西与四川的险段。武汉坐落在这条大江和它最大的支流——从西北山地流来的汉水——汇合处。由此上溯，不远就是湖南省的大动脉湘江的入口处，它把华中与华南、东南地区联系起来。① 这样，武汉三镇成了近四分之三的中国本部各种货物、各色人等以及各种信息传递到东北方向的帝国首都和下达到其帝国最重要的商业区——长江三角洲去的交通枢纽。②

联结广袤的平原和各条巨大的水道是武汉主要的地形特点。潘耒诗中所描写的"十里山光"，构成了位于长江西岸、汉水南岸，处于三镇之末的汉阳的屏障（虽然长江总的流向是由西向东，汉水是由北向南，但在它们的汇合处，长江急转向北，汉水由西流入）。武昌位于长江东岸；汉口位于长江西岸和汉水北岸，建在地势低平的地面上，容易遭受水患，被称为"泽国"。用当地一位居民的话来说："汉口遇水患时，无山阜以资防护；秋冬水枯之际，纵目所及，较迅马一日所奔之程尤远。"③ 在春夏季节，汉口一点也不干燥。它坐落在一片肝状的沙地上，四周都是水：汉水在其南，长江在其东；而朝向陆地的那一面，环绕着玉带河——一条有厚堤的运河，也是汉水下游的一条小支流。玉带河稍过去一点，通过一条小水道，联系着一个被称为"后湖"的大蓄水湖，它是一个能溢出堤岸、从后面淹没汉口的可怕的大水库。即使是在最干旱的季节，汉口地区也分布着众多积水的陂塘（水塘）和一些流着污水的小水道，水道上需要架设桥梁以便通行。在一位艺术家绘于1818年的江汉会合处的图画上，汉口被画成好像只是一条沙带（参见图1—1，江汉朝宗），尽管我们无法确定有关汉口的地表形态的这种描绘有怎样程度的夸张，但它在经验上无疑是正确的。

武汉的气候正以其水边位置而具有天然的混合性。虽然武汉与新奥尔良大约处于同一纬度（北纬30°38′），但它的温度变化却远为剧烈——实际上，气温突然之间从华氏30°上升到华氏40°是不足为奇的。春季与夏季，气候闷热。春汛过后，骄阳似火，流行病常常乘虚而至；冬季常有霜冻、凌雨和

---

① 襄阳与汉口间的汉江虽然短一些，但与湘江一样广为人知，尽管有的作者指出它的作用与更为著名的湖南湘江很不相同。参阅范锴：《汉口丛谈》卷一，9页；森田明：《清代水利史研究》（东京：1974），84页。

② 关于武汉地区战略地位的重要性，请参阅胡林翼：《胡文忠公遗集》（1875）卷一四，2~3页。

③ 胡兆春：《尊闻堂文集》，见《胡氏遗书》（1915）卷二，7页。

图 1—1　江汉朝宗，1818 年（嘉庆《汉阳县志》）

厚达一英尺的雪，这加重了食物的短缺。汉水偶尔也会结冰。一年四季，武汉都可能遭受大风和暴雨之苦，以至于 19 世纪有正式交纳渡江船费的规定。①

一、武汉三镇

在官方眼里，武汉三镇中最重要的，是武昌这座在清政府之下充作湖北巡抚和湖广总督驻地的古城。早期西方人对这座城市的认识，正如杜霍尔德（Du Halde）所概括的那样，断定它是"整个中华帝国的中心，和与其他各省交往最便利的地方"②。西方第一批来访者一致把这个筑有城墙的城市当做中国最壮丽的城市之一来称赞。③ 但直到 19 世纪末，这个城市仍然被看做

---

① 汉口的气候信息，采自当时的报纸报道，包括《申报》光绪三年十二月十日、光绪五年十二月二十二日、光绪七年十一月三日，《字林西报》1869 年 1 月 29 日、1871 年 11 月 18 日、1878 年 1 月 25 日的记载，以及一些个人的观察资料。
② 杜霍尔德（Du Halde）：《中华帝国与鞑靼纪事》（伦敦：1738），第 1 卷，99 页。
③ 劳伦斯·奥利芬特（Laurence Oliphant）：《1857—1859 年额尔金伯爵出使中国、日本纪行》（纽约：1860），574 页。

"围住的空地比居住面还要多"①。这代表着中国城市用地的一般模式,也反映了武昌所肩负的典型的城市功能:特别重视对地盘的控制。1883年,一个权威的西方作者把武昌描写成首先是"省里的官员、清军和有影响的文人们的居住地"②。确实,它是一个完全由官场支配的城市。根据一个"老武昌"的报告,有48个政府衙门设在武昌,其中最大的是湖广总督府,据说它统治着大约5500万黎民百姓,它的几个机关雇用的职员远超过100人。③ 作为行政中心,武昌也是三年一次省试的地点。每逢这样的考试,武昌城里就挤满了人,上万的士子们为了取得政府官员的品级都集中到武昌的大考场里来了。

汉口兴起之前的很多个世纪,武昌已经是华中主要的商业城市和行政首府,后来仍长期维持其重要贸易中心的地位。例如:1835年,天主教遣使会的M.鲍达斯(M. Baldus,中文名安若望)神父在描写他对这个城市的第一印象时说:"这个城市人口大约与巴黎一样多,它以商业和众多的船只而著称,这些船比法国所有港口的船只加起来还要多。除了商船无数、帆樯如林外,在这里,我们经常看到有1500至2000艘整齐排列的快船在专运食盐……武昌呈现出的面貌是相当令人难忘的。"④ 安若望关于武昌港的描写,使人联想到即使在晚一些时期这个城市也继续发挥着长江右岸地区主要商业中心的作用。然而,过了不到三十年,一个随同开埠代表团而来的英国人记载说:"武昌府……是一个大省城……但它同商业没有特别的联系。"⑤ 这种

---

① 塞缪尔·威尔斯·威廉姆斯(Samuel Wells Williams):《中世纪王国》(纽约:1883),144页。另请参阅加尼特·J.沃尔西里(Garnet J. Wolseley):《1860年与中国的战争纪事》(伦敦:1862;特拉华,威明顿:1972年重印),382页。

② 塞缪尔·威尔斯·威廉姆斯:《中世纪王国》,144页。

③ 参见戴维·希尔(David Hill):《在华中的二十五年,1865—1890》(伦敦:1891),11页;R. W.汤普森(R. W. Thompson):《约翰·格利菲思(杨格非)在华五十年》(纽约:1908),73页。

④ 鲍达斯(M. Baldus)致艾蒂安(Etienne),1835年8月3日,见《传信年鉴》,第10卷,75页。

⑤ 英国议会下院:《英国议会公报》,1861年,第66卷,340页。在19世纪,武昌主要的商业地区是在城南被称为"金沙洲"的江心小岛上。在太平天国起义以前,它曾经是盐船主要的停泊地,但动乱发生后,这一功能消失了。金沙洲曾长期充当省际谷物贸易的集散地,但从19世纪50年代开始,随着商税的日益增加,它也逐渐丧失了在这方面的重要性。参见《湖北通志志余》,第5册;黎少岑:《武汉今昔谈》(武汉:1957),20~21页。另请参阅本书第二章。

说法大概有些夸张，可是，当19世纪50年代太平军占领武昌时，可能为了清查户口，曾经对三镇的职能分工进行过全面的调整。我们可以毫无保留地把太平军起义后的武昌看成一个行政中心，它在本地区和全国的商业活动中仅仅保有一种次要的地位。

汉阳，这个在行政序列中居于三镇第二位的城市，是一个较小的府、县治所的所在地，四周围绕着厚实的城墙。它的行政职能在我们研究的整个时期里虽然仍旧完好地保留着，但已处于衰落中。在明朝的大部分时间里（或许还要往前），汉阳在江汉汇合处的贸易中承担着主要的角色，可是它这种甚至超过武昌的商业功能，被后来居上的汉口取代了。早在清初就已传到欧洲的报告指出：汉阳"不在法国拥有最多人口的城市之下"①。但最先在19世纪中叶来到这里的欧洲访问者发觉它太令人失望了。当然，那时汉阳已遭受数年的反叛者与清官军之间战事的摧残。然而即使在太平天国起义之前，这个县城也不过是"一个富于贵族气息的、清静的地方，住在那里的主要是官员及其随从们"②。1861年，一位刻薄的采访者则直率地把它描写成"无足轻重之地"③。实际上，由于汉阳的行政与商业作用都很平凡，它在太平天国战后的衰落历程比它相邻的两个地区都更长一些。直到19世纪90年代张之洞把它选作钢铁厂和兵工厂的地址时，它才重新展示出真正的城市活力。

这就是与汉口一起共同组成华中的那个内地大都会的两个城市的情况（参见图1—2，武汉三镇）。在整个清代，这三个城市通常被合称为"武汉"，这个名称后来就成了今天三镇组合的武汉市。然而，在本书所研究的时间范围内，三镇好像是各自独立的地方，我发觉把汉口同其他两部分隔开来研究最为简便。在地方行政系统上，武昌是特殊的（它与汉阳、汉口分属不同的府和县），长江天堑把它与另两个城市分隔开来，滔滔洪流，江面约1 100码。摆渡联系着长江两岸，但并未带来人才、劳动力或城市文化的有意义的相互交流与渗透。直到1914年，一份地方史料仍然记载说，汉口和武昌二镇

---

① J. B. 杜霍尔德：《中华帝国与鞑靼纪事》，第1卷，99页。
② 劳伦斯·奥利芬特：《1857—1859年额尔金伯爵出使中国、日本纪行》，571页。
③ 英国议会下院：《英国议会公报》，1861年，第66卷，340页。关于汉阳的商业地位，请参阅本书第二章。

"往来至为不便"①。汉口与汉阳之间的关系要密切一些,可是,也许由于汉阳的无足轻重,或者是由于汉阳的地方主义与汉口的世界主义之间的鲜明对比,两者还是表现出显著的区别。汉水虽然不宽,但过河极不方便是人所共知的。甚至到20世纪初期,当地官员还抱怨说从这个县治送一封信到汉口,通常一天之内还不能往返。② 显然,1890年后的工业化为这三个城市的社会意义上的一体化奠定了基础,但直到共产党政权在这一地区建立(1950年),武汉三镇才真正联合成一个城市;再到著名的长江大桥建成通车,大规模的市内流动才成为现实。

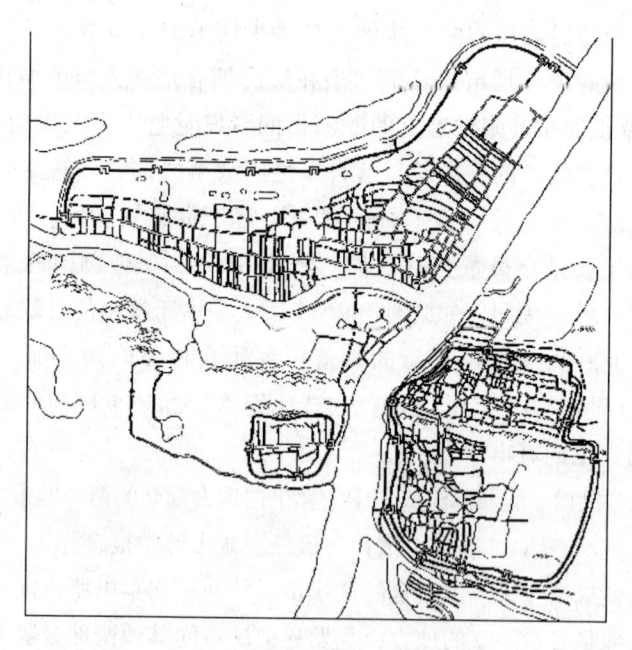

图1—2　武汉三镇(1865—1990)

1. 湖广总督府　　2. 湖北巡抚衙门　　3. 湖北盐道　　4. 汉阳府衙
5. 汉阳县衙　　　6. 汉口道台与江汉关监督署　　　　7. 汉口同知署
8. 仁义巡检司署　9. 礼智巡检司署　10. 淮盐督销局　11. 居仁门
12. 由义门　　　13. 循礼门　　　14. 大智门　　　15. 龙王庙
16. 沈家庙　　　17. 徽州会馆　　18. 山陕会馆　　19. 浙宁会馆
20. 广东会馆　　21. 药王庙与药业公所　22. 英国领事馆　23. 美国领事馆
24. 俄国领事馆　25. 玉带河　　　26. 土垱口　　　27. 鹦鹉洲

---

① 徐焕斗:《汉口小志·交通志》,4页。另请参阅威廉·吉尔(William Gill):《金沙江》(伦敦:1883),46页。

② 张之洞:《南皮张宫保政书》卷一二,21页,光绪二十四年奏。

如果说 19 世纪的汉口没有像人们所期望的那样与它相邻的两个城市更好地联为一体的话，那么，在它没有环城城墙的岁月里（很长时间如此），它也很少与周围农村维持应有的联系。不管有无城墙，这个城市的面积都受到严格的限制，它两边临江（长江与汉水——译者），另一边是筑有堤防的玉带河。尽管沿江、汉地带的人口比朝向陆地的那边稠密，但人口密度并不是自江边向陆地逐渐减少，而是引人注目地陡然下降。玉带河外面是一些主要由勤快的城里人培种的菜园子；再过去则围绕着一大片少人居住的沼泽地，叫做"堤外"，这里与鳞次栉比的码头区相比，显得非常冷落。通过唯一的一条路越过这块沼泽地，就到达较为繁庶的叫做"黄花地"的地方，人们开始遇到农民的村庄。① 在我们所研究的这个时期里，汉口的基本特征之一就是它隔离于其紧挨着的内地，其布局受到其市镇功能和复杂的人口来源的制约。

汉口存在的理由是贸易，一种特殊类型的贸易：它是货物转运中心，并通过市场机制对国内物资的流通进行宏观上的调控与管理。一部清初的中国商业指南把汉口说成是"整个清帝国最大的货物集散地"②。美国观察家们则逼真地把汉口在中国商品市场上的地位（以及在大陆上的位置）同芝加哥对应起来。③ 1861 年被派来开辟这个商埠的英国使团报告说："这个城市不仅在外表上看来是个适宜居住的地方，而且有充足的证据表明——正像一般人所猜测的那样，是中华帝国的大商业中心……来自中国各地的各式各样的商品，在这里大都可以看到。"④ 在其后的岁月里留住于此的传教士也说：汉口是"中国最大的商业中心，也是世界最大的商业中心之一"⑤。还有人用

---

① 范锴：《汉口丛谈》卷二，1 页；亨丽埃塔·格林（Henrietta Green）：《格林回忆录》（英国，阿什福德：1891），230 页。

② 《商贾便览》，"武昌府"，转引自重田德：《关于清初湖南米市场的一点考察》，载《东洋文化研究所纪要》，第 10 号（1956 年 11 月），485 页。（未能查对原文。——译者）

③ 沃尔特·E·威尔（Walter E. Weyl）：《中国的芝加哥》，载《哈波斯杂志》，1918 年 10 月 18 日。

④ 英国议会下院：《英国议会公报》，1861，第 66 卷，340、342 页。

⑤ 霍恩（Hohn）致伦敦总会，1861 年 9 月 18 日，伦敦布道会档案，第 11 函，第 3 件，E。

这样的话来概括它的作用："从商业的角度来看,汉口是东方最重要的城市之一。这里的国内商人,不仅来自湖北省各地,也来自数百英里远的所有相邻各省,而且后者在不断增加。它是外国商人和国内商人在华中的会合处,是一个极好的交易中心,是中国的国际化都市。"①

二、市容印象

环顾汉口,我们会不断地想起商业的首要地位。汉口远不是经过规划的、整整齐齐的方格状的行政城市,它的自然布局表现出合乎实用的不整齐、不规则。一位西方来访者注意到:"可能曾有过修建汉口街道的计划,但经过几个世纪,时过境迁,现在已看不出原来设计的影子了。"② 这个城市沿着三条主要大道而建造,三条大道随着长江—汉水的河岸线而弯曲;几条较短的次要的大街和它们平行,许多通到岸边的胡同小巷和这三条大道交叉。同相邻的行政中心的敞野空旷相比(胡克神父发现汉阳城里"湖与野鸟"随处可见,额尔金勋爵在武昌城中散步时"在城市的中心抓住了一对野鸡",使他大为吃惊)③,由于强烈追求最佳的商业位置,汉口的建筑要密集得多。除了运河内侧和一条菜地外,实际上城里所有的土地都被充分利用了。如果按照萧公权的说法,建筑密度是衡量中华帝国晚期城市"都市化"程度的最客观尺度的话,那么,汉口应当属于中国都市化水平最高的城市。④

无论是国内还是国外的资料都一致记载说,在居住模式、街道和建筑物

---

① 戴维·希尔(David Hill):《中国湖北:它的需要与要求》(约克:1881),1页。
② J.F. 毕晓普夫人(Mrs. J. F. Bishop):《长江河谷及其远方》(伦敦:1899),72页。
③ 杜霍尔德:《中华帝国与鞑靼纪事》,第1卷,99页;额尔金勋爵(Lord Elgin):《詹姆斯·额尔金伯爵八世的通信与日记》(西奥多·沃尔朗[Theodore Walrond]编,伦敦:1872),298页。
④ 萧公权:《乡土中国:19世纪的专制统治》(西雅图:1960),559页。萧氏还引证19世纪末英国情报部门的报告指出:当时像南京这样的主要城市,在城墙内也有80%的土地是可供耕种的田地。

的集中方面，汉口的拥挤在中国城市中达到了独一无二的水平。乾隆（1736—1795）《大清一统志》说汉口"居民填溢"。由于拥挤，1747年湖北巡抚曾直接干预消除汉口火灾隐患的事务——这是一项不寻常的举动，因为他并没有明显地感到对省城武昌来说有此种必要。① 1818年的地方志记载说："沿岸居民蜂攒蚁聚，其舟居者鱼鳞杂沓，曲巷小口通道，辄十室之众纷然杂处。"② 按照一个外国来访者的说法，在汉口大街上行走，"停下来就会找不到你的向导。摆脱这种困境的唯一办法，就是以敏捷的步伐不停地走"③。另一人写道：

> 汉口的主要大街足有30英尺宽，可沿街两旁被无数的货摊和铺台占用了，剩下的地方就像伦敦桥的人行道一样拥挤；除了步行者，有乘轿子的，偶尔也有坐在手推车上的和骑马的。我们根本不觉得惊奇为什么周围几乎没有妇女，对于较文雅的女性来说，在这样拥挤的人群中行走是很困难的。④

胡克神父在这个城市向西方开放之前十年曾访问过这里，他发现这个城市"异常的喧闹……在汉口的各个角落，到处熙熙攘攘，人群是这样的拥挤，以至于要想穿过他们中间寻觅去路必须费很大的劲"⑤。在整个19世纪的中国，很可能汉口是人口最密集的地方。最早研究这一问题的学者S·威尔斯·威廉姆斯依据中国人和早期传教士的资料，在1850年写道："只有伦敦和江户才能与汉口相比，中国再也没有另一个在同样的面积里居住着同样多人口的地方了。"⑥

---

① 《大清一统志》，转引自刘文岛：《汉口市建设概况》（汉口：1930），第1章第1节，4页；陈宏谋：《培远堂偶存稿》（1866）卷二五，1页。
② 1818年（嘉庆二十三年）《汉阳县志》卷七，20~21页。另请参阅《申报》光绪六年一月八日，以及众多的其他地方文献。
③ 加尼特·J·沃尔西里：《1860年与中国的战争纪事》（伦敦：1862；特拉华，威尔明顿：1972年重印），385页。
④ W·阿瑟·考纳比（W. Arthur Cornaby）：《漫游华中》（伦敦：1896），39~40页。
⑤ 胡克（M. Huc）：《中华帝国旅行记》（纽约：1859），第2卷，142页。
⑥ S·威尔斯·威廉姆斯：《湖北地形》，载《中国知识库》，第19期（1850），101页。

虽然这个城市到处都很狭窄而不规整，但它的外貌却显示出一定的吸引力。在19世纪中叶，一位当地的文人曾写下几篇赞美李、杏开花的富于韵味的诗篇。① 劳伦斯·奥利芬特1858年访问这个城市时评论说："汉口的街道比我在清帝国任何其他城市所看到的都要好。街道铺得很好，像波斯、埃及城市一样，街道上面用席子覆盖着，但仍然足够宽，显得明亮而舒适。商店里备有各种现货，铺面要比广州或其他开放港口豪华富丽得多。"② 另一位报道者在写到商店时，说：

> 有些商店确实好。在英格兰你几乎看不到比这更高级的门面，因为这里"楼上的部分"仅仅是指阁楼。商店没有很宽的开间，可是很多商店进深很长，它们让人联想到与其说是商店，不如说是拱廊。平板玻璃还不为人所知；一些商店装有光滑的百叶窗；许许多多的窗子都面对大街敞开着，经过时瞥一眼，我们就能看到商店里许多的货物和顾客。③

几十年后，一位署名为"新来者"的人写信给《北华捷报》说："即便考虑到汉口街上的拥挤，它给我的印象还是非常干净的"，并推测说那些抱怨中国城市肮脏的人，一定"非常不了解伦敦"④。

尽管汉口房屋密集，市容仍是很平展的，因为只是在进入19世纪前后，超过一层楼以上的建筑才大量出现。在那以后，才偶尔有一些高层的行会公所耸立在市区之内，高出周围许多矮小平房的屋顶。在整个清代，主要的高层建筑正是这样一些同业公所、货栈和商场，而政府机关则依然是隐藏在后街的低矮、简陋的房子，这一点正反映汉口的商业特性。漂亮、宽阔的大街属于商业部门，特别是属于那些大批发货栈。这种明显的差别在建筑材料的选择方面反映了出来：潘耒赞美的红漆椽、琉璃瓦屋顶和耀眼的瓷砖墙，几乎全部属于商业公馆。大多数的房屋，如衙门和居民住

---

① 胡兆春：《尊闻堂诗集》，见《胡氏遗书》卷一二，4页；卷一三，4页。
② 劳伦斯·奥利芬特：《1857—1859额尔金伯爵出使中国、日本纪行》，559页。
③ W·阿瑟·考纳比：《漫游华中》，40页。
④ 《北华捷报》1887年6月3日。

宅，用砖、土、竹、木等简单材料就足够了。①

岸边排成一线的吊脚楼也属于最漂亮的木结构建筑物，它们直接融入了拥挤的港口里。这些房屋引起了传教士亨丽埃塔·格林的兴趣，她在日记中写道："1885年5月1日。我希望对生活在水边的人们的奇妙房屋有所了解。这些房屋极像潘趣和朱迪（英国传统滑稽木偶剧中驼背木偶——译者）的演出，较矮的部分有木桩支撑着；很多房屋倾斜得很厉害，经常一起倒下来；不歪斜的即使有，也少得可怜。"② 如果可能的话，港口内人口的拥挤程度会超过这个已经很稠密的城市（1871年的一份报告说，一栋格林所形容的"潘趣和朱迪"式的房屋倒塌了，压倒了好几只拴在它下面的有人居住的船，造成超过100人死亡。由此可见港口人口密集的程度）。③ 这个习惯上被描写为"帆樯如林"的汉口港，是一块沿着汉水、长江延伸约二十里（接近7英里）的无遮蔽地带。在夏季最热的月份里，到汉阳和武昌去的水路上，船只首尾相接，看上去似乎是固定的一大片；当后面运河里的水位涨高也允许船只停泊在那里时，汉口就似乎完全被船只包围了。在这一季度的任何时候，你都会发现多达万只的船停在汉口，估计每年有七八万只船停靠汉口港。④

景色、声音、气味，以及总体的刺激融合在一起，令人陶醉。居民和来访者聚集在市区不计其数的酒店、鸦片烟馆、澡堂、餐馆和茶馆里——从湖边供诗人们雅聚的宁静酒家，到码头上简陋、吵闹的所在，都有茶馆。在这两个极端之间还毫无规则地分布着谈生意的茶楼、嘈杂的充满着烟草味的麻将牌室——"各个阶层的人们似乎都能挤进去热闹整个通宵"⑤。1822年一

---

① 叶调元：《汉口竹枝词》卷一，2页；《汉口紫阳书院志略》卷八，58~59页；W.F.迈耶（Mayers）、N.B.丹尼斯（Dennys）和C.金（King）：《中国与日本的通商口岸大全》（伦敦：1867），445页；水野幸吉：《汉口》（东京：1907），56页。

② 亨丽埃塔·格林：《格林回忆录》，130页。

③ 《字林西报》1871年12月27日。

④ 一位日本人于1905年的估计，引自查尔顿·M·刘易斯（Charlton M. Lewis）：《中国革命的序曲：1891—1907年湖南省思想与制度的转变》（马萨诸塞州，坎布里奇：1976），6页；另请参阅潘耒：《遂初堂集》卷一一，26页；范锴：《汉口丛谈》卷二，1页；叶调元：《汉口竹枝词》卷六，7页；《传信年鉴》，第10卷，75页。

⑤ 加尼特·J·沃尔西里：《1860年与中国的战争纪事》，390页。

位中国人描述说："（汉口）东西三十里有奇，路衢四达，市廛栉比……难觏之货列隧，无价之宝罗肆。"① 靠近江、汉汇合处，有闻名的通宵夜市，在那里，彩灯耀眼，香料和山珍海味的气息充溢四散。在市场上，当来自全国各地的人们互相抢着做买卖的时候，人们可以听到各地方言的土音。在市场边缘来回走动的小贩们敲击着特制的小皮鼓、拨浪鼓、铃铛、铜锣，叫卖他们的小东西。② 这还不算，这个城市的劳动者更是不停地发出让人无法逃避的单调声音。亨丽埃塔·格林夫人报告说："搬运茶叶等货物的苦力们不停地喊着号子，在远处听，那声音颇能入耳；走近去，如果担子很重，那声音就会大得难听：货物越重，他们的叫声就越大。"③

无休止的嘈杂声，明亮的灯光，丰富的商品，油漆的船只，街头艺人，富丽堂皇的行会公所，东倒西歪的小屋，奇异的芳香，各种家畜，最重要的还有形形色色的人群，这一切的确使这个城市像一个欧洲人概括的那样，"是一场精彩的杂耍"④。

三、汉口早期的历史

汉口的许多独特性来源于它赖以兴起的环境。从任何官方的意义上来说，这个城市绝不是真正"建立"起来的，它也不像其他专业化的商业中心一样，是由缓慢的有机发展过程逐渐形成的。说得更确切一些，它的出现，是在实际条件成熟的情况下，明代后期一次自然突变的结果。

唐宋时期地区间贸易的复兴，把大量的都市人口吸引到具有重要商业地位的江汉二水汇合处。为了保证粮食贸易的流通秩序，宋代统治者把全国分成三个商业系统区，每一区由一个"区域中心市场"控制。一个这样

---

① 范锴：《汉口丛谈》卷六，1页。
② W·阿瑟·考纳比：《漫游华中》，39页。一位名叫陆筱饮的诗人曾描述了汉口夜市灯笼耀眼的光芒和小贩们的叫卖声，也曾提到"茉莉珠兰香满路，一街灯火卖花声"。见《湖北通志志余》，第6册。
③ 亨丽埃塔·格林：《格林回忆录》，131页。
④ W·阿瑟·考纳比：《漫游华中》，39页。

的"区域中心市场"就建在鄂州城（即今之武昌），那里成了湖广总领所的驻地。① 同时，非官方的商业作用开始使鄂州周围聚集了若干郊区市场。其中之一位于武昌港口的鹦鹉洲上，据说在宋代即已有来自6个或更多"路"的众多商人聚集在这里。② 很明显，更大的市场是武昌商业化的近郊"南市"，它接纳了来自九"路"的大群商人，《宋史》说它有成千上万家店铺。③

14世纪中叶，汉水由于某种原因减少了它的狂暴性，使得它流入长江的口子成为一个比过去更安全、更有吸引力的商港。因此，当武昌南市在建立明朝的战争中被夷为平地之后，许多商人选择了汉阳一侧的一个地方重建自己的基业。④ 此时，汉水入江口在汉阳城南，距现在的入口处约5英里，于是在汉阳县城与汉水北岸之间的地方，就形成了商业化的郊区。同此前武昌一侧的市场一样，这个近郊也被称为"南市"。这个新"南市"很快发展成繁荣的地区间贸易的中心，到明中叶，许多专业店铺已在这个改称"汉口"的地方建立起来了，而在汉阳城北面低洼的沼泽地区——即现代汉口的所在地——那时还仅是一个小小的渔村。⑤

虽然在早期史料中可以找到一些涉及"汉口城"或"夏口"的零星记载（"汉口"或"夏口"被认为是汉口这一地区在古代的名称），但大家都认为

---

① 斯波义信：《宋代中国的商业与社会》，英文本由马克·埃尔文（伊懋可）译，安阿伯：1970，67页。（此书之日文本名《宋代商业史研究》，日本风间书房1968年版；中文本，庄景辉译，台湾稻禾出版社1997年版。——译者）

② 1920年《夏口县志》卷一二，1页。这个沙洲到明末已完全消失，它与我们在第八章中将要描述的、自1796年前后开始成为地区木材交易中心市场的完全同名的汉阳一侧的鹦鹉洲不是一回事。参阅潘新藻：《武汉市建制沿革》（武汉：1956），39页；以及《鹦鹉洲小志》。

③ 范锴：《汉口丛谈》卷一，16页，卷三，1页；斯波义信：《宋代中国的商业与社会》，128页；劳伦斯·J·C·马：《宋代中国的商业发展与城市变迁（966—1279）》（安阿伯：1971），59页；王葆心：《续汉口丛谈》卷一，5页。

④ 范锴：《汉口丛谈》卷三，1页；F·波特·史密斯（F. Porter Smith）：《中国的江河》（汉口：1869），6页。

⑤ 1920年《夏口县志》卷一二，1页；王葆心：《续汉口丛谈》卷一，1~12页；潘新藻：《武汉市建制沿革》，62页；东亚同文会：《支那经济全书》（大阪：1908—1909），第2卷，456。关于汉阳南市的情况，请参阅武汉市工商联合会档，《武汉药材行业历史沿革》，手稿，未著日期。

它们并不是明清时期汉口的直接前身。① 明清时期的汉口镇兴起于 1465 年前后的明成化年间。当时汉水下游突然发生了一次改道，在汉阳城正北的一处注入长江（此前的入江口在汉阳城南，已见前文——译者）。② 几乎是与此同时，商业活动立即重新出现在县城对面的汉水新的北岸。这个新城镇的早期面貌，正如 17 世纪一位当地文人所描写的那样：

> 盖汉口初一芦洲耳。洪武间，未有民居。至天顺间（1457—1464），始有民人张添爵等祖父在此筑基盖屋。嘉靖四年（1525）丈量，上岸有张添爵房屋六百三十间，下岸有徐文高等屋六百五十一间。汉口渐盛。因有小河水通，商贾可以泊船，故今为天下名区。③

这个新的商业中心是这样的繁庶，以至于 1497 年它就被称作"城"（不是行政管理意义上的市镇），它有自己的行政代理官员、财政责任和内部保卫组织。到 16 世纪，汉口已拥有数万户人家，规模已超过省城，实际上成为湖北最大的城市。④

1535 年，在汉口通判袁焴倡议下，沿着该城的内缘修了一道绵延 20 英里的堤防，这极大地推动了汉口持续不断的发展。不久，为了排泄汉江渗透进入汉口这一三角形地带的水以及从背后包围它的水，沿着堤后边开挖了一条名叫"玉带河"的运河。这条运河不仅可以用来控制一定程度的洪水，而

---

① 胡兆春：《尊闻堂文集》，见《胡氏遗书》卷二，7 页；张寿波：《袖珍汉口工商业一瞥》(1911)，1 页；金达凯：《武汉城镇的演变》，载《湖北文献》，第 5 期 (1967 年 10 月)，66 页。

② 权威文献关于这次改道之确切时间的说法不一致。我所见最早的资料《汉阳府志》（卷一二，3 页）说是在 1497 年，但大部分资料都记载说是在 15 世纪 60 年代。参阅范锴：《汉口丛谈》卷一，14 页；1920 年《夏口县志》卷一二，2 页；E.L. 欧克森汉姆 (Oxenham)：《汉阳与汉口的历史》，载《中国评论》，第 1 卷，第 6 期 (1873)，283 页；《光绪湖北舆地志》(1894) 卷五，21 页；潘新藻：《武汉市建制沿革》，28~30 页；金达凯：《武汉城镇的演变》，65 页。

③ 唐裔澐：《风水论》，转引自范锴：《汉口丛谈》卷一，14 页。唐所说的"上岸"当指汉口的汉江沿岸，"下岸"则当指长江沿岸。关于汉口的早期人口，请参阅 1920 年《夏口县志》卷一二，2 页；蔡乙青（辅卿）：《闲话汉口》，载《新生月刊》，第 5 卷，第 6 期，35 页。

④ 《汉阳府志》卷一二，3~6 页；王葆心：《续汉口丛谈》卷一，5、8 页；刘文岛：《汉口市建设概况》，第 1 章，第 1 节，4 页。

且可供小型商船通行和停泊,并且经过一个叫做"土垱湾"的地方,就进入这个城市的内河。① 并不令人惊奇:汉口商业环境的这些重大改进,与已被许多历史学家所证实的明万历年间(1573—1619)是中国国内贸易最重要的全面兴盛时期的结论是一致的。

如同两个世纪以后再度出现的情况一样,当时汉口屡遭起义军和帝国守卫者的破坏。在明王朝的最后十年里,起义军首领张献忠在转战中数次掠夺了汉口,并在1643年初打算长期占据。是年初,张献忠识破了明军设下的陷阱,对汉口发动了一次黎明前的突然袭击。市民们来不及躲避,也来不及掩藏他们的财物,就陷入了一片恐慌。可是,据说他们冷漠地对待起义军,拒绝提供给养或其他合作;作为报复,愤怒的张献忠将城市付之一炬。明军追赶上来,但是太晚了,没能救下这个城市。四个月后,起义军最后一次返回这里,并把汉口作为他们的临时首都;但这一次是满洲征服者把他们逐出汉口。这个城市再一次遭到征服者的掳掠与破坏。②

汉口虽然遭到这次严重的挫折,但恢复得很快,当地大多数历史学者都把清初看成是汉口成为一个国内著名商业中心的大体上的起点。顺治年间,一位当地文人熊伯龙说,汉口是"九省通衢之地";乾隆《大清一统志》指出:汉口"当往来要道……商贾辐辏,为楚中第一繁盛处"③。当白莲教起义爆发时,一场暴涨的洪水阻挡了起义军的到来,从而使这个城市逃脱了一次严重破坏。这样,汉口才得以昂首阔步地踏入19世纪。在汉阳知县裘行恕长期的任职内(从1807年到1810年,又从1812年到1820年)——所有的记载都说他是一个非常富于朝气的管理者和建设者——汉口各行各业都非常繁荣。县志中的《裘行恕传》说:"是时宇内恬和,物力丰饶,汉皋尤为殷

---

① 《在玉带河的古道上》,载《长江日报》,日期不详;《简说硚口的桥》,载《长江日报》1980年8月24日;蔡乙青:《闲话汉口》,载《新生月刊》,第5卷,第6期,35页;第8期,34页。

② 魏晋封《竹中记》,录于范锴:《汉口丛谈》卷四,特别是3~4、15页。另请参阅《汉口丛谈》卷一,12页;潘耒:《遂初堂文集》卷一一,26页;《汉阳府志》卷一二,3页;蔡乙青:《闲话汉口》,载《新生月刊》,第5卷,第7期,24页。

③ 熊伯龙所言,转引自1867年《汉阳县志》卷二七,66页(《四官殿碑记》——译者),及刘文岛:《汉口市建设概况》,第1章,第1节,4页;另请参阅《汉口紫阳书院志略》卷一,8页;潘新藻:《武汉市建制沿革》,62页。

盛。行恕修举废坠，不遗余力，邑遂郁然为壮县。"① 裘行恕的治理，为19世纪汉口卓越的商业地位奠定了基础。

四、行政管理

就城市的规模、在全国的重要性、其建筑与人口的真实密度而言，在中国人眼里（至少在官方眼里），汉口在我们研究的这一时期从未被看做一个"城市"（城）。在中华帝国，决定一个地方具有"城市"地位的因素很简单：它必须至少是县一级行政区的首府。由于汉口在帝国版图上兴起得相对较晚而且突然，中央政府在400多年里一直没有给予它与其城市发展水平相适应的行政级别。这样，直到快进入19世纪时，15世纪末所采取的临时办法还在发挥作用：汉口不是一个"城"，而是一个"镇"。这就把它与无数的小市镇放在了一起。可是，另外也有几个著名的不叫"城"的地方——即包括江西景德镇、广东佛山镇在内的所谓"四大名镇"——它们的行政级别同样是与其实际规模不相符合的。② 直到清朝末年，武昌是（湖广）总督、（湖北）巡抚、（武昌）府与（江夏）县的治所，汉阳是（汉阳）府与（汉阳）县的治所，而汉口在法律上则依然是汉阳的郊区，地位很低。

这种行政管理状况深受19世纪汉口市民的重视，并对他们的生活产生了深远的影响。从心理和文化上讲，没有"城隍"就意味着是乡下——即便是最卑小的县城，城隍庙也是公共社会生活的中心。在建筑上，汉口不仅没有城隍庙，也没有钟楼、鼓楼之类足以表明其城市地位的建筑——它们被用来召唤市民们共同行动（至少在理论上如此），显示城市的内聚性。更重要的是，在汉口有史以来的大部分时间里竟没有城墙！这一事实不仅在礼仪上有重要意义，也深刻地影响着这个城市的军

---

① 1920年《夏口县志》卷四，57页。
② 弗雷德里克·莫特（F. W. Mote，汉名牟复礼）探讨了"四大名镇"作为行政管理上的"新生事物"的地位，它认为它们是中华帝国晚期"行政城市"与"经济城市"混合不分情况下的一种罕见的例外。参阅其所著《南京的演变，1350—1400》，见施坚雅主编：《中华帝国晚期的城市》（斯坦福：1977），106~110页。

事弱点，并进而对地方官员们自觉地就它的防御问题花费精力带来影响。当19世纪60年代中期汉口人民开始修筑城墙时，他们的目的与其说是为了使他们的城镇进入"城市"的行列，不如说是为了将自身的生命安全掌握在自己手中。

虽然清政府未允许汉口进入其行政管理中心体系，但它并没有忽视这个城市以及在治理中的问题。正如施坚雅所指出的那样，晚清帝国的统治者可以用各种办法表明他们对任何地方的重要性都有清醒的认识。一个方法是评价政府官员职务难易程度的"定岗"制度。据施坚雅的解释，有四个这样的职守标记："繁"习惯上用来表示衙门的公务繁多，"冲"用来表示交通要冲，"难"所说是指那种不得不对付难以驾驭且有犯罪倾向之百姓，"疲"指征税困难。① 19世纪初（也就是在华中地区向外国人开放之前一段时间），武昌城里管辖这个地区性首府的武昌府、江夏县只被分配了前三项职守，而驻在汉阳城里的汉阳府、汉阳县却涵盖了全部四项职守。② 不管武昌的官员们是否感觉到他们征税困难（即"疲"）的烦恼比长江对面的同僚少，只是因为汉阳的地方官要承担起管理汉口的任务，他们的职责就被认为比武昌官员为重。

中央政权通过更具体的方式承认地方行政区域的重要性，最重要的方式就是逐渐增加地方官员的数量。对汉口就是采用这种方式，其结果则是：虽然并非正式的行政单位，汉口却受到由中央任命的、过多而且重叠的政府官员们的统治。

1. 汉阳知府。这个官员的衙门位于汉阳城内，拥有对四个县（汉阳、汉川、黄陂、孝感——译者）和一个州（沔阳州——译者）的管辖权。虽然在等级制的官僚体系中他是品级较高的地方官，拥有对汉口的领土管辖权，但是他的职责范围使他对汉口城市事务的直接干预与他和这个城镇的邻近程度相比，显得很少。19世纪的史料只记载了汉阳知府实际介入汉口事务的少数事例，几乎全部涉及地方规划或关

---

① 施坚雅：《城市与地方体系层级》，见施坚雅主编：《中华帝国晚期的城市》（斯坦福：1977），314页。（中译本叶光庭等译，368页，北京：中华书局，2000。——译者）

② 洪亮吉：《乾隆府、厅、州、县图志》，1803，卷三一，1~8页。

键问题。① 甚至就是在那种情况下，知府通常也似乎只限于与知县配合（显然是出于知县的邀请）。

2. 府级次官。根据1780年的《历代职官表》，有10个同知和通判被分派到湖北省不同的府。这两种官员的品级都较高：同知是正五品，通判是正六品，均高于正七品的知县。他们的一般性职责是"辅佐知府"，同时被授权负责粮食运输、地方防卫、刑事诉讼、河道维修以及灌溉工程等必需方面的事务。如果有必要，他们可以固定地住在其职权范围之内的某一个特定地方。② 这就是配备给汉阳府的同知与通判的情况。同知的权力更广泛一些，但是中央指定的管辖权限于汉口镇的版图之内（这与认为中华帝国晚期不存在领土离散的城市管理机构的普遍看法不同）。汉口同知的位置在清朝早期即已确立，当时这个城市的商业地位似乎已很清楚地要求设立一个常驻的地方官员，而且这种情况一直维持到19世纪末。1863年，一个通判也被派到汉口。这两个官员似乎都倾全力于日渐复杂的城市环境中的执法与社会治安问题。③

3. 汉阳知县。与知府一样，汉阳知县也驻在汉口对岸的汉阳城中，但他似乎对汉口的日常事务感兴趣得多。地方史料透露，他经常关注着汉口的所有城市事务，包括防火、教育、产权和地方慈善事业。特别是19世纪70年代后期，几位积极的知县在这个城市日益增多的犯罪问题、商业发展与逐渐增加的城市边缘人口等方面花费了大量心血，这不仅表现在对民事、刑事诉讼的处理方面，也表现在用更加积极的立法干预诸如社会治安、商业信用之

---

① 例如港口救生艇的创设、1863年决定修筑汉口城墙，以及在地方教育系统中发生的一次重要丑闻等，分别见海关总税务司编"海关系列专刊"第18号，《中国的救生艇及其他》（上海：1893），30页；总理衙门档案（台北："中央研究院"）近代史所藏）："湖北汉口英国租地案"；麦华陀（Medhurst）致奥考克（Alcock），1868年2月6日，英国外交部档案，228/456；《申报》光绪元年十月十六日。

② 《历代职官表》（1780；台北：1965年重印）卷五三，1497页。

③ 1867年《汉阳县志》卷八，33~34页，卷一二，2页；1920年《夏口县志》卷一，19页，卷五，11页；金达凯：《武汉城镇的演变》，载《湖北文献》，第5期（1967年10月），67页；潘新藻：《武汉市建制沿革》，62页。关于同知的活动，请参阅《申报》光绪四年九月二十三日、十一月十七日、光绪九年五月三日；关于通判的活动，请参阅华盛顿美国国家档案馆，汉口美国领事馆：《公文快报》。

类的领域。①

4. 县级属官。就像汉阳知府有代表派驻汉口镇一样,汉阳知县也在那里派驻了三个直属的部下。其中之一是知县的副手(县丞、郡丞)②,他的专门职责是管理用来防御洪水和保护港口设施的水利工程。这是一份闲差。比如有一天,汉阳知县没有通知任何人就突然来到了他的副手的衙门,他恼怒地发现所有的职员都正沉浸在一场活跃的赌博活动中。③另外两个派驻汉口的县级官员,礼智与仁义巡检,则是较为重要的职位。

巡检这一职位的存在,驳斥了那种认为正式的清朝官僚机构很少延伸到县级以下的普遍看法。根据乾隆《历代职官表》,巡检是最低级的官员(从九品),其职责是预防犯罪、捉拿罪犯和"叛逆分子"。湖北省各县共置有68个巡检④,其中汉阳县就有5个。按照清帝国的惯例,分配给这些人的管辖区域是县城之外的重要集镇——管辖范围与市镇的边界相一致。因此,中国政府实际上是通过委派巡检,把市镇聚落作为一个相对独立的政治单元从乡村区域中分离了出来(与韦伯论者的观点相矛盾)。除县城之外,汉阳县有四个这样的市镇中心:汉口、蔡店、沌口和新滩等四镇。五个巡检中的两个被派到了汉口,余下的三个镇每镇一个。⑤尽管这些人级别低,还要向知县汇报,但他们仍然是由中央吏部正式任命的官员,而且至少是在汉口,他们的任命是遵守清朝正规的"回避法"的。⑥

两个巡检中的一个,是在汉水改道前汉阳城著名的商业郊区南市的巡检在制度上的延续。汉水改道之后不久,也就是在明末,这个巡检受

---

① 参阅本书第五章;另请参阅拙作:《中华帝国晚期的城市控制:汉口的保甲体系》,见乔舒亚·福格尔(Joshua Fogel)与罗威廉主编:《中国巨变透视——C·马丁·韦伯教授纪念论文集》(科罗拉多,博尔德:1979),特别是101~102页。
② 县级副职在清代未见有被称为"郡丞"者,郡丞当指府同知,此处可能有误。——译者
③ 《申报》光绪三年七月二十三日,另请参阅1920年《夏口县志》卷五,2页。
④ 《历代职官表》卷五四,1515页。
⑤ 洪亮吉:《乾隆府、厅、州、县图志》,1803,卷三一,8页。关于巡检的一般情况,请参阅萧公权:《乡土中国:19世纪的专制统治》(西雅图:1960),5页。
⑥ 1867年《汉阳县志》卷一四,54~60页。另请参阅本书第六章。

命移至河对岸新开辟的市场。① 另一个巡检是在乾隆年间增设的，并且直到 19 世纪，这两个官员都把汉口分成两半各管一半。整个汉阳县分成八个区或坊，一个包括县城，四个全部位于汉口镇内。② 由东向西，分别是居仁坊、由义坊、循礼坊和大智坊，所有名字都来源于古典的儒家格言。此四坊中西边的两坊组成了叫做"上路"的区域，东边的两坊则被称为"下路"。③ 这两个区域分别构成了两个巡检的管辖范围，而且他们的官名（仁义巡检、礼智巡检）也是由所管辖的两个坊各取一字合并组成的。尽管这两个巡检的权限与汉口同知相分离，后者完全处在与他们有联系的报告和要求之外，但这种粗糙的、相当不实用的制度仍然逐步统治了汉口。这在中国是很典型的。巡检向知县负责，同知向知府负责，虽然这三个人都负责汉口的社会治安问题，但没有任何证据证明他们在地方事务中曾经有效地合作过。

这两个巡检拥有实质性的权力与责任。他们的衙门很大（甚至可以说是太大了），有武装卫兵，还有一百多名文职吏员。④ 他们的职责包括监督地方保甲事务、控制乡下难民的流入、逮捕并审问犯罪嫌疑人、调查土地所有权的争端、听取诉讼以及那些需要熟习的有关其辖区内人口与土地的其他事务。⑤ 在 19 世纪下半叶，邻近大智坊的英租界的建立，使礼智巡检的工作负担显著增加，并使他上升到一个有重要影响的地位；其地位之上升、权力之扩大，或许从外国人习惯上将其官衔翻译为"礼智镇长"可以得到最好的

---

① 1920 年《夏口县志》卷一二，1 页；金达凯：《武汉城镇的演变》，载《湖北文献》，第 5 期（1967 年 10 月），67 页。

② 1884 年《汉阳县识》卷一，1 页。

③ 范锴：《汉口丛谈》卷一，13 页。

④ 1867 年《汉阳县志》卷八，34 页；叶调元：《汉口竹枝词》卷五，6 页。蔡乙青描述说（《闲话汉口》，载《新生月刊》，第 5 卷，第 8 期，34~35 页）：他们都以高收入而声名狼藉，频繁地收受其辖区内商人们的"礼物"（蔡乙青是蔡辅卿的笔名，是一个世纪之交的汉口商人，辛亥革命时他是汉口商会的会长）。

⑤ 《申报》光绪九年五月三日；范锴：《汉口丛谈》卷五，16 页；李瀚章光绪四年二月二十日片，见总理衙门档案："湖北英人交涉"；李瀚章光绪三年十月二十八日片，见总理衙门档案："湖北交涉俄人已未结各案"；叶调元：《汉口竹枝词》卷一，1 页。

反映。①

5. 汉口道台。外国人的到来引起的另一个变化，给汉口的行政权力结构带来更为深远的影响，那就是引进了一个不仅在汉口镇、汉阳县，而且在汉阳府都是级别最高的新官员。这就是汉黄德道台，后来被非正式地称作"汉口道台"。至少自从清初开始，这个官员就是被派到湖北省的四个巡回监察官员之一；正如他的官称前面的缩写所暗示的那样，他的职责是监督汉阳、黄州和德安三个府的行政管理。他的治所原先并不在汉阳，而是在作为府城和地区中心城市的黄州。作为一个有规定管辖区域的官员，他负责监督三个府所有的一般行政事务。例如：我们发现他在1838年与湖广总督林则徐书信往来，讨论蕲州地方科举考试中的弊端。②

然而，1861年春，湖广总督官文向皇帝奏报外国船只和商人首次访问了新近宣布开埠的汉口，要求将汉黄德道台从黄州移驻汉口，以专门"管理对外贸易事务"。这一请求得到皇帝的允准，于是1861年6月8日，道台郑兰在汉口建立起他的衙门。③尽管在他的头衔上仍冠以"汉黄德"字样，但1861年之后，他实际上基本放弃了作为一个地方行政长官（分巡道）的职责，而代之以会同外交和关税道台（关道）一起处理有关事务。④尽管他以"汉口道台"而闻名，但在19世纪中他从未起到过这个城市行政长官的作用。诚如施坚雅所指出的那样，如果说在19世纪，每一个地区中心都有规律地派驻一名道台的趋势有所发展的话，那么，至少在汉口，这种发展完全是偶然的。并不是由于这个镇很大而且长期以来具有重要的经济地位，而更主要的是由于向外国人开放

---

① 凯恩（Caine）致韦德（Wade），1870年5月4日，英国外交部档案，228/494。

② 林则徐：《林则徐集·日记》（北京：1962），276页。

③ "清宫档案"，官文咸丰十一年四月十六日和十月四日奏；1867年《汉阳县志》卷一二，1~2页；金格尔（Gingell）致布鲁斯（Bruce），1861年6月12日，英国外交部档案，228/313，682/1797。

④ 1861年晚些时候，这个道台被授权间接地监督汉口海关。关于清朝政治体系中种类繁多的道台，请参阅织田万：《清国行政法》（台北：1905），第2卷，45~50页；H. S. 布鲁耐特（Brunnert）和V. V. 汉格斯瑞姆（Hagelstrom）：《当代中国政治组织》（台北：1971），833、842、844页。

贸易与居住，才促成了道台的迁入。①

除了监督关税收入，汉口道台的主要职责是：（1）制定商业政策，进行涉及外贸事务的谈判；（2）作为外交联络员，负责与外国驻汉口的领事官员们联络。这些职责使他成为一个大忙人。例如，美国领事在一封考察信件中指出：美国人与道台打交道要比与其他地方官员打交道频繁得多，不只是为了商务，也为了他们与中国人接触的所有方面。任何被指控犯有反对外国人之罪的当地中国人按惯例都被送给道台审问、惩处。19世纪70年代初，一位美国领事报告说，这使得道台不得不每天始终坐着去处理十多件外国货物被盗案件。② 在中国方面，道台负责准备广泛的、与外国人或者洋人雇佣的中国人有关的所有事件或法律事务的报告，并经湖广总督上报总理衙门。

由于道台的职位处于中心地位，他逐渐兼任了许多附属的职务，如湖北盐道、漕运道、湖北军需局、湖北通省盐茶牙厘局常任委员等。③ 毫无疑问，所有这些兼职正反映出省政府（也有些反映中央政府）日益认识到它的财政收入要依靠汉口"镇"的商业活力。

6. 其他官员。我们虽然已经详细描述了各种文官的职责，但还远没有彻底讲清楚汉口正式的行政管理之实况。例如：一些穿军装的官员被派到汉口港的陆地和水上执勤。④ 此外，一种职能特别的叫做"局"的管理单位，在太平天国起义后的数十年里开始在城市行政的许多领域出现；这似乎是胡林翼、官文及其他抵抗太平天国起义的"中兴名臣"们所熟知的军事机构在民事系统内的扩展。在汉口，最先出现的是胡林翼的厘金局，之后是官

---

① 施坚雅：《城市与地方体系层级》，见施坚雅主编：《中华帝国晚期的城市》，333~334页（中译本，389~390页）。

② 约翰逊（Johnson）致北京美国驻华公使，1883年4月9日，华盛顿，美国国家档案馆，美国驻汉口领事馆《公文快报》。一位英国领事也说，涉及外国人的民事案件也"总是首先反映到巡回监察官（指道台——译者）那里，由他指派下属去调查并向上级报告"（嘉托玛［Gardner］致欧克奈［O'Conor］，1886年2月10日，英国外交部档案，228/831）。

③ 《申报》光绪二年十二月十九日、光绪四年十月八日、光绪八年三月二十八日。关于湖北的局和道台在其中的作用，请参阅本书第四、六章。

④ 1867年《汉阳县志》卷一二，5页，卷一四，5~12页；1920年《夏口县志》卷四，38~47页，卷五，11页。

渡局、保甲局，1885年出现了第一个电报局，更不用说以"招商局"之名更为人所知的中国轮船航运公司了。这些"局"都是官办的或者是半官办的，其中大部分都是在不同领域里掌管某种特殊活动的、管辖范围更为广泛的高一级机构的地方分支机构。其他一些半官方性质的局则因为临时性的、某种特殊的任务而设立，如19世纪60年代中期的汉口堡工局（建筑汉口城墙）、70年代后期的晋捐局（募捐以救济山西灾民）。与此相同但不称为"局"的单位则有河泊所（管理港口的船只停泊地）以及分散在汉口镇各交通要道口的关、卡（征收国内关税）。①

在由中央任命的官员之下，许多较低级的城市管理职位掌握在"绅董"和"委员"手中。例如：在我们的研究时段里，每一个巡检至少有一个委员协助他管理社会治安（叫"巡司委员"），同知也有一个专门负责外国租界事务的部下（叫"洋街委员"），而汉口道台则有各种特别委员帮助他处理事务（其中一个委员，名叫陈承泽，在汉口任职时的身份是候任知县。这种情况可能是普遍的）。② 帝国晚期的改革者、社会批评家都非常讨厌那些既不受人尊重、人数又相当多的官僚衙门的低级官吏——他们名目繁多（衙役、门丁、公差、捕快、皂吏、书班），在汉口的政府机构中数以百计，也许要以千计。在城市与在农村一样，人们公认（也经常被证明）他们故意滥用职权，牟取暴利，比如吃空额、勾结赌棍与地痞流氓、伪造地方记录和其他公共文书、出卖经纪许可证和商税豁免证，

---

① 关于厘金局，参阅《申报》光绪八年三月二十八日，以及《湖北通志》卷一，1373页；关于保甲局，参阅《申报》光绪五年九月十九日，以及罗威廉：《晚清城市中的叛乱及其敌人：1883年汉口的密谋》，见邹谠主编：《中国的政治领导层与社会变迁：远东研究中心论文集》，第4辑（芝加哥：1979—1980），92~94页；关于电报局，请参阅苏云峰：《中国现代化区域研究：湖北省，1860—1916》，445页；关于招商局，参阅《申报》光绪七年十月十七日；关于堡工局，参阅总理衙门档案："湖北汉口英人租地案"；关于晋捐局，参阅《申报》光绪四年十月四日；关于河泊所，参阅《申报》光绪五年至七年。

② 关于巡司委员，参见《申报》光绪九年五月三日；关于洋街委员，参见嘉托玛致欧克奈，1886年2月10日，英国外交部档案，228/831；陈承泽则是在艾伦（Allen）致沃尔沙姆（Walsham）的信中（1888年6月14日、9月1日）提到的，均见英国外交部档案，228/864。

等等。① 许多这样的腐败机会是城市环境造成的，在以后各章中我们还将讨论这一点。即使不是全部、也是绝大部分的腐败行为是通过"中饱私囊"这一概括性的行为，吮吸民脂民膏和国家财政资源。② 19世纪后半叶，这些腐败行为受到持续不断的抗议，孔飞力和其他学者曾将乡村的这种抗议活动与维护"封建"的地方自治的传统联系在一起，那么，也许我们可以将在城市中的这些抗议活动看成是与中世纪欧洲类似的城市自治运动的一种尝试性的开端。③

扼要言之，汉口似乎是无中生有般的突然兴起，使晚清统治者在行政管理方面陷入了困境，他们从未能彻底解决这一问题。如果汉口曾经历过一个更自然、也更长一些的发展历程，那么，它很可能已经在某一时候被指定为县城了——也就成为传统意义上的城市了。可是，它的兴起无疑是太晚了，所以未能做到这一点。于是，它在行政管理上满足于一系列的临时措施，而随着汉口的规模及其重要性越来越大，这些临时措施遂越来越复杂。先是一个巡检，继而增加了一个同知，接着是第二个巡检，之后是道台，最后是通判，还有一些军事人员、准官方的专业人员，他们带着一连串即便按照清帝国的标准也是非常冗长的命令，相继来到汉口。直到1898年，才走出了试图摆脱此种行政管理的困境、使之合理化的大胆的第一步：湖广总督张之洞成功地将汉阳县汉水以北的部分划分为一个独立的行政单元——夏口厅，以汉口作为其治所。④ "厅"通常是作为正式建立新县前的一种过渡性行政单位。实际上，夏口作为一个县的地位，到1900年8月已经很快地完全确立下来了。

---

① 参阅叶调元：《汉口竹枝词》卷五，6页；《申报》光绪元年十月八日、三年七月二十三日、八年十二月五日；海关总税务司："海关系列专刊"第11号；《茶，1888年》（上海：1889），24页。

② 参阅1920年《夏口县志》卷四，58页，汉阳知县孙福海的传记，以及本书第六章有关胡林翼牙行改革的讨论。

③ 孔飞力（Philip A. Kuhn）：《民国时期的地方自治政府：控制、自治和动员》，见弗里德里克·魏克曼（Frederic Wakeman，汉名"魏斐德"）、卡伦·格兰特（Carolyn Grant）主编：《中华帝国晚期的冲突与控制》（贝克莱：1975），164页及全书。

④ 详见张之洞光绪二十四年奏，见《南皮张宫保政书》卷一二，21页。

随着正式的行政管理地位的确立,汉口有史以来第一次在官方看来成了一个合法的"城市"(镇)。为此,它需要控制其周围乡村的行政管理权——同知署原先只统治这个单独的城市,现在它被匆忙地改成统治整个夏口县的知县衙门。可是,管理周围农村却是夏口县从未很好胜任过的一个任务,或许至少是在最大限度地利用这个通商口岸的时候是如此(仅仅几年前,《马关条约》的签订,促使大批外国工厂在这个城市建立起来)。这个城市与其紧邻的周围农村的联系,要比它与更为宽广的内地网络的联系少得多——无论是在人口、产业乃至食品的供应方面(当然,汉口与其近郊之间的联系之所以未得到充分发展,部分原因正是由于缺乏在行政上控制周围的乡村)。无论从意图、还是从效果上看,汉口在文化、经济及地理方面都曾经是一个孤岛。正是由于认识到这一点,并且更全面地考虑到要更好地管理城市事务,1927年,胜利的国民党军队取消了夏口县,设立了一个独立的行政单位,"特别市"①。

这样一来,试图将汉口与其周围农村的行政管理合并起来的努力,遂致夭折。这一努力最终失败的部分原因可能还是由于在汉口早已存在一种传统的、相对独立的城市管理体系。在我们的研究时段内,汉口一直置有几个正式的官员,其权限范围或者包括全部汉口城区(两个巡检),或者与"镇"的边界相一致(汉阳府同知)。当1861年之后更高一级的官员(汉口道台)被派驻汉口时,其职责实际上也局限于管理汉口的事务。这样,汉口遂得以避开了韦伯所说的阻碍中国"现代"城市社会之形成的最主要的障碍:在大多数情况下,以城市为据点的行政部门不仅统治城市,还统治着围绕这一城市的县或者疆域更大的政区。这种城、郊分离的城市管理体系似乎留下了这个城市是一个独立的政治实体的印象,从而也助长了初期的"城市自治"的发展。

---

① 潘新藻:《武汉市建制沿革》,67页;金达凯:《武汉城镇的演变》,载《湖北文献》,第5期(1967年10月),67页。大约半个世纪前,日本明治时期的主要工商业城市也存在着与此相同的、相对独立的市政管理体系,而且在19世纪80年代之后飞速发展的国家工业化过程中扮演了重要的角色,请参见矢崎赳夫:《日本社会变化与城市:从远古到工业革命》(东京:1968),从289页开始。这种情况在19世纪的中国具有一种怎样的影响,是一个有趣的问题。

妨碍此种自治的主要因素，则是早在 19 世纪即一直引起注意的、官僚体系对这个城市的控制。这个城市拥有超常数量的官员，而且选官制度也保证了这些官员具备超乎寻常的能力。① 清政府只要牢牢地掌握汉口的政治权力，它就完全可以控制住这个城市。可是，正如以下各章将指出的那样，由于城市社会日益复杂，而行政管理机构的预算与人员设置却仍然维持着相对较小的规模，于是为了管理城市，政府遂越来越多地给予社会更大的经济、社会职权和最终的政治自主权。

五、人口

可以预料，19 世纪汉口确切的人口数据是不可能得到的。最重要的原因是人口数极易受市场繁荣与冷落两个时期之间剧烈的季节性变化的影响。② 此外，居民的流动性也使当时中国（以及西方）的人口普查组织都无法准确地编制他们的人口统计数字。因此，某一时期保甲名册上官方数字所表示的人口规模，对于当代学者来说，往往是误导大于启示。

汉口有三组这样的保甲登记数字得以保留下来（即仁义巡检与礼智巡检的登记数之合计）。1721 年的人口普查说有 99 381 人，1813 年的人口总数是 129 182 人，1888 年为 180 980 人。③ 如果我们愿意承认这些数字均在某种程度上低于实际人口数的话，那么，它们也许能够提供汉口人口增长率的大致线索。据以上记载，我们发现：到 1813 年为止，在近一个世纪里，人口总数增长了大约 30%；而在随后的 75 年中，则增加了 40%。

---

① 汉口海关税务司 R. B. 马海德（Moorhhead，汉名"穆和德"）推测说，由于靠近省城武昌，汉口的地方自治可能受到更大的阻碍。参见海关总税务司：《十年报告，1882—1892 年》，349 页。

② 徐焕斗：《汉口小志·商业志》，14 页。也可参见劳伦斯·奥利芬特：《1857—1859 年额尔金伯爵出使中国、日本纪行》（纽约：1860），566 页。

③ 1818 年《汉阳县志》卷一二，9、19 页；1920 年《夏口县志》卷三，1 页。关于汉口保甲活动的详细讨论，请参阅拙作：《中华帝国晚期的城市控制：汉口的保甲体系》，见乔舒亚·A·福格尔与罗威廉主编：《透视巨变中的中国：C·马丁·韦伯教授纪念论文集》（科罗拉多，博尔德：1979），89~112 页。

1813年的人口普查还为我们提供了汉阳全县的人口登记数428 526人。①因此，如果我们考虑到汉口的人口数被低报的程度远远超过这个县的其他地方（见下文），并且进一步假定汉口人口持续增长的速度也超过其周围的乡村的话，那么，我们似乎就可以推测，经过19世纪的发展，汉口一镇的人口数已经接近或超过了汉阳全县人口总数的一半。这是一种很有趣的思路。无论如何，它似乎说明了保甲登记数字对于正确估计人口数的局限性。

显然，这些数字并没有能告诉我们汉口的人口总数究竟有多少。被认为是权威记载的1813年的人口调查也没能统计"船户"的数量，大部分商户也未能成功地统计在内。②它还指出，只有一半本地人被包括在登记的人口总数内。这个比例，正如我们将要看到的，也不能反映真实的情况。当我们与当地中国观察者对这个城市人口数最保守的估计相比较时，保甲登记数与实际户口数之间的巨大差距就更清楚了。例如：明末居民郭文毅已经指出汉口镇有"居民数万家"。湖北巡抚晏斯盛1745年估计它的人口已达20万。另一个当地居民在1806年报告说有"数十万家"③。即使考虑到由于存在着大量的打短工的临时性人口，城市家庭的规模要比通常假设的帝国晚期每户五口的平均水平小一些④，上述最末一个估计所暗示的19世纪初汉口的人口数量也已经接近100万。毫不奇怪，赵玉因此而得以在1818年《汉阳县志》的序言中自豪地声称汉口是帝国"四大名镇"中最大的一镇。⑤

---

① 詹姆斯·李（李中清）研究了明清档案中保存的一系列户口数据，编成了《湖北省民户口数目总册》，其中所提供的汉阳县的人口数据与县志所记载的保甲登记数基本一致。根据这些记载，汉阳县人口从1803年的393 492口，迅速增加到1843年的463 669口（这一系列的户口记载截止到1843年）。依我看来，这些数字和保甲登记数一样，低于实际人口数。非常感谢李博士给我提供这些资料。

② 1818年《汉阳县志》卷一二，10、19页。

③ 郭文毅的说法，引自王葆心：《续汉口丛谈》卷一，8页；晏斯盛的说法，转引自苏云峰：《中国近代化之区域研究：湖北省》之研究项目第三年的研究报告，台北："中央研究院"近代史研究所，1976，81页；《汉口紫阳书院志略》卷八，26页。

④ 关于汉阳县的家庭规模，据上条所引文献中有关户口的记载计算，正好是低于每户五口。

⑤ 1818年《汉阳县志》，"序"，2页。

大部分当时的文献记载均表明：正是从 19 世纪初起，汉口开始进入人口发展最重要的时期。而欲弄清整个 19 世纪汉口人口规模与发展的真实情况，最好的办法是将西方人士的报告中所提到的往往相互矛盾的人口估计数字，列表加以分析。表 1—1 列出了其中的几种及其资料来源，表 1—2 则是对于武汉三镇人口数的估计。综合这些估计，可以看出：汉口人口在 19 世纪初已接近 100 万，到 1850 年前后几乎增至 150 万；但在此后的十年中下降了一大半，到 1890 年左右又恢复到 100 万。作为一种比较，一位西方城市学家曾估计：1850 年前后世界上只有两个城市人口超过 100 万（伦敦有 200 多万，其次是巴黎）；直到 1900 年，也只有 11 个城市超过 100 万人口（包括东京、加尔各答，但没有中国城市）。① 显然，即便是对汉口人口最保守的估计，也会两次把它列入这组城市之中去。

表 1—1　　　　　　　　外国人估计的汉口人口数

年份	估计人口数（百万）	资料来源
1737	1.0~1.4[a]	罗宾，耶稣会士
1850[b]	1.0+	奥利芬特，英国官员（引自《中国报告》）
1850[b]	1.5	约翰，新教传教士（引自《中国报告》）
1858	0.6	奥利芬特，英国官员
1861	1.0	帕克斯，英国官员
1864	0.8~1.0	约翰，新教传教士
1867	0.6	迈耶，《指南》的作者
1869	0.7	欧克森汉姆，长期居民
1885[b]	2.0	西蒙（引自《定居的欧洲人》）
1890[b]	0.8	约翰，新教传教士

资料来源：(1) 伦敦布道会档案，约翰（John）致伦敦总会，1861 年 7 月 13 日、1864 年 1 月 1 日；(2) 约翰（John）：《来自中国的声音》，90 页；(3) 罗宾（Loppin）致拉德明斯基（Radominski），1737 年 12 月 7 日，见《耶稣会士书简集》，第 12 卷，355~356 页；(4) W. F. 迈耶（Mayers）等：《中国和日本的通商口岸大全》（伦敦：1867），446 页；(5) 奥利芬特：《1857—1859 年额尔金伯爵出使中国、日本纪行》（纽约：1860），560、579 页；(6) 欧克森汉姆（Oxenham）：《扬子江的水灾》（伦敦：1875），1 页；(7) 帕克（Parkes）致布鲁斯（Bruce），1861 年 5 月 10 日，见《英国议会公报》，1862 年，第 63 卷，第 2976 号，31 页；(8) 西蒙（Simon）：《中国的城市》（巴黎：1885），7 页。

说明：a. 这个数字包括了居住在港口附近的"船户"，据罗宾估计，他们大约有 40 万人。
b. 大致年份。

---

① 埃姆利·琼斯（Emrys Jones）：《市镇与城市》（伦敦：1966），32 页。

表 1—2　　　　　　　　外国人估计的武汉三镇人口数

年份	估计人口数（百万）	资料来源
1737	2.6~3.0ª	罗宾（Loppin），耶稣会士
1850ᵇ	2.0	奥利芬特（Oliphant），英国官员（引自《中国报告》）
1858	1.0	奥利芬特，英国官员
1867	1.0	迈耶（Mayers），《通商口岸大全》的作者
1881	1.0+	希尔（Hill），传教士

资料来源：（1）希尔：《中国湖北：它的需要与要求》（约克：1881），1页；（2）罗宾（Loppin）致拉德明斯基（Radominski），1737年12月7日，见《耶稣会士书简集》，第12卷，355~356页；（3）W. F. 迈耶等：《中国和日本的通商口岸大全》（伦敦：1867），446页；（4）奥利芬特：《1857—1859年额尔金伯爵出使中国、日本纪行》（纽约：1860），560页。

说明：这里未包括胡克神父提供的不可信的一个数字：1850年三镇拥有800万人口（见胡克[Huc]：《中华帝国旅行记》，第2卷，第3部分）。

a. 这个数字包括了居住在港口附近的"船户"，据罗宾估计，他们大约有40万人。
b. 大致年份。

19世纪50年代汉口人口的骤降显然是由于太平军的破坏，他们在最后一次占领这个城市时曾将它彻底夷为平地。这一事件对于地方史的许多方面所产生的影响将是本项研究不断提到的话题，至于它对人口和商业繁荣的影响，我们不妨直接引用湖北巡抚胡林翼在为帝国收复汉口之前不久所写下的一段记录："汉镇昔称最盛，今则荡为瓦砾，骤难复原。"①

而开埠之初的西方观察者则在记录下太平军之破坏的同时，也对这个城市非凡的自我恢复能力给予高度赞扬。下面的一些记述非常典型：

额尔金爵士（1858）："（汉口）看上去几乎完全被叛军破坏了，可是它迅速地恢复过来，并且已开始进行大规模的商业活动。"②

伴随额尔金使团的佚名记者（1858）："汉口拥有坚忍而且勤勉的居民，他们无力使这个帝国的区域商业中心效法其他地方，建立起厚实的城墙（城墙的建设相当缓慢）。"③

---

① 胡林翼：《胡文忠公遗书》（1875）卷八，15页。
② 额尔金：《詹姆斯·额尔金伯爵八世的通信与日记》（西奥多·沃尔朗编，伦敦：1872），293页。
③ 《北华捷报》1859年1月8日。

《纽约时报》(1861)："这个城市非常大，尽管由于战争破坏，其规模还不及其原先的一半。生活方式和各种活动都很时髦，如果不是受到革命的打扰，它很有希望进一步发展。"①

新教传教士罗伯特·威尔逊（Robert Wilson, 1862）："去年，我在那里逗留了一个月，到处可以见到拥挤的现象。显然现在的情形依然如此，而且还在进一步发展中，因为过去很少有人居住的一些不太重要的街道现在也建起了房子。到处都在建造无数的房子。"②

英国领事阿瑟·金格尔（Arthur Gingell, 1863）："在城市规模与生活繁忙方面，汉口仍在稳步地继续增长。大量的不同阶层的中国人正往这里聚集，有的是从躲避战乱的地方返回自己的家园，有的则是在寻找容易找到的工作。处处都在兴建大小、式样各异的建筑；无论是外国人，还是本地居民，所有人都相信：汉口将在短期内恢复它原有的名望和重要地位。"③

然而，随后数年间类似的报告却清楚地表明：从太平军占领期间人口大幅度减少的状态中恢复过来的过程，并不像当初的报告所期望的那样迅速，而要缓慢得多。这在很大程度上是由于这个港口城市的军事安全一直受到怀疑。在1856年胡林翼最后一次收复汉口之后的整整十年中，甚至非本地的观察家也知道，这个城市人口的持续增长主要是恢复动乱前的水平，而外国人在谈到同一时期汉口人口的增长时，也是将它看做一个渐进的病后复原的过程，而不是由于对外贸易引起的一种此前从未有过的骤然增加。④

从整体上看，湖北省官方的人口调查数字（见表1—3），有助于我们对汉口人口的估计做一番补充。总的说来，全省人口在整个18世纪增长迅速，19世纪初增速放慢，在太平军控制时期直线下降，直到20世纪中期才又开

---

① 《纽约时报》1861年5月13日。
② 伦敦布道会档案，威尔逊致伦敦总会，1862年3月5日。
③ 金格尔致布鲁斯，见《英国议会公报》，1864年，第64卷，第3302号，40页。
④ 金格尔：《汉口贸易报告》，见《英国议会公报》，1863年，第73卷，第3104号，133页；麦克弗森（Macpherson）致哈特（Hart），1865年1月31日，见《英国议会公报》，1866年，第71卷，第3587号，109页；英国外交部档案，《外交使节与领事有关贸易和金融的报告：中国。关于1887年汉口贸易的报告》，1888年，14页；海关总税务司：《十年报告》，1892年，179页。

始接近太平天国运动前的水平。我们知道，中国官方的人口统计数字总是大大低于实际人口数，而汉口确实是湖北省最大的城市，因此，我们关于汉口人口的估计——1800 年为 100 万左右，19 世纪中期为 150 万，1890 年前后又为 100 万上下——似乎愈加可以成立了。汉口在太平天国之后以高于全省的速度恢复了其人口规模，是由于它从湖北省内其他地区吸引了大量人口，19 世纪后汉口在实质上是区域城市化的进程中所表现出来的其他现象，也证明了这一点。

表 1—3　　　　　　　　湖北省的官方人口调查报告

年份	人口数
1786	18 556 000
1819	28 807 000
1851	33 810 000
1908	24 777 000
1953	27 789 693

资料来源：苏云峰：《中国现代化区域研究：湖北省》，33、69 页。

汉口从 15 世纪建立到 19 世纪末的迅速发展，是一个与伊懋可（Mark Elvin）的观点相反的例证。伊懋可认为："1300 年至 1900 年间发生的许多事实，似乎表明大城市已自行停止发展或出现倒退的趋势。"① 汉口的发展历程，不管它怎样不够典型，仍然证明了中国经济具有不断产生新的第一流城市的能力，在那里，地理和商业因素起着主导作用。更值得注意的是，汉口的发展历程反驳了罗兹·墨菲在 1954 年发表的关于西方冲击论文中所作的断言及其隐含的假设："在官僚主义的中国，单靠贸易是无法与作为城市基础的行政体系对抗的。像汉口这样优越的贸易场所……在欧洲商人在那里建立起主要的城市之前，往往没有得到充分利用。"② 汉口的存

---

① 伊懋可（Mark Elvin）：《中国历史的模式》（斯坦福：1973），178 页。
② 墨菲（Murphey）继续写道："1850 年以前，汉口只不过是一个一般规模的市镇。"（墨菲：《作为变化中心的城市：西欧和中国》，载《美国地理学家协会年鉴》，第 44 卷，354 页）现在，墨菲教授也许并不会将这篇早期的论文放在重要的位置，可是，他在较近的 1977 年仍然写道："外国的刺激是上海、天津、汉口得以快速发展的首要原因。"（《局外人：西方人在印度与中国的经历》，安阿伯：1977，134 页）

在证明：在中华帝国晚期，"仅仅是贸易"也能够支持与当时西方拥有的最大的城市一样大的城市。毫无疑问，西方势力通过提供安全保障，为汉口在太平天国后迅速地恢复其人口规模做出了贡献（虽然19世纪60年代中期完全由中国人主动修筑的汉口城墙也起到了同样的作用）；然而，最为关键的事实却是1856—1889年间汉口人口增长的大部分属于返乡人口。即使有了新的对外贸易机会，在取得通商口岸的地位几乎30年后，汉口的人口规模仍然未能恢复到太平军攻陷前"汉口镇"全盛时期的水平。因此，作为一个重要城市的汉口不可能是由"欧洲商人"在清代汉口的位置上"第一次"建立起来的。那么，在本章结束之前，就让我们尝试着把西方势力的出现放到更为正确的背景下吧！

六、"汉口旅寓"：西方势力出现的影响

1861年3月11日，英国海军中将詹姆斯·霍普（James Hope）和首席外交官亨利·派克爵士（Sir Harry Parkes）到达汉口，按照《天津条约》和《北京条约》之规定，为外国人居留和进行贸易开放这个港口城市。这一事件的结果将在多大程度上改变这个城市的社会结构和世人对其土著居民的看法？我打算分两部分来回答这一极为复杂的问题。在下一章里，我将论及对外贸易问题及其对这个城市的商品流通、职业结构和经济繁荣的总水平等方面的影响；在这里，我想首先考察当外国人自行闯入一个已成熟的城市社会之后，所可能发生的影响——无论是以模仿，还是以破坏的形式。

首先，我们必须认识到：把城市分成开埠前的质朴的、纯粹"中国式"的城市和开埠后在外国影响下的全新的"国际性"城市的这种分法是不恰当的。至少在18世纪初期，汉口曾作为主人招留了一个人数较小而虔诚地致力于传播其影响的欧洲人团体——罗马天主教传教团。根据一条当地的中国史料记载，早在明朝末年，罗马天主教的传教士就已开始在汉口出现，并向当地居民分发药品和其他的公共福利服务。尽管执掌这个教团的外国神父与当地士绅有着广泛的交际，但1700年前后汉阳知县仍然将它驱逐出境，并拆毁了教会的房子。尽管如此，当地仍有一小部分忠实信徒继续信奉基督教，

这至少延续到1724年，当时雍正皇帝开始实施更加严厉的禁止异端信仰的禁令。①

然而，传教士们留下来的强有力的证据表明：18世纪初，还有其他外国人到过汉口。大约在17世纪末，耶稣会教团首先在华中出现。到1730年，一位名叫阿提那·拉·库托克斯（Etienne Le Couteux）的耶稣会神父报告说，他已在汉口住了17年。② 18世纪中期的几十年中，许多耶稣会士的信件持续不断地从汉口发出，他们声称：一个真正的中国基督教组织已经在汉口建立起来了。他们与地方当局的关系摇摆不定，间或可能比较热乎。据说有一位汉阳知县为了谋求诸如赈济粮的发放之类的社会公共福利方面的援助，曾积极资助过外国教会。③ 尽管耶稣会在省城武昌也开设了一个传教分会，但这一时期他们大多是在"船户"中成功地发展组织。④ 一份文件估计，到18世纪中期，在湖广省活动的中国基督教信徒有两三千家。可是，1768—1769年间新变更的政府迫害措施又成功地使这个数字急剧下降，并减少了外国人在汉口的传教活动。⑤ 1773年，耶稣会被解散，大概也就结束了外国人在汉口居留的这一段历史。

但是，汉口的基督教并没有完全根绝，而且事实上在19世纪初还很有可能复活起来。天主教遣使会的文件证明了这一点。1831年，澳门遣使会会长在收到由8名中国人以"湖北基督徒"的名义寄出的信件之后，就派遣鲍达斯（Baldus）神父前往汉口。他于1835年到达汉口。三年后，约瑟

---

① 例如：1817年，巡抚张荫桓报告：在汉口发现了藏有《圣经》和其他基督教书籍的密室（明清档案，"朱批奏折·农民运动"，嘉庆二十二年十二月二十五日奏）。另请参阅范锴：《汉口丛谈》卷四，21~23页。范书写于1822年，显然对于基督教的思想与活动相当熟悉。

② 《耶稣会士书简集》，第9卷，497页；第11卷，514页。

③ 德·库托克斯（De Couteux）的信，1730年2月，见《耶稣会士书简集》，第11卷，483~484页。

④ 同上书，512页；罗宾致罗德明斯基，1937年，见《耶稣会士书简集》，第12卷，355~356页；罗伯特（Robert）致布鲁逊（Brisson），1741年，同上书，381页。

⑤ 同上书，186页及其下数页详细描述了此次迫害的情况。估计的信徒数字来源于肯尼思·斯科特·拉特瑞特（Kenneth Scott Latourette）：《中国基督教传教史》（纽约：1929），166页。

夫·黎萨莱特（Joseph Rizolati）被任命为"湖北教区主教"，接替了鲍达斯。黎萨莱特随即在武昌建立了他的教区，并派了几名欧洲牧师作为他的代表到汉口去服务。虽然黎萨莱特于1847年被湖北当局驱逐出去（他被放逐到香港，却仍然继续使用他的印信），但在几位中国牧师的主持下，武汉基督教会仍得以继续发挥作用。① 显然，还是有极少数的欧洲人设法留了下来，因为1861年访问汉口的托马斯·布莱基斯顿（Thomas Blakiston）在离开时确信：可能有一两个伪装的牧师或天主教神父藏匿在当地人中间。②

罗马天主教的传教士并不是汉口开埠前存在的所有欧洲人。12世纪以来，在武汉与西伯利亚之间就一直进行着陆路茶业贸易，虽然在这宗买卖中一般是由山西人为外国人充当中间人（或买办），但在这些世纪中有一些俄国人到过甚至在这里居住过，也是很有可能的。③ 而早在1842年，这个城市就已经经历过英国军事力量的威胁，当时，科林逊（Collinson）船长要求他的军舰访问该港——与此同时，他的同胞们正在起草《南京条约》。④ 总之，1861年并不是一个绝对的界线。

开埠当然使得汉口的外国人数显著增加。然而，这一时期外国人口的数量依然比人们所能想象的为少（见表1—4）。1864年前后，外国人数达到了早期的顶峰，直到19世纪90年代再也没有恢复到那样的水平。事实上，19世纪60年代中期报告在汉口的西方人数下降的英国领事克莱门特·艾伦（Clement Allen），在离开汉口二十年后重返这个城市时，曾悲叹"英租界区

---

① 八位中国基督徒致托雷特（Torette），1831年，见《传信年鉴》，第10卷，66~69页；鲍达斯（Baldus）致艾蒂安（Etienne），1835年8月3日，见《传信年鉴》，第10卷，69~78页；黎萨莱特致天主教传教会，1840年10月28日、1841年1月19日、1842年5月15日、1842年11月25日、1845年10月20日、1850年4月15日、1852年2月18日、1853年1月28日，分别见《传信年鉴》，第13~18卷、23~25卷；拉特瑞特：《中国基督教传教史》，232~233页。

② 托马斯·布莱基斯顿：《在扬子江上的五个月》（伦敦：1862），69页。另请参阅汤普森（Thompson）：《约翰·格利菲思（杨格非）在华五十年》（纽约：1908），170页。

③ 东亚同文会：《支那经济全书》（大阪：1908—1909），第2卷，315~316页；另请参阅本书第四章。

④ 苏云峰：《中国现代化区域研究：湖北省》，95页。

的英国人已下降到不足原有的一半"①。外国人口下降的主要原因可以归结为贸易的失意,正如我们将在第二章中解释的那样。亚历山大·鲍尔斯（Alexander Bowers）1863年曾自豪地宣称这个城市有40来家外国洋行,"包括香港和上海所有的第一流的字号在内"。只过了三年,英国领事就报告说:"1864至1865年间外国商业的重大失败,对许多外国洋行和个人都有影响,导致他们停止了与汉口的联系。"②

表1—4　　　　汉口英租界的外国人口数（1861—1871年）

年份	人口数	资料来源
1861	40	迈耶,《通商口岸大全》的作者
1862	127	金格尔,英国领事
1863	150±	迈耶,《通商口岸大全》的作者
1864	300	布雷克,美国领事
1866	125	迈耶,《通商口岸大全》的作者
1871	110	里德,租界医生

资料来源：(1) 布雷克（Breck）致北京美国驻华公使,1864年9月2日,见美国驻汉口领事馆：《来自美国驻汉口领事馆的电讯（1861—1906）》；(2) 金格尔：《关于汉口贸易的报告》,见《英国议会公报》,1863年,第73卷,第3104号,135页；(3) W. F. 迈耶等：《中国和日本的通商口岸大全》（伦敦：1867）,444页；(4) 里德（Reid）,见《海关公报》,第11卷,45页。

然而,恐怕比任何一种贸易衰退都更为重要的是：外国人越来越倾向于将汉口看做一个商业前哨,而不是像上海和其他一些开放口岸那样,把它看做一个远离故土的家。在上海外文报刊的有关报道中,这种差别可以明显地感觉出来。1862年侨居汉口的127名外国人中,只有8名妇女和6名儿童——几乎全部是传教士的家人。汉口租界始终不像是一个社区,而更像是一个商务办事处,只有那些除此之外无可选择的人才去那里。1879年,英国领事查尔柯纳·艾勒伯斯特（Chalconer Alabaster）报告说："一年有3个月（茶叶贸易季节）,租界里拥挤而繁忙,其余的9个月里,四分之三的租界居

---

① 英国外交部档案：《外交使节与领事有关贸易和金融的报告：中国。关于1887年汉口贸易的报告》,1888年,14页。

② 亚历山大·鲍尔斯（Alexander Bowers）：《扬子江与新开通商口岸》,载《中国与日本杂纂》,第1卷（1864）,269页；麦华陀致艾柯克,1866年3月3日,英国外交部档案,17/456。关于汉口外国洋行的全部清单及其中国名称,请参见《中国指南》（香港：1874）。

民都离开了。"① 19 世纪 80 年代初,海关官员弗朗西斯·怀特(Francis White)曾用这样的话描述西方人在汉口的情形:"外国人的社会生活一如既往。茶叶季节从上海引来了一支约有七八十人组成的商人队伍,但他们只在这里逗留几周,随后外国人的数目就逐渐减少,最后只剩下少数人由于职业的需要长期居住在这里。"②

如果说 1890 年以前由于侨居汉口的外国人太少而限制了西方的影响的话,那么,他们的居住方式更进一步减弱了此种影响。1861 年之后的最初几年,有一个值得注意的现象,即外国人与中国人的工作场所、住处都混在一起。1862 年,英国领事报告说:一些外国商人购买了租界区之外的江边的许多土地;不仅在汉口,对岸的汉阳也是如此。另一份资料表明,法国领事馆和几栋欧洲人的住宅就建在建有城墙的汉阳县城内。③ 这些都是汉口港中外接触的过程中发生的事情,有时一些事情的结果很不得人心。例如:美国领事威廉姆斯(Williams)1862 年报告说:"所有证据都证明,位于江边的汉口饭店是许多不法外国人的一个据点……我为此事(一个美国人枪杀了一个中国人)严厉地申斥了房主(西方人?),警告他要么守法地经营饭店,要么准备蒙受大楼被破坏之苦。"④

由于多种原因,包括威廉姆斯所指出的那种中外摩擦,外国人与中国人混居的尝试很快就结束了。贸易上的失意也促成了这样的结果。1865 年,一个外国侨民以讥讽的笔调写道:

> 在旧汉口的全盛时期,汉口老城只不过延伸到现在英租界上首的一小部分内,而距其下首边界一英里之外的土地如今是外国人所有。租界的迅速扩展显然是由于受到了上海稻田变成繁华街道的奇迹的影响,也是因为受到了前两年汉口贸易所产生的巨额利润的刺激,这使得许多人

---

① 查尔柯纳·艾勒伯斯特:《贸易报告,1879 年》,英国外交部档案,17/838。
② 弗朗西斯·怀特:《汉口》,见海关总税务司:《中国通商口岸对外贸易报告》,1881,10 页。
③ 金格尔:《汉口贸易报告》,1862 年 6 月 30 日,见《英国议会公报》,1863 年,第 73 卷,第 3104 号,133 页。鲍尔斯:《扬子江与新开通商口岸》,载《中国与日本杂纂》,第 1 卷(1864),270 页。
④ 威廉姆斯致北京美国驻华公使,1862 年 4 月 1 日,见美国驻汉口领事馆:《公文快报》,华盛顿:美国国家档案馆。

希望外国人能够显著增加……（然而），最近两年亏本的令人沮丧的影响，使这种希望化成了泡影。①

据许多报告记载，早在 1862 和 1863 年，外国人即已开始纷纷放弃他们在华界建造或租用的房产，退回到更为安全的英租界界线内。随着租界区环境的迅速改善，它实际上很快成为汉口全体外国侨民的居住区和工作地。② 这种情况一直维持到 19 世纪 90 年代末期。1871 年，一位租界医生记载说：租界里"只有外国人及其广东籍仆人，这样他们就被割断了与这个城市其他居民的密切联系"③。1886 年，一位来访者写道：租界同汉口其他部分"几乎完全被切断"；而 1892 年一份关于这个开放港口历史的简明介绍曾引述当地海关官员的观察，指出："几乎所有的欧洲侨民"都把自己限制在租界范围内。④

这个一般规律有两个例外。首先，当然是传教士。如上所述，当这个城市刚刚开放时，天主教神父可能已经相当活跃，他们立即利用自己新的合法地位的便利，在汉口创办了一所教会医院，并在随后数年里发展到武昌以及周围其他地区。⑤ 新教传教士则于 1861 年首次在这里出现，这一年伦敦布道会的杨格非到达汉口。翌年，在约瑟夫·考克斯（Joseph Cox）主持下建立了一个卫斯理教会。这两个团体密切合作进行活动，他们稳步的发展使汉口的外国侨民略有增加，也有助于将其影响慢慢地扩展到所有可能的地区。⑥

选择华界作为其生活与工作地点的第二种外国人是日本人。据报告，他

---

① 《英国议会公报》，1866 年，第 71 卷，第 3587 号，122 页。
② 威尔逊（Wilson）致伦敦总会，1862 年 12 月 22 日，伦敦布道会档案；金格尔致布鲁斯，1863 年 1 月 12 日，英国外交部档案，228/351。
③ A.G. 里德（Reid）：《关于汉口卫生情况的报告》，《海关公报》，第 11 卷（1871），45 页，见美国驻汉口领事馆：《来自美国驻汉口领事馆的电讯》中。
④ 阿奇博尔德·约翰·里德（Archibald John Little）：《轻舟过三峡》（伦敦：1898），17 页；海关总税务司：《十年报告》，1892 年，167 页。
⑤ 东亚同文会调查编纂部：《支那开埠志》（上海：1924），709 页；《北华捷报》1866 年 6 月 8 日。
⑥ 参见伦敦布道会档案各处；另参阅 D. 麦克吉尔威利（MacGillivray，即季理斐）：《中国新教传播一百年》（上海：1907），5、89 页。关于汉口开埠后教会活动的详情，请参阅苏云峰：《中国现代化区域研究：湖北省》，98~106 页。

们是在 1874 年前后首次出现在汉口的。① 在最初的几年中，到汉口的日本人极少有民间商人，但这种情况到 1885 年荒尾精到达后就改变了。荒尾精表面上是一个商人，是东京与上海乐善堂汉口分店的主人，这个分店经销书籍、外国药品和日本机器。不久，他就建立起一个拥有 7 名日本人和 5 名中国店员的门市部。可是，荒尾精及其理想主义的年轻信徒们真正的使命并不是经商，而是传播"泛亚洲主义"思想，并给他们在上海和日本的同伙传送内地贸易状况的情报。如同在他之前的西方商人和传教士一样，荒尾精也希望利用汉口作为基地，打开华中各地，以宣传他的学说。可是，即使他的传记作者也承认：他在本书所研究的时期内，除了挫折几乎一无所获。② 总之，可以断言：生活在租界之外的外国人，虽然都热情地劝诱中国人改变信仰，但人数依然不多，其影响也不广泛。

租界里中国人的情形如何？这些人数量极少，而且影响范围受到严格的限制。事实上，居住在租界里的中国人所起的作用，与其说是沟通两种文化的桥梁，不如说是更进一步隔绝了租界与华界的联系。居住在租界内的所有中国人都是下人，而且大多数是和他们的主人一起从上海来的，因而与他们在汉口的同胞很少有联系。（一本《指南》告诫准备去汉口的外国客人，随身带着一名家仆是必要的，因为"汉口本地人不愿意改变自己去服侍欧洲人"③。）既然只有充当家仆的中国人才准许居住在英租界里，所以当 1861—1862 年英租界建立时，大约有 2 500 户中国家庭被迫搬走了。按照当地标准，这批人口数量不算大，也说不上是长时间的背井离乡。他们曾因为搬家的麻烦而得到过赔偿。所有的报道都说，搬家是在既没有冲突也没有持久怨恨的情况下完成的。④ 实际上，被选为租界的那块地方有很多充分的原因并不被

---

① 《申报》光绪十二年十二月十五日。
② 黑龙会编写：《东亚先觉世系记》（东京：1933），第 23 章；另请参阅莫里斯·詹森（Marius Jansan）：《日本与孙逸仙》（马萨诸塞州，坎布里奇：1954），49~50 页。
③ W. F. 迈耶等：《中国和日本的通商口岸大全》（伦敦：1867），445 页。
④ 金格尔致布鲁斯，1862 年 12 月 28 日，见《英国议会公报》，第 63 卷，第 3295 号，134 页。布利顿·迪安（Brotten Dean）《19 世纪 60 年代的中英关系：汉口英租界的建立》（载《哈佛亚洲研究学报》，第 32 期，1972 年，71~96 页）提供了一份优秀而详细的租界方面所得到的东西的清单。另请参阅苏云峰：《中国现代化区域研究：湖北省》，96~97 页。

原先居住在那里的中国人喜欢——正像外国人不久就意识到的那样，它易遭水淹，地基也是沙土，很不适合营造大型的建筑物。一旦被赶走，当地的中国人就甭想再回到租界地区去居住或工作了。1870年，汉口道台程兰提醒英国领事说："汉口不是上海，这里的中国人既不在租界的洋行或商店里做事，也不在（租界的）码头上卸货。"① 这种情况一直延续到1911年，辛亥革命中华界受到破坏之后，一些受宠的中国人开始在租界地面上开办企业。② 而且，根据臭名昭著的通商口岸惯例，大多数中国人甚至不准进入租界区。传教士哈利特·格林（Henrietta Green）在写到将中国人排除在租界之外一事时，遗憾地承认这样做虽然是残酷的，却是必要的："将中国人排除在外，虽然未免有些冷酷，但如果不这样做，女士们就都不敢单独出去散步了。"③

虽然本地人不能在租界里兴办私人企业，但许多中国人在那里找到了工作。其中很多人是买办，几乎所有的买办都来自中国的其他地区。与家仆一样，这些人的作用与其说是传播了外国人的影响，不如说是更全面地将西方人隔离开来。正如1865年一位海关官员所说的："这不能不使外国人认识到，他们在这里还远没有取得其同胞们在南方所取得的地位，他们仍旧处在传统的中国。在这里，除了那个为了自己的利益将他们与广大老百姓隔离开来的阶层之外，他们较少为人们所知和受人关注。"④ 在文化渗透的过程中起着较为重要的积极作用的则是那些从华界招募的、受雇于租界企业的佣人和产业工人。但这些人往往是单个的，而且为数甚少。直到1888年，据英国领事克莱门特·艾伦报告，各种职业加起来，总共也只有2 000个当地中国人被外国人雇用，包括苦力、码头搬运工、货栈雇员以

---

① 程兰致凯恩，1870年1月22日，转译自凯恩致韦德，1970年5月4日，英国外交部档案，228/494。

② 第一个在租界开设中国商店的应当是姚长卿，一个出色的铜器经销商于1913年开设的。参见《姚氏宗谱》卷一四，1、39页。

③ 哈利特·格林：《格林回忆录》（英国，亚什福德：1891），96页。一些较为严厉的批评来自萧致治：《汉口租界》（载《武汉大学学报》，1978年第4期，77~80页）。

④ 理查德·哈克特（Richard Halkeet）：《来自汉口的报告》，见《中国通商口岸对外贸易报告》（上海：1865），42页。

及产业工人。① 最末一类人主要是在俄国人的机械化砖茶打包厂（分别建于1875年和1878年）、英国人的皮革厂（建于1876年）以及这些年中租界承担的一两个规模不大的工业实验项目中工作。这些工厂工人似乎处于学习技术的最佳位置，并形成了新的、西方式工人阶级的萌芽，但直到1890年，他们的人数依然很少，在汉口的华界几乎没有什么影响。例如，在他们活动最盛的时期，俄国砖茶打包厂，这个1895年以前汉口外国工业企业中的佼佼者，也仅仅雇用了100个当地工人。② 从文献记载看，汉口早期的城市无产阶级队伍，是在1890年之后的一二十年内才得到引人注目的壮大的。

可以肯定，在这个通商口岸开放的头几十年里，与外国人接触及其所受的影响是有踪迹可寻的。杨格非和其他传教士的公开布道不断吸引着大批如果不是轻信就是好奇的听众。后来，约翰写道：“经过汉口的传教士经常告诉我们，他们对在内地遇到的很多人都在汉口听过福音感到吃惊。”③ 19世纪七八十年代排外事件的增加，反映出中国人已日益觉察到外国的侵略及其影响，尽管很清楚，比起定居的外侨来说，在汉口主要是匆匆过客来得更多了。④ 少数模仿外国的机构，如电报局（1884年）在汉口出现了，其中的大部分是由那些获得鼓励和从其他地方学会了某种专门技术的中国爱国者主办的。在我们研究的这一时期里，中国人与外国人之间的个人交往稍有增加（有些事情是被动的，如1888年汉口欧亚儿童之家的建立）⑤，几位西方观察

---

① 艾伦（Allen）致韦尔斯姆（Walsham），1888年6月22日，英国外交部档案，228/864。

② 《申报》光绪四年八月二十九日。1890年以前汉口的外国工厂，请参见彭雨新：《抗日战争前汉口洋行和买办》（载《理论战线》，1959年2月，22~29页）；苏云峰：《中国现代化区域研究：湖北省》，119~121页。这些年中，在外国人码头的码头工人的人数可能要超过在外国人工厂里做工的中国工人，因为英国码头建于1876年，俄国码头则建于更早的1865年。可是按照萧致治的研究结论，在1895年以前，无论是外国人码头，还是"苦力问题"，均未形成较大的问题（参见萧致治：《武汉码头工人革命斗争史》，未发表的讨论文章，1972，3页）。

③ 约翰·格利菲思：《来自中国的声音》（伦敦：1907），201页。

④ 1868年，建立了一个汉口会审公堂以审理这一类冲突案件。参见1920年《夏口县志》卷一七，7页。

⑤ 亨利·考迪亚（Henri Cordier）：《汉学文献》（纽约：1968），第3卷，2276页。

家注意到大智坊与租界直接接壤的那部分人口密度有所增加,各种活动也很频繁,偶尔也会出现一些有助于改善与附近市民之间关系的中西合作的事例。①

而且,试图否认这个通商口岸开放后的几十年里被播下了给地方意识形态与社会结构带来重大变化的种子,是不合实际的。这些变化的模式,也许在下述个人经历中能得到最好的证明。湖北人涂子松、湖南人罗开轩,都是在19世纪40年代向传教士学习英语的基督徒。太平天国运动时期,他们曾在曾国荃的幕府中任职,曾国荃依靠他们的英语技能与上海公共租界的官员们协调他在长江下游地区的战役部署。起义被镇压之后,曾国荃举荐他们担任官职,但由于某些原因,朝廷拒绝给予任命。作为一种补偿,曾国荃推荐他们到汉口海关担任翻译工作。在汉口,涂、罗二人开办了一所面向当地中国男孩子的英语学校。这个学校的学生毕业后大多数进入当地洋行当了买办,不少人非常富有。最著名的是刘歆生(刘人祥),他先是成了一名契约劳工的经纪人,最后当上了法国印度支那银行的买办。刘的哥哥是这家银行西贡办事处的买办,他使歆生确信汉口注定要扩展,当地的不动产将是极好的投资对象。听了哥哥的建议,并在其法国老板的大力投资下,刘买下了汉口东北角的一大块沼泽地。当20世纪头十年中京汉铁路建设时,他在这里修建了货栈、牲畜棚和铁路工人住宅。(在一次自我祝贺的狂欢中,他曾设想他的"新城"里的所有街道都用他的名字命名。)1911年辛亥革命后,县政府由于无法恰当地评估刘家财产的规模和价值,只好采取一种现实的态度,选派刘歆生的孙子刘尧卿为新设的汉口清丈局局长。②

涂、罗、刘的经历表明,被隔离开来的当地中国人的确受到西方的影响;可是,这类人太少了,而且刘歆生等人给当地社会带来的影响虽然很

---

① 格林:《格林回忆录》(英国,阿什福德:1891),230~231页;A. 诺维:《关于汉口的报告》,见海关总税务司:《中国通商口岸对外贸易报告》(上海:1876),22页。

② 蔡乙青:《闲话汉口》,载《新声月刊》,第6卷,第3期,42页。另请参阅《刘家庙纪事》,载《长江日报》,1979年10月9日;《江岸地区的由来》,载《长江日报》(失日期);皮明麻:《武昌首义中的武昌、汉口的商会和商团》(载《历史研究》,1982年,第1期),60页;周锡瑞(Esherick,):《改良与革命:辛亥革命在两湖》(伯克利:1976),86~87、103页。

大,但这种影响直到 19 世纪 90 年代工商业急剧发展之后才开始为人们觉察到。在此之前,这些变化的种子尚未萌芽。这在 1892 年一位当地海关官员的报告中有清晰的反映。这位官员受命对汉口开放三十年来所累积的影响做出评估,他的结论是:"当地的人口无疑是增加了,但人口结构、特征和职业均未发生任何显著的变化。"①

总之,在这个通商口岸开放的最初三十年中,西方的出现并没有显著地改变汉口社会历史的进程。1861 年以前,外国人在这里已为人们所知,尽管他们的人数后来增加了,但仍然非常之少,而且和当地居民严格地隔绝开来(主要是出于外国人的选择)。由于这种孤立的隔绝状态实际上是外国人在经商过程中一种无奈的选择(正如我们将在以下各章看到的),它就显得更为引人注目。进而言之,1890 年以前,外国的直接影响局限于很狭窄的范围内。这一早期的证据支持了罗兹·墨菲(Rhoads Murphey)新近的一个结论:在这些通商口岸中,"没有中西融合,只有尖锐的对抗"②。

汉口租界里一位侨民写下的一段浅显明白的话,证实了这种对抗是多么明显。这段话恰好可以作为我们关于这一时期汉口之探讨的结语:

> 半英里长的"江滨路"即堤岸,给我们的印象非常深刻,对中国人更是如此。穿过宽阔的马路,在一排柳荫的背后,隐约可见宏伟的楼房,它们意味着力量与财富。它们太过富丽堂皇了,感觉不太像是我们的家。它们只能唤起我们的注意,而不可能引起对英国人的好感。它们是巨大的直尺与圆规的产物。中国人对我们的印象,相当于我们对这些建筑物印象的十倍……在他们眼里,我们是机械的、威严的和可怕的。③

将这样的写照以及华界里闹哄哄的杂乱无章的景象,与彼此愉快共处的生活准则以及那些宽大的独家住宅相比照,我们就不会奇怪何以在经历几十年之后,中国人才开始一致地效法这种"野蛮的"建筑模式及其背后的社会制度了。

---

① 海关总税务司:《十年报告》(1892),179 页。
② 罗兹·墨菲:《局外人:西方人在印度和中国的经历》(安阿伯:1970),225 页。
③ W·阿瑟·考纳比(W. Arthur Cornaby):《华中漫游》(伦敦:1896),10 页。

第 2 章
汉口的贸易

19世纪的汉口是几个世纪以来中国流通经济持续发展的产物。根据藤井宏的观点——他第一次对此种经济之出现做了理论性的探讨①——在宋代，地区间的远距离贸易主要是经营非奢侈品以及国家直接统制商品（例如食盐）之外的大众化消费品。② 到明代中期，主要是受到由国家主持实施的向西北边疆地区的大规模移民，以及长江下游地区棉纺织业的普遍发展的影响，此种地区间贸易得以迅速发展，以致全国各地偏僻乡村的农户也一边为全国性市场生产商品，一边依赖地区间贸易为他们提供日常生活必需品。国内许多地区开始了某些产品的专业化生产，并通过专业的地区间商人——如藤井宏所研究的来自安徽徽州的商人——为他们的产品寻找全国性市场。到19世纪中叶，中国已使胡克神父（M. Huc）得到了"世界上最商业化的国家"的印象。③

此种商业发展的结果之一是一种新型商业城市的产生。胡克指出："所有大城市都有重要的商业场所，各省的商品如水流归池一般，自动纳入这些场所。来自全国各地的人群纷纷涌进这些大货栈。"④ 自宋代以来，汉水与长江汇合处就一直在商业活动中发挥着作用，但正是16世纪、17世纪国内商业的迅速发展，才赋予它近代意义上的全国性重要地位。明后期经久不息的

---

① 藤井宏：《新安商人研究》，载《东洋学报》，第36卷（1953—1954），第1期，1~44页；第2期，32~60页；第3期，65~118页；第4期，115~145页。

② 在藤井宏的著作中，"流通经济"的含义大致等同于毛泽东以及后来许多中华人民共和国作者们所使用的"商品经济"。参见毛泽东：《中国革命和中国共产党》，见《毛泽东选集》（北京：1965），第2卷，305~329页（原文如此——译者）。

③ M. 胡克（M. Huc）：《中华帝国旅行记》（纽约：1859），第1卷，129页。

④ 同上书，141页。

全国性动乱结束之后，清朝的安定局面更加促使汉口发展成为中国最大的商品集散地。清初的一本商业手册指出："汉口是全国唯一的最大的货物聚集港。"① 直到今天，它仍然保持着中国第一流商业中心的地位。

在对汉口贸易状况的考察中，我将采用威廉·施坚雅（G. William Skinner）率先提出的中华帝国晚期的中心地理论及其分析方法。施坚雅根据市场交易的规模和兴旺程度，将所有中国村庄以上的聚落分为 8 个层级，每一层级的聚落均可视为拥有相应规模经济腹地（市场体系）的一个中心。② 实际上，这些市场体系被嵌入一种观念，即市场层级中较高一级的中心地自动地履行较低一级中心地的功能。施坚雅进一步指出：在中国，相同层级的市场体系是独立的——也就是说，一个既定区域内的交易活动主要从属于一个中心地，而且也只从属于一个中心地。可是，我相信，当一个地方上升到中心地的层级时，这种独立局面就会被打破，以致一个村庄的产品，比如茶叶和大麻，就有可能通过两个不同的地区城市卖出去，而每一个城市只不过控制其中一种商品的区域市场。因此，更确切地说，一个较高层级的中心地是在其特殊商业功能不断加强的过程中，与其固有的层级形成一致的而并非绝对地从属于那个层级。当然，某些中心地比其他中心地增加了更多的功能——这一思路将有助于我们简要地阐释一个城市（比如，一个"地区都会"）的成长历程。

处于中国国内贸易最高地位的汉口，被认为具备与所有八个层级中心地联系的功能。为了简便起见，我们将只在四个等级层面上考察它的贸易，即中心都会、地区都会、较大城市和地方城市（分别相当于施坚雅所说的第一、第二、第四和第五层级）。汉口的第一、第二级地位是肯定的，因为它在施坚雅所说的"长江中游大区"——它基本上包括湖北、湖南两省和江

---

① 《商贾便览》，转引自重田德：《关于清初湖南米市场的一点考察》，载《东洋文化研究所纪要》，第 10 期（1956 年 11 月），485 页。（本条引文未能查对原文。——译者）

② 威廉·施坚雅：《城市与地方层级体系》，见施坚雅主编：《中华帝国晚期的城市》（加利福尼亚州，斯坦福：1977），特别是 286~287 页。（中译本为叶光庭等译，中华书局，2000。关于地方经济层级的划分，见中译本 338~339 页，以及 403~410 页。——译者）施坚雅所划分的 8 个层级是：中心都会、地区都会、地区城市、较大城市、地方城市、中心市镇、中间市镇、基层市镇（standard market town，今中译本译为"标准市镇"，揣施氏之本义，当是指最低等级的市镇，故此处译为"基层市镇"。——译者）

西、河南、陕西的一部分——中居于统治地位。① 作为中心都会，汉口需要在长江中游之外的一个区域体系的生产品与另一个区域体系的消费者之间发挥桥梁的作用；作为地区都会，它则将其他地区的产品输入长江中游地区，而将长江中游地区的产品输出到其他地区，并且控制本地区生产与消费品的再分配；作为较大城市与地方城市，汉口在稍小的地区内重现了这些功能。我们将要看到，汉口事实上实现了所有这些功能，只是在某些方面比其他方面表现得更为突出一些而已。

此外，汉口当然还直接生产商品，并消费输入的商品。与分析家们将城市区分为"生产型城市"和"消费型城市"的假设相反，很明显，汉口只不过从通过其市场的全部贸易额中直接添加或提取很小的一部分。汉口居民生产大量的手工艺品，并消费大量食物，但大多数人主要是致力于过往货物的输入、储藏、销售和输出。

一、汉口贸易的类型：全国性市场

汉口从一个主要经营奢侈品的地区市场转变为联结全国商业网络的重要枢纽，根本的原因是它在向长江下游地区输出米粮的过程中发挥着重要作用。明朝后期，随着江南地区城市化的逐步发展和经济作物的广泛种植，其粮食供应开始仰赖于这个国家的其他地区——在这些地区，为输出以换取现金为目的的稻谷种植在逐渐增加。这些地区包括湖南、四川和湖北的较小部分。② 实际上，所有这些稻米都通过汉口运往长江下游，而且其中的大部分都要在汉口换船易主，从而使得汉口作为贸易中介赚取了巨额利润，同时也提供了大

---

① 施坚雅：《19世纪中国的地区城市化》，见施坚雅主编：《中华帝国晚期的城市》，212～215页及各处。（中译本，242～252页。——译者）

② 日本学者曾经梳理过汉口米粮贸易的历史资料，请参阅中村治兵卫：《清代湖广米粮流通的一个方面》，载《社会经济史学》，第18卷，第3期（1952），53～65页；北村敬直：《关于清代的商品市场》，载《经济学杂志》，第28卷，第2期（1953），1～19页；藤井宏：《新安商人研究》，特别是《东洋学报》，第36卷，第1期，25～26页；重田德：《关于清初湖南米市场的一点考察》，载《东洋文化研究所纪要》，第10期（1956年11月），特别是437页；也可参见全汉昇：《清朝中叶苏州的米粮贸易》，见《"中央研究院"历史语言研究所集刊》，第34本（1969），71～86页；全汉昇、理查德·克劳斯（Richard Kraus）：《清中叶的米市场与贸易：价格变动的研究》（马萨诸塞州，坎布里奇：1975）。

量的搬运工与码头工的工作机会。所有报告均表明，此种贸易到 18 世纪前半叶已经达到了顶点。比如，湖广总督迈柱记载：1730 年仅 4 个月的时间里就有 400 多条大粮船通过汉口；3 年以后，估计每年由汉口大商人经手处理的大米就有 1 000 万担。① 此外，在中华帝国晚期的漕粮体系中，汉口也据有某种中心地位。湖广地区提供大量的漕粮，以致雍正皇帝曾称赞它是"清室之粮仓"②。而武汉正是这些漕粮向北方运输道路上的主要汇集地。

为数众多而且仍在持续增加的汉口人口也是由从它的市场上收集来的大米供养的。几个世纪以来，湖北省的粮食始终未能做到自给自足，仅有两个府连年生产有余。汉阳府是其中之一，可是汉阳府出产的大部分粮食都送到了其他市场，特别是漕粮。1728 年，湖广总督迈柱在一篇纪事中说，当时武汉的大米主要来自四川，其次是湖南。在正常年岁，汉口米商手中掌握着大量的米，足以使城内保持较低的米价。③ 由于粮食供应主要仰赖其他地区，汉口几乎完全独立于基本上仍处于自然状态的周围腹地；它由国内市场支持着，并在其中起着关键性的作用。事实上，汉口还向湖北省的其他地区提供粮食；更重要的是，驻扎在缺粮而且变乱频生的省内山区的军队主要在这里采购粮食。④

---

① 全汉昇：《清朝中叶苏州的米粮贸易》，见《"中央研究院"历史语言研究所集刊》，第 34 本，77 页。

② 转引自佐伯富：《清代盐政研究》（京都：1956），307 页。

③ 关于汉口的粮食供应，一些第一手观察资料就已进行过讨论，如《裕庄毅公年谱》（裕泰的年谱，约 1865 年前后）74 页；胡克：《中华帝国旅行记》，第 2 卷，第 297 页；水野幸吉《汉口》（东京：1907），445 页等。另请参阅安部健夫：《谷米需求之研究——拟作为〈雍正史〉的第一章》，见《清代史研究》（东京：1971），411～522 页，特别是 467、502 页；重田德：《关于清初湖南米市场的一点考察》，载《东洋文化研究所纪要》，第 10 期（1956 年 11 月），436 页。

④ 藤井宏：《新安商人研究》，载《东洋学报》，第 36 卷，第 1 期，26 页；苏云峰：《中国现代化区域研究：湖北省》（台北：1981），24～25 页；伊夫林·罗斯基（Evelyn Rawski）认为：汉口的粮食主要来自湖南，反映出汉口在粮食供应方面与其周围腹地的隔绝。湖南乡下生产的粮食要经过好几道转手才从生产者手中汇集到某一个地方收集点，如湘潭；然后，当汉口米商来买米时，就需要当地的"买办"在不同文化的买者与卖者之间搭桥。参见罗斯基：《华南农业的变化与农民经济》（马萨诸塞州，坎布里奇：1972），104～107 页。

系统研究汉口粮食贸易的日本历史学者曾注意到18世纪末汉口输往长江下游地区的大米量急剧下降，他们不能完全解释其原因。虽然此种贸易在19世纪二三十年代再度兴旺，但它再也未能恢复此前的繁荣。① 不过，所有清朝后期的地方史料都证实，大量米船从号称"谷仓"的湖南来到汉口繁荣的粮食市场。② 另外，当19世纪50年代后期汉口从太平军手中再次夺回之后，此种大米贸易曾有一个复苏期——这种复苏是由于需要把粮食从重新平定的长江中游地区运去供应仍在遭受战火蹂躏的长江下游地区的军民。③ 迟至1907年，日本领事仍把大米排成汉口贸易的第二位商品（估计每年的贸易额价值达1800万两），并报告说汉口码头每天都有100至300艘湖南米船在卸载。④

虽然粮食贸易是汉口商业力量的基础，并在我们所研究的时段内一直保持其主要成分之一的地位，但是汉口的地理位置决定了它在其他商品例如食盐、茶叶的交易中必将发挥中心的作用。清朝后期的大部分时间里，汉口是淮南盐区的首要分销中心，由政府指定向长江中游的大部分地区销售食盐。尽管粮食贸易在汉口占有重要地位，但使这个城市享有"中国最商业化的东方城市"之美誉的，却首先是那些高贵的盐商们。⑤ 数量相当多的大米（虽非大部分）由盐商的船队装载运往江南，而当这些船队回程时便满载食盐从扬州上行到汉口。虽然在19世纪后半叶盐贸易在地方贸易总额中所占的比重急剧下降，但到1907年，估计其每年的贸易额仍高达四五百万两，在全部商品贸易额中居第七位。⑥ 在汉口建立之初，从湖南和其他茶产区汇集并重新

---

① 中村治兵卫:《清代湖广米粮流通的一个方面》，载《社会经济史学》，第18卷，第3期，60页；北村敬直:《关于清代的商品市场》，载《经济学杂志》，第28卷，第2期，8页。

② 例如叶调元:《汉口竹枝词》卷一，15页；《申报》光绪二年四月二十二日。湖南向江南运输的大米数量之所以下降，部分原因可能是由于进入19世纪之后，四川直接输往江南的大米数量有所增加。参见《湖北通志志余》，第6册，《李祥兴传》。

③ 《湖北通志志余》，第6册。

④ 水野幸吉:《汉口》，290~291页。大米之外，其他粮食的年贸易量也达到1800万两。

⑤ 王葆心:《续汉口丛谈》卷一，17页。

⑥ 水野幸吉:《汉口》，290~291页。

分配茶叶就成为汉口的主要功能之一。历明清两代，汉口为国内以及北边的蒙古和俄国的亚洲部分提供了巨大而且不断增长的茶叶供应量。1861年之后，茶叶成为汉口向海外贸易的主要商品，而且正是此种茶叶贸易的中心地位，才使西方人重视它。

作为国内贸易的中心，汉口据说拥有360种不同的商品①，但当地的清代史料只说到有"八大行业"，通常是指粮食、食盐、茶叶、油料、中药材、皮毛、棉花以及来自广东、福建的种种杂货。② 在清代，油料的对内对外贸易均稳定地增长着（特别是桐油和白蜡），因此，到20世纪初，有报告称汉口的油料贸易额超过了粮食和茶叶，在所有商品中位居第一。③ 在中药材贸易方面，汉口长期保持其全国最大中药材集散地的地位，它的大批发商们控制了整个中国卖药商人所需要的各种土特产药材的装运。棉花与丝也是汉口传统的大宗贸易，它包括许多种类：生丝、染色的与本色的、纺成线的、织成布的，以及已做好了的服装。每天都有几百只民船停靠在棉花市场的岸边装卸货物。

对于长江中游地区特别是汉水流域来说，棉花贸易具有特别重要的意义。自从元朝以来，棉花就成为汉水流域重要的经济作物和贸易商品。从陕南到汉水与长江的会合处，汉水两岸都种植着棉花，尤其是位于汉阳上游汉水南岸的天沔地区（包括天门县与沔阳州）的经济与棉花的关系最为密切。棉花贸易是湖北商人居支配地位的极少数贸易项目之一——特别是主要由来自麻城县的商人组成的"黄帮"，在黄州城外的长江港口黄冈，操纵着棉花市场。相当一部分棉花是在汉口纺、织并染色的，这些棉纺织手工作坊都集中在棉花街与花布街上。另外，至迟从18世纪末开始，汉口就在来自于汉阳、黄州、荆州府等许多其他生

---

① 张寿波：《袖珍汉口工商业一瞥》(1911)，25页。

② 所谓"八大行"，有时指管理这些商业活动的行会，而有时则简单地指这些商业活动本身（参见本书第十章有关行会名称的分析）。有时候，一些其他行业，比如木材业，会取代上述行业中的某一个而进入这个名单。

③ 水野幸吉：《汉口》，290页。关于汉口油料贸易更全面的报告，可见《申报》光绪六年八月十三日；刘翠溶：《汉水贸易及其对经济发展的影响，1800~1911》（台北：1980），74~90页；苏云峰：《中国现代化区域研究：湖北省》，32页。

产中心的手织布的市场化过程中发挥着重要作用。这些产品中的一部分在长江中游地区内部流通，但大部分质量较好的布都进入了地区间的贸易。①

除了这"八大行"之外，汉口还是诸如大豆、麻、糖、植物油等农产品的主要国内市场（在对外贸易中，汉口在这些方面的垄断地位得到进一步的发展）。② 汉口港外的鹦鹉洲是当时中国最大的竹子与木材市场。1859 年，这个城市的煤炭贸易量曾经使额尔金勋爵（Lord Elgin）非常吃惊。习惯上是利用返回的运盐船把煤运往下游，因此，后来煤也成为汉口对外贸易的重要商品之一。③ 来自全国各地的土特产也在汉口找到了很好的销路。

总之，这些就是汉口主要的贸易商品。只要列一个表就可以清楚地表明汉口作为一个广阔地理范围的中心市场的地位。事实上，即使缺乏可靠的国内贸易量的估计数据，我们也能从一些确切的证据中得出这样可信的结论：19 世纪的汉口发挥着一种独一无二的最重要的地区间商业联系的作用，它把长江中游广大地区的商品集中起来再加以分配。这个港口不仅是水陆路的转运地，也是水上运输的装卸地：在这里，货物被装进不

---

① 蔡乙青（辅卿）：《闲话汉口》，载《新生月刊》，第 6 卷，第 1、2 期，78 页；《武汉城镇合图》（1890；武汉：1980 年重印）；苏云峰：《中国现代化之区域研究：湖北省》，29~30, 37 页；刘翠溶：《汉水贸易及其对经济发展的影响，1800—1911》，93~115 页；水野幸吉：《汉口》，498~515 页；彭泽益：《中国近代手工业史资料，1840—1949》（北京：1957），241~244 页。另请参看潘新藻：《武汉市建制沿革》（武汉：1981）。关于汉口商业与湖北其他主要市场（沙市、宜昌、襄阳、老河口）之间的关系，请参阅苏云峰：《中国现代化区域研究：湖北省》，23~54 页。

② E. H. 帕克（E. H. Parker）：《中国：她的历史、外交与商业》（伦敦：1901），148 页；关于豆类市场，请参阅刘翠溶：《汉水贸易及其对经济发展的影响，1800—1911》，35~40 页。

③ "额尔金致马尔莫斯伯利（Malmesbury）"，1859 年 1 月 5 日，英国外交部档案，405/3；彭泽益：《中国近代手工业史资料，1840—1949》（北京：1957），第 2 卷，163 页；佐伯富：《近代中国的经济统制政策》，见所著《中国史研究》，第 2 卷（京都：1971），62 页；加纳特·J·沃尔斯利（Garnet Wolseley）：《1860 年与中国的战争纪事》（伦敦：1862；特拉华，威尔明顿：1972 年重版），389 页。

同吃水深度的船只，以与深度和流量不同的长江上下游、汉水及湘江相适应。在大多数情况下，货物经过汉口时都要重新包装，并从一个船主转包给另一个船主。

我们运用施坚雅的大区（macroregions）理论对19世纪下半叶经过汉口的区间贸易做了分类，列成下表。区域顺序大致是按照它们与汉口之间贸易量的大小排列的，各区域下各种货物的顺序也是按照它们与汉口的贸易量由大到小排列的（这个表格只代表一种估计，而且有些单项的有关贸易量在这一时期的各阶段可能有变化）。

表2—1　　　　　　　汉口区域间贸易的品类（1855—1900）

地区	来汉口	出汉口
长江中游	大米、粟、茶、油、煤、木材、金属、中药、漆、麻、烟草、原棉、脱脂棉、芝麻	盐、原棉、糖、大米、纺织品、工业品、食品
长江下游	盐、棉线、茶、纺织品、陶瓷、漆、墨、海味、食品	大米、其他粮食、豆、油、煤、皮、麻、染色棉、中药、木材、纺织品
长江上游	大米、中药、油、盐、糖、蜡、丝绸、麻、食品	纺织品、棉线、其他工业品
西北	皮革、羊毛、畜产品、漆、豆油、酒、原棉	棉线、纺织品、茶、食品
华北	粟、豆、皮革、麻、油、中药、小麦、鸦片、煤、纺织品、地方手工艺品	棉线、纺织品、大米、食品
岭南	洋货和土货、糖、食品、鸦片	中药、谷物、豆、油、麻
东南沿海	茶、海产、食品	谷物、豆、油、煤、麻、中药
云贵地区	漆、油、蜡、木材、鸦片	棉线、纺织品

资料来源：彭雨新：《抗日战争前汉口洋行和买办》，载《理论战线》，1959年2月，23页；据叶调元：《汉口竹枝词》，水野幸吉：《汉口》，英国驻汉口领事的报告，海关报告，苏云峰：《中国现代化区域研究：湖北省》以及其他资料作了修正。

正如上表所示，汉口的中心位置使它成为中华帝国晚期许多最繁忙的贸易路线的交汇点。即使不是大部分也是很多的在汉口贸易的货物沿着这些道路中的某一条来到这里，并经过另一条路线离开。这些路线从汉口向四面八

方辐射开去,其中最重要的五条①——从南方起按顺时针方向数——分别是:

1. 沿着湘江河谷贯穿湖南,之后转陆路赴广东。这是一条传统的主要贸易路线,活跃的广东商人从明代后期以来就开始把南方热带地区的香料和食品、当地的工业品如铁锅,后来甚至还有进口的洋货(包括鸦片)带到华中地区来。回程时则带走部分湖南输出的大米。广州——汉口商路上的城市,如湘潭、长沙,都是当时国内最活跃的市场。湖南本身沿着这条路线的北段把它的大米、茶、木材和煤运到汉口。这样,汉口就有数以千计的湖南船夫。随着广州在对外贸易中地位的下降,长江下游各港口的对外贸易逐步发展起来;后来,当汉口直接向西方开放之后,这条路线的南段就很少被使用了。不过,与此同时,外国人对湖南茶叶需求量的增长使这条路线北段的运输量不断增加。

2. 沿长江上行。许多四川船夫也聚集在汉口,他们带来大米、糖以及中药材(也是其中获利最大的商品)等负有盛名的四川农副产品。四川商人在汉口购买经由广州(后来是从上海来)到达汉口的外国纺织品。但汉口自身也直接开放以后,越来越多的四川商人越过汉口直接到上海去购买外国货了。② 汉口——重庆一线的重要港口有宜昌、万县(原文作"芜湖",显误,今径改——译者)和沙市。长期以来,西方商人一直试图打开各种"关节",以便挤进长江上游地区从事贸易,他们最后于1877年获得了成功。③

---

① 关于这些贸易路线的使用情况,在下列资料中均有记载:叶调元《汉口竹枝词》、总理衙门档案、英国外交部档案、《申报》等。较为有用的第二手统计资料则包括北村敬直:《关于清代的商品市场》(《经济学杂志》,第28卷,第3期,1952,5、14页);藤井宏:《新安商人研究》(《东洋学报》,第36卷,第1期,26、32页);张国辉:《十九世纪后半期中国钱庄的买办化》(《历史研究》,1963年,第6期,94页);森田明:《清代水利史研究》(东京:1974,138页);森田明:《关于中国的商业行会》(《富国大学研究年报》,第16卷,1972);西里喜行:《关于清末的宁波商人——浙江财团的起源研究》(《东洋史研究》,第26卷,第1期,1967,8页);罗兹·墨菲(Rhoads Murphey):《上海:现代中国的钥匙》(马萨诸塞州,坎布里奇:1953。中译本1986年由上海人民出版社出版。——译者);查尔顿·刘易斯(Charlton Lewis):《中国革命的序曲:1891—1907年湖南省思想与制度的转变》(马萨诸塞州,坎布里奇:1976,6~7页)等。吉尔伯特·路兹曼(Gilbert Rozman)的《中国清代和日本德川时期的城市网络》(普林斯顿:1973,131页)列出了15条中国长距离运输的路线,其中有五条主要路线通过汉口。

② 《字林西报》,1869年9月1日。

③ 弗朗西斯·怀特(Francis White):《来自汉口的报告》,见海关总税务司:《中国通商口岸对外贸易报告》,1877,21页。

3. 沿汉水上行，转陆路往北，到陕西、山西、蒙古以及西伯利亚。水陆路相结合的道路网，将富饶的汉水流域的产品，以及中国西北地区的皮毛、皮革和畜产品带进了汉口市场。在第四章的讨论中，我们将看到：至少是从宋代开始，就一直有大量的茶叶沿着这条路线运往北方，而这条商路的形成至少应当部分地归因于全国著名的"晋商"的兴起。从汉口沿汉水上行，直到陕西省的汉中，甚至更远一点的地方，是中国当时最重要的水路干道之一；而19世纪后半叶汉江大堤的建设，更特别有利于汉口贸易的发展。① 汉口与其腹地包括与它紧邻的汉水两岸的富庶州县之间有着最为直接的关系。

4. 经陆路至河南和河北。这是完全经过陆路进入汉口的最重要的一条贸易路线。通过这条路线，帝国首都的各种手工业品（如靴子）、干燥的华北平原上的农产品，由骡马和人伕驮载着，源源不断地送到汉口来。汉口也因此频繁地受到（北方）饥荒的影响，不时有报告称，来自河南省贫苦农家的女儿被带到汉口来，卖作女奴。②

5. 沿长江而下，至江南和上海。这可能是自汉口建立以来其所有商路中最繁忙的一条，主要是由于汉口与江南之间的米—盐贸易所致。其他各种各样的货物丰富了这种基本的贸易关系，并加强了汉口与九江、芜湖（原文作"无锡"，当误，此处径改——译者）、扬州、南京等沿江下游城市乃至宁波和其他三角洲海港城市之间的贸易往来。上海崛起之后，它就成为汉口唯一最大的贸易伙伴，无论是在国内贸易还是在对外贸易方面。

至此，我已经初步指出：地区间贸易在汉口的集中，使汉口成为一个"全国性的市场体系"，或者说是一个"全国性市场"。这里，显然有必要更清楚地对这一观点加以辨析，特别是因为施坚雅（他的著作为我的这项研究在理论构架方面提供了很多帮助）否认在1895年之前存在着这样的全国性市场。他和另外一些学者，比如近年来从事这一问题研究的弗朗西斯·莫德（Frances Moulder），之所以否认存在着这样的全国性市场，主要是建立在这样的假设基础之上的，即在中华帝国晚期，虽然存在着地区间的贸易，但地区间的贸易量相对于人口和社会生产总量来说，是微不足道的。他们引证前

---

① 森田明：《清代水利史研究》（东京：1974），特别是99、138页。
② 参见《申报》光绪四年六月二十日所举的例子。

工业化时期的运输成本来为这一假设辩护。施坚雅指出："因为运输费用昂贵，加上路途遥远，所以一个地区和另一个地区的中心城市之间的事务联系被减少到最低程度……[高昂的运输成本]，实际上使得地区之间进行价格低廉的大宗货物的贸易成为不可能。"①

但是，近年来中国学者的研究却支持一种相反的观点。中国学者们一致认为：至迟到18世纪中期，中国即已出现了统一的国内市场。这一结论是建立在他们对当时存在着巨额的区域贸易量的认识之上的。② 例如：据彭泽益估计，18世纪中期区域间贸易商品的价值每年可达八千六百万两③（这个数字还没有包括地区间的走私贸易，而我们知道此种走私贸易的量也是非常巨大的）。尽管彭泽益指出此种贸易的规模在18世纪末、19世纪初曾有所缩小，但他与其他中国学者都一致同意：此种贸易在太平天国运动之后，又恢复了上升的趋势。

对汉口的研究势必导致赞同中国学者的这一观点。尽管我不太相信帝国晚期另有用意的那些国内贸易额的统计资料对于我们目前的研究是有用的，但一些确凿无疑的、非数据性的证据都证明至少在本书所研究的时段内存在着全国性的市场。在贸易活动中支撑着汉口巨大的商业大军的主导性因素就是区域间贸易货物的转运。而且，转运的货物不是单位价格高昂的奢侈品，

---

① 施坚雅：《十九世纪中国的地区城市化》，见施坚雅主编：《中华帝国晚期的城市》（加利福尼亚州，斯坦福：1977），217页（见叶光庭等译的中译本，249页，中华书局，2000。——译者）另请参阅同书248~249页（中译本，287~288页——译者）；施坚雅：《导言：中华帝国的城市发展》，见上书，24页；施坚雅：《中华帝国晚期的迁移策略：一个区域体系的分析》，见卡罗尔·A·史密斯（Carol A. Smith）主编：《区域分析》（纽约：1976），第1卷，第1期，330页；弗朗西斯·莫德：《日本、中国与现代世界经济》（英国，剑桥：1977），32~35页。

② 彭泽益：《清代前期手工业的发展》，载《中国史研究》，1981年，第1期，54~57页；侯外庐：《中国封建社会史论》（北京：1973），280页；韦庆远、鲁素：《清代前期的商办矿业和资本主义萌芽》（北京：1981），35页。中国学者近年来的这些讨论，实际上是20世纪50年代最早提出的在18世纪即已形成全国性市场这一观点的继续与发展。另请参阅最近由杨益译成英文的《清代前期的土地制度》（1958年中文版）、刘荣春翻译的《清代苏州的手工业行会》（1959年中文版），均载《中国史研究》，1981—1982年秋冬号，特别是105、140~141页。

③ 彭泽益：《清代前期手工业的发展》，载《中国史研究》，1981年，第1期，54页。

而是单价低廉的大宗货物，诸如大米、其他粮食、植物油、豆类、原棉，以及稍贵重一些的茶叶、食盐和木材等。这清楚地表明，相当比重的地方产品，甚至是重要的日用品，都已经超出本地区范围内进行买卖了。① 来自汉口之广阔经济腹地的各种商品（湖南的大米与木材，湖北的豆类和棉花）的去向为这一观点提供了进一步的证据，其中的大部分都被装上船运往长江中游地区之外，而不是在长江中游地区内部交流。

更有意思的是相当普遍地存在着一种"国内移殖"（internal colonization）现象，即国内一个地方的商人集团在另一地区（常常与其故乡相距甚远）占据一个地盘，在那里他们主要或完全从事面向区域外市场的商品生产。作为例证，彭泽益曾提到18世纪江西商人对四川森林的开发，四川与湖南人对陕西林区的开发，以及四川、湖南和广东商人对云南铜、铅矿的开发，等等。在本书的后面各章中，我们还将看到几个19世纪的例子，如江西商人对湖南中药材和贵州木材的开发，陕西商人对湖北茶叶与烟草的开发等。②

在这种较高水平的地区间贸易中，许多以籍贯为基础的商人集团，诸如著名的徽商、晋商、宁波商人、广东商人等，发挥了一种居中引导的作用。

---

① 此种跨区域市场的形成，并非在所有大区都是一致的。实际上，面向非地方性市场的商品生产主要集中在那些易于直接进入日益扩展并渐趋精密的遍及全国的水路交通体系的地方（最清楚的例证则是与水路距离的不同，对区域经济的发展带来了很大的影响，请参见伊夫林·罗斯基：《中国南方的农业发展和农民经济》，马萨诸塞州，坎布里奇：1972，第五章）。每个大区内跨区域市场最为发展的地方则是施坚雅所谓的"区域核心地带"。此外，陆上运输费用的限制（施坚雅、莫德及其他学者都强调过这一点）也是阻滞全国性市场之形成的重要因素之一。尽管如此，在我看来，在那些区域间贸易特别偏重的地方，人口与生产的高度密集化，恰恰使这样的地方易于形成全国性的市场。

② 彭泽益：《清代前期手工业的发展》，载《中国史研究》，1981年第1期，56页。此种现象与米切尔·赫茨特（Michael Hechter）在《国内殖民：英国发展过程中的凯尔特边缘，1536—1966》（伯克利：1975）中所描述的现象甚为相符（Celtic fringe，统指高地苏格兰人、爱尔兰人、威尔士人和康沃尔人或他们所居住的地区，因这些地区均属英国的边缘地区，故有此称——译者）。可是，在中国，这种国内移殖不像英国那样普遍，给移殖区带来的影响也不像英国那样消极。其主要原因是由于在中国，国内移殖大都限于从日趋多样化或较少多样化的农业经济体系中取得一种单一的商品，如正文所举例证表明的那样。

在这种引导下，才逐步形成了真正统一的国内市场（至少是在许多关系到中国人民物质生活的关键性商品方面）。这样的商人集团广泛分布在中国的各个地区，内部组织相当完善，而且为了共同的利益彼此间能够进行很好的合作（本书将多次提到这一点）。商业情报网络的迅速发展，更重要的是 18 世纪末至 19 世纪初成熟而灵活的钱庄、票号系统的出现，促进了此种商人集团在全国范围内的广泛分布。汉口的例证说明：当时中国的商业资本对于全国范围内的市场状况极度敏感，这表现在它有能力如愿以偿地将投资从一种商品转换到另一种商品，或从一个大区转移到另一个大区。①

总之，前工业化时期高效率的水运系统和特殊的商业手段，使中国克服了长距离、低技术的障碍，并在清朝中期形成了全国性的市场。即使在欧洲和其他地区，这样的发展也只有在蒸汽动力运输的条件下才有可能实现。如果说中国国内市场有一个唯一的集散中心的话，它就应当是汉口，它完全称得上是一个"中心都会"。

二、汉口贸易的类型：地方体系

正如施坚雅所论证的那样，在市场层级中特定等级的中心地很可能同时发挥其较低一级中心地的功能，但它并没有这样做的必要。更准确地说，如果一个较高层级的市场体系的中心地处于一个较低层级的市场体系的空间范围之内的话，那么，这个较低层级的市场体系的某些功能就会表现出向较高层级市场体系的中心地集中的趋势，而另外一些适合于较低层级市场体系的特殊的商业功能则可能分布在更为便利的地方。施坚雅本人指出，这种中心地集聚模式可能有一种例外："我们在较高的经济层级中可以看到背离此种普遍性的中心地集聚模式的现象，并不是一个城市自身充当着较低层级的市场体系之中心，而是在这个城市的各重要城门内外形成了好几个市场。这

---

① 史料中有无数例子都说明汉口的投资者变换所经营的产品，参见《湖北通志志余》，第 6 册，《李祥兴传》。关于商业资本在地区间转移的例证，则请参见帕特里克·休斯（Patrick Hughes）：《汉口贸易报告，1877》，英国外交部档案，17/1788，以及本书第五章。

样，一个大城市就可能会有四个以它为中心的［较低一级的］市场体系，成扇形状地围绕着它。"① 汉口就是施坚雅所说的这种背离了一般模式的极端的例子之一：较低层级的市场功能被分散给它的卫星市场去承担，而不是由汉口本身来承担。换言之，汉口在地区间贸易与区域市场体系中所发挥的作用，远比它在汉阳县及其附近的地方市场体系中所发挥的作用要大得多。

这里，我们必须提到一个明显的一般性规律：从微观地形的角度看，有时河流不仅无益于商品流通，反而是一种障碍。因此，长江，这条中国地区间贸易的大动脉，对于小于区域规模的贸易来说，实际上却成了一种难以逾越的障碍。虽然汉口起着将长江南岸地区出产的某些商品（比如茶叶）运进全国市场的作用，但同一地区更为地方化的商业活动，则几乎完全依靠武昌和其他长江南岸的市场中心。与此形成对照的是：所有与汉口有着直接联系的较大城市和地方城市市场体系几乎全部坐落在长江北岸。同样的规律也适用于考察汉水。这条较为狭窄（但湍急莫测）的河流虽然被证明并非不可克服，可是，在传统的水运条件下，对于低层级的市场体系来说，它所起的限制作用显然大于联系的作用。

这种情况造成的结果是：无论是作为较大城市，还是作为地方城市，汉口都表现出一种跨越市场体系的倾向，而此种倾向较之于它作为同一层级市场中心的倾向更为明显。认为这个城市在这些市场层级体系中完全没有起到一个市场中心的作用，显然是不恰当的，但多种地理因素共同作用的结果，使它不可能仅仅停留在一个地方城市的水平。对于小船来说，除了在汉水与长江上航行的艰险之外，还会遇到在汉口港湾里驾驶与停泊的特殊困难——汉口的港口是为停泊长距离运输的大船而设计的。此外，大船船主们为泊船、货物贮存及市场设施所支付的费用也远远超过当地市场体系中小商人的支付能力。一般说来，汉口与其紧邻的经济腹地的商业关系，基本上限制在供给本市居民自己消费的物品，或直接进入全国市场的物品范围之内，而较少供给本地区内部交换的物品。

然则，这些市场体系呈现出怎样的空间形态呢？沿着长江北岸，在汉阳

---

① 施坚雅：《中华帝国晚期的迁移策略：一个区域体系的分析》，见卡尔·A. 史密斯主编：《区域分析》（纽约：1976），第 1 卷，第 1 期，331 页。

县两侧，分别以黄州和仙桃这两个"较大城市"为中心，形成了两个市场体系（参见图2—1）。黄州位于汉口下游一百三十里处，是黄冈县和黄州府的治所。它也是"黄帮"——一个在整个汉水流域的贸易中占据着主导地位的、富于冒险精神的商人集团——的总部所在地。相当多的黄州商人聚集在汉口，创建了一个同乡聚居区；至迟到1738年，他们已建立起自己的会馆。同时，黄州也是它所处的这个较大城市市场体系的中心，它汇集了诸如豆类、植物油和稻谷之类的商业产品。这些商品中有一部分也在汉口进入全国市场。清代中后期，随着越来越多的黄帮商人将他们的商业活动转移到了汉口，黄州作为一种"较大城市"的部分市场活动也因之向汉口转移。因此，介于黄州府与汉阳府之间的黄陂县在行政上被从黄州府划出

图2—1　汉口的贸易伙伴：长江中游部分地区

来，改隶汉阳府。①

仙桃是沔阳直隶州的一个非行政城市。它坐落在汉水的西南岸，距汉阳城大约150里（50英里），来自盛产棉花与稻谷的天门县境的无数条支流和排灌水渠在这里汇集。和黄州一样，仙桃也是几个势力雄厚的商人家族的总部，他们的活动遍及汉水河谷和江汉汇合地带。在20世纪的一次行政调整中，仙桃的商业中心地位得到承认：沔阳州的治所从那个沉寂的、衰落的沔阳城迁到了仙桃。②

在"地方城市"这一层级上，汉阳县被汉水分隔成两个互不关联的市场体系（参见图2—2），而汉口则与这两部分都保持着联系。位于汉水南岸、靠近汉阳城的这部分，俗称"汉南"，面积较大，农业非常发达。它的面积虽然不到汉阳全县的四分之三，但却包括了全县19个税区（里）中的17个。到1894年，它更囊括了全县得到承认的23个集市中的19个。③虽说偶尔有些丘陵，但由众多支流所组成的水网以及大路，仍使汉南很好地统合为一个市场体系。除了稻谷与棉花等农作物之外，自从康熙朝以来，这个地方就逐步形成了一个买卖棉布的较小规模的却面向全国的市场。这个市场叫索河，位于汉阳城以西大约85里（相当于26英里多）处。对于周围地区的农民来说，它是一个最重要的中心，他们都将自己的家庭副业产品拿到这里来。18世纪初至19世纪末的很多报告都表明：很多以汉口为基地的小商贩每天都到索河去购买棉布，然后拿到城市去卖。在汉口，这些棉布被染色、加工、卷成匹，再卖给从事地区间贸易的大商人。④

---

① 《申报》光绪九年七月二十一日；1920年《夏口县志》卷二，24~25页；蔡乙青（辅卿）：《闲话汉口》，载《新生月刊》，第6卷，第1~2期，78页；《长江日报》1964年6月21日，《黄陂街》。

② 王凤生：《楚北江汉宣防备览》（1832）卷二，20~21页；《刘氏宗谱》（1924）；《冯氏宗谱》（1946）。

③ 《光绪湖北舆地志》卷五，22~23页。

④ 1748年《汉阳县志》，转引自藤井宏：《新安商人研究》，载《东洋学报》，第36卷，第1期，15页；1818年《汉阳县志》卷七，22页；范锴：《汉口丛谈》卷一，17页；额尔金（Elgin）致马尔莫斯伯利（Malmesbury），1859年1月5日，英国外交部档案，405/3。

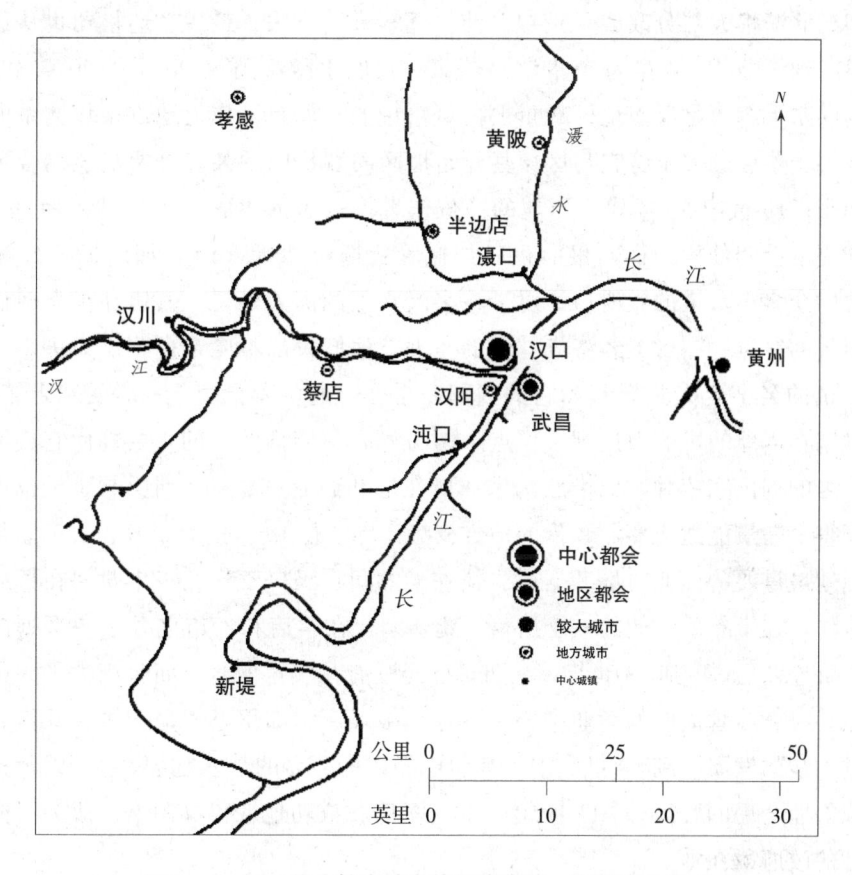

图 2—2 汉口作为较大城市的经济腹地：主要商业中心

除了索河与汉阳城（它的作用甚至在当地商业活动中也惊人地微弱①），汉南还包括三个市场中心，其重要性足以导致在那里设置巡检司。新滩是汉阳上游的一个长江码头，距县城约110里（大约40英里）。它是汉阳县南境的主要集市。沌口位于一条流入长江的小河的入江口，是一个战略地位极其重要的据点，也是漕粮汇集的一个初级仓库。由于19世纪中

---

① 汉阳在市场层级中只能列为"地方城市"。虽然它也兼负着更高一级或两级经济层级之中心地的某些功能，但是，(1) 作为府治的行政地位，要求它为官绅与文人们提供居住条件；(2) 因为紧靠汉口，它只能从那里分得一点点地区间贸易的余额；(3) 即使在汉口兴起之前，它也只是一个地区城市。所有这些原因，决定了它只能是一个地方城市。

期湖北漕粮大部分改成了折银，沌口逐渐衰落下去。最后，巡检司也从这里迁到了蒲潭。① 第三个集市是蔡店，它位于距汉阳60里（约20英里）的汉水上游，是汉南地区最重要的经济中心。而且，作为地方市场体系的中心，蔡店进一步将它与区域甚至是地区间贸易中的某些重要功能结合了起来。19世纪50年代，当地的一位作者把蔡店描述成"汉口的附庸"②。同更上游的仙桃一样，蔡店也是如血管般遍布"天（门）沔（阳）"地区的众多小水道的排泄口。对于许多汉水上的商人来说，蔡店往往是他们南行的终点——出于经济或方便的考虑，他们大都不愿亲自到汉口去。这个镇的名字令人联想起和它的兴起联系在一起的蔡氏家族——明朝末年，蔡家在当地的影响力达到了顶点。1670年，蔡店商业上的重要性使它成为著名的刘氏家族和姚氏家族的宗庙所在地和商业总部——刘氏与姚氏也许算得上是最能适应商业潮流的地方权势家族。在19世纪上半叶，姚玉魁是当地最重要的商业力量。据说，他一半时间在汉口工作，一半时间在蔡店工作。几十年后，他的一个后裔，姚朝宗，在蔡店和沙市创办了一系列的干货连锁店。③ 到1818年，蔡店镇已经驻有几千家商号，而且当太平天国运动时，尽管周围的商业中心多次遭到破坏，它却得以幸免于难，并得到进一步的发展。到19世纪末，蔡店已经成为著名的"水陆要津"，以及捞钱的厘金局的驻地。④ 自1950年起，蔡店就成功地取代汉阳城，成为汉阳县的政府所在地。

汉阳县位于长江以西、汉水以北的那个扇形地区（汉口本身也处于这一地区），属于与汉南分离的另一个市场体系。这一地区湖沼密布（一个名叫"后湖"的巨大的贮水塘是这一地区地貌特征最主要的代表），直到19世纪初还没有被大规模开垦。虽然19世纪二三十年代这里的人口越来越多，但其农业仍仅限于生产维持生存的粮食，以及提供一些瓜菜给汉口的零售市场。捕鱼是最重要的副业，捕到的鱼同样也大都拿到汉口市

---

① 《申报》光绪六年七月五日。
② 胡兆春：《尊闻堂诗集》，见《胡氏遗书》，6页。
③ 《刘氏宗谱》（1832），第2章；《汉阳姚氏宗谱》，第2、3章；《姚氏宗谱》，第6章，10页。
④ 1818年《汉阳县志》卷七，21页；《申报》光绪五年十一月十一日。

场上去卖。① 汉阳县北境与该县其余部分经济上的分离，有利于独立的"夏口厅"（后来在20世纪初改称"夏口县"）的建立，但它却从未形成自己独立的经济体系，而是与其北面的邻县——黄陂和孝感——的部分地区连成一片，共同组成一个地方市场体系。除了与黄陂分享共同的江岸之外，汉口还通过由许多虽小却很适于航行的小河组成的水网与黄陂、孝感二县相联系，大部分小河在汉口土垱湾和六渡桥附近流入玉带河。土垱附近也是联系汉口与黄陂的主要大道的终点。到1820年，在沿着玉带河（也就是沿着汉口面向陆地的边界）的一些平整的空地上，已经形成了很多每天都逢集的露天市场。到19世纪后半叶，随着地方贸易的加强，一些小商贩和经纪人在附近商人们的引导下，更加老练地经营着流入汉口的食品生意。②

汉口有时会从这个地方的腹地直接输入某些种类的消费品。它也为黄陂的作坊和农民家庭手工作坊所生产的手工业品（如烟袋、铜饰等）提供进入全国性市场的通道，还向这个腹地的人们提供进入城市工作的机会。尽管汉口在地方体系中发挥着如此之大的作用，但将它看成是包括黄陂、孝感和汉阳县东北部在内的广大地区的中心地仍然是错误的。地方内部的市场功能看来主要是被分散在几个较小的中心地。其中最重要的也许算得上是半边店。它是黄陂县的一个非行政性的"地方城市"，是当地植物油贸易的中心。附近几个县的农民和小商贩们都被吸引到这里的榨油坊来，而汉口则完全被置诸一旁。③

总之，虽然汉口并非与其腹地完全隔离，但它在湖北中南部地区的经济作用却受到很大限制。它几乎完全是为了适应地区间贸易而形成的，无论是在与其他地区的联系上，还是在长江中游地区与国内市场的联系方面，它都

---

① 范锴：《汉口丛谈》卷二，1页；《申报》光绪五年七月十二日；张寿波：《袖珍汉口工商业一瞥》（1911），20页；《在玉带河的故道上》，载《长江日报》（佚日期）。

② 范锴：《汉口丛谈》卷二，26页；《申报》光绪四年一月二十一日，光绪八年六月十八日；《汉口的六渡桥》，载《长江日报》1962年8月23日；关于其他汉口周围的产品市场情况，参见王葆心：《续汉口丛谈》卷三，47页；刘文岛：《汉口市政建设概况》（汉口：1930），第1部分，第1章，5页。

③ 嘉庆二十五年戴春云奏，见明清档案，"刑科题本"。

占有绝对的垄断地位。甚至在居民的食物供应方面,虽然汉口从它的郊区"后湖"地区获得鲜鱼与蔬菜,但它还需要通过地区间贸易从遥远的地方得到大量的食物——实际上包括绝大部分的粮食。换言之,汉口的这种情形显示出它周围地区的经济发展水平非常之低,而这一事实又反映了汉口社会历史的某些特点。

在最近出版的《局外人:西方人在印度与中国的经历》一书中,罗兹·墨菲(Rhoads Murphey)更进一步地阐明了与此相同的观点。他说:

> 与印度的情形相比,中国通商口岸与其腹地之间的联系受到了严格的限制。这种联系很大程度上被限制在一个狭小的范围内:通过中国买办运出一些重要的农产品来出口,再通过他们将进口或在开埠城市生产的比较少量的工业品分散到各地。在某些经济领域,通过通商口岸的间接代理商,商品化的程度有所提高,对外贸易有所增强,但总的说来,这些变化并没有能够带来中国经济状况的巨变。

我们可能不太同意墨菲有关中国城乡经济分离程度的看法,但总的说来,我们对汉口的研究结果,证实了他的"城市独立于乡村"的观点。无论如何,似乎都没有理由将此种现象完全归因于这个城市是通商口岸。汉口引人注目的地区间贸易量和贸易范围在鸦片战争前好几个世纪就已经开始出现了,并且甚至在汉口开放之后仍然是它最具生命力的一个方面。① 正是汉口之全国性突出地位的建立,而不是西方的影响,使它逐步摆脱了地方商业体系之中心城市的地位。这种转变是明清时期中国统一的全国性商品经济发展的必然结果。

三、商业的运营

城市学家一般认为:"前工业化城市"必然存在着较低的劳动分工与职业的专门化。但中华帝国晚期的城市却总是与此种观点不符。在中国,正如施坚雅已经指出的那样,随着经济中心地区规模的扩展,劳动分工的程度也

---

① 罗兹·墨菲:《局外人:西方人在印度与中国的经历》(安阿伯:1977),8页。

在不断增强。因此，像汉口这样在市场层级中居于最高层级的城市，在职业构成和商业内部部门都拥有高度发达的分工。①

在汉口商业活动中，存在着复杂的劳动分工，它是按照产品和功能来分门别类的。金融投机家和运输承包商可以（也确实是这样做的）根据市场行情，把他们的投资和运输业务从一种商品转移到另一种商品②，但是，更直接地参与商品经营的商人们大都倾向于专做某一种商品的生意。报纸上关于当地火灾的报道列举了一系列令人眼花缭乱的零售商店，它们专门出售一种商品，诸如帽子、头巾、酒、烟草、鞭炮、食用油和绳索等等。政府特许的经纪人受到法律的限制也只准经营一种商品。批发商则可以像非常成功的汪士良和他的妻子那样，从一种单一的商品开始（种类繁多的当地茶叶），发展到与之相关的领域（其他食品），之后再开办附属商行，经营与之无关的商品（棉布）。③ 但是，根据经营商品而组织的商业行会比起同乡会日益增多的趋势，反映了这样的事实：个体批发商越来越多，而不是越来越少地朝着经营商品的专一化方向发展。

更为显著的是，汉口商业活动复杂细致的劳动分工还表现在这样的体制中，即每一个商人在某种特定商品的收集与出卖过程中，都只承担其中一个很小环节的工作。曾经有一位中国学者将这种体制称为"自然行业"，以与"现代企业"相对应，其特征是在生产者与消费者之间存在着由各种承包商和次一级的承包商组成的商业网络。为了适应国内贸易的需求，它曾历经变化，并在最后也被用于对外贸易。例如：在考察桐油从汉口向海外输出的过程时，彭雨新列出了七个不同等级的商人，通过他们，桐油才从生产者那里

---

① 施坚雅：《中国农村的市场和社会结构》，载《亚洲研究学报》，第24卷（1964—1965），3~44、195~228页（中译本由史建云、徐秀丽译，中国社会科学出版社，1998——译者），特别是第2部分，212页（中译本93页——译者）；施坚雅：《中华帝国晚期的迁移策略：一个区域体系的分析》，见卡尔·A·史密斯主编：《区域分析》（纽约：1976），第1卷，第1期，328页。关于城市学家的观点，请参阅杰顿·斯杰伯格（Gideon Sjoberg）：《前工业化城市》（纽约：1960），91页。

② 作为一个记录下来的例子，比如：据"总理衙门档案·湖北英人交涉"记载，光绪十三年五月，一个独立的船主为了一宗获利更多的运盐业务，而突然违背了与洋商已订好了的运输合同。

③ 武汉市工商联合会：《武汉市汪玉霞食品厂沿革》，手稿，1959。

转送到外国买主手中。① 在商品集散链上每一环节的商人都有明确的权限和责任。

许多联结这些商品集散链的节点都是在重要的商业城市里，但这并不意味着其中的大部分已实现了高度的资本化。相反，其中的大部分都是"以代理业务为基础的本地小本商人"，就像英国领事麦华陀（Medhurst）1867年所描述的那样。② 几乎所有值得注意的中国和日本有关这一问题的学术论著都指斥这一体制的"封建性"，认为它只能是建立在大小商人之间的金钱契约基础之上的。③ 在最近修订的一篇文章中，罗曼·迈尔斯（Roman Myers，汉名"马若孟"）明确指出：这种体制使人们对中华帝国晚期的商品化水平留下了深刻的印象，因为"它刺激较少积蓄的那部分人在从事生产活动的同时，又可以从事承包或转包活动"④。这两种观点是合理的；可是，当面对国际竞争的时候，这种资本利用水平很低的商业体制就暴露出许多严重的缺陷，就像在汉口茶叶贸易中所发生的那样。

为了研究的方便，我们将汉口的商业团体划分为五大类。下面，我将按照它们在商业活动中所处地位之高低，分别加以简要地讨论。⑤

---

① 彭雨新：《抗日战争前汉口洋行和买办》，载《理论战线》，1959年，第2期，29页。

② 麦华陀（Medhurst）致艾科克（Alcock），1867年1月23日，英国外交部档案17/428。

③ 较好的论著可以举出波多野善大《中国近代工业史研究》（东京：1961）、横山英《中国近代化的经济结构》（东京：1972）以及傅衣凌《明清时代商人及商人资本》（北京：1956）等。

④ 罗曼·迈尔斯：《明清时期的商人和经济组织》，载《清史问题》，第3卷，第2期（1974年12月），85页。

⑤ 这里的总体分析是以收集自如下文献的原始资料为基础的："总理衙门档案"、"明清档案"，《申报》的报道，叶调元：《汉口竹枝词》，水野幸吉：《汉口》，以及日清贸易研究所：《清国商事指南》等。与此相关的第二手资料则包括冯华德：《湖北省"牙税"性质之演变》（见方显廷主编：《中国经济研究》，长沙：1938，第2卷，1067~1080页），彭雨新：《抗日战争前汉口洋行和买办》（载《理论战线》，1959年，第2期），根岸佶：《买办制度研究》（东京：1948），阿德利·李·麦克埃德里（Andrea Lee McElrerry）《上海钱庄，1800—1935》（安阿伯：1976），以及斯波义信：《宁波及其腹地》（见施坚雅主编：《中华帝国晚期的城市》，410~414页）等。而我对于中华帝国晚期商业结构的认识，则应归功于与苏珊·曼因·琼斯（Susan Mann Johns）教授的多次交谈。

1. 代理商或经纪人。根据他们所专营的商品，经纪人可划分为两种类型：一类是拥有政府执照的"牙行"，一类是没有政府执照的"经纪"。他们都是独立的商业从业人员，其基本作用是管理某一类商品交易的市场和在卖主与买主之间充当中间人。经纪人或者拥有自己的栈行，或者是某一栈行的合伙人。栈行里储藏着其委托人的货物和近期的进货。它一般附设有一个客店（舒行），商人们和他们的伙计们在汉口做生意时就住在这里。这些货栈兼客店是汉口真正的心脏。据一本 1867 年的《商业指南》说：沿着汉口的主要街道，所能看到的实际上只有这些货栈兼客店建筑。① 经纪人可观的收入主要来自于这些房屋的租金、监督买卖与看管抵押货物的佣金，有时也来自于为某项交易提供保证金得到的利息。此外，经纪人也常常在他们所"经纪"的商品方面，经营自己的生意。

2. 其他委托代理商。除了经纪人之外，汉口还有各种各样的代理商开业。这些人也主要是把卖主与买主撮合在一起，作为报酬，他们得到一定比例的交易额。与经纪人不同，他们实际上没有资本，不是独立的商人。他们更像是一种契约雇员，在买卖双方谈判交易的过程中，提供一些帮助。（一种特殊的代理商受雇于经纪人，处理他们日益增多的一些日常事务。）代理商因其特定的作用而有各种各样的称谓，可是，作为一个阶层，他们都被归于"经手"或"经手人"。有一种"经手"就是众所周知的"买办"。虽然"买办"制度在开埠之后才逐渐发展成熟，但在汉口这样五方杂处的大都会，在 1861 年以前，"买办"就已经有很长时间的历史了。比如，聂道平，一个湖南人，就是一个参与全部国内贸易的买办。一位湘潭大煤商雇用了他，并通过他将煤卖给汉口的各省商人。② 和经纪人一样，这些代理商也不时通过投机经营自己的生意，以谋取利益。

3. 批发商。这类商家有各种各样的称号，比如"庄"、"号"、"店"。

---

① W.F. 迈耶（Mayers）、N.B. 丹尼斯（Dennys）、C. 金（King）：《中国、日本的通商口岸大全》（伦敦：1867），445 页。关于汉口经纪人群体的经营情况，特别是在大米交易方面，请参阅安部健夫：《谷米需求之研究——拟作为〈雍正史〉的第一章》，见《清代史研究》（东京：1971），502 页。

② 同治六年一月二十九日湖广总督官文奏，见总理衙门档案："湖北、浙江、奉天法英美俄交涉"。聂道平在最初的记载中即被称为"买办"。

他们都专营一种或某一系列的商品，这些商品在出卖时经常盖上店主的姓氏或店号。他们一般只是买卖自己经营的货物，有时也会对商品做一些局部的加工。因此，一个"庄"通常是一个相当大的营业点。一份清末的史料估计：在汉口，一个"庄"的资本一般在一至六万两之间。较大的批发商长期雇用自己的采购员，而较小的批发商则从独立的"行商"那里购买货物。汉口的"庄"常常进入其他商业中心的相同行业中去。例如：1940年前后，著名的宁波镇海的方氏家族就在汉口建立了经营洋花布的批发行，它是一家在上海、杭州和其他城市都有分号的、经营糖、茶、丝绸和棉花的大集团企业的一部分。同样，汉阳县的姚氏家族在汉口、蔡店以及沙市也都有经营棉花与丝绸的商号。再一个例子就是一些专营粤菜和川菜的商人，他们在汉口的分店与其在重庆、成都、广州、上海和扬州的分店都有密切的联系。①

4. 行商。他们通常被称为"客商"或"贩子"。虽然这些人在较小的市场一般是分别从事零售生意，但在汉口，他们却几乎是专门的批发商：他们把商品带往主要的城市中心或乡村市场，或者从其他城乡市场运回货物。很少"客商"是汉口本地人，但他们中的许多人长期居住在这里，而且在好几个街区，他们占据了人口的多数。个体客商的营业规模有很大差异，但集合起来，他们就构成了汉口市场的血液，并提供了几乎所有的贸易商品。他们不仅买卖自己的货物，还接受雇用，为别人处理一些商业事务。一些大客商可能拥有自己的运输工具，但大部分人依靠租船或挑夫。汉口最典型的大客商是宁波商人史富润，他与他的叔叔、兄弟以及杭州人陈中吉合伙，在宜昌与几个下游港口城市如镇江之间，从事帆船贸易。史与他的合伙人用他们自己的资金购买木材运往下游，而在回程则装上桐油。由于桐油的单价较高，他们的上水贸易常需要向金融财团求助。②

---

① 中国人民银行上海分行：《上海钱庄史料》2（上海：1960），730～731页；《姚氏宗谱》，第6章；《申报》光绪七年闰月六日。关于"庄"的资本化，请参阅日清贸易研究所：《清国商事指南》，第1卷，972页。

② 艾勒伯斯特（Alabaster）致韦德（Wade），1880年7月7日，英国外交部档案，228/651。

5. 零售商。多称为"铺",有时也称"店"(常与某一批发商号同名)。为了供应众多的人口,汉口需要大量的市内商人。他们的店铺种类繁多,大小不一,从街头小贩的货郎担,到露天的小摊子,到拥有数千两资本的历史悠久的商号。一般说来,零售贸易与这个城市主要的地区间贸易有着明显的区别,但在两者的连接点上,经常有一些个体商贩在发挥着作用,他们帮着照料批发商号周围那些准备装运的存货,并在这里收购一些可供零售的货物。①

现在,让我们对汉口商业企业的结构做一个简要的考察。正如日本学者已经指出的那样,中华帝国晚期的大部分商家都是遵循着血缘关系(日本学者称作"封建")组织的,其雇员一般是通过血缘关系或同乡关系补充的。在汉口商业中,我们可以找到很多这种情况的例子。这有利于增强雇员们的忠诚。这一点对于上面所提及的、来自四面八方的汉口商家来说,尤其重要。藤井宏把这种商行,比如徽州商人在汉口所建立的商行,描写成这样一种家族系统:家长就是企业的领导,主要由其直系血统的亲属辅助他,只有少数杂务由那些与主人同乡但没有血缘关系的人来做,他们又常常是主人家的"世仆"②。受雇的伙计如果不是老板的亲属,通常会规定一些相当苛刻的义务。如一位英国官员记载说:由于受到太平军的威胁,"汉口商行的老板们几乎全部逃离了他们的商店,而只留下很少可靠的人,他们作为主要店员留下来负责照看商行"③。

然而,如果做进一步的考察,我们发现:在帝国晚期的汉口,这种家族所有、家族经营的商业企业已经逐渐发生了转换。我们注意到18世纪中期有一个这样的例子,徽州商人汪士良将他门类繁多的汉口商行转交给一位山东籍的职业经理,以便他自己能够告老还乡。④ 到19世纪中后期,绝大多数因各种原因而被汉口道台调查过的商行都是由来自全国各地的合伙人组成

---

① 《申报》光绪十三年十一月九日。
② 藤井宏:《新安商人研究》,载《东洋学报》,第36卷,第3期,78~79页。
③ 怡和洋行档案,"汉口办事处理查德·杜德利(Richard Dudley)致上海总部",1861年5月20日。(作者对此条史料的理解可能有误,它不足以说明非亲属雇员所承担的苛刻的义务。至少,这条材料不是很典型。——译者)
④ 武汉市工商联合会:《武汉市汪玉霞食品厂沿革》,手稿,1959。

的。① 而且，这些商行往往是按照看起来相当现代化的合资经营方式组织的。

显然，19世纪汉口的商业世界完全符合马克斯·韦伯（Max Weber）所提出的"经济理性"的主要标准：资本的普及化及其精巧的运用。② 到19世纪，股份制商行在中国商业领域已有了很长一段历史。根据今堀诚二提出的时间表，"古典式"的合伙企业是从明代中叶开始的，其结算体系的特征是按照每一个投资合伙人投入资本所占的比例，来分配利润（这与领薪水的雇员大不相同）。在19世纪的前二十五年中——即鸦片战争以前——负责具体经营商务的经理（"伙"）与单纯的投资人（"东"，他不负责商务的具体经营）之间的区别就越来越明显了。③ 在中国最近重新发表的一篇研究清初煤矿经营的文章中，邓拓详细说明了煤矿资金账簿所反映的如何根据资本投入的比例、经营责任的大小，以及更广泛的其他因素，来计算利润分配给股东们。而且这一体制有一种内在的能力：当需要增加投资时，它可以在内部扩大融资。④

在汉口，复杂的合伙形式与资本积累方式长期维持在一种相当低的水平上。19世纪50年代的一份地方史料描述几乎所有类型和规模的汉口商行，都是"各有财东各有宾"⑤。到19世纪60年代，一位当地海关官员描述说：汉口的"中国投机商们"由于前一年茶叶歉收而蒙受了损失，所以正将他们的资本大量地转移到盐贸易方面来，以便努力弥补他们的损失。这说明当时

---

① 汉口道台的这些调查报告见于总理衙门档案。有关各地商人的合伙关系更详细的情况，请参阅本书第七章。

② 马克斯·韦伯：《社会与经济组织的理论》（纽约：1964），从191页开始。遗憾的是，我未能找到19世纪汉口的账簿。有不少证据是有关北京的，罗伯特·P·加德拉（Robert P. Gardella）在《中国清代和西方的商业账目：一个初步的评估》（载《清史问题》，第4卷，第7期，1982，56~72页）一文中对此做了讨论。关于账簿革新的意义，请参阅雷蒙德·德路福（Raymond DeRoover）：《中世纪布鲁日的货币、银行和信用》（马萨诸塞州，坎布里奇：1948）。

③ 今堀诚二：《清代合伙的现代化倾向——以"东"、"伙"分化形态为重点》，载《东洋史研究》，第17卷，第1期（1956），1~8页。关于中国合伙制的早期历史，请参阅斯波义信：《宋代商业史研究》（日文初版于1968，风间书房；英文本由伊懋可译，名为《宋代的商业与社会》，安阿伯：1970；中译本由庄景辉译，台北稻禾出版社1997年版——译者），自199页始（所注为英文本页数——译者）。

④ 邓拓：《从万历到乾隆》，见所著《论中国历史几个问题》（北京：1979），221~224页。

⑤ 叶调元：《汉口竹枝词》卷五，3页。

的汉口不直接参与具体商务经营的投资人已经相当普遍。①

  1887年，皇家亚洲协会中国分会举办了一次有关中国商行破产处置之法律定罪的讨论会，会议论文集充分反映出中国商业组织的复杂性，以及法律原则不得不依靠强化个人责任才能实施的情况。② 与会的大部分人都在汉口长期生活过（麦华陀、嘉托玛、帕克），毫无疑问，他们是以其在汉口的观察为基础进行评论的。讨论会一致认为：在中国，没有固定的法律法规以确定每个合伙人的责任，但合伙人一般会认可官方的判决，认为那是公正的。通常，合伙人按照他们先前的投资比例来分担债务责任。然而，在一些情况下，合伙人之一常被指定为"经理股东"，其他合伙人提供的投资可能仅仅被认为是借钱给他；在这种情况下，其他合伙人的债务责任也就只限于其最初的份额。在任何情况下，如果是由于经理股东的失职而导致商行事业失败的话，那么，他就要承担比他的投资份额要多的债务责任。

  汉口的商业运营因其经营项目之不同而有很大的不同，甚至每一种商品所使用的重量、尺寸等基本标准都不相同。但是，在这个城市大部分贸易活动中，某些共同的规则还是统一的。其中最主要的是使用"中人"——他在经济领域各层次中都发挥作用，从上述之批发经纪人、代理商，到同乡邻里往来中的私人小生意和个人借贷。"中人"通常起两重作用：一是作为交易当事人的保证人，二是作为买卖活动中公正的仲裁人。作为所剩不多的19至20世纪中国商业活动之特征的证据，"中人"的第一重作用已有许多人做过论述（如玛丽安·利维［Marion Levy］③ 及其他学者）；在这里，我想强调一下"中人"在维持一个有秩序的市场中所起到的"理性"作用。

  "中人"的这种"理性"作用在如下事件中可以得到很好的说明。1880年，几位英租界的居民打算向停泊在汉口港的运石船购买一批铺路石，以维修当地的路面。船主急于卖掉石头，但说必须要当地的石头商行会做中

---

  ① 海关总税务司：《中国通商口岸对外贸易报告》（上海：1865），40页。

  ② 《中国的合伙制：个体成员的责任》，载《皇家亚洲协会中国分会学报》，第22卷，第1期（1887），39~52页。

  ③ 玛丽安·利维与石坤寒（音译）：《现代中国商人阶层的兴起》（纽约：1949），第1章第6节及其他各处。

人。英国人就去找石头商行会的管事人,这些不知所措的洋人得到的答复是:为了保证市场上持续有货和价格稳定,运石船必须按照到达汉口的先后排定顺序,只有在所有排在前面的船都卖完了石头之后,才能允许后来的船交货。① 这样做的后果,减弱了买卖人之间竞争的强度,稳定了物价。但这并不意味着物价是由"中人"决定的。鸦片战争时期的湖广总督裕泰作为见证人提供了这个事实的证据。当时,清廷命裕泰在汉口采办铁料用以铸造大炮,以反击进犯广东的英军。当他为办理此事与作为中人的当地的生铁经纪人接触时,这位总督对市场上金属的要价深感惊异。于是他着手进行调查。调查结果表明:市场价格既不是固定不变的,也不是任意上涨的,而是在汉口生铁经纪人成功的调节下,由供求关系决定的。这让裕泰感到满意。②

另外一些得到汉口商业界普遍承认的共同准则,也有利于市场秩序的维持。汉口有很多交易地点,在每个交易地点,都有一种占据主导地位的交易,这与唐代官方管理市场的某些特点很相似。虽然现在起控制作用的是民间组织商业行会,但控制并没有因此而放松。较大的市场交易几乎都是季节性的,因为在冬季的江河上航行对于无数装载货物去贩卖的民船(个人所有的小帆船)来说,有很大的风险。每个控制一种贸易的商业行会都选择一个吉日,以开始此种贸易的交易季节;这个吉日每年不同,但这个城市里所有的或大部分的市场对于特定季节所选的开张吉日却几乎相同。一旦市场开张,对贸易负有督导责任的经纪人即努力把喊价与出价限制在适当的秩序与稳定的价格范围内。在大部分贸易中,新来的买卖人在公认的某一种商品市场之外的地方摆摊出卖他们的商品,并不受到严格地禁止,但因为这些公认的市场一般都位于最方便装载这一类货物的船只停靠的地方,并且保证提供给他们以装卸货物的方便,也有充足的理由在这里可以遇到买主,所以,大部分新来的商人都乐于服从市场和市场管理人员。③

虽然在汉口商业的内部,坚持不懈地致力于控制与自我调节,但 19 世

---

① 湖广总督李瀚章光绪六年八月二十八日奏,见总理衙门档案:"湖北英人交涉"。

② 道光二十一年十一月二十八日裕泰奏,见"清宫档案"。

③ 关于汉口市场的季节性安排,可参见《申报》光绪二年二月十八日、二月二十八日的记载,以及水野幸吉:《汉口》,291 页。

纪的汉口仍得以保持为一个著名的自由运转的市场。贸易受到严密的监督，但从未被彻底控制。江湖骗子、纨绔子弟与街市混混儿在这个城市都很活跃。可是，西方著作中通常描绘的中国城市（或"前工业化城市"）的种种陋习和效率低下，在汉口却很少表现出来。以原始的讨价还价代替理性的市场控制机制，在与贸易伙伴的关系上持一种强烈的排他性态度，不合适的贮藏方式和贮藏设备，以及缺乏马克斯·韦伯赋予城市的"契约自治"的特征①，等等，似乎没有一条完全适用于中华帝国晚期像汉口市场所显示出来的大宗批发贸易方面。所有各式各样书面的商业协议，从船运协定（"船票"）、装货单（"保单"、"清单"），到各种凭据（"凭票"、"借据"）的交易契约（"定单"、"成单"），都在汉口正常地通行流转（这些我们在第五章还将进一步讨论）。② 实际上，如果没有这些，这个城市如此庞大的贸易是无法想象的。商人们与行会地质量控制方面的一致努力，恰恰证明他们并非忽视"市场理性"，而是对它抱有一种依赖感。韦伯曾把"理性经济"定义为"一种功能性组织，它与源于人们在市场上的利益争夺的货币价格相适应"③。基于以上事实，我们认为：19世纪的汉口经济完全适合韦伯所说的"理性经济"。

四、贸易转型？

本世纪（指20世纪——译者）初，长期居住在中国的阿奇博尔德·里

---

① 马克斯·韦伯：《中国的宗教》（纽约：1951），102页；杰登·斯杰伯格（Gideon Sjoberg）：《前工业化城市》（纽约：1960），200~207页。

② 关于汉口港的管理规章，请参阅《湖北通志》卷五〇，14~16页；《申报》光绪六年六月十七日和光绪三年十月二日；水野幸吉：《汉口》，296页。奥古斯塔·马杰利（Augustus Margary）为我们提供了一个很好的中国商业合同的例子，当时他正在汉口为将使他饱受磨难的1874年的贵州之行做准备："船主带来了一份正式的中国商业合同，并送到我的手里。其主要内容是：他将把我送到贵州省的镇远府；为此，我需要支付11万钱，这将在途中分几次支付，在汉口要支付的首期定金是6万钱。经费总额包括在任何突发情况下都能保证我的安全与自由，以及为解决频繁出现的、各种将导致延期或给旅行者带来困扰的'事件'所需要的费用。"（马杰利：《从汉口到大理的旅行笔记》，上海：1875，2页）关于清末其他合同的格式，请参见邓拓：《论中国历史几个问题》（北京：1979），201~203页；罗曼·迈尔斯（马若孟）和张陈福美合著：《中国清代的习惯法与经济发展》，载《清史问题》，第3卷，第10期（1978），4~27页。

③ 马克斯·韦伯：《马克斯·韦伯社会学论文集》（纽约：1958），331页。

德（Archibald Little）曾这样描写武汉三镇：

> 对于中国居民来说，他们还清楚地记得1855年太平军撤出武汉后三镇受到彻底破坏的荒凉景象……如今，武汉三镇却已惊人地恢复过来。毫无疑问，这种恢复不仅是由于中国人自己巨大的恢复能力，更是由于汉口港向外国居民的开放。这一开放措施，虽然受到中国官员们的极力反对，却受到人民的热烈欢迎。通过引进外资，湖北全省得到救助；同时，国际竞争机制的引入，也激发了这个城市的活力。①

除了最近的一些西方学者，这种自鸣得意的臆想总是在关于汉口及其同类城市的讨论中反复地被重复着。但是，在鸦片战争之后的半个世纪里，汉口的贸易是否真的发生了巨变呢？此前的讨论似乎对此给出了明确的答案：正是西方商人的极力推动，才使汉口这个"尚未为人所知的著名的商业中心"向世界开放②；虽然他们明知这个城市在1850年之前已经是中国乃至世界是最大、最复杂的贸易中心之一了。与西方的贸易带来了一些显著的变化，比如轮船的到来和茶叶的国际贸易。可是，我们必须谨慎地区分这些变化何者可直接归功于与西方的接触，而何者则是其内在发展过程的必然结果，尽管这一进程因受到外贸的催化而加速，但它的发展毕竟远远早于对外贸易。在1889年中国开始引进蒸汽动力工业之前，这一内在发展的结果看来要比（西方势力的到来所引起的）变化重要得多。

为了弄清1890年以前对外贸易给汉口所带来的影响，我们必须将这一时期的汉口与几十年之后更受西方重视的汉口分别开来。太平洋两岸的研究者们都倾向于将更为人所知的后一时期的汉口的状况反推到汉口与西方贸易的初期。由此，就产生了这样的倾向性认识：这些状况的变化，应归因于港口的开放，而不是其随后发展的结果。然而，甚至是坚持强调洋人支配汉口对外贸易带来危害影响的彭雨新，也承认在汉口开埠的头三十年里，西方贸易"还停留在初期阶段"，其特征是外国势力的影响相对较小。③

---

① 阿奇博尔德·里德（Archibald Little）：《远东》（伦敦：1905），94页。
② 《北华捷报》1854年8月12日。
③ 彭雨新：《抗日战争前汉口洋行和买办》，载《理论战线》，1959年，第2期，24页。

在绪论中，我曾提到19世纪90年代之后汉口社会发生了引人注目的变化，那是伴随着张之洞的"自强"工业化运动以及《马关条约》后外资工业的发展而出现的。从1890年到1910年的20年时间里，是当地商业的一个转折期。在这一时期，在中日战争和工业化影响等多重因素的共同作用下，帝国主义势力进一步加强了对中国的掠夺，西方人才逐渐真正取得了他们寻求已久的、在汉口贸易中的控制地位。因为各种原因，特别是第一条铁路的建设贯通了汉口，汉口的对外贸易在这一时期得到了很大的发展。一份当时的资料报告说：从1867年到1916年，汉口的年度外贸额增加了两倍（从6 900万两增加到2.002亿两）；另一些报告说，这些年中的增长幅度要更大一些。① 随着贸易的扩展，到汉口来的外国人显有增加之势。1895年，英租界与俄租界连接起来，这一年晚些时候与德租界、1898年与法租界相继连成一片。同样在1898年，日本人也首次在汉口建立了租界，并且在随后的七年中他们将租界扩大了近一倍。这样，在这一时期内，几个世纪以来汉口的老商业传统遂几乎完全被外来势力征服了。

如果说1890年前几十年间的汉口贸易在贸易者方面与其后不同的话，那么，它也同样在本质上不同于19世纪前半叶的贸易。然而，贸易方面最早的明显变化看来并不是由于1842年或1861年外国人的到来而引起的，而是由于太平天国运动造成的。19世纪50年代初，太平军开始阻截了汉口商品的出入，到1853年，他们已有效地封锁了汉口贸易最重要的一条路线，即沿长江下行前往江南的路线。② 在太平天国时期，用当地人的话来说，太平军视汉口为宝库，每年来光顾一次，以掠夺财物，补充他们的食品与现金储备。③ 他们的掠夺迫使很多商人不敢经过汉口，从而改变了国内贸易的交通路线。最后的打击发生在1854年，太平军将武汉三镇夷为平地，汉口繁荣的贸易在突然之间完全停顿了。第二年收复汉口后，胡林翼

---

① 张鹏飞主编：《汉口贸易志》（1918）。另请参阅约瑟夫·艾什利克（Joseph E sherick，周锡瑞）：《改良与革命：辛亥革命在两湖》（伯克利：1976），5页；郑友揆：《中国的对外贸易与工业发展》（华盛顿：1956），22~23页。
② 1867年《汉阳县志》卷八，43页。
③ 胡兆春：《尊闻堂诗集》，见《胡氏遗书》卷一一，8~9页。

议论说:"汉镇昔称最盛,今则荡为瓦砾矣!"①

恢复工作几乎立刻开始,其速度令西方观察家们深感震惊。② 然而,太平天国运动给汉口商业的影响是长期的,甚至是永久性的。有些贸易项目,比如盐,尽管在后来又达到了很大的比例,但所有证据都表明,它们再也未能完全回复到事变前的水平。在一定意义上,汉口贸易的整体结构改变了,更为重要的是,这个城市的商业精英发生了意义深远的变革:许多商业集团,比如在19世纪三四十年代以来就一直在走下坡路的徽商,发现重新从头开始再创伟业是非常困难的。商业领导地位的变化,在占据主导地位的食盐贸易中表现得最为明显。在这一点上,最权威的证据莫过于胡林翼的叙述,他指出:通观汉口商业的全貌,可以发现,劫后最突出的那些商行,很少是在战前即已卓有成就的。③

大量证据表明:虽然汉口在1855年政府军收复之后,就立即着手重建工作,但还是过了许多年,汉口才开始接近它在战前拥有的全国性的经济地位。直到1864年,太平军一直占据着南京;在这么长的时间里,汉口作为将内地物资运往长江下游之中转港口的作用遭到严重的削弱。而且,在19世纪50年代后期和60年代初,太平军仍在持续封锁其他出入汉口的重要通道。更有甚者,在这些年里,太平军与捻军仍频繁地威胁汉口,周期性地打断那里的商业活动。正是由于汉口暴露出易受袭击的弱点,许多具有领导地位的商人花了十多年的时间,才决定赞同在这里重建自己的商行。④ 汉口商业财

---

① 胡林翼:《胡文忠公遗集》(1866年刻本)卷八,15页。

② 例如:额尔金勋爵记录了他1859年巡视这个城市时的印象:"尽管刚刚遭受到叛军的严重破坏,这里仍然汇集了大量的商人。"(额尔金致马尔莫斯伯利,1859年1月5日,英国外交部档案,405/3)伴随着贸易的恢复,房屋也迅速重建起来。一位为开埠打前站的先遣队成员高兴地发现,在很多街区堆放着大量的新木料,"在一片废墟上,每天都有房屋和商店建起来"(加尼特·沃尔斯利:《1860年与中国的战争纪事》,伦敦:1862年;特拉华,威尔明顿:1972年重版)。关于这个城市恢复情况的其他记载,请参阅本书第一章。

③ 胡林翼:《胡文忠公遗集》卷八,15页。关于盐商的转换,参见海关总税务司:《食盐生产与税收》,见"海关总税务司系列专刊",第81种(上海:1906),63页。

④ 汉口领事金格尔(Gingell)的报告,1862年6月30日,见《英国议会公报》,1863年,第73卷,第3104号,133页。

产的价值情况充分地证明了它恢复缓慢的事实：一份1892年的海关报告让我们相信，只有到那时，当地的中国人才认为这个城市的地价才达到叛乱前相同的水平。① 汉口尽管有许多发展对外贸易的大好机会，但对于大部分中国商人来说，它只是在开埠大约三十年后，才显示出它在和平时期的国内贸易中曾拥有过的魅力。

这一认识表明：像阿奇博尔德·里德之类的西方作者，简直是从未考察过开埠前汉口较接近于常态的层面。毫无疑问，西方人的到来，从军事与外交两方面阻止了反叛者对这个城市的进一步攻击，从而有利于1861年以后汉口贸易的发展。但是，我们也可以得出另一个同样肯定无疑的结论：19世纪六七十年代乃至八十年代汉口商业活动在总体上的稳步增长，与其说是外贸的神奇影响所造成的，不如说是从太平军的蹂躏中慢慢恢复的结果。

要正确评估外贸的实际影响，我们必须考察在汉口开埠前贸易方面的情形。欧洲工业品开始到达汉口，大约是在19世纪初由广东商人通过湘江水道运到华中地区来的。1822年，一位中国旅行者来到汉口，在市场上看到有"新奇的洋货"在出卖。② 鸦片战争以后上海的开放，促进了此种贸易的发展，因为洋货可以通过更方便的长江航线运往内地了。大约在此时，专营洋货的批发商开始在汉口出现。比如：19世纪40年代，宁波商人方承志就开始在汉口经营英国白洋布。③ 1861年英国开埠代表团成员们在当地也看到商店里陈列着不少外国商品，其中有日本的海带和几种不同种类的英美纺织品。④

1861年以前，外贸对汉口到底有哪些影响呢？19世纪50年代访问

---

① 海关总税务司：《十年报告，1882—1892》（上海：1893），179页。
② 范锴：《汉口丛谈》卷二，27页。（原文为"洋货新奇广货精"，所录为当时汉口流行的歌谣，作者将此系于1822年[《汉口丛谈》刊刻之年]一位中国旅行者身上，对原文之理解略有误。——译者）
③ 中国人民银行上海分行：《上海钱庄史料》（上海：1960），731页；另请参阅彭雨新：《抗日战争前汉口洋行和买办》，载《理论战线》，1959年，第2期，22页。
④ 《有关开放长江对外贸易的通信》，1865年1月31日，见《英国议会公报》，1861年，第66卷，342页；托马斯·布莱基斯顿（Thomas W. Blakiston）：《在扬子江上的五个月》（伦敦：1862），65页。

汉口的胡克神父总结说："如果不能在内地省份引起某种轰动的话，与外国的贸易可能会立即完全停顿下来。"① 如同神父的其他论点一样，这个结论有点夸张。至少，当时外国棉织品已成为汉口经济的主要商品之一。一位早期的英籍海关官员甚至认为，19 世纪 60 年代许多新进口货物之所以销售不畅，正是由于在开埠前洋布已充斥汉口市场的缘故。② 而且，给汉口及其周围居民带来重要收入的地方染布业，早在 1860 年以前即已开始印染英国棉布。③ 因此，到 19 世纪中期，汉口已经与欧洲贸易发生了意义深远的接触，这种接触绝不仅仅限于某些特定奢侈品的贸易。

如要说汉口在 1861 年开埠前即已逐渐融入正在全面扩展的中外贸易之中，那么，它开始直接对外贸易的意义又是什么呢？至少，这个城市的历程，似乎证实了罗兹·墨菲的结论："实际上，贸易的增长是很小的。开埠对于中国经济的冲击，与贸易数字所反映的情况相比，非常之小，这也是那些使用这些数字的学者们想不到的。"④ 理由很简单：外国官员无法衡量、实际上也的确没有适当的概念来判断那些建有海关的城市之间国内贸易的情况。正如《汉口海关规章》所规定的（和当地官员反复申明的）那样，由下述三种船舶装载的所有货物都要经过海关的检查与课税，即（1）航海轮船与帆船；（2）内河轮船；（3）属于外国人或外国人租用的三桅帆船和平底帆船。⑤ 事实上，这意味着汉口海关每年公布

---

① M. 胡克：《中华帝国旅行记》（纽约：1859），第 2 卷，127 页。

② A. 马克菲逊（Macpherson）的报告，1865 年 1 月 31 日，见《英国议会公报》，1866 年，第 71 卷，108 页。

③ 劳伦斯·奥利芬特（Laurence Oliphant）：《1857—1859 年额尔金伯爵出使中国、日本纪行》（纽约：1860），563 页。

④ 罗兹·墨菲：《局外人：西方人在印度与中国的经历》（安阿伯：1977），197 页。

⑤ 《海关规章》，汉口，1974 年 5 月 7 日制定，见海关总税务司：《海关法令与规章：关于通商口岸货物的装运、课税以及港口的停泊与领航》（《海关公报》，第 5 期，1876，上海），61~63 页（英文本），64~66 页（中文本）；"H. E. 霍伯逊（Hobson）的报告"，1869 年 2 月 19 日，见海关总税务司：《有关通商口岸租界当局之特权事务及其贸易促进活动的报告》，"海关系列专刊"第 8 种（上海：1869），18~19 页。

的"贸易报告"即未包括也未打算包括汉口贸易中最大的部分——用当地固有的和由本地人驾驶的各种船舶运载的地方、地区和地区间贸易。因此,汉口的海关数字并不能反映出这个商埠真实的贸易总额,而后来的学者们却根据这些数字做出了开埠后汉口贸易成几何级数增长的乐观分析。

实际上,从1861年至1890年,汉口的国内贸易额一直比其对外贸易额大得多。甚至连海关数字(尽管它有一种根深蒂固的对外贸的偏袒)也证实了这一点。表2—2给出了1880年的海关数据(这一年的茶叶贸易状况很好,因而外贸的总体情况也较好)。它表明:当年汉口的国内贸易量较之于外贸额占有优势:前者为29 063 900海关两,后者为18 430 973海关两。换言之,国内贸易额占总贸易额的61.3%。如果我们把从其他中国港口运来的外国货看做"国内贸易"而不是"对外贸易"的话,那么,国内贸易所占的比重将超过89.3%。无论是哪一种估计,只要再加上中国人自己拥有并驾驶的船舶所运载的为数巨大的国内贸易总量(正如我们所看到的那样,海关数字完全没有反映这一部分的情况),那么,1880年汉口的国内贸易额势必在全部贸易总额中占据压倒性的优势。

在汉口对外贸易的早期,虽然偶尔也有光明的时候,但总的说来,外国官员与记者们的文章中一贯反映出来的却是最初满怀希望的商人们的失望。① 在开头的三年里,茶叶贸易几乎垄断了对外贸易。茶叶贸易的增长速度非常之快,不久,汉口就超过了广州,在茶叶出口贸易总额中位居第二,仅次于上海。与此同时,其他贸易项目(比如运用外国轮船运输出入汉口的货物方面)却未能尽如初愿。1864年初,对外贸易开始显示出萧条气象,其部分原因是由于周围乡村里的土匪一直在频繁地活动。1865年,英国领事写道:"在过去两年里,汉口的商业年鉴上几乎找不出什么亮点来。"② 在此后数年中,这种认识都引起外国观察家们的共鸣。1866年,英国领事沃尔特·麦华陀(Walter Medhurst)曾提到过"地方贸易与总的贸易情况的不景气";翌年,一本英文的参考手册告诫那些准备投资的人们说汉口的"商业低迷不

---

① 除特别注出者外,以下的概括系根据汉口海关与英美领事的报告以及《申报》的有关记载汇编而成。
② 《英国议会公报》,1866年,第71卷,121页。

振"①。到19世纪70年代初,西方的报道才表现出一些谨慎的乐观情绪,但不到十年,又发生了严重的倒退,仅在1877—1878年的商业季节里,就导致了数以百计的中国出口商的破产。②中国史料也持续报道在整个19世纪80年代前期出口市场相当不景气。到1886年,英国领事嘉托玛(Gardner)虽然试图努力消除外国人对汉口贸易持续不景气的忧虑,但他仍然不得不承认,外国进口贸易一直停留在一个令人沮丧的低水平上,而且事实上,近年来还在不断地下降。③《北华捷报》的一位通讯员在1885年的一篇快讯中对此种状况概括说:"二十五年前的这个月,恰恰是汉口开埠之时,我相信,当时人们对汉口的外贸是抱有很大期望的。汉口过去的历史既充满着成功,也不乏令人沮丧的挫折,因此,我们正在举行的汉口开埠二十五周年的纪念活动,丝毫也不意味着良辰美景即将来临。"④

表2—2　　　　　汉口海关检查的贸易货物价值统计,1880年（单位:海关两）

货物		价值
对外贸易	从海外进口的外国货物	27 841
	从其他中国港口进口的外国货物	13 303 494
	出口到海外的地方产品	5 099 638
	总计	18 430 973
国内贸易	从中国其他港口输入的地方产品	13 513 967
	输出到其他中国港口的地方产品	15 549 933
	总计	29 063 900

资料来源:海关总税务司:《中国通商口岸对外贸易报告》,1880,47页。

令人失望的部分原因可以在江汉汇合处的地形中去寻找。湖广总督官文在奏报他第一次乘外国轮船巡视汉口时,曾沮丧地写道:天然的地理结构使湖北省成为著名的"泽国"。江、汉确是湖北繁庶之源,然每年夏秋之际,

---

① 麦华陀(Medhurst)致艾科克(Alcock),1866年2月12日,英国外交部档案,17/456;W. F. 迈耶等:《中国与日本的通商口岸大全》(伦敦:1867),444页。

② 《申报》光绪九年十二月一日。

③ 嘉托玛(Gardner)致欧克纳(O'Conor),1886年1月9日,英国外交部档案,229/831。

④ 《北华捷报》1885年5月19日。

江汉暴涨，无以控驭；而冬春二季，水枯河淤，大船行驶困难。① 实际上，没有海轮可以在低水位的冬季各月里到达汉口，这对于汉口作为与海外直接贸易的终点来说，是一个很大的障碍。而且，尽管五千吨级的海轮一般可以从海上直接驶进汉口，但这个城市的天然港口的条件较差，不能适应这种轮船。汉口港很小，水也较浅，也没有保护设施，再加上官文所描述的频繁而凶猛的洪水泛滥——每年夏天，洪水都会以每小时 5 海里的速度持续不断地冲刷着码头。② 这些自然条件势必使外国人的希望不可避免地受到挫折。正如 T. H. 朱在 20 世纪 30 年代所描述的那样：

> 汉口开埠以后，外国商人纷纷到来，大量的地方产品迅速地汇集到这里，汉口随即成为一个直接出口的市场。可是，由于它的位置深处内地，后来它就逐渐发展成为主要的进口货物与地方土特产的集散中心。于是，直接外贸渐趋于衰落，而转口贸易则明显上升。显然，这表明汉口的性质主要是一个转口贸易港。③

因此，虽然汉口的地理位置和地形条件非常适宜于船舶运输，并使它在明清时期的国内贸易中居于重要地位，但却远不能使它发挥外国人所希望的"商业前哨"的作用。

人与社会因素，再加上地理因素，三者结合起来，限制了西方商人试图转变汉口商业方向的努力。虽然与西方（或者与西方代理人）之间的贸易已成为汉口现存贸易的重要补充，但在适应这种情况的过程中，国内贸易仅仅发展到能包容这些新参与者的地步。这些新参与者都不是中国人，其市场根基是在海外；但在汉口贸易中，不同文化背景的人们为了谋取各地不同阶层的生产者与消费者的利益而聚在一起，商谈生意，已经成为一种习惯（所以容纳这些新来者乃是一种顺理成章之事）。

历史学家彭雨新在讨论另一个不同的问题时，为西方只是"介入"了现存的汉口贸易体系这一观点提供了一个很有代表性的证据。彭对当地史料的

---

① 咸丰八年十一月九日官文奏，见"清宫档案"。（此处据英文译出，未能查对原文。——译者）

② 罗兹·墨菲：《上海：现代中国的钥匙》（马萨诸塞州，坎布里奇：1953），97 页。

③ T. H. 朱：《华中的茶叶贸易》（上海：1936），197 页。

研究表明：西方来到汉口索求的那些中国商品，如茶叶、皮毛、桐油、大麻、生铁、煤等等，实际上在他们到来之前就已经形成为一个巨大的市场了。而且，当地与外国人打交道的中国商行大部分不是新建的，或者从外地迁移来的企业，而是从已存的商行直接发展而来的，这些商行为了扩展自己的业务而与洋人做生意。进出口都是这样。许多原先只经营土特产的零售商店很快转为包括或专门经营洋货了。① 彭雨新关于桐油出售的七个环节中的最后一环是外国买主。在这样的市场网络中，不仅西方商人与主要生产和贸易过程相脱离，参与这一贸易过程的中国商人也同样与外国商人之间缺乏个人间的联系，更不可能对外国市场可能发生的变化有清醒的认识。

英国的贸易报告及其他同时代的史料也同样表明，西方只是"介入"了现存的贸易活动。西方商人要求开放汉口，部分目的是为了得到购买茶叶及其他中国土特产的机会，但更重要的却是为了更进一步打进"中国市场"，以倾销其工业品。在一定程度上，他们的愿望实现了，外国进口货物有相当一部分被长江中游地区的消费者买去了。但是，西方商人想在长江各港口自己销售他们的商品的希望却基本上落了空。早在1867年，英国领事就报道说："一些为了在这个城市建立分支机构而花费了巨资的老式英国公司"发现，一些小本经营的本地代理商从他们手里抢走了很多进口商品的生意，而那些小代理商实际上没有什么日常费用。② 在随后的几年里，这种抱怨声持续不断。1874年，英国领事报告说："曼彻斯特货物的生意几乎完全落到了中国人手中，其最终结果将是中国内地商人在上海商人与银行的支持下，逐渐控制了洋货在内地的销售。"③ 1885年的一份报告则指出："这里的市场上也许除了金属和鸦片之外，确实没有真正的洋货（指由西方商人自己运来的

---

① 彭雨新：《抗日战争前汉口洋行和买办》，载《理论战线》，1959年，第2期，特别是26~28页。彭的论证也同样支持了罗兹·墨菲最近的一个结论，即对外贸易的主要影响仅仅局限于"使原来在国内已经流通的商品转而进入了国外市场，从而稍微增加了一些这些商品流通的渠道"（罗兹·墨菲：《局外人：西方人在印度与中国的经历》，177页）。

② 麦华陀（Medhurst）致艾科克（Alcock），1867年1月23日，英国外交部档案，17/482。

③ 艾勒伯斯特（Alabaster）:《关于1874年贸易情况的报告》，英国外交部档案，17/732。

货物——译者）。所有商品都是从上海买来并运到这里以供应内地之需的。"①

19世纪60年代前期，在汉口交易的西方商品中，大部分不是预定给长江中游地区的，而是准备运往更远的内地去的。这种贸易远不是西方商人所能期望进入的。60年代后期，由于四川和山西商人越来越多地直接从上海买到洋货，再由他们自己运往中国各处，这种（由汉口转口的）贸易就逐渐衰落了。②

尽管历史学者倾向于根据贸易数据来过高地估计汉口早期的对外贸易，但当时的报告者对这些数字的局限性却似乎有着更为清醒的认识。首先，正如英国领事艾勒伯斯特（Alabaster，即阿查理）在1879年报告中所强调的那样，所有经过当地海关的进口货物都被登记为"对外贸易"，而事实上，其中的大部分在到达这个港口之前早就掌握在中国商人手里了。③ 其次，所谓"外商"也经常是一种假象。中国商人在汉口与边远的内陆地区之间运输货物必须沿途交纳各种各样的厘金，而西方商人沿同样的路线则不需要交纳厘金。这一现象的背后是认为：在理论上，当货物仍留在外商手中时，还不算是进入中国（或者，算是已经出口了），所以就不需要交纳国内税捐。于是，中国商人设立假"洋行"之风盛行。这种假"洋行"让西方人出面挂名为洋行老板，而实际上他只不过是被雇来专门用于获取"洋票"（运输免税通行证）的招牌的。汉口许多最兴旺的"洋行"实际上全由中国人经营，而其名

---

① R. E. 布雷顿（Bredon）：《汉口》，见海关总税务司：《中国通商口岸对外贸易报告》，1885，75页。一份见于《申报》光绪二年三月十三日的中国报告反映了同样的现象。同样的情况在其他通商口岸也可以看到。最全面地反映此种情况的也许是天津海关官员托马斯·迪克（Thomas Dick）在1867年所写的报告。他说："对于中国人来说，只在他们自己的国家买东西，常被认为是合适的。因此，外国进口货物花费一两年的时间，经过转手的外商代理人在第二个港口才被卖掉，是很普遍的情况。在这一过程中，中国商人很快就学会了与外国轮船做生意，他们将自己从进口货物的大本营上海购买的货物运回自己熟悉的市场去经营。"（海关总税务司：《中国通商口岸对外贸易报告》，1867，21页，转引自刘广京：《英美轮船业在中国的竞争，1862—1874年》，马萨诸塞州，坎布里奇：1962，109~110页）

② 《北华捷报》1869年9月1日。

③ 艾勒伯斯特：《关于1879年贸易情况的报告》，英国外交部档案，17/838。

称则可能来源于某些"富有商业头脑的送牛奶工"①。据英国领事凯恩（Caine）说，早在1869年，这种体制就把"所有"的外国人都卷入到汉口的进口贸易中②，同时它也广泛地应用于出口贸易中。

因此，中国商人绕过汉口直接到上海购买洋货的倾向，以及他们对"洋票"体制的操纵，这两者共同作用的结果，是使得西方人始终与汉口大部分商业活动相隔绝。1862年，名义上大约有1 500只商船是受外国人雇用的，但事实上全部由中国人拥有和经营。③虽然汉口的总贸易额持续处于一种惊人的水平上，但西方人参与贸易的范围却很快地从许多"中国通"曾经预言的主导地位退缩到集中于此种贸易的一个大方面上来（在中国人看来，它也并没有占据主导性的地位），即茶叶出口。正如汉口海关官员在1876年的年报总结中所注意到的那样："我们必须承认，除了茶叶出口之外，汉口的贸易——包括来自上海的外国货物进口与本地货物的出口——已经完全落到了本地商人的手中。"④

这样，在1890年前，直接对外贸易进入汉口之后，却并没有对由当地人控制的汉口商业带来重大的影响。换言之，外国人既未能从中国商人手中夺走国内商品的贸易，也未能掌握进口商品的贸易。然而，汉口的开放可能在另外三个领域产生了重要影响，即商业融资、商品内部的相对构成以及商业技术（特别是在运输方面）等领域。在金融领域，按照西方模式组织的所谓"现代银行"很早就被引进到汉口了，而且在不久就会成为主流。不过，我们在第五章的讨论中将看到，在本书研究的时段内，商业金融业务的绝大部分仍掌握在中国人拥有的金融机构手中，并按照传统的中国方式运营着。另一方面，汉口市场上商品的平衡发生了意义深远的变化：茶叶第一次超过其

---

① 《北华捷报》1884年11月12日。关于这种情况的普遍性，还有很多其他的证据。如咸丰十一年九月官文奏，见《湖北通志》卷五〇，12~13页；艾勒伯斯特致弗雷瑟（Fraser），1880年4月19日，以及艾勒伯斯特致韦德，1880年7月7日，俱见英国外交部档案，228/651。

② 凯恩致艾科克，1869年7月29日，英国外交部档案，17/506。

③ 金格尔致布鲁斯（Bruce），1863年3月10日，见《英国议会公报》，1864年，第62卷，第3302号，40页。

④ A. 诺维（A. Novion）：《来自汉口的报告》，见海关总税务司：《中国通商口岸对外贸易报告》，1876，21页。

他商品，上升到一种突出的位置上来。这一变化，对于汉口商业精英的结构以及这个城市经济腹地的农民生活都带来了很大的影响（茶叶贸易也许是这些年中受外国影响最大的唯一的领域，关于这一点，我们将在第四章中讨论）。在运输技术方面，西方也带来了重要且颇为复杂的变化，兹详述之。

虽然轮船的引进几乎是立即对汉口贸易产生了影响，但在这一方面，西方人最初的愿望也遭到了挫折。那些寻求汉口开埠的人们最初打算依靠英国轮船将汉口与伦敦直接连接起来，但问题很快就出来了：适宜于绕过好望角进行远洋航行的船舶，并不适宜于长江上（也就是他们计划中这一航线的最后一程）的航行。因此，大部分海轮不得不停在上海，而由内河轮船或中国本地的帆船来完成上海至汉口这一段航程。1871 年，一位驻上海的英国记者报道说："人们已经习惯于这样做，以前更是如此。通常，在旺季时有两三艘船从汉口出发，把货物直接运往伦敦。随着苏伊士运河的开通，这种直航的趋势有所增加。"① 不过，运河的开通对直航贸易的促进作用并不是很大。同一位作者称：那一年有 9 艘船航行在伦敦—汉口航线上，它们只是运载了全部出口茶叶的大约四分之一，其余的大部分则被送往上海转运。10 年之后，这种情况仍无改观。直到 1883—1884 年间，海轮的直接进出才开始积极地进行。② 如上所述，即便到那时，外国人直接掌握的货物也只是局限于茶叶，所以，从伦敦出海前往汉口去运载茶叶的轮船往往被迫先装运供给澳大利亚或其他市场的货物。

这使我们转到汉口与上海间规模巨大的船运贸易这一话题上来。自汉口开埠那一刻起，这种船运贸易即已开始，并很快占据了重要的地位。虽然外国商人在汉口贸易中建立起自己优势地位的努力归于失败，但在货物的运输方面，他们却获得了成功。刘广京已对这一问题做了全面而精湛的研究③，

---

① 《泰晤士时报》1872 年 2 月 9 日，一位佚名作者写于 1871 年 12 月 21 日的信件。

② 参见 R. E. 布雷顿有关汉口的报告，见海关总税务司：《中国通商口岸对外贸易报告》，1882，74 页；1885，75 页。

③ 刘广京：《英美轮船业在中国的竞争，1862—1874 年》。特别请注意刘所列的 1861—1874 年间汉口——上海航运贸易增长与波动的表格，见刘著 42、66、107、150 页。

所以，在这里，我打算仅集中讨论一下外国船舶在中国河流上的航运，对汉口现存的贸易与运输体制带来了怎样巨大的冲击。

很明显，这种影响是重大的，但还不是毁灭性的（对于传统的运输体系来说——译者）。一些早年的英国作者记录了汉口—上海航线轮船运输迅速发展的情况，他们相信已找到了开展内河贸易的万全之计。比如，弗雷德里克·布鲁斯（Frederick Bruce）在1864年春就曾断言："由于狂风和某些河段存在着急流，在使用轮船运输之前，长江不可能成为有效的水上运输通道。"① 一份值得注意的叙述提到几个世纪以来，长江一直担负着湖广—江南规模巨大的粮食贸易的运输任务。而当年由外国轮船运载的本地货物在明显减少，刚有力地反映出布鲁斯的断言是多么幼稚，同时也表明：对于轮船最初在水上运输方面所取得的短暂的优势，可能有完全不同的解释。刘广京早已指出：轮船的引进打破了19世纪50年代和60年代初在太平军控制南京期间对长江的封锁。然而，当1864年帝国军队攻陷南京之后，国内商品的帆船运输很快恢复，并且以其运价低廉，从外国轮船那里夺回了大量的货运生意。②

随后，轮船逐步取代了在汉口开埠的最初几年里西方商人用来从事上海—汉口间贸易而包租的三桅帆船。在国内贸易方面，轮船也因为速度较快，越来越多地被用于运输那些不易保存的货物。但在汉口以下的长江航道上，国内货运的绝大部分仍然依靠帆船进行。③ 甚至进入19世纪80年代后，连通汉口的其他所有水道（包括汉口以上的长江水道和汉水）仍不能通行轮船。在这些水道上，直到19世纪末，即便是西方商人也不得不主要依靠租用中国帆船。④

在太平天国后的几十年中，随着汉口贸易（以及人口）的持续增长，国内帆船运输也有所增加。1877年，英国领事帕特里克·休斯（Patrick Hughes）总结此种发展说："轮船运输严重影响了三桅帆船的生意，但对平

---

① 布鲁斯致罗素（Russell），1864年6月7日，见《英国议会公报》，1865年，第33卷，11页。

② 刘广京：《英美轮船业在中国的竞争，1862—1874年》，13~14、67~68页。

③ 《泰晤士时报》1872年2月9日；马克弗逊（Macpherson）致哈特（Hart），1865年1月31日，见《英国议会公报》，1866年，第71卷，116页。

④ 关于中国船舶公司主要为西方商人服务的情况，在汉口道台光绪十三年五月的上报材料中做了描述，见总理衙门档案："湖北英人交涉"。

底帆船的影响却微乎其微。事实上,长江上的平底帆船比其他船有较多的获利机会,因为它们不仅被雇来运载日益增多的进口货物,还被用来运送由轮船运来的国内产品。当然,由于快速交通工具的存在,有些帆船也许将无法找到自己的市场。"① 由此看来,轮船不仅没有取代、反而加强了汉口传统的国内帆船贸易。长期居住在汉口的杨格非(Griffith John)估计,在19世纪60年代,每年平均有大约25 000艘中国船只到达汉口;到1905年,一位日本记者估计这个数字应当在70 000至80 000之间。②

轮船被引入中国内河航运的主要意义之一是刺激了中国仿造轮船。这种仿造是这些年中不多的技术改造的实例之一种。由于中国商人很快就夺取了外国商品在中国的销售与市场,不久,他们就有效地开展了与外国轮船的竞争。1871年,官督商办的中国轮船招商局在汉口开设了它的第一家分公司,它声称自己的主要任务是从事漕粮运输,但同时也对商业货物有兴趣。汉口分公司的早期发展迅速而且步伐稳健。1877年,它已有能力买断上海轮船航运公司(美国旗昌商行的一家子公司)的全部产权;1883年,它投资45 000两,在汉口建立了一个大型的现代化码头和一个茶叶货栈。在这些年里,招商局一直能够将国内运输从外国竞争者那里吸引过来。③ 更为重要的是,正是中国公司,而不是任何外国公司,首先成功地将轮船由长江驶入了内地河道。在没有得到政府许可的情况下,汉口"华商商行"的老板吴心九(在19世纪90年代?)就使用一艘汽轮开辟了沿汉水至仙桃的航线,而他的成功很快又招致了其老对手姚冠卿的竞争。④

因此,尽管轮船改变了汉口周围的货物流,并刺激了其现存的贸易,但中国商人一步一步地取得并保住了在轮船航运上的控制权,就像他们在贸易体系

---

① 帕特里克·休斯:《关于汉口贸易的报告》,1877年,英国外交部档案,17/788。

② 杨格非(Griffith John):《来自中国的声音》(伦敦:1907),90页;查尔斯·M·刘易斯:《中国革命的序曲:1891—1907年湖南省思想与制度的转变》(马萨诸塞州,坎布里奇:1976),6页。

③ 1920年《夏口县志》卷九,1页;休斯致弗雷泽(Fraser),1877年3月10日,英国外交部档案,228/590;徐润:《徐愚斋自叙年谱》(上海:1910),32页;A.诺维:《汉口》,见海关总税务司:《中国通商口岸对外贸易报告》,1876,21页。

④ 《汉口小志·交通志》,4页。

的其他方面一样。在这一过程中，西方人在汉口被迫处于一种相对孤立的状态。这种情况一直持续到《马关条约》允许他们在汉口大量地建立外国工厂为止。

* * *

在结语部分，为了更集中地讨论外贸及其对汉口的全部影响，让我们首先来看一看对此做出了细密论证的罗兹·墨菲的论著。他认为：在19世纪中叶以后，汉口和其他主要的中国城市都逐渐卷入了彼此间的贸易之中，而很少与次一级的中心城市或乡村进行贸易。汉口与上海间的贸易就是一个最典型的例证。汉口海关官员弗朗西斯·怀特在排除了这个城市全部本地贸易的前提下，于1877年报告说："上海是个大仓库，汉口收到的几乎所有货物都来自上海，几乎所有的输出货物也都运往上海，无论是用于消费，还是用来转运。"① 中国历史学家彭雨新已为此种论点提供了证据，他将鸦片战争之后的汉口仅仅描绘成上海海外贸易经营的一个"内府"②。墨菲对这个论点予以完整的总结：

> 在中国，城市功能的集中开始出现了三个不同的层级。上海与香港是全国性的中心地，它们在中国对外贸易方面占据着绝对的支配地位，类似于伦敦、纽约、布宜诺斯艾利斯、加尔各答或孟买。第二层级有天津、汉口和广州，它们分别在华北、华中与华南发挥着相同的作用……第三层级是一些较小区域或省域范围内的中心，其中代表性的城市有长沙、重庆、福州等，这些城市也都是通商口岸体系的一部分……这三个层级商业网点的发展是日益增长的商品化的象征，也标志着贸易已超越了传统商业的发展水平，在某些方面也意味着它已超越或取代了传统的市场中心和较低层级的市场体系。③

出人意料的是：墨菲的这个结论（特别是关于新的市场中心已超越了较低层级的市场体系的说法），似乎比隐藏其后的假设更富有说服力。尤其是他假设在当时的中国，海外贸易较之于传统的国内贸易更能激发（商人们

---

① 海关总税务司：《中国通商口岸对外贸易报告》，1877，9页。
② 彭雨新：《抗日战争前汉口洋行和买办》，载《理论战线》，1959年，第2期，24页。
③ 罗兹·墨菲：《局外人：西方人在印度与中国的经历》（安阿伯：1977），178页。

的）兴趣；准确地说，这种情况在中日甲午战争之前是不可能出现的。这一时期里的许多材料似乎也未能证明这样的观点的正确性，即认为在这一时期，中国的商品化在已有的较高水平之上仍然保持一种不规则的发展。

在这一讨论中，有一个论点很值得注意，即贸易活动越来越集中于地区都会之间；但是，将汉口视为上海的主要附庸，显然是一种误解。在与西方贸易的全部活动中（包括与上海之间所进行的面向出口的贸易），汉口的商业活动占据了相当大的比例。同时，在整个19世纪（有人说更晚一些），国内贸易的主要汇聚点也仍然是这个长江中游地区的商业中心。而且，在与上海的贸易中，也仍然包含了许多传统的与江南之间的贸易成分。如同与江南之间的贸易一样，汉口与其他相关地区之间的贸易，也表现出一种将日益增长的贸易逐步限制在主要地区城市的趋势。毫无疑问，西方的贸易活动（特别是轮船的引进）加速了此种趋势，但是，中国传统商业网络的长期发展在此种趋势的演进过程中，仍然发挥着更为直接的作用。比如，在此前的几个世纪里，汉口与湖南经济区的贸易逐渐集中在湘潭一地；而在19世纪，湘潭则开始逐步让位于更大也更为中心的长沙（这一转换就主要是本地区商业网络自身发展的结果，而不是西方影响的结果）。①

与此相对应，我们已经注意到：汉口作为"地方"层级的市场中心，其作用受到严重的限制。19世纪50年代，这一作用似乎稍微有些恢复，那时该地区刚刚从太平军的破坏中苏醒过来。然而，随着汉口与长江中游地区以及区域间贸易关系的重建，不久它就再次发展成为超越其周围"地方"的城市。西方贸易仅仅是加速了这一进程而已。这些发展所产生的影响已超出了本章所讨论的纯粹的商业领域，而有助于一个更具世界性的城市社会的建立。

为了更准确地认识汉口在中国经济中的地位，以及此种地位与当地社会之间的关系，我们必须细致地考察这个城市一些具体商品的贸易情况。我决定选择食盐与茶叶，这两项在清代最为重要的地方贸易商品，作为以下两章

---

① 伊夫林·罗斯基：《中国南方的农业发展和农民经济》（马萨诸塞州，坎布里奇：1972），107页；查尔斯·M·刘易斯：《中国革命的序曲：1891—1907年湖南省思想与制度的转变》，7页。刘易斯指出：由于受到长沙地区的严重影响，在整个19世纪，湘潭的人口数下降了50%多。

讨论的主题。实际上，这两种商品的贸易在汉口的社会经济生活中非常重要，对它们的考察是后面有关城市社会之探讨的必不可少的前提。因为后一主题（城市社会——译者）才是我的研究目标，所以我将尽可能避免诸如商品价格、贸易水平等问题，而将侧重点放在这些商业活动的社会联系方面。

将食盐与茶叶的贸易结合起来进行研究，有着特别的意义，因为这两种商品反射着当地社会各个不同的环节。尽管茶叶贸易拥有巨大的国内市场，但它在汉口的贸易活动中主要是作为外贸商品而存在的。而另一方面，食盐在这一时期则一直是只在国内行销的商品。这两种商品贸易在商业组织方面的异同，也为我们探讨西方对于19世纪中国城市社会之转型的影响，提供了又一线索。

第3章

盐贸易

1871年，托马斯·库柏（Thomas Cooper）在《商业先驱旅行记》一书中描写了他一天傍晚在江边散步时的情景，说：

> 晚饭后，我沿着江岸向汉口走去，情不自禁地被它的夜色迷住了。数百只帆船停靠在岸边，满载着一船船的盐，显示出在沿海与汉口之间存在着非常兴旺的贸易。我从一位在散步时遇到的海关看门人那里得知，每年到达汉口的运盐船高达15 000多艘，每艘船平均装载2 300担，相当于166吨，总计可高达250万吨。①

无论海关看门人的估计是否正确（我们无法对国内贸易额做出判断），可以肯定，盐贸易在汉口贸易总额中占据了相当大的份额。与欧洲一样，在中国，作为日常必需品和食物防腐剂，盐非常重要，而且其天然蕴藏量又很有限，所以，在"商业革命"带来更为广泛的其他日用品的流通之前的很长时期里，它一直是区域间贸易最重要的商品种类。武汉因此而在很久以前就已成为最重要的食盐集散地。

---

① 托马斯·库柏：《商业先驱旅行记》（伦敦：1871），21页。可以用来考察汉口盐业贸易的资料主要有：《两淮盐法志》；湖北官方的有关文件；《湖北通志》；E. H. 帕克（E. H. Parker）：《有关食盐的报告》，包括在1873年5月12日休斯（Hughes）致韦德（Wade）函中，英国外交部档案，228/525；海关总税务司：《食盐生产与税收》，见"海关系列专刊"第81号（上海：1906）。有关清代盐贸易最为全面的研究工作，可以参见佐伯富：《清代盐政研究》（京都：1956），以及收在他的论文集《中国史研究》（京都：1971）中的有关文章。有两种英文论著，虽然不是专门研究汉口的，但也值得参考，即何炳棣：《扬州盐商：关于18世纪中国商业资本主义的研究》，载《哈佛亚洲研究学报》，第17卷（1954），130~168页；托马斯·梅茨格（Thomas Metzger，汉名：墨子刻）：《陶澍对淮北食盐专卖制度的改革》，载《中国论丛》，第16卷（1962），1~39页。

唐宋时期，商业地位相当于清代汉口的武昌郊区南市，就以从事区域贸易的大盐商的"领地"而著名。到明朝末年，盐商已成为汉口的一支重要力量；可是，在张献忠领导的农民起义军的破坏下，他们在一段时间里消失了。盐商的再次崛起虽然是渐进的，但到 18 世纪末，他们已经又一次控制了这个城市的社会与文化生活。一位地方史研究者甚至把乾隆至太平天国起义的这一段时间称为"盐商时期"。在这一时期里，盐在汉口交易商品总价值中居于第一或第二位（仅次于粮食）。19 世纪 40 年代，湖广总督裕泰估计平时停泊在武汉码头的盐船数量平均在一两千艘之间。尽管 19 世纪下半叶盐在汉口贸易中的相对重要性大幅度下降，但直到 1907 年，盐的年销售价值估计仍在四五百万两之间。① 盐业贸易体制的变化过程，为我们考察汉口商业活动提供了一个重要的研究视角，使我们得以窥见这个城市核心精英集团的经济基础。

一、"纲"、"票"制度

关于汉口盐贸易的研究应从对清代盐政的简要叙述开始，因为它对这个城市的发展带来了重大影响。以江苏扬州为中心的两淮盐区，是政府盐专卖制度下最大的盐区。它由两部分组成：淮北盐区（基本面向安徽一省）与淮南盐区（销区包括湖北、湖南和江西西部）。在清朝的大部分时间里，汉口被指定为淮南盐销区的中心（岸、权岸），而南昌则被指定为淮北盐销区的中心（原文如此——译者）。从理论上讲，这意味着上述地区所有消费的盐都应首先在政府的严格限制下，用帆船从扬州运到汉口，在汉口付过税之后再被分包成较小的盐包，然后才分发到零售的地区。即使是整船的盐直接沿长江运往上游别的目的地，也要在汉口停留交税，并重新包装。从其他产区和销区来的盐，比如从四川盐区来的，如果进入淮盐销区，通常被视为非法。

使用帆船沿长江运盐的商人一般被称为"运商"，而那些在汉口将购买

---

① 范锴：《汉口丛谈》卷三，1 页；蔡乙青（辅卿）：《闲话汉口》，载《新声月刊》，第 5 卷，第 10 期，40 页；《裕庄毅公年谱》，54 页；水野幸吉：《汉口》，290～291 页。

的盐进行再包装，然后进一步分销的商人则称为"水贩"。再其次则是那些在地方零售商店（店铺）中零售的小商人。在清代，运商在所谓"纲法"或"盐法"的法律制度的规范下，将官盐运到汉口或者南昌。在这种制度下，整个两淮销区得到授权的"运商"被限定在 200 人以下，事实上他们具有某种政府官员的地位。由于对"盐纲"的持有权是世袭的，所以这些盐商事实上拥有在某一特定的盐销路线运销食盐的特权；在销区内部，每个县每年应运销多少食盐都有严格的限额，而通常一个县的配额也就是一个个体盐商每年所承运的数额。

这种制度带来的弊端不难想象。其最终结果是较高的"官盐"标价使得"私盐"更具有吸引力，而且经常的情况是，私盐成为一个家庭获取这一日用品的唯一渠道。正如托马斯·梅茨格的研究所指出的那样，这最终促使 1832—1833 年间两江总督（同时署理两淮盐政）陶澍下决心尝试着在其管辖的淮北盐区彻底废除已沿用了两百年之久的"纲法"。陶设计了一种称为"票法"的新制度：和"纲商"一样，购买"票"的商人也被授权每年运输一定配额的淮盐到某一特定的销区去。然而，诚如墨子刻所说："票法的主要特点是吸引小投资者，更准确地说，是允许众多渴望投资的小投资人进入到盐贸易中来，因为在'引法'制度下平均每个专商必须至少承运 12 000 引，而'票法'则允许每个商人承运少至 10 引。"①

新盐法在淮北试行得相当成功，但由于种种原因，陶澍并没有将它推广到以汉口为中心的淮南销区。这一任务留给了它的后任陆建瀛——一位太平天国战争前期著名的清朝将领。1849 年，他开始在淮南销区推行"票法"，促使他这样做的原因与导致陶澍在淮北进行改革的原因一样，都是为了整治食盐集散地（主要是汉口）的腐败与浪费——正是这种腐败与浪费使官盐在地方市场的价格方面无法与私盐竞争。陆建瀛认识到：新法将大大加强他在南京的衙门对于全部食盐销售网络的控制，而削弱那些大"纲商"的独立势力。然而，汉口的一场大火烧毁了停泊在汉口码头的四百多只官盐船，直接影响了陆的改革进程。鉴于连续不断的大火和洪水给汉口造成的灾难性损

---

① 托马斯·梅茨格（墨子刻）：《陶澍对淮北食盐专卖制度的改革》，载《中国论丛》，16 卷（1962），23 页。马修斯（Matthews）对"引"的解释是："指八袋食盐的重量，净重约 6.75 担。"

失，陆感到在缩减专商的运输规模以及改革地方盐务机构的担保机制方面，都需要慎重行事。①

四年之后，太平军切断了两淮盐产区与湖广销区之间的联系，从而使得陆建瀛的改革能否取得如陶澍在淮北那样的长期成功，这成为一个不解之谜。刚刚购买了淮南盐引的盐商们放弃了全部的上水运输业务。稍晚些时候，一位海关官员报告说："（这样做的）结果，是原先价值数千两的'盐票'，如今只值几百两了。"② 然而，老百姓仍然需要食盐，因此，湖广总督张亮基向朝廷奏请并获准允许川盐绕过汉口进入两湖地区。当然，张的目的不过是为了给官府在无法堵塞的走私贸易中捞一点好处，但直到三年以后的1856年，他的后任官文，才在宜昌与沙市设法建立了税收机构，从而恢复了部分盐税收入，以帮助供养军队。③

1860年，形势又发生了变化。四川的起义军切断了川盐向湖广的运输，导致两湖地区的盐价飞涨；而通往长江下游的水路则被新式的地方海军打通了，汉口也重新掌握在朝廷手中。于是。恢复票制的时机成熟了，问题是如何使盐商们重新回到这里来。为此，官文在汉口创办了一种试验性的机构——督销局，两个当地商人被挑选出来行使这一政府职能，他们立具了保证书，手持盖有总督私人印章的公文。总督交给他们的使命是从当地融资，到两淮盐场购买食盐，然后运到汉口来。在汉口，将建立一个正式的盐务机构，负责收取盐税，将税款上交省政府有关部门，用以支付日益增加的军需。而湖北盐道则按季度向户部和湖北巡抚胡林翼呈交报告。④

在1863年之前，这一临时制度的运行一般说来是令人满意的。1863年初，两江总督曾国藩认为，长江中下游地区的局面已相当稳定，已有条件重

---

① 陆建瀛：《陆文节公奏议》卷五，1~6、11~19页；1867年《汉阳县志》卷八，43页；《申报》光绪三年七月一日；佐伯富：《清代道光朝淮南盐政的改革》，载《中国史研究》，第2卷，636页及各处。关于1849年的汉口大火，请参见《湖北通志》卷五一，14页；黎少岑：《武汉今昔谈》（武汉：1957），20~21页。

② 艾力克·W·克劳斯：（Alec W. Cross）：《关于湖南的报告》，见海关总税务司：《食盐生产与税收》，"海关系列专刊"第81号（上海：1906），63页。

③ 官文咸丰六年奏，见《湖北通志》卷五一，18~19页。

④ 官文咸丰十一年五月二十日奏，见"清宫档案"；《两淮盐法志》卷七三，1页；《湖北通志》卷五一，20页。

建整个两淮盐销网络。曾国藩将官文所定制度中的许多条文纳入了他所制定的总体章程中，这一章程作为管理两淮盐务的基本文件，一直实行到19世纪末。按照曾的计划，汉口督销局被提升为督销总局，管辖湖广地区的一些分局，负责监督盐务贸易，稳定价格，收取盐税，以及反走私。每年有16万引（每引600斤）盐运到湖北，按照季节分成"四运"，每"运"4万引。类似的"运制"也被推广到湖南，并同样经过汉口。

于是，票盐制得到正式恢复，虽然现在每持有一"票"（如今也称之为"引票"）每年均可承运超过规定的500引的食盐。在淮南盐区，往各地去的运盐路线是详细规定的。1873年，E. H. 帕克对这一运行体制作了描述：

> （在扬州），运商在购买500引盐的同时，按照每斤约20文的税率纳税，而且在上水途中，每经过一个关卡，都要出示凭证。有些商人运盐到汉口，有的则运往九江（供应江西西部地区），有的途经汉口运往湖南市场，也有一些商人下水运往长江下游各地。每一个商人都只能在规定属于他的销区销售食盐；一个持有汉口运盐许可的商人也就只能向汉口运盐。①

淮南产区向指定销区提供总共1 000张盐票：其中300票给湖北，其余部分给湖南与江西西部地区。尽管曾国藩发放的盐票数量有限，但他在当初就曾明确承诺，任何人都可以申请购买盐票，因为他的直接目的乃在于激活此种体制，以便尽快地从盐贸易中取得收益。至于最初的盐票购买者中哪些人最终可以被承认为永久性的官商，则有待于实践中的考察。②

二、汉口销区的盐走私

盐走私既是上述管理体制之所以建立的原因，也是长期以来破坏此种体制的痼疾。当时人曾将汉口销区内的走私区分为两种类型：(1)"外私"，来自两淮之外的盐产区的盐进入汉口销区；(2)"内私"，通过地下渠道运销的淮盐。后一种情况的走私通常要经过汉口；而前一种情况则一般设法避开这

---

① E. H. 帕克：《有关食盐的报告》，英国外交部档案，228/525。
② 《湖北通志》卷五一，20~21页；海关总税务司：《食盐生产与税收》，见"海关系列专刊"第81号，64、88页。

个城市，所以主要是偏向于向淮南销区周边各县提供私盐。

1. 外私。即便不经过汉口，来自四川、广东的私盐也会直接影响汉口的盐市，这不仅是由于它与汉口盐市形成竞争，还因为汉口的官府与盐商被认为在暗中操纵此种违法行为。川盐一般经过荆州、宜昌进入两湖，并行销于湖北大部和湖南一部；粤盐则通过湘江河谷进入湖南，并以衡州为集散地。（私盐之所以猖獗）的部分原因是显而易见的，那就是指定的官盐运送路线根本就不能到达某些周边地区，即便是在票盐制的全盛时期，票商们也坦率地承认他们不愿做这些周边地区的生意，因为花费的成本太大，根本无法获利。①

19世纪上半叶来自四川与广东的私盐的日益猖獗，促使林则徐在19世纪30年代声言要把根除此种走私贸易作为自己湖广总督任上的主要任务之一。到1849年，私盐问题更加严重，湖北盐道报告称："戊己两年运盐不足一纲额。库项空虚，已是万难措手。"② 有鉴于此，四年之后非淮盐输入的正式合法化，看来并不仅仅是由于受到太平军活动的影响，更重要的则是由于即便在和平时期，政府对于湖广盐市的控制也在逐渐衰落，从而对于非淮盐的进入不得不采取一种默认的态度。

在这一时期，官方的许可进一步保证了非淮盐在湖北、湖南的市场。因此，当1863年曾国藩修订两淮盐法时，就删除了禁止粤盐入湘与川盐入楚的规定，而代之以一种似乎两全其美的折中办法：他希望这种办法既可以保证为他所辖的两淮盐运司从这些省份收取运盐税，同时又允许非淮盐输入以便满足那些淮商无力满足的市场需求。为了达到这一目的，他与湖广总督官文设计了一个方案：盐商凭借在汉口领取的盐票，即可从广东或四川运盐进入湖南销区。然而，为了保证淮盐维持其市场主导地位，两湖当局必须在川楚、粤湘边境的一些重要地点（有代表性的如荆州与衡州）设立关卡，并收取附加税（盐厘）；这种盐厘的税率是每引八厘（每厘等于0.001两），高于淮盐进入湖南的盐厘税率。他们希望这样做，既可以使淮盐在价格上具有竞

---

① 卢坤与杨怿曾道光十一年奏，见王云五主编：《道咸同光四朝奏议》卷一，232~235页；《湖北通志》卷五一，13页。

② 林则徐：《林文忠公政书》（台北：1965），411页；谢元道光二十九年禀，见《湖北通志》卷五一，14页。

争优势，同时又可以从非淮盐产区获取一定的税费。这一份每引八厘的附加税将由湖广总督和曾国藩所辖两淮盐运司瓜分，作为对淮盐销区权利受到侵害的一种补偿。两年之后，对从陕西进入湖北的盐采取了同样的策略使其合法化并收取盐税。①

虽然曾国藩的政策成功地保证了进入湖北的川、粤、陕盐的部分税收，但却未能实现其主要目标，即帮助淮盐重新占领华中市场。在湖南，粤盐以低于淮盐的价格倾销，川盐（在湖南仍然是不合法的）也十分畅销。在湖北，曾国藩的新法实施之后若干年，湖北盐道仍不得不奏请进一步降低淮盐的入口税，以使之维持与川盐、陕盐的竞争力。实际上，川盐在湖北确有相当大的市场，以至于湖北巡抚谭继洵在1867年决定在汉口建立一个川盐局，归汉口道台监督（不是湖北盐道，他的衙门在武昌，其上级是南京的两淮盐运使——原文如此，略误——译者）。最后，1872年，曾国藩同意忍痛割爱，并上奏朝廷将湖北省的五个府和一个直隶州"暂时"割让给川盐销区，只留下紧邻武汉的四个府给淮盐销区。五年后，当两淮盐运使沈葆桢试图寻求终止这一临时政策时，湖广总督李瀚章说服了朝廷，认为那样做在经济上是行不通的。因此，在太平天国之后的数十年中，尽管汉口的两淮盐商重新获得了令人瞩目的繁荣昌盛，但由于政府不得不采取现实主义的态度去适应市场的需要，其活动范围在持续缩小。②

2. 内私。对于淮盐内部的非法贸易，同样也没有持久的解决办法。1877

---

① 《两淮盐法志》卷七一，9~10页；官文同治三年四月与同治四年七月奏，见《湖北通志》卷五一，21~22页。在以后的数十年中，湖北川盐与淮盐的税收一直深受官方的关注，参见李瀚章光绪四年四月十日奏，见《合肥李勤恪公政书》，失卷页；卞宝第与潘祖荫光绪九年十月、光绪十年四月奏，见《卞制军奏议》卷五，25~27页，卷七，26~27页。陕盐之合法化在1868年被废止，参见郭柏荫同治七年八月奏，见《湖北通志》卷五一，23页。

② 《两淮盐法志》卷七三，10页；海关总税务司：《食盐生产与税收》，见"海关系列专刊"第81号，第63页；谭继洵同治六年四月奏，见《湖北通志》卷五一，22~23页；曾国藩与李瀚章同治十一年奏，见王云五主编：《道咸同光四朝奏议》卷五，2349~2351页；李瀚章光绪二年奏，见《合肥李勤恪公政书》，第7册。到1889年，湖北省所收川盐税几乎是淮盐税的8倍，参见苏云峰：《中国现代化区域研究：湖北省》（台北：1981），214页。

年，上海《申报》上的一篇文章详细回顾了试图解决这一纠缠不休的问题所进行的改革历史，最后总结说：没有一个人能够解决这一问题；"内私"一直是一种越来越有利可图的"事业"①。墨子刻指出：1832年陶澍在淮北的改革，"可以说是通过票制的设计，将当地的走私者吸引到合法贸易中来，以消灭走私"②。陆建瀛在淮南所进行的同样的努力也可以这样说。然而，职业走私者们的生意仍然非常兴旺，而且有证据表明，稍晚些时候，一些自行其是的西方商人也加入了走私者的行列。③ 然而，"内私"的首犯并不是这些职业走私团伙，而是那些持有正式盐票的盐商自己。装载运往汉口的官盐的船只常常超载，捎带着装有大量的私盐。超载的部分当然不会报关，也只会卖给出价最高的人。

1831年，湖北省衙不止一次地查处和干涉此种行为。当时的湖北巡抚杨怿曾估计，每年只是超载一项，就使超过30万引的盐非法通过了汉口。这些超额的盐是从下游产区获得的。在那里，盐商按照一个私下的折扣率来折算所要购买的盐，然后加上夹带的私盐，最后使其总价值正好和按照官方规定的量、价计算的总价值相同。这些超载的盐到汉口后，就卖给那些游弋在停泊的大盐船中间的无数小船。结果，这些私盐实际上从未进入官方监督的岸上的市场。毫无疑问，汉口的黑市交易损害了官府的收益：不仅这种交易逃避税收，更重要的是，这种非法交易压低了官盐的价格，并扰乱了汉口盐市的秩序。为了维持此种秩序，官府浪费了大量的人力与财力。为此，官府不得不建立起一个庞大复杂的保护体系，包括细致周密的盐船登记和报关程序、武昌与汉口的邻里互保之保甲制度，并建立了一支由地方盐务管理部门负责指挥的港口巡逻舰队。④

这种特有的走私与黑市交易如此昌盛，正说明此种体系存在着根本性的弊端。此种非法贸易之所以持续繁荣，是因为尽管官方不断采取措施，努力保持

---

① 《申报》光绪三年七月一日。
② 托马斯·梅茨格（墨子刻）：《陶澍对淮北食盐专卖制度的改革》，载《中国论丛》，第16卷（1962），39页；佐伯富：《中国史研究》，第2卷（京都：1971），636页。
③ 官文同治四年一月二十日折，见总理衙门档案："湖北英人交涉"。
④ 卢坤和杨怿曾道光十一年奏，见王云五主编：《道咸同光四朝奏议》卷一，232~235页。

淮盐在价格方面的竞争力，但淮盐价格依然过高。造成这种情况的部分原因，是由于法规规定的盐运路线太过迂远，而且要经过多次倒手，食盐才能到达消费者手中。结果，盐销区官员也频繁地抱怨最后的零售价高于汉口起锚价的两倍。① 然而，盐价最大幅度的提高都发生在"水贩们"在汉口买进食盐之前，实际上是叠床架屋的管理机构、官员们操纵价格、中饱私囊和层层苛捐杂税的必然结果，而正是这些东西，在维持着汉口盐业贸易。1849 年，陆建瀛又重复了一遍已多次重复只是没有什么效果的官方套话：为了杜绝走私，必须降低零售价；要降价，就必须限制食盐进入与输出汉口的巨大差价；而要缩小此种差价，就必须将汉口盐商们的交易行为置于严密而持续的监督之下。②

认为汉口盐业市场已经彻底腐败毫无生机，是不正确的。它毕竟尽可能流畅地为食盐销售体系的运营提供了必要的资金。更为重要的是，它为许多城市贫民（有时也包括乡村贫民）赖以生存的社会福利机构提供了绝大部分的资金。无论如何，盐贸易仍然是这个城市最大的利益源泉，也造就了其城市精英中的核心部分，与此相伴随，它也理所当然地给城市文化生活"买单"。

三、太平军占领前的汉口盐市

盐业是可以将武汉三镇联合在一起的、不多的几个行业之一。当时人用"汉口"而不是"武昌"或"汉阳"来指称这个长江中游的盐业中心，但更频繁地使用的则是其功能性的名称："鄂岸"或"楚岸"。这种称呼显然更恰当一些，因为虽然汉口是盐贸易的中心，但实际上整个武汉地区都是参与其中的。盐商们的总部、主要仓库和从业人员都在汉口这边，但在盐贸易中具有某种中心地位的湖北盐道衙门却是在武昌。盐船可能停泊在三镇的任何地方，但 19 世纪初，主要的停泊地是在靠近汉阳城的一个河湾里。当这个河湾被淤塞之后，就转移到武昌岸边，直到太平天国运动后，汉口才成为受欢迎的碇泊地。

一直到 19 世纪上半叶，汉口盐业始终控制在一个非常庞大的职业集团手中，经过几代人的苦心经营，这个集团形成了对汉口盐业的稳固控制。这

---

① 林则徐：《林文忠公政书》，411 页；佐伯富：《清代盐政研究》，55 页。
② 陆建瀛：《陆文节公奏议》卷五，1 页。

个集团包含了汉口各个社会经济阶层,但其中最为关键的成员则是那些持有可以继承的"纲"票的、沿长江向汉口运盐的富有的"运商"们。大约有两百名两淮运商组成了一些大型的商业公司——"盐家"。这些盐家都是按照家族和同乡关系组织的,在他们生意所及的每一个主要城市都有分号。约有十个盐家在汉口开设有"卖店",每个卖店都设有一个称为"阅代"的监督机构,也都各自拥有自己的或长期租用的码头。①

当满载的盐船从下游驶到后,码头管理人员就直接将它们十只一组拴在一起,称为"帮",他们认为这样做对于防范偷盗和恶劣的天气是必要的。码头机构也采用这种办法将那些分散的小船集中起来,以防止走私。② 按照"整轮"和"随到随卖"的原则,一艘盐船或一组盐船一到汉口,就发给一个牌号,按照牌号的顺序依次下货发卖。采取这种办法是为了保证市场秩序,但我们也将看到,同时也存在着许多暗地里的贸易活动。那些相互竞争或者急躁的商人常常在轮到自己的盐船下货发卖前好几周,就频繁地降价以迅速卖出,以便腾空船舱装载其他货物。

佐伯富、何炳棣及其他研究者早已指出,在中华帝国晚期,两淮盐销区的运商在经济与政治两方面都是最具影响力的群体之一。在经济方面的影响或许无需多言,因为他们不仅掌握着整个帝国赢利最高的专营商业,而且把积累下来的资金投资于其他货物的运输方面。(我们应当记得,汉口的盐贸易完全是单向的,只不过是湖广与江南间盐—粮贸易这一帝国晚期最大的贸易关系的一小半。)正由于两淮盐商以富有著称,乾隆皇帝每次下江南时才得以勒令他们"报效"数百万两。③

---

① 范锴:《汉口丛谈》卷三,16页;"清宫档案",佶山嘉庆七年五月十八日奏。
② 卢坤和杨怿曾道光十一年奏,见王云五主编:《道咸同光四朝奏议》卷三,232~235页。
③ 关于盐—粮贸易的情况,请参见北村敬直:《关于清代的商品市场》,载《经济学杂志》,第28卷,第1期(1952),1~19页;藤井宏:《新安商人研究》,载《东洋学报》,第36卷,第1期,23页,第3期,94页;佐伯富:《清代盐政研究》,153页;《中国史研究》,第2卷,62页。有时,粮食贸易的地位优先于与之相伴随的盐贸易。例如:被称为"富甲两湖"的李祥兴,就是因率先从事将川米运往江南而致富的(参见《湖北通志志余》,第6册)。关于乾隆时期的"报效",请参阅邓拓:《论〈红楼梦〉的社会背景和历史意义》,见所著《论中国历史几个问题》(北京:1979),183页。

两淮盐商的政治影响不仅是建立在钱包上,也建立在他们"亦官亦商"的身份上。尽管盐商们全部在扬州买盐并在汉口卖出以获取利润,但较之于和帝国行政机构搞好关系来,这些事务都被认为是微不足道的;而且,这些盐直到在汉口卖给那些"水贩"之前,都被认为属于政府财产("官盐")。同样,汉口盐市的库房及其他设施,事实上是运商们的集体财产,也被官方纳入了公共产业,其经费常常被官府挪用。①

负责监督汉口盐业贸易的主要有两个人,即湖北盐道与"总商"。前者是由户部任命的正式官员(一般由设在南京的两淮盐运使举荐),要遵守清朝法律规定的回避制度。他监督②淮南销区的所有盐务,并不仅仅局限于汉口一地,但他最为关注的主要是汉口盐税("国课")的收取。另一方面,总商是由运商们从他们自己中间选举产生的。他的职责范围有限,所以反而能更直接地控制汉口盐业的运营,调解盐商之间的纠纷,在盐道、地方与省里的官府以及南京的两淮盐运使面前代表全体盐商。虽然表面上他要受到盐道的监督,但实际上他拥有非常大的自主权,因为他掌握着巨大的金融资源。有一个故事说:19世纪初,一位御史向皇帝上奏指责汉口盐市的腐败,总商就直接进京,通过恰到好处的行贿,最终使朝廷查办此事的企图消弭于无形。③

汉口日常盐业事务的管理则由住在汉口的专业集团"岸商"来负责。他们维持市场秩序,为运来的盐提供仓储,并把盐重新分装成小包以卖给水贩,收取盐税交给盐道,防范汉口辖区内的走私,管理地方事务基金("办

---

① 用"亦官亦商"这个短语来描述两淮盐商,见于侯外庐:《中国封建社会史论》(北京:1973),282页。侯外庐指出:这个短语是清代的用语,可是我自己没有见到过这样的证据。关于盐仓的情况,请参阅海关总税务司:《食盐生产与税收》,96页。关于集体基金的情况,参阅"清宫档案",佶山嘉庆七年五月十八日奏;包世臣:《安吴四种》卷三四,9~11页。

② 藤井宏将盐市的总商与在帝国晚期更为普遍的"祭酒"——由某一行业某一同乡会的全体商人选举出来的领导人——相提并论。他指出:当地方官府试图调整贸易政策或对贸易加强控制时,官府可以在领导人的选举中起到决定性的作用。在这个意义上,藤井宏认为总商可以说是唐代"行头"或"市官"的直接发展。参阅藤井宏:《新安商人研究》,载《东洋学报》,第36卷,第3期,87~88页。

③ 蔡乙青:《闲话汉口》,载《新声月刊》,第5卷,第11~12期合刊,59页。

公费")——他们自己的工资也从这里开支。在法律上,岸商的权力来源于盐道授予他们的"执照",但实际上,他们多是由运商挑选的,而运商们常选自己的亲友占据这些位置。①

在整个 18 世纪以及 19 世纪上半叶,半官方性质的运商和他们的官方上司之间一般保持一种非常亲密的关系。当然,官、商之间的矛盾冲突也时有发生。两淮盐务机构中具有改革意识的官员们所听到的各种有关盐商陋习的传说中,没有比汉口盐务金库(运藏)管理中的陋习更令人厌烦的了。汉口运藏的收入来自岸商在这个城市的全部盐贸易中按每包征收的税,它与正常的国课是分开的,虽然国课也按每包征收,但之后即全部通过盐道和两淮盐运使上交户部,纳入中央政府的财政预算。② 而汉口运藏则用于支付汉口盐市的管理费用,而且由当地的总商控制。随着这项地方基金逐渐赶上并超过了汉口官方每年征收到的全部盐税,两淮盐运使的不满也就随之增加了。③

争论的一个焦点是所谓"匣费",或者称为"茶点基金",何炳棣将它定义为:"从盐商公共金库中支付的官员招待费,以及给地方官府的各种捐款。"④ 汉口的匣费在本质上是商务管理金库的开支预算中最为重要的一部分,其含义相当于英语中的 slush fund(行贿基金)。由汉口盐商的匣费支付的合法费用包括各种慈善与公共事业捐赠。有关这些活动的具体类型不是本章的主题,在这里我们只是简要地说明一下。

汉阳县或者汉口本身的公共事业项目也常常从汉口盐商们那里收到最大份额的捐赠。匣费既可以用于经常性的捐赠,也可能以一次性捐赠的形式用于应付某一项危机。前者如自雍正年间(1723—1735)以来,盐商们每月都

---

① "清宫档案",信山嘉庆七年五月十八日奏。关于岸商的责任,参阅 1818 年《汉阳县志》卷二,1 页;王家璧:《编年文稿》,第 3 册;佐伯富:《中国史研究》,第 2 卷,639 页。

② 王家璧:《编年文稿》,第 3 册。

③ 当然,来自汉口"运藏"的各种支出势必导致盐商们对地方乃至省府政治的干预。因此,在江南的两淮盐务机构的改革努力常常引发与华中地区官员们的地区间摩擦。

④ 何炳棣:《扬州盐商:关于 18 世纪中国商业资本主义的研究》,载《哈佛亚洲研究学报》,第 17 卷(1954),142 页。下一篇有关"匣费"的描述见于佐伯富:《清代盐政研究》,特别是 219~220 页。据佐伯富说,汉口的匣费最早出现于乾隆时期。

向汉阳孤儿院提供捐赠，以及每三年都向本县赴京赶考的举子们提供路费。①典型的危机支出如：1801年，从匣费中捐出了一大笔款项，以使地方官府能够平定重要的米骚动；1814年，同样的一笔捐款帮助赈济从遭受灾荒的汉水流域流入汉口的难民；1831年，进行了几次捐献以救济遍及全省的水灾。②这些从匣费中支出的捐款必须与盐商们以市民个人身份所做的捐赠区别开来。

毫无疑问，两淮盐运官员们对于这些与他们在汉口的利益相冲突的地方慈善活动持一种温和的批评态度，但他们更愤慨另一些"形形色色的花销"，包括贿赂地方官员、铺张的招待费、为亲朋好友虚报的挂职薪水以及资金管理人员的直接贪污等。在清朝的官场语汇中，"管理匣费"就明确地意味着"中饱"。这使淮盐贸易中所获得的利润既没有给政府带来实惠，也没有让零售商的消费者得益，而是被汉口的大批发商们从销售网络的中间环节不公平地抽走了。③

官僚集团内部最早对汉口集体基金之管理表现出不满的应当是1764年两淮盐运使高恒发起的运动。据高恒奏称：汉口匣费是应地方商人们向贪婪的地方官员们提供"养廉银"的需要而产生的，但此后就逐渐成为商人们各种陋习的借口，普通运商与他们所选出的代表，也就是总商，以及匣费管理者（匣商）之间的矛盾也就由此而产生了。他还描述了那些基金管理人将公积金（商本）偷盗一空，以及挪用公积金投资以牟取私利的投机活动。④ 高恒对这个问题的看法，实际上与18世纪中期商业政策的总趋势一脉相承——这种商业政策首创于雍正皇帝的改革，强调必须保护普通商人免受他们那些有势力的同行们的不正当掠夺（参见本书第六章有关湖北巡抚晏斯盛1745

---

① 1818年《汉阳县志》卷一七，9页；1867年《汉阳县志》卷一○，26~27页。

② 1920年《夏口县志》卷一五，6页；1867年《汉阳县志》卷一○，27页；王凤生：《楚北江汉宣防备览》(1832) 卷一，1页。

③ 陆建瀛：《陆文节公奏议》卷五，2页。

④ 高恒乾隆二十九年奏，见《湖北通志》卷五一，13页。何炳棣强调指出：总商与运商之间的这种利益冲突，表明匣费已"越来越严格地被一些商业金融巨头所把持……他们既是总商，也是信贷机构"，而匣费"从未被严格稽核过"，其负担"却不可避免地由全体运商共同分担"，见何炳棣：《扬州盐商：关于18世纪中国商业资本主义的研究》，载《哈佛亚洲研究学报》，第17卷 (1954)，143页。

年经纪业革新的讨论）。高恒的办法是全部盐课和用于港口日常开支的捐税都必须由每一支新到船队的督察（运司）直接交给湖北盐道，他希望通过这种办法，能够消除设置总商和公积金的必要性。无论给地方官员们的养廉银和进行有利可图的投资有多么必要，为了确保盐市顺畅地运行，仍然必须将全部权力掌握在专职的正式官僚机构——盐道的手中。

高恒这一从地方层面上加强官方控制的企图，因遭到盐商们的顽强反对而失败了。25 年以后，著名的总商和"匣费"不仅依然存在，而且成了臭名昭著的金融腐败的核心，以至于 1789 年皇帝命两淮盐运使全德前来查办，并拟订一份详细的汉口集体基金管理规章。① 至此，争论的出发点已经发生了转移：引起官员们关注的不再是运商们受到他们所选出的领导人的剥削，而是这些总商们不能按照规章履行其控制职责。不管是出于私利，还是只是单纯的无能，事实证明全德不适合与商人打交道。他认定汉口有理由每年需要 50 至 60 万两的匣费基金，于是，他将汉口盐交易附加税从原先的每引 6 钱直接"提高"到每引 8 钱（一钱等于十分之一两）。在此后的 12 年中，汉口的公积金因附加税之增加而猛涨，全德则毫无作为。1799 年，匣费基金已超过了 80 万两；次年则高达 100 万两。

19 世纪初，全德的后任佶山则是一个完全不同类型的盐运使。佶山怀疑汉口商人组织受到内务府的鼓励。他精明地指出：汉口批发商人们的腐败正与和珅（乾隆的宠臣）的得势相始终，而汉口的官员们则把来自上峰的压榨作为自己日益膨胀的开支最好的借口。因此，新任盐运使只身前往武汉，检查账簿，查明在上面应由什么人对此负责。

他的调查显示，汉口盐商们有合法的开支凭证证明有必要不断增加收入。他指出：许多由匣费开支的经费在表面上的确"捐献给了公共事业"（因公提用），比如在名义上用于新的日益扩展的市民组织与救灾工作。在白莲教叛乱时期，汉口盐商团结起来，不仅雇用了一支不断加强的保安武装以保护他们自己的仓库和船队，而且承担了新组建的负责保卫整个武汉的"乡勇"的大部分经费。②

但佶山的关注点并不是慈善事业，而是盐务政策。尽管他对盐商们的公

---

① "清宫档案"，佶山嘉庆七年五月十八日奏。
② "清宫档案"，佶山与吴熊光嘉庆七年九月五日奏。

共意识表示赞赏，但他也发现他们曾利用这些合法支出做幌子，损公肥已。经过几个月的聆讯和审核，他终于得到了汉口盐商的头面人物们的口供：他们供认曾经利用管理公共基金之便大肆牟取私利，包括耽溺于铺张的娱乐、照顾情面雇用不必要的人等。佶山在奏章中称，他希望实现几个方面的目标：保证政府的盐税收入，给消费者以合理公平的价格，杜绝盐商的腐败。为此，他请求允准实行如下四点措施：（1）把向汉口商人收取的附加税绝对限制在佶山规定的每引8钱——佶山已经发现，近年来实际收取的税率早已超过了这个标准；（2）要求武汉地方官员呈报他们所有的求助要求；（3）总商的账目要更为详细，并每月呈报监督机构审核；（4）湖北盐道应加强对汉口盐商集体基金的日常监管。

佶山采取了一项进一步的行动。如上所述，盐船应当按照到达汉口的先后顺序卸载卖货。可是，自18世纪90年代初起，进港的船只数量大增，以至于这一制度无法有规律地运转了。在日趋激烈的销售竞争中，价格大打折扣，政府财税收入也受到严重威胁。更为重要的是，急于出手的盐商们慷慨地贷款给水贩，其中许多持有纲票的运商因为负担过重而濒临破产。为了挽救这些纲商，两淮盐运使全德曾经制定了一种称为"封轮之例"的保护性规章：规定盐船一到岸，当地盐务官员必须立即封存货物，然后严格地按照先后顺序发卖。这一制度出乎意料地给大商人提供了诸多便利，它不仅刹住了压价风，还使那些大商人得以抬高汉口盐市上的规定盐价。佶山发现，这种新规章对汉口商人急剧增长的财富负有极大责任，并直接导致了臭名远扬的匣费陋习。紧接着，在广泛考察当地情形之后，1803年，佶山成功地奏请朝廷废除了这一规章，从而激活了一个更为自由竞争的市场。①

尽管所有的官方努力都试图抑制汉口盐商们的超额利润，但地方史料却一直将嘉庆、道光时期称作盐商兴旺的黄金时代。19世纪30年代末，按顺序售盐的制度得到进一步强化，而汉口匣费的过度膨胀再次引起朝廷的注意。盐交易的地方附加税已经从乾隆时期的每引6钱增加到14钱，每年的匣费收入也已超过了200万两——这恰好是官府在汉口所得到的所有盐税收入的两倍。实际上从未存在过匣费审计程序。正如陶澍所指出的那样：汉口总商的权势不仅凌驾于其同行之上，也凌驾于当地官府之上，事实上无人能予

---

① "清宫档案"，佶山与吴熊光嘉庆七年九月五日奏。

以监督。因此，他们致富的机会也就是无限的。① 在他的提议下，朝廷令湖广总督卢坤加强对已经积累的汉口匪费基金的监管。卢坤的调查进一步揭示了汉口盐市的失控状况。他总结性地指出：相当大比例的盐交易没有报告，而且即便是被正式登记的那一部分贸易也主要是为私人谋利的。他提出了一个计划：由汉阳与江夏知县在当地负责监督，而由邻近的大冶知县兼任新设立的盐税总监（总卡），负责监管停泊在武汉的盐船的税收。②

然而，这一次改革努力再次以夭折告终。在1849年陆建瀛全面革新淮南盐制的前夕，一位当地绅士为我们描绘了汉口盐市的腐败情形：

> 纲盐之利不在官，不在民，商人占其利而不能保，其利则幕宾门客等众人分之。船户埠行往往不领脚价，转赂商宅仆僮，图谋装载。玉下至婢妪，亦月有馈赠，挟私钜而得利宏也。

> 船抵汉口，排列水次，次第销售，谓之整轮。或将待轮之盐，先期窃卖；俟轮到，买私填补，谓之"过笼蒸糕"。及盐已卖尽，无力补买，则涅报淹销，暮夜凿沉其船，以灭迹，谓之"放生"。

作者最后指出：应在陶澍淮北改革的成功经验之上，加速淮南销区的改革，他认为淮北成功的根本是让批发商从种种陈年陋规与狭隘的销区限制中解放出来。他说：按照陶澍的改革，"凡富民挟赀赴所领票，不论何省之人，亦不限数之多寡，皆得由场灶计引授盐，仍按引地销行。而群商大困，怨陶公入肺腑……（陶）宫保据实陈奏，不避怨劳，毅然行之，而鹾务为之一变"③。

然而，同时代的湖北盐道谢元却给我们提供了一份相反的报告，他认为汉口盐商所获得的利润并不像上面描述的那样丰厚。他在报告中指出，盐商时常陷入金融困境，而且他们在淮南销区是主动以"票"代"纲"的。据谢元说，由于在价格中具有优势的非淮盐的走私逐渐增加，而汉口销岸的管理费用也在不断增长，使盐商的利润大幅度下降，这才迫使他们搞腐败的。谢道台嘲笑此前所有改革的尝试。他说：每一次改革，盐商都试图寻求提高自

---

① 陶澍，转引自佐伯富：《清代盐政研究》，244~245页。
② 卢坤和杨怿曾道光十一年奏，见王云五主编：《道咸同光四朝奏议》卷三，232~235页。
③ 佚名：《金壶浪墨》，见《湖北通志志余》，第6册。

己的地位，而官员们则只是简单地寻求减少阻力的途径。他辩解道：在这一点上，继续推行纲引制，将不仅会导致已经穷困潦倒、精神委顿的盐商们破产，还会使来自淮南盐业的政府收入整体下降。①

两淮盐运使陆建瀛似乎带着相当怀疑的目光看待谢元的报告。尽管他在很短的时间内将淮南的"纲制"改为"票制"，但他在汇报这一行动的奏疏中指出：湖北盐道衙门与盐商在利益上的逐步趋向一致性，使正常的规章制度失去了作用。然而，他也承认汉口销岸的管理费用已经达到难以控制的地步。他自己的观察表明，汉口销岸的盐附加税，按照1832年陶澍的规定，是每引4钱；到19世纪40年代末，已累计上升到每引20—30钱。这些迅速飙升的费用主要用于支付那些不断膨胀的准官员们的薪水，他们以亲戚、朋友的身份，打着反走私的旗号，挤进政府雇员的花名册。陆建瀛精辟地指出，这种令人怀疑的用度中最大的一项，不是别的，恰恰是盐道衙门本身。②

显然，陆建瀛在淮南销区改行票制的目的，就是尽可能地扫除这个巨大的保护网。在这一方面，他似乎比他的前任们取得了更大的成功。在票制下，在盐场购买的食盐直接分配到最终目的地的县，而不再简单地包括在湖北或湖南省的配额之中。这样，再加上可以小批量地购买，就没有必要经常在汉口卸载和分装了。更为重要的是，由于运盐的官税现在改在购买时即预先交纳，汉口销岸有时就被完全排除在财政活动之外了。正如后来汉阳的一位地方史学者指出的那样："汉口已不再是盐贸易不可或缺的环节了。"③

四、太平天国运动后的汉口盐市

汉口的盐贸易再也未能从太平军占领期间所受的破坏中彻底复苏过来。虽然在官文、胡林翼以及曾国藩等中兴名臣的热切关心下，汉口盐贸易总量重新在汉口贸易中占据了主要的份额，而且在这里征收到的盐税，直到清

---

① 《湖北通志》卷五一，14页。
② 佐伯富：《中国史研究》，第2卷，639页。
③ 1867年《汉阳县志》卷八，43页。

末，一直是政府财政收入的重要来源；可是，盐商们再也未能重现传说中嘉庆、道光年间那样的繁荣。曾国藩为淮南销区重建的管理机构大体上仍然是陆建瀛票盐制的延续，只是有一点不同，即曾国藩重新正式指定汉口为淮南销区的主要关口，而且规定所有运往湖广的食盐必须通过汉口接受官府检查。然而，长江中游地区的食盐走私使这一决定的实施大打折扣。我们看到，在19世纪六七十年代，指定作为淮盐销区的湖广部分持续缩小，直到只包括不足5个府。更为重要的是，分配给全地区的盐运的配额也在减少。1867年，一位地方作者抱怨说，那时分配给湖北全省的淮盐配额还赶不上太平天国运动前汉阳一个县的配额。① 这给地方官府的财政收入以及盐商在汉口社会中的势力，都带来很大的影响。

曾国藩之所以能够在那时采取一些保护汉口市场的措施，是因为太平军的占领完成了此前一个多世纪里盐运使们迄未能完成的任务：它耗尽了匪费基金，彻底夷平了建立在巨大的保护网基础之上的汉口盐务机构。19世纪后期的汉口盐贸易，在外在特征上，仍与此前的情形大致雷同，但在几个关键方面已发生了很大的变化。

1. 盐商。把食盐从两淮盐场运到汉口来的任务，现在落到一个大约有600个商人的新群体肩上，他们都持有1863年后由曾国藩发行的"新票"。这个群体中的一小部分是汉口"纲商"的直接后裔（E. H. 帕克在1873年曾指出：在有些情况下，盐运的权力"被一些同样的人或同样的家族控制了许多年，甚至是数百年"②），而绝大多数太平天国后的"票商"既不是以前的"纲商"，也不是原来持有陆建瀛于1849所发行的"票"的人。正如一位西方观察者指出的那样：

> 叛乱平息之后，发现很多"票"（1849年发行的）遗失了，或者损坏了，或者其持有者被杀了。为了重建淮盐管理机构，更为了筹集资金，遂发行了新票，旧票以每张400—600两银子换新票，而购买新票则是每张银1 200两。换言之，就是强迫盐商们向经过连年战争造成的国库亏损做出贡献。在那些遗失或损坏了的票之外，还必须加上这些由于其持有者无力支付要求的手续费而导致自动作废的票。因此，

---

① 1867年《汉阳县志》卷八，44页。
② E. H. 帕克：《有关食盐的报告》，英国外交部档案，228/525。

基本可以肯定，现在获得的新票几乎没有是靠叛乱前就有的旧票换取的。

所以，直到 1900 年，可以说，"大多数商人使用票的时间，都只能上溯到叛乱结束时"①。

大部分在太平天国运动之后经营淮南销区盐业的盐商，都居住在汉口，在那里，他们组成了一个暴发户阶层。这是票制在逐渐增长的市场上的反映。1863 年恢复两淮盐贸易时，曾国藩曾广泛兜售运盐许可证，指明新票可以卖给任何能给出合适价格的人，"无论是官员、士绅，还是富有的普通百姓"。这样，就将社会各阶层的许多投机者都吸引进新的"票商"集团。②首期投资就需要一笔可观的现成资本，这在当时经过多年动乱与破坏后，是困难的。显然，只有那些在曾国藩的盐务政策稳定之初就敢于冒险的人，才能"以非常低廉的价格获得授权"③。

曾国藩发行的"票"无限期有效，而且数量得到严格控制。1863 年发行的票的数量，直到 19 世纪 90 年代初才有所增加，因为那时即将与日本开战，需要财政支持，迫使盐务管理机构出售新票。在当初发行的票中，有一些被几个商人共同持有，另一些则被一个人单独控制，还有一些是一个人持有许多票。那时，大约有 300 个持票人或联合持票人运盐到湖北，大约相同数量的票商途经汉口运盐到湖南。

票是不能合法买卖的，除非得到官府同意转让给一个经过认可的商人。然而，却一直存在着一个活跃的市场，在那里，作为贸易特许证的盐票就像同时代的其他期票或商品交换一样，买来卖去。官府很快就发现，由于管理不善，在汉口产生了公开的新票投机买卖。一个典型的投机商叫张子逊，他曾一度出任湖南的低级官员（买来的），由于在商务活动中的失误而被剥夺了官阶。1882 年，尽管有前科，张子逊仍然想方设法把自己的名字列入了官府承认的票商名册里，然后立即从汉口钱庄里贷款 58 万两购买了 89 票，又

---

① 海关总税务司：《食盐生产与税收》，见"海关系列专刊"第 81 号（上海：1906），63、81 页。

② 《两淮盐法志》卷七一，9 页；1920 年《夏口县志》卷五，29~30 页。

③ 海关总税务司：《食盐生产与税收》，见"海关系列专刊"第 81 号（上海：1906），81 页。

马上转手倒卖，赢得了一笔可观的利润。① 部分原因是由于此类投机行为，票的价格飞速上涨，从 1863 年发行时的每票 1 200 两银子，不到 20 年就涨到 8 000 两，到 19 世纪末更上涨到 10 000 两。②

贸易权之转换如此自由，显示出太平天国运动之后，盐业实际上没有形成垄断。盐票持有人还可以出租他们的贸易特许权，或者是一段时间，或者仅仅是扬州与汉口之间的一个单程。通过这些活动，市场的开放性得到进一步加强。在 19 世纪的最后 10 年里，这种租赁的租金大约是每船 2 000 两。后来，淮盐运销逐渐由那些希望租赁盐运特许证的商人承担下来，而持有 1863 年发行的"票"的人，则很快演变成为一种新型的、纯粹的商业资本家阶层，他们既可以自己经营盐运，也可以选择出租自己的盐运特许证。如果他们选择了后者，他们可以不花钱也不冒风险地每年净赚 8 000 两银子（四季各一船，每船 2 000 两），几乎是他们当初支付的 1 200 两的 7 倍。

然而，虽然这些新运商通过"票"的增值发了横财，但他们从未能获得其纲商前辈们在政治乃至经济上曾经拥有的势力。尽管他们都是特权阶层，但新票商的人数更多一些，而其各自的经营规模则要比前者小一些。进而言之，新票商不能为了自己的利益自如地操纵市场，因为太平天国运动后建立的体制本身就为了避免此前在汉口销岸控制方面的许多困难，而设计了一些限制运商的规定。

太平天国运动之后运商的经济规模较小，还从他们的汉口货栈上反映出来。从前，盐仓是用匣费基金建立起来的，归盐商集体所有；现在，他们通常是向专门的城市土地所有者阶层租赁。③ 与从前的纲商不同的还有，票商很少拥有自己的船队。事实上，他们与独立的船户订立合约，由船户把食盐运到汉口。毫无疑问，许多船户是运盐专业户，但他们并不局限于运盐，只要谁出价高，他们什么都可以运。④ 1866 年，英国豪格兄弟公司（Hogg

---

① 卞宝第：《卞制军奏议》卷四，1~3 页，光绪八年十二月奏。
② 海关总税务司：《食盐生产与税收》，见"海关系列专刊"第 81 号（上海：1906），64 页。
③ 见上书，91 页。
④ 总理衙门档案："湖北英人交涉"，汉口道台于光绪三年三月七日、光绪十三年五月的报告。

Brothers and Company)签订了一份大宗的运盐协约,现存文献中记录其手续说:

> 我们从盐运使处获得一份许可证,到清江附近的官库里购买数千担(原文如此——引者)食盐运往汉口售卖。我们的中国代理人(买办——译者)持着许可证,将我们的名字登记为洪照帆(就是说,我们姓洪),在清江付了盐款,然后从相应的中国官员处拿到通行证,以通过往汉口途中的各种关卡。这些食盐在中国官员的监督下被交给中国船只承运,也必须通过他们才能发售。①

而豪格兄弟公司有关在汉口卖盐的另一段记录,则表明许多规定程序被严格而有效地执行着:

> 盐船到达汉口后,有一位相关官员告诉我们该泊在什么地方,他将监督我们卖盐。我们等在那里排队,官府规定盐船按照到达的先后顺序依次售盐。在叫到我们的船号、轮到我们发卖之前,官员就给我们定下了价格,并且说,官方将预先收取出售这些食盐的税费。手续办完后,他就将账目交给我们的中国买办。

在汉口购盐的不是在本地直接零售的"铺贩",就是准备把盐运到湖广其他县份去售卖的地方商人,"水贩","盐贩子"。后者各自垄断了他们所在部分县份的盐贸易。他们签订一份合约,保证有能力收足该地的厘金,自愿遵守各项盐务政策及官方定价,从而从两淮盐运使处得到一份专营许可证。尽管这些地方商人定期地去总销岸(这里指汉口——译者)去购买他们的货物,但他们住在较小的地区商业中心,并在那里经营生意,因而相对而言很少与汉口的大盐商团体或者这个城市的士绅社会发生联系。

2. 盐税。曾国藩于1863年颁布的两淮盐法,一直实行到清末。它规定所有预定销往湖北的淮盐都必须在汉口上岸,经汉口官员过磅、分装成较小的包,然后由票商卖给各地承销商。运往湖南的食盐也要在汉口通过检查,

---

① 豪格兄弟公司致麦华陀(Medhurst),1866年4月,英国外交部档案,228/416。由于豪格兄弟公司是外国公司,按照中国法律,它经营盐贸易是违法的。

只是到长沙再过磅、分装,售给水贩。在这些程序建立的过程中,曾国藩改变了太平天国运动前汉口在征收国家盐税(国课)方面的关键性作用:按照他的制度,国课要提前在下游盐场买盐时就交纳。① 但同时,又专门设立了一种新税种,即湖北与湖南盐厘(鄂厘和湘厘),以取代原来省府在征收直接税时正式扣除的那部分非正式佣金。(征收省盐厘的制度规定,无疑反映出当时省级财政自主权在扩大。)湖北盐厘开始征收时是每引 4.2 两银子,湘厘为每引 1.15 两,而到 19 世纪 60 年代末,已分别逐步减为每引 1.8 两和 0.85 两。鄂厘在汉口征收,通过盐道上交到省厘金局,在那里与向其他商品征收的厘金合在一起。湘厘则在长沙征收,收益由地方官府与汉口平分。和其他厘金收入一样,盐厘收入用于维持平息叛乱的地方军队的军饷支出,以及随后两省的"善后"事务。②

3. 政府监督:经纪人。太平天国运动后,食盐过磅、分装、征收厘金税、监督向本地商贩发卖等日常事务,都落到称为"盐行"的一个新机构身上。当地海关官员罗伯特·迪卢克(Robert Deluca)报道说:汉口盐行"在一般意义上讲根本不是商人,而是盐业经纪人。他们并不贮存食盐以供应给大众,只是作为总号与那些称为'铺贩'和'水贩'的真正卖盐的商人之间的中介人发挥作用"③。因此,盐行的作用类似于太平天国运动前的"岸

---

① 作为一种补充,曾设计向行驶在汉口与地方市场之间的盐船征收船舶税,称为"陆课"。这项税收征收到 1868 年,当时,省府的当权者们成功地废止了这项税收。他们的这种努力看来是维护地方盐商的一种表示,毫无疑问也是汉口商团集中疏通的结果。(参见《湖北通志》卷五一,23 页,同治七年一月李瀚章奏,以及同治七年六月郭柏荫奏。)

② 李鸿章同治二年奏,见明清档案,"朱批奏折·财政";卞宝第光绪十年三月奏,见《卞制军奏议》卷七,10~11 页。另请参阅曾国藩同治五年八月奏,见《湖北通志》卷五〇,27 页。实际上,湖北一直试图向川盐征收比淮盐更重的税,这很大程度上是因为四川省政府被授权不仅征收厘金,还可以征收常规的国赋,因此,不断增加的那部分收入都转向了省财政。从根本上说,这些"国家收入"最后都被合法地转移到以地方自强运动为旗帜的武汉工业化进程中。参见李瀚章光绪二年奏,见李瀚章:《合肥李勤恪公政书》卷七;托马斯·L·肯尼迪(Thomas L. Kennedy):《张之洞与战略工业化的努力:汉阳兵工厂的建立,1884—1895》,载《哈佛亚洲研究学报》,第 33 卷(1973),154~182 页。

③ 海关总税务司:《食盐生产与税收》,见"海关系列专刊"第 81 号(上海:1906),103 页。

商"。但是，他们在贸易过程的地位与岸商有很大不同，他们的出现，表明整个盐贸易的特征发生了很大转变。

从纲法向票法的转变，特别向太平天国运动后官文、胡林翼、曾国藩所设计的票法的转变，其实质是促使淮南盐销网络由公共部门向私人部门转化。1849年以前，纲商拥有准官方的独特地位，这使得汉口没有必要设立负责日常治安事务的专门机构。这些职责一般由岸商承担——他们由纲商从他们中间提名，在形式上经过湖北盐道的任命。与此相反，太平天国后的票商不再具有准官方的身份，而只是单纯的私商。这样，他们就需要一种新型的正式的官方监督机制。胡林翼任湖北巡抚时，主管钱粮事务的幕宾王家璧建议，模仿官府特许经纪人"牙行"（它处理大多数私人领域里的生意）的形式建立这一监督机构。1856年中，在对湖北经纪人特许系统进行了一次全面检查之后，胡林翼提请户部把在汉口负责盐务的机构改成经纪特许机构，并要求将其他主要贸易领域里的经纪机构隶属于这一特许机构。在取得户部的同意之后，胡林翼发布命令，要求汉口以及全省其他各地的次一级盐销中心的市场管理人员都要向他特别指定的机构申请同样可用于其他贸易的经纪特许证。① 这样一来，票商就被官府指定的一个分散的阶层所控制住了，这个阶层的社会地位和势力都高于他们的同行，而汉口盐业却失去了它作为政府垄断行业的唯一特征，逐渐变得与城市里的其他贸易行业没有区别了。

曾国藩在1863年重建两淮盐制时仍保留了汉口的盐业经纪人组织。在此后的半个世纪里，汉口的盐业经纪公司（盐行）数目一直维持在10—13个。按照曾国藩制定的章程，盐行的经纪人必须到官府登记其姓名、年龄和籍贯，而且这些盐行应当形成互保，也就是共同承担不正当行为所应当承担的经济责任。1873年，E. H. 帕克这样描述经纪人的日常活动：

> 票商把盐运抵汉口后，就囤放在盐仓里，直到某一个盐行来接手发卖。他们把盐商的食盐打上标签，编号，然后经过盐行之手，严格地按照顺序，卖到盐贩子或地区承销商手中。盐贩子必须立即付现金，连同

---

① 胡林翼，咸丰六年六月或七月与户部札、与湖北道台札，及其告示。所有这些主张都可以在王家璧的手稿中找到最初的蓝本，参见王家璧：《编年文稿》（手稿，1844—1882），第3册。

盐厘一起交给盐行。盐行扣除盐厘，然后将余额交给商首，商首从中拿出自己的佣金，把主要部分付给有关盐商。①

盐业经纪人必须定期向湖北巡抚、在南京的两淮盐运使以及户部汇报其活动和汉口盐市情况。

4. 政府监督：道台和总办。虽然盐行实际上在行使官方权力，但其成员却都是真正的商人。当然，如同其他行业的经纪人一样，他们都是在汉口商人社团中征聘的。在湖广总督官文最初谋划复兴淮盐向湖广的运销时，曾经构想过彻底将汉口盐业交由"商办"，并赋予盐行全面的实际控制权，而让它直接隶属于自己的地方衙门。（我们在第六章将会看到，这一政策是与官文、胡林翼的整休商业思想以及他们在19世纪50年代后期主持的重建活动是联系在一起的。）然而，几年后，当曾国藩试图寻求全面复兴淮南盐销区时，加强官方控制的愿望压倒了让经纪人与盐商联合自治的想法。因此，盐行就降格为仅仅管理汉口盐市日常事务的机构，而曾国藩又在它的上面设立了一位"大员"，即驻扎在汉口的湖北督销局总办。这是一个全新的职位。我们知道，在此之前，全面负责汉口盐市是总商，表面上它对湖北盐道负责，但实际上它是由盐商自己推举出来的一支独立力量。显然，在太平天国运动之后的数年中，尽管盐贸易在整体上明确地朝着私人领域发展，但同时官府又在努力加强对它的有效监督。②

当然，过分强调盐业中的官僚化有些危险，因为很清楚，新的监督职位在很大程度上就是原有盐道的后继。最初设立盐道这一职位，是想让他通过两淮盐运使向户部负责，可是，到19世纪前期，这些盐道已逐渐受到盐商们的支配。尽管如此，在太平天国运动之后的数十年里，盐道几乎完全代表湖广总督和湖北巡抚的利益，特别是在征收本省盐厘方面。盐厘的征收，和其他商品厘金的征收一样，由一个新设机构"盐茶牙厘局"统管，而盐道是此局之当然成员。和从前一样，盐道仍由北京中央政府任命，但实际上，它越

---

① E. H. 帕克：《有关食盐的报告》，英国外交部档案，228/525。
② 《两淮盐法志》卷七一，7页；金格尔（Gingell）致布鲁斯（Bruce），1861年1月12日，英国议会档案，228/331；帕克：《有关食盐的报告》，英国外交部档案，228/525。关于这几年里盐务的官僚化，最为极端的批评，可参见蔡乙青：《闲话汉口》，载《新声月刊》，第5卷，第11、12期合刊，59页。

来越仰赖于湖北省方面的推荐。① 另一方面，这个新的监督官员（指湖北督销局总办——译者），是两淮盐运使直接任命的，而且只向他负责。显然，任职总办的人是从曾国藩的幕府成员中挑选出来的。在理论上，幕府作为一种独立的人才储存库，既有别于中央政府的晋升体系，又与汉口盐商集团之间存在着相当大的距离。

幕府对这一职位的独占是显而易见的，也许田维翰是一个极端的巧合，他于19世纪60年代或70年代在汉口出任总办。② 他是浙江上虞县人，太平天国运动前几年作为盐商来到汉口，并落籍于这个城市。汉口为太平军攻陷时，他带着家人逃回浙江；而当他的家乡也受到攻击时，他在本地组织并领导了地方自卫武装——团练。毫无疑问，这种才能引起了曾国藩的注意。在重建之初，他回到汉口。鉴于他与官方的密切联系，热心公益，以及熟稔商务，他被曾国藩的两淮盐务衙门所相中，被请去起草适用于更广阔地区的地方盐务章程。据说，田在这个职位上一直服务了20年，这也许表明直到19世纪80年代初，地方政府仍然保持着与商人的正式联系。

那么，在太平天国运动后，那些汉口盐业经纪人和其他的头面商人是否有机会去建立独立于这些新设立的正式机构（诸如湖北督销局、湖北盐茶牙厘局）的、属于他们自己的势力呢？田维翰仅仅是一个孤立的特例，并且他是完全抛开自己的商人身份而进入官僚管理阶层的吗？在这个世纪的上半叶令官员们十分恼火的盐商集体基金及其支出，在这一时期的结局又是怎样的呢？

汉口商业一旦重新抬头，众所周知的官、商之间猫捉老鼠的游戏就重新开始了，只不过在表现领域上略有不同而已。1863年曾国藩的盐务改革包括对汉口"盐业经纪人进行审查"的精确而详细的规定。盐行要受到新设立的督销局总办的直接监督，总办负责详细记录盐行的具体活动情况。曾国藩预见到盐务改革将会受到一系列的攻击，他条列的这些可能的攻击正表明盐业经纪人自身的利益与汉口市场中其他集团的利益之间存在着冲突。首先，有组织地拖延上交他们所征收的盐运税，把这笔本该归属政府的资金用于经纪

---

① 实际上，盐道经常由武昌道兼任，偶尔也由汉口道兼任。参见1867年《汉阳县志》卷首所列的职官名单，1页；《湖北通志》第115章，以及本书表6—1。

② 关于田维翰的履历，参见1920年《夏口县志》卷一三，13页。

人自己投资（就像他们的岸商前辈所做的那样）。其次，是"侵蚀商本"，也就是说，要求持有盐票的运商向他们交纳违法费用，作为交换，他们则允许运商越过顺序卸盐或者不按指定价格发售。最后，牙人可以为了自己的利益，操纵市场价格，从而实际上损害了那些在他们的汉口盐仓购买食盐的零售商人。①

曾国藩的担心几乎立即得到证实。第一任驻汉口的督销局总办杜文澜很快就发现自己面临着汉口盐业经纪人一系列的"阴谋"：设法拖欠税收，私允运商，挪用资金投资于别处，以及下调固定价格，等等。几个月后，杜文澜申请到对付经纪人的更大的权力，并得到许可；建立一个归他管辖的严格的发放许可证的机构。② 四年之后，汉口经纪人操纵价格的问题又重新抬头，为了控制湖北各属销区的盐价，总办不得不采取惩戒行动。③ 然而，盐行的经纪人好像已能很好地应付当地与南京盐务当局所采取的每一次反操纵的努力了。④ 1911年，E. H. 帕克根据他40多年的经历与认识总结说："在汉口，盐最容易遭到议论，一直纠缠不休，不管是川盐还是淮盐。"⑤

在这些年里，盐商集体资金及其支出的问题似乎无人注意，自从陆建瀛之后，"匣费"这个术语也好像从汉口的语汇中消失了。有几方面原因导致了这种变化，其中最重要的也许是盐厘制度的建立——它给在武汉的湖北省及地方政府提供了一种分享地方盐业收入的正常途径，从而取代了从前的非法勒索。更重要的是，私人领域中公益事业的制度化发展（包括"善堂"或慈善会等），给盐商提供了一个以个人身份而不是以集体名义向社会捐资的渠道。最后，与那些使用雇员的其他当地贸易领域一样，盐业也发展了正式的行会组织，从而给商人集体资本的积累提供了一个更为稳固的保障。

---

① 《两淮盐法志》卷七一，10页。
② 《两淮盐法志》卷七三，9~11页。
③ 《两淮盐法志》卷七四，11页。
④ 1867年《汉阳县志》的编撰者认为，要求所有运销湖北地区的盐都要在汉口重新发售这一政策，是盐商腐败问题的根源。他指出：这一政策来源于官府希望为某些私人获利留下机会的"好意"，而这种"好意"又是与商人们小心翼翼的忠诚报效相互酬报的。(参见1867年《汉阳县志》卷八，44页。)
⑤ E. H. 帕克：《中国：她的历史、外交与商业》（伦敦：1901），235页。

五、盐业的商人组织

在探究汉口盐业中商人组织起源的过程中，有一点给我留下了深刻印象，即尽管官方害怕出现一个由商界精英组织的独立力量，但它一直希望能够保持稳定的秩序。很早以来，中国商业活动中就一直使用担保（保结）的方式，盐贸易中尤其需要它，因为政府在盐业中拥有广泛的利益。在盐贸易中，政府不断从多方面强化互保组织，其目的不仅是为了打击违法行为，也是为了分担因为各种原因而导致的经济损失的责任。① 比如，至少也可以追溯到道光间，政府官员把进入运往汉口的盐船编组成"帮"（"帮"这个词的本义是指码头上拴在一起的船只，后来它被广泛地用于指称"行会"，可能也源于此）。在很多情况下，虽然最初的商人组织起源于官府的促使，但事实证明组织起来对保障商人们的生存也是很有好处的。

一般说来，这种"帮"更主要的是与运输业直接有关，而与盐业没有特别的关联，可是，在汉口盐市内部却存在着与这种组织相同的、多种多样的、不同层次的组织结构。比如，"运"这个词，它的本义是指运输，但它也被用来指代负责监督全年食盐配额运输的、以"运司"为首的一个等级森严的机构。尽管这类组织是临时性的、以任务定位的，但在太平天国前的贸易中，也同样存在着与此结构相同而更具有长久性的组织。藤井宏指出，"纲"这个词本身就经常指称由商人联合的、近似于行会的组织。② 虽然"纲"是以个人名义登记注册的，但实际上却是由一个商人群体——通常靠亲属或同乡关系结合在一起——共同投资"纲"法所赋予的大宗运输业务，并分享其利润。

虽然这些分散的、近乎捆绑在一起的群体一直保持着其特点，但在 18 世纪和 19 世纪前期，他们一直隶属于总商之下，总商负责调解其内部纠纷，并代表盐商群体处理对外事务。更重要的是，政府部门责成总商（与纲首和运首一样）承保盐商们的行为符合规范，并承担群体的经济责任。因为在这

---

① 卢坤与杨怿曾道光十一年奏，见王云五主编：《道咸同光四朝奏议》卷一，232~235 页。

② 藤井宏：《新安商人研究》，载《东洋学报》，第 36 卷，第 4 期，121 页。

些年里，汉口盐市被认为是"公共领域"的组织部分，而不属于"私人领域"，贸易中的所有不动产与有形资产，诸如仓房、码头等等，都被认为是公共财产，所以应由商人们推举产生的总商统一管理（如雇用盐仓保管、组织保安力量之类的事务，都属于总商的职权范畴）。

没有明确的资料说明是集体性活动与集体性责任孕育了正式的组织。然而，据说早在 1764 年，淮南盐商就在汉口建立了"公所"，并推选出"船司"作为其负责人。与总商一样，船司具有一种准官方地位，而且实际上船司与总商可能就由同一个人担任。① 这个组织称为"公所"，而不称为"局"或者其他汉口地方机构中更常用的名称，显示出它是盐商为了追逐其自身的群体利益而组建的，有别于那些官方盐务管理机构。几乎与此同时，由两淮盐运使高恒主持的运动则再三声言要强化对汉口盐商的监督，则更进一步证明了此种推测。

至道光初年（1821），汉口盐商在城里建立了许多会所，作为其社团的活动场所。其中之一，就是大王庙，可能始建于 18 世纪。这个庙起初主要是为了集体祭祀而建立的，但也常在那里举办一些大规模的、公开性的商务讨论。由于是商业精英们聚会之所，其巨大的规模和壮丽的外观都相当著名。② 在城市另一边的天都庵，则是作为盐商公所而建立的。这里的商务活动没有大王庙多，它只是给来汉口的纲商提供一个别致的处所，并且为他们常年居住在汉口的同行们提供一个清静而时尚的休憩之所。这里举办的奢华的盛宴是这个大都市里最上乘的，无与伦比，这让历任两淮盐运使深感苦恼。那些富有而文雅的盐商则结成一个非正式的诗社，定期在这里聚会。

当然，在太平天国运动前，公所里的"盐商"只包括那些持"纲"的运商和他们在汉口负责的代表。承销湖广地区食盐的"水贩"及本地零售商被排除在这一精英群体之外。这个排外的群体组成的行会有充足的理由共同保卫其利益，这不仅因为他们时常受到官府的盘剥、勒索与监督，还因为他们认为自己的收益与那些从事地方盐贸易的商人们所得的收益不平衡。1803年，突然之间的库存过剩使水贩们扩大信贷以购买食盐，结果给许多纲商带来了毁灭性的打击，并迫使纲商与水贩们之间以低于官方定价很多的固定折

---

① 《湖北通志》卷五一，13 页。
② 范锴：《汉口丛谈》卷二，13、16、37 页。

扣达成了协议。① 纲商只有团结起来才能与市场竞争相抗衡，而正是这种竞争打破了他们在其中占据着优势的市场稳定性。1831 年湖广总督卢坤的调查表明，运商们认为其自身利益不仅与官府、运商们不一致，也与他们自己的雇员不一致。"内私"的广泛存在引起了北京政府的关注，而盐商们则把它归咎于"商伙"和"商司"，指责他们合谋欺骗他们的雇主以及官府的收税员，操纵汉口的淮盐黑市市场。结果，省府官员发现"引商资本流失，势力日削"②。这是需要建立一个强大的商业联合组织的又一个原因。

在太平天国运动期间，汉口盐贸易事实上停顿了，行会组织也解散了，其公所也被烧毁了。上文已谈到，太平天国后的贸易，几乎是由一些崭新的人物运作的，但盐业公所的恢复比市场的恢复要早得多。新的盐业公所继承了其前身的两个基本特点，这使得它有别于汉口其他的行会：一是其组织方式明确地超越其成员日益变化的血缘与地域来源，二是仍然严格限制在商业精英的范畴内。

因此，晚清时期汉口的盐业公所并不代表那些数以千计的在这个城市里从事盐贸易的普通商人、船夫与码头工人。尽管盐业公所在各个层面上控制着盐贸易，但它只吸纳两种人，即盐业经纪人（盐牙）与运商。盐业经纪人有充足的理由要联合起来，因为官府要求他们集体担保相互间的行为和经济偿付能力。太平天国后行会的重建并不是由经纪人而是由持票的运商发起的。一位当地历史学者指出：自淮盐改纲为票，诸运商即于鄂岸销盐。其中大部分人认识到，既然他们来自五湖四海，就应该为了共同利益联合起来。③

几经周折，汉口盐业行会（淮盐公所）的具体管理最后确定由称为"月商"的领导人负责。月商每月选举一次，在盐商中产生。为了保持连贯性，设立了一个非永久性的管理职位"统事"，他负责掌管行会的常设机构以及公所会堂的日常管理。经纪人向每一宗本市的盐运业务征收 10 两银子（很显然，这是太平天国运动前"匣费"的后继），汇集起来作为盐业公所的日

---

① "清宫档案"，佶山与吴熊光嘉庆七年九月五日奏。

② 卢坤与杨怿曾道光十一年奏，见王云五主编：《道咸同光四朝奏议》卷一，232~235 页。

③ 参见 1920 年《夏口县志》卷五，29 页。

常开支，而当19世纪80年代末建设正式的公所会堂时，每斤盐又另外征收了附加税。① 公所的首要功能是代表盐商利益与总办直接交涉，因此几乎每天都有行会首领与总办或其下属之间的商谈。这些商谈取得了一些阶段性成果，盐商们的一些要求得到官方的承认，比如1872年调整厘金税收程序的问题。②

六、结语：盐贸易与地方社会

在太平天国运动之前的一个世纪乃至更长的时间里，盐商构成了地方社会中在经济与文化上的主导阶层。这些盐商作为一个群体，利用他们的集体资金，资助赈灾、地方治安，并逐渐全面承担起日常性的地方慈善事业支出，从而形成了巨大的影响。19世纪初，白莲教起义削弱了中央权力，盐商们被迫担负起地方政府的某些责任，并承担其中的相当一部分经费，这使得盐商们以其雄厚的财力而拥有的政治潜势力大幅度加强。回顾这段历史，我们注意到：这一时期，在商人得势、政府财力匮乏的同时，在城市公共事务中开始出现了一个新型的"私人主导"模式（但并不是"资本主义的"）。在太平天国运动前的漫长时期里，汉口盐商在两淮盐运衙门里的法定上司们，一直在拼命与这种逐渐失去控制的独立力量进行斗争，力图将其纳入控制之下。

太平天国运动造成了淮南盐业的全面停顿，从而给汉口盐业机构带来了大规模的震动。所有资料都表明，重建初期进入盐贸易行业的新运商集团在此后的半个世纪里，发展成为一个稳固的特权集团，不过与太平天国运动前他们的前辈相比，还是有很多不同之处。一方面，官文、曾国藩为鼓励地方士绅购买他们所发行的盐运特许证，所采取的一些优惠政策，使这一原本就很有势力的群体逐步从追逐非商业利益（诸如占有土地、科举考试以及组建反太平军的武装等），转移到贸易领域中来。另一方面，很多新起的商业势

---

① 海关总税务司：《食盐生产与税收》，见"海关系列专刊"第81号，102、111页；彭泽益：《19世纪后期中国城市手工业商业行会的重建和作用》，载《历史研究》，1965年，第1期，79页；1920年《夏口县志》卷五，30页。

② 《北华捷报》1872年6月22日。另请参阅第四章。

力,如广东商人与宁波商人,与外国公司(如豪格兄弟公司)有着广泛联系,也得以进入这一原本由徽商与晋商垄断的领域中来。

正是在太平天国运动前后,官方对盐业的失控凸显出来。这主要表现在淮南销区持续萎缩、地区内未予申报的贸易所占的比重不断增加,以及政府越来越明确地认识到自己无力控制太平天国运动后那些盐业经纪人的活动。

国家在认识到华中地区盐业"垄断"已逐步失控之后,做出的审慎反应之一,就是鼓励我所谓的"贸易私有化"。在1849年票盐制实施之初,大部分淮南运商就不再被看做需要隶属于某一正式机构的官府中人了。事实上,"纲"制下那种准官方"封地"式的特权废除之后,盐贸易中的"封建"色彩变得少多了。正如中国历史学家论证的那样,从17世纪末到19世纪中叶,中国商业与工业一直在走不断私有化的道路(或者说是用"民办"企业超越"公办"企业)。这一进程所影响的地区包括四川的盐井、北京地区的煤矿、云南的铜矿以及景德镇的瓷窑。①

虽然设置了新的官员(汉口总办)以及准官方官员(盐牙)以检查可以预料到的那些私商们的贿赂行为,但在太平天国运动后,盐商们在其自身事务的运作方面仍一直保持着主要的发言权。在行政机构内部,像田维翰这样既属于商人社团、又属于在反太平军斗争中取得突出地位的那个新兴官方机构的人,更可能为商人集团谋取利益。盐商们要加大自己的影响,实现多年以来进入盐务政策决策层的愿望,就需要在新成立的汉口盐业公所的庇护下,把盐商与盐牙联合起来。通过将这种联合展现在与总办的定期商谈中,盐商与经纪人们取得了一些显著的成功,比如调整厘金征收政策等。

尽管盐业公所能有效地向政府表达盐商们的利益,但它在太平天国运动后汉口商业向社会经济多元化发展的总体趋向面前,却无力保护这一新兴的盐商精英阶层。盐商精英作为一个群体,不再像他们在太平天国运动前的前辈们那样,在当地经济与文化生活中占据着主导地位,他们不得不与其他商业领域里的头面人物分享这一控制性角色。另外,太平天国运动后的盐商精

---

① 代表性的成果,可参阅彭泽益:《清代前期手工业的发展》,载《中国史研究》,1981年,第1期,45页;邓拓:《论中国历史几个问题》(北京:1979),195页;韦庆远、鲁素:《清代前期的商办矿业和资本主义萌芽》(北京:1981),19~20页;侯外庐:《中国封建社会史论》(北京:1973),277页。

英本身也更加多元化，而且包括了一些资本规模明显较小的投资者。19世纪下半叶，只要付得起票租，私商完全可以参与到汉口盐业中来，而无论是以个体身份，还是以合股的方式，也不管是长期租赁，还是只租一趟生意。官方设置了较高级别的常设机构、税收部门，在官方与商人之间设立了经纪人，而商人们则相应地组织了一个非常私人化的贸易组织，以与官府就其自身利益进行交涉。太平天国运动之后的汉口盐业界，在很多方面都很像我们熟悉的西方前工业化时期的城市、商业资本主义社会。

第4章
茶叶贸易

对于大多数学习中国史的西方学生来说，提起汉口就会马上联想到"中国茶"的贸易。毫无疑问，这种天真的想法来源于他们读到的书都从在中英贸易中所扮演的角色这一角度来界定汉口的特征——我们在第一章中已指出，汉口在19世纪60年代，突然上升为一个主要的中英贸易口岸。这一特征，还可以再加上一条，即用西方观察家们自己的话说：如果不是茶叶贸易，实际上没有一个西方人会涉足这个城市。在西方人眼里，茶叶是汉口存在的唯一理由。

当然，事实并非如此。1907年，日本领事提出的一份有关年度贸易总额的调查报告显示，茶叶贸易在总贸易量中只占第4位（排在国内交易物品食用油、米、杂粮之后）。① 进入20世纪后，汉口茶贸易在国内贸易中所发挥的作用，远不如它在对外贸易中所发挥的作用，正是这一点赋予了它的重要性。虽然认为茶叶贸易在汉口居于中心位置有些言过其实，但也不能忽视它在19世纪下半叶对当地社会与经济生活的重要意义。正是由于茶叶贸易的巨大份额，才使得当地茶叶市场成为西方影响这座城市的主要渠道。因此，茶叶改变了汉口与其区域腹地之间关系的性质，并改变了汉口社会精英的结构。

一、茶叶外贸的来龙去脉

尽管直到开埠以后，茶叶在汉口贸易中的相对位置才开始迅速上升，但

---

① 水野幸吉：《汉口》（东京：1907），290~291页。尽管到1907年，汉口茶叶贸易的总量相对于其他物品的贸易而言与其全盛期的19世纪六七十年代相比有所下降，但我相信这个排位也大致适用于此前的阶段。

几个世纪以来，它一直是重要的贸易项目之一。关于中国国内的茶叶贸易，我们知之甚少，但有证据表明，早在唐代，武汉就存在着面向国内流通的茶叶市场。① 藤井宏指出，至迟到明中期，茶叶作为中国人的日常饮用品已形成为全国性市场。② 当时，浙江钱塘县、安徽徽州府休宁县就是全国最主要的产茶地，而来自这些县份的人则是中国最富有而且最活跃的商人。汉口很快就在长江下游茶叶向全国流通的网络中担负起重要角色，但直到17世纪后期和18世纪，它才在这一贸易中占据中心地位。据一份最新的估计，那时全部国内茶贸易额大约增加了三倍。③ 这种需求增长的主要受益者是华中的产茶区——湖南省和湖北省南部地区，而汉口在国内贸易中的作用也随之由运输中转地转变为区域集散中心。在这一时期，钱塘与休宁商人开始大规模地进入这个城市，可能并非偶然，而是因为他们对日益发展的华中茶贸易抱着希望。④

汉口在国内茶贸易中的这种重要的中心地位，一直保持到20世纪初，可是从很早时候起，它就开始致力于向国外市场出口茶叶——向北至蒙古与西伯利亚。亚洲内部贸易规模的不断扩大，实际上已经预示着它将在未来发展成为著名的海外贸易的前景。在华中茶叶尚未占据重要的国内市场之前，它就已成为中国与其北方邻国贸易中的一个重要组成部分。早在宋代景德年间（1004—1007），与北方蒙古草原之间著名的"茶马"交易就正式开辟了，把湖广各地的茶叶收集起来，用船运到武汉，然后运往北部市镇张家口。这一贸易在明末因军事原因而衰退。到1696年，康熙大帝重新开放了商路，它很快就发展到前所未有的水平。在明清之际的断裂之前，这一贸易是由国家垄断的；到了清代，它正式转入私人手中——总部设在乌兰巴托的大蒙古商号大盛魁就是经营这种贸易的商号之一。蒙古商人不仅在汉口站稳了脚跟，

---

① 赵李桥茶场、华中师范大学历史系：《洞茶今昔》（武汉：1980），4页。这一印象据说来自《新唐书》。另请参阅黎少岑：《武汉今昔谈》（武汉：1957），46页。

② 藤井宏：《新安商人研究》，载《东洋学报》，第36卷（1953—1954），第1期，22~23页。

③ 彭泽益：《清代前期手工业的发展》，载《中国史研究》，1981年，第1期，53页；另请参阅藤井宏：《新安商人研究》，载《东洋学报》，第36卷，第1期，26页。

④ 比如，在这些地区根深叶茂的叶家，就有一支于17世纪50年代迁居汉阳县。参见《叶氏族谱》（1873），以及本书第7章。

还在汉口的腹地建立起一些附属市场。①

至迟到17世纪，湖广茶叶经汉口贩运到蒙古的同时，也远达俄罗斯的亚洲部分。茶叶通常是用帆船溯汉水运到陕西北部（原文如此，误，当作"陕西南部"——译者），从那里转陆路，经甘肃和青海（原文如此——译者）到达西伯利亚。虽然没有有效的数据，但据说这一贸易规模相当大，而且在康熙时期发展迅速，当时沙皇政府为推进此项贸易还投入了一大笔资金用于修建西伯利亚的道路。第二个重要的发展阶段是19世纪初期，起因是俄国的茶叶需求忽然加大了。一位苏联学者发现，从1802年到1845年，经过赤塔中心市场入境的茶叶价值增加了6倍。② 而且，从中国输往俄罗斯的茶叶总量中的95%是经过汉口运送的。

汉口开埠后，对俄贸易持续兴旺。例如，1880年，估计有1 500吨茶叶经由汉水这条古老的商道运往西伯利亚。③ 早在1861年之前，俄国商人就已来到汉口；在条约正式规定西方人可以定居之后，他们在外国人群体中乃占有相当大的比例。俄国商人通常与当地的汉阳和武昌商人做生意，他们居间为外国人购买茶叶，并经销俄国羊毛制品。然后，俄国人通过以汉口为基地的陕西运输商人将茶叶运往北方，这些运输商人与俄国商人打交道已有好几代了。到19世纪60年代初，俄国人在汉口建起了一座加工厂，把预定运往西伯利亚的茶叶压缩成砖块，以使它更适于部分陆上运输。最初，汉口砖茶

---

① 赵李桥茶场、华中师范大学历史系：《洞茶今昔》（武汉，1980），4~8页。这一认识的资料来源是内蒙古自治区档案局有关大盛魁商号的档案。

② 同上书，9页；东亚同文会：《支那经济全书》（大阪：1908—1909），第2卷，315~316页；M. I. 斯拉德沃斯基（Sladkovskii）：《中俄经济关系史》（耶路撒冷：1966），71页。

③ 汉口开埠之后，只有那些通常品质较低的砖茶才经由这条路线运往西伯利亚，而那些预订销往俄罗斯欧洲部分的、品质上乘的茶叶，则一般通过海运（1869年之后经过苏伊士运河）运往敖德萨。也有部分销往俄罗斯的茶叶是在英国商人运到伦敦之后、在伦敦购买的。1891年，在沙俄皇太子访问汉口之后，沙皇政府决定停止全部经由陆路的茶叶运输，运往俄国亚洲部分的茶叶改由自汉口沿长江运到上海，然后再海运到符拉迪沃斯托克（海参崴）。关于1880年陆路贸易的总量，请参阅帕克（Parker）：《中国：她的历史、外交与商业》（伦敦：1901），149页；关于其他商路及此后的发展，请参阅吉尔（William Gill）：《金沙江》（伦敦：1883），47~48页；赵李桥茶场、华中师范大学历史系：《洞茶今昔》，12页；《今日远东印象及海内外杰出的中国革命党人》（伦敦：1917），476~478、484~485、488页。

厂使用人力加工，到 1871 年，俄国人把十年前在茶乡崇阳县建立的一座蒸汽动力的工厂搬迁到汉口的英租界。1875 年、1878 年以及 1893 年，随着与西伯利亚贸易的持续发展——借用一位嫉妒的英国领事的话说，是"飞跃增长"①——他们又在这座城市增建了几个工厂。

当 19 世纪国内与亚洲贸易蓬勃发展的时候，面向欧洲与北美的海外茶叶贸易也发展起来。鸦片战争前，可能就有一些湖南和湖北省南部地区的产茶先驱开始向欧洲市场挺进，但他们的产品是经由湘江直接运往出口港广州的，汉口没有介入到其中去。② 1842 年之后，海外贸易的主要部分转移到上海，上游产茶区与汉口之间的联系日益密切，其产品在汉口汇集运往长江下游。虽然经过 19 世纪 50 年代的充分发展，华中茶业以及汉口市场的重要性已引起西方商人们到汉口来进行直接贸易的愿望，但是，有充足的证据显示，只是到汉口开埠以后，湖广茶叶才真正分占了对外贸易中的一个重要份额。几年后，英国人从汉口购买的茶叶从无到有，并成长为主要贸易，很快成为中英在汉口交往的主要途径。正如一位英国领事报道的那样，"1861—1863 年间汉口出口贸易的增长主要归功于茶叶出口额的增长"③。中英贸易双方在对长江流域的其他一些港口作了尝试之后，很快就确认汉口是华中地区出口茶叶最好的集中地，也最方便在这里将茶叶转运西方。

二、1861 年汉口茶叶市场的开放

在汉口开展茶叶出口贸易之初，中英商人及其各自政府在当地的代表，

---

① 英国外交部档案：《外交使节与领事有关贸易和金融的报告：中国。关于 1887 年汉口贸易的报告》，年度报告系列，第 380 号，1888，10 页；另请参阅湖北巡抚郭柏荫同治七年十二月十五日呈文、湖广总督李瀚章同治八年七月五日与同治十年一月二十四日札，均见总理衙门档案："湖北英人交涉"；海关总税务司：《中国通商口岸对外贸易报告》（上海：1875），101 页；水野幸吉：《汉口》，422 页。

② 这一观点来自赵李桥茶场、华中师范大学历史系：《洞茶今昔》，5 页。波多野善大列举了欧洲人在广州制度下购买的货物清单，其中没有来自湖南或湖北的商品（参见波多野：《中国近代工业史研究》，京都：1961，94～97 页）。这也许可以得出推断，来自中国南部的茶叶在广东贸易体制下的对外出口额中只占有很小的比重。

③ 《英国议会公报》，1866 年，第 71 卷，111 页；另请参阅《英国议会公报》，1965 年，第 53 卷，73 页。

都试图探索一条畅通的、有利可图的贸易新途径。虽然汉口开埠是战争的直接结果,但它在很大程度上毕竟是通过协商而得以实现的,并且得到外交上的正式承认,因此,英国官员希望这种新的贸易方式不会损伤中国人的民族自尊心,或者使他们觉得是一种耻辱以及是一种他们反对的强制性规定,而希望他们预计到这种贸易也会给他们自己的国家带来利益。另一方面,中国官员也认为这是一种公平的贸易,与那些英国商品的贸易有很大的不同。在经久不息的国内战争时期,他们最为关注的是汉口茶叶市场能否为政府提供足够的财政收入,至少是为汉口的军事防御提供经费。1861年夏天发生的交涉,充分显示出汉口贸易运作中的惯例以及帝国主义外交在地方层面上的表现形态。①

1855年,胡林翼为了支付对抗太平军的地方武装的军费,在湖北省设立了一系列商税项目,其中之一就是茶税。在厘金或者普通货物通行税之外,胡林翼规定棉花、丝绸、木材以及茶还要另外征税。茶税交由在湖北省蒲圻县羊楼洞内地市场的一个特别官员管理,他负责对茶叶产销的三个环节做出评估,征收生产税(业厘)、加工税(行厘)和运输税(乡厘)。在汉口,因为茶叶是大批量买卖的,所以茶税被归属于"包茶厘金"之下,由汉口的厘金局负责征收。这种复杂的税收体制最初是为了对面向国内市场的茶叶生产进行征税而建立的,到1859年——以《天津条约》的签订为标志,胡林翼命令其下属重新评估这种征收程序,把目光放在开发汉口与欧洲的直接茶叶贸易方面。②

1861年初西方商人一到汉口,当地官员们就迅速做出反应,试图将对外茶贸易置于他们的财税收入系统之下。第一个控制步骤来自湖北省盐茶牙厘

---

① 关于这次交涉的资料,主要包括英国驻汉口领事阿瑟·金格尔(Arthur Gingell)致英国驻北京公使弗里德利克·布鲁斯(Frederick Bruce)的信,所署日期分别是1861年7月3日和9月2日,其中摘录了大量地方交涉的言词,并包括一些中英文抄本,见英国外交部档案,228/313。迪安(Britten Dean)在《中国与英国:商务交涉,1860—1864》(马萨诸塞州,坎布里奇:1974)一书的56~58页曾描述过这一事件。我提到迪安的考察,但认为他对这一事件的阐释仅仅局限于外交史方面的内容,没有充分揭示出这一事件所蕴含的权力与制度上的真相。

② 《湖北通志》卷五〇,41~43页;胡林翼:《胡文忠公遗集》(1875)卷六五,10页,胡林翼致严渭春函,咸丰九年七月十五日。

局,它是胡林翼创立的,全权负责监督全省的经济事务,由一个道台级的省府官员组成的委员会领导。这一机构在盐贸易方面所发挥的作用我们已经描述过了,它主要关注税收,但同时也负责维护贸易体系,以使它能保证商人有利可图,并且稳定发展,从而便于地方政府控制市场。因为这个机构是省政府的代理机构,它的利益并不一定与其他国内关卡或帝国海关一致,后者向中央政府提供税收,并不向地方政府提供税收。

1861年5月27日,汉阳知府按照湖北盐茶牙厘局的指令,发布公告,要求所有中国商人把运入汉口的茶叶按顺序送到指定的"行"里储存起来再出售,其主要目的就是强化茶叶输出厘金的征收。英国领事阿瑟·金格尔(Arthur Gingell)立即就这一行动向专门负责对外交涉事务的中国地方官员汉口道台郑兰提出抗议。金格尔声称:这种"行"垄断的制度,以及命令商人们都必须服从它的做法,违反了1842年的《南京条约》。① 道台的回答虽然是事实但却多少有些不着边际。他说:由于他并不是湖北盐茶牙厘局的现任成员,而正是湖北盐厘局策划了这个行动,其成员的官阶又都比他高,所以他无力劝阻他们。实际上,湖北盐茶牙厘局选择让汉阳知府而不是汉口道台出面办理此事,就是因为他们已认识到此事完全属于内政事务。

与此同时,湖北盐茶牙厘局正开始致力于起草一系列正规化的管理规章。至此,它召集汉口地方官员、华商领袖以及从事茶叶贸易的重要外国洋行在汉口的买办举行了一次会议。他们达成了一个一般性的协议,但并没有做到他们声称的那样,照顾到了所有方面的利益,而这些利益冲突正是产生矛盾的根源,因为:(1)英国领事与其中国同行汉口道台都没有出席这次会议;(2)没有一个买办告诉其外国雇主以他们的名义签订了一份什么样的协议。盐茶牙厘局认为这些都无关紧要,因为贸易章程纯粹是国内乃至省内事务,试图建立制度化的管理只不过是对中国商务惯例的一种扩展,而这些商务惯例对于外国人来说是难以理解的,外国人的利益并不会因此而受到影响,所以没有必要告诉他们。尽管与会各方都想方设法从最终协议中获得一些可靠的利益,但湖北盐茶牙厘局召开此次会议看来并不是为了谋划愚弄外

---

① 金格尔致布鲁斯,1861年7月3日,英国外交部档案,228/313。遗憾的是,这个文告的中文原本即不见藏于汉阳府,也未在湖北盐茶牙厘局后来的档案中保留下来。

国人。

6月29日，湖北盐茶牙厘局颁布了它的新规定，并直接让汉阳知府负责知会几家外国商行，指出他们从事交易的方式有悖于新规定。新规章规定所有进入汉口供出口的茶叶都必须通过一家名为"协兴公"的中国商行才能售出，这个商行在英文文献中则被称为"黑心公司"，或者干脆称作"黑茶行"。这家商行被授权负责统一称重与计量的标准，维护地方茶叶市场的秩序，收取3%的运输税。这笔运输税按如下比例分配：

  1.2%交厘金局，作为"军费开支认捐"。
  0.6%给外国买办，筹谢"麻烦了他们"。
  1.2%留给"黑茶行"，作为其佣金。①

金格尔领事立即汇合汉口的英国人社团去反对这种他称作可恶的"公行"制度的复活②，并且在7月1日一封致湖广总督官文的私人信件中对此大发牢骚。此后，在领事、总督以及汉口道台（他被官文招来安抚金格尔）三者之间进行了频繁的通信协商，结果是汉口道台在7月14日做出承诺，将禁止贸易中的所有垄断行为。然而，由于中国人与英国人对问题的看法以及诸如"垄断"之类名词的理解有很大差异，这种谅解也就只能停留在纸面上，正如后来的发展所表现的那样。

中国方面对协议的看法，在汉口道台7月2日给金格尔的信中作了解释，但因为领事不能读中文，所以看来他从未全面或准确地理解道台的意思。③

---

① 金格尔致布鲁斯，1861年7月3日，英国外交部档案，228/313。这个行情表来自金格尔的报告，不一定是准确地从原始文件中译过来的。

② 大约在1760至1842年间，广东的茶贸易规定必须通过"公行"——一种介于西方商人与中国普通商人之间的经纪人群体。公行是明代在当地就运行的经纪行的继续，它在对外贸易中所发挥的作用与"洋行"在对内贸易中所发挥的作用相同。无论是广东的公行，还是汉口的黑茶行，都是得到政府特别授权的经纪行，他们获得很大的权力，可以规范地方市场，收取商税。然而，广东的体制（1760年后）有两点不同于汉口体制，也不同于通常的中国经纪模式：第一，广东的经纪人在很大程度上要控制外国商人的个人生活；第二，在广东贸易中的中国买主，实际上也是垄断的。参阅费正清：《中国沿海的贸易与外交》（马萨诸塞州，坎布里奇：1953），50~51页。

③ 汉口道台程兰致金格尔，日期是咸丰十一年六月七日，见金格尔致布鲁斯1861年7月3日函所附中文附件，英国外交部档案，228/313。

这封信清楚地表明，新规章的制度仅仅是为了将新的出口贸易纳入到汉口长期的商务活动中去，是为了适应太平天国运动后的重建而做的调整。在 19 世纪 50 年代后期，属于户部系统的汉口发证官员发给姚协兴开办的商行一个许可证（部帖），准许它作为当地国内茶叶贸易的经纪商。我们不知道姚的商行是不是当时唯一获得此种特权的商号，也许不是。1861 年春天，当外国买主来到汉口时，湖北盐茶牙厘局（我们还记得，在对外贸易开展之前它就已设立，其职责乃在监督国内贸易）接到姚氏黑茶行的一项请求，提出为了保证向所有运输的茶叶征收 1.2% 的厘金，应当给予他们专营汉口茶贸易经纪的特权。显然，一些与姚氏商号竞争的商号也提出了同样的申请，但他们所提供的回报赶不上姚氏，也没有姚氏所做的保证有力，所以官府最终答应了姚氏的请求。在向金格尔介绍这段历史时，汉口道台辩解说：黑茶行只是一个单纯的经纪商，就像其他经纪商一样，所以，这种推荐体系与作为广东贸易特点的专卖制根本不同。

金格尔似乎从未能领会这一点，他仍然把黑茶行视为垄断向外商发售茶叶以牟取私利的大茶叶商（在领事的述职报告中，从未出现过"经纪"这一关键词语）。事实上，在交易中黑茶行从来就不是主角，其收益也仅限于代理佣金（行用钱），与买卖双方都是中国人的其他行业的经纪人一样。在西方，垄断是指商贸活动只有通过特许的经纪商才能进行。在这个意义上，要求中国的个体茶商将货物在汉口集中然后再卖给外国人，还不能称作垄断。规定要求个体商人将他们的货物存放在按规章管理的中心市场里，甚至要排队，依规矩发售，正如我们已看到的在政府控制下的盐贸易以及在私人、行会控制下的其他贸易一样。

第一次冲突的尘埃尚未落定，8 月 19 日，汉阳知府又进行了第二次试图将茶叶出口贸易限制在唯一经纪人之手的努力，命令所有中国商人都要通过黑茶行出售茶叶。显然是为了安抚英国人，这次他特别指出，扣除厘金与佣金只是对中国出售商而言的。但金格尔领事对此并不满意，作为回应，他又发动了新一轮激烈的通信交涉。这种交涉没有对已形成的决定产生任何影响，而且，在整个 1861 年，中国与外国茶商据说都比较适应这种贸易方式。

同时，在这一年的头一个季度，也是第一个实验性的季度里，官文指导下的湖北盐茶牙厘局一直都在监控着汉口茶叶输出市场的活动。10 月份，他们向朝廷提交了一份报告，并附上一份有关建立永久性、制度性贸易体系的

建议。这个建议得到官文的认可,并迅速地转奏皇上,其中心内容主要有以下三点:

(1) 禁止外国商人及其中国代理人(雇伙)擅自到内地茶市去买茶。湖北盐茶牙厘局官员论证说,条约只规定汉口开埠,并没有规定内地市场也向外国贸易商开放。

(2) 所有在汉口输出的茶叶都必须通过官府特许的经纪商或"官行"。

(3) 为了确保有效地收取湖北省的茶叶运输税,需要指定汉口为正式的华中茶叶输出口岸,为此需要在汉口设立刚刚成立的帝国海关的分支机构,以负责征收汉口口岸的税收,而不是如海关总税务司罗伯特·赫德(Robert Hart)所建议的那样,在上海征收茶叶出口税。①

朝廷对这一建议进行了讨论。总理衙门发现,《天津条约》第九款不允许地方官员下达到内地商业旅行的禁令。虽然赫德表达了不同意见,但总理衙门还是同意了湖广总督的请求,在汉口开设海关机构。可是,对于所有华中地区的茶叶必须通过汉口的官府特许经纪商或经纪人之手才能出卖的请求,总理衙门没有表态——而这一条是黑茶行最要争取的。② 很明显,它是想让地方政府决定并处理此事。

最后,黑茶行的行为表明,它并没有像金格尔领事曾激动地声言的那样,具有危险性。实际上,在第一次买办们单独行动(在与地方官员的协议上签字)引起他们愤怒的事件平息之后,没有证据表明领事的那些言论曾成功地得到当地英国商人的支持。当茶叶市场的运行事实上证明对直接参与贸易的各方都是满意的之后,英国官员挑起的、在很大程度上超出国际法讨论范畴的争论,也就平息下来。英国赢得了对其内地旅行权的认可(尽管实际上他们很少到内地去旅行,正如我们将要看到的那样),而在 1863 年茶季之前,开设了汉口海关,税收问题得到妥善解决,使朝廷、湖北省乃至金格尔

---

① 官文咸丰十一年九月奏,见《筹办夷务始末》,同治朝,卷二,4~8页。《湖北通志》卷五〇,12~13页所录同一内容的奏疏,所署日期为咸丰十一年,文字与此略有不同。

② 参见咸丰十一年九月官文领衔具名的奏疏,见《筹办夷务始末》,同治朝,卷二,33~35页。总理衙门正式承认西方商人或其代理人进行内地商务旅行的权力,是在 1861 年末颁布的《江埠通商五则》的第四款中,见《筹办夷务始末》,同治朝,卷二,25~26页。

领事都感到满意。①

而且，官府特许经纪商成为汉口茶叶贸易的一个永久性特征。在此后数年中，在黑茶行之外，又有几家经纪商行发挥这种作用，但既然经纪商在贸易中一直维持着单纯中介的作用，而不是交易的主角，其成员对市场的自由就很少有影响。事实上，汉口茶叶的价格是按供求关系自由浮动的，并不像外国商人在矛盾激化时曾经指责的那样，是由中国市场管理官员掌控的。因此，在汉口中西商业理念的冲突中，中国人的实践逐步证明它更具可行性。这最终导致了将由本地商人居领导地位的地方贸易模式的建立。

三、汉口茶叶贸易的结构，1861—1889

汉口茶叶贸易是一种季节性行业。每年有两季，偶尔会有三季，收获的茶叶被运到汉口来售卖。第一季在五月底或六月初，下一季则在间隔约2个月之后。茶叶贸易中的很多主导性人物——诸如外国买主、品茶人以及中国商人、经纪人和银行家，在一年的大部分时间里都不住在这个城市，因而有不少资料描述每年他们到达时所引起的激动场面。严格说来，只有在茶季，英租界才有真正意义上的生活。在这个城市本身，所有出租房里都挤满了像蜜蜂一样众多的茶叶贩子。街上到处都是人，许多轿夫和人力车夫仅在这几个月里就能挣足一年的钱。②

绝大多数外国采购商及其雇员都很少涉足汉口，因为一年中的大部分时间他们都住在上海的国际化社区里。在茶市最盛时，进入汉口茶叶贸易的西方商人也不过在七八十人（不包括独自从陆路向西伯利亚贩卖茶叶的俄国商人）。③ 他们仅在汉口停留几周，很多人在较小的第二和第三季茶叶收获、茶贩涌来之前就离开了。他们的船通常装载着棉纺织品之类的英国商品来到汉口，激烈的竞争驱使他们争先恐后地卸载、卖掉货物，然后满载茶叶而归。

---

① 金格尔致布鲁斯，1863年1月12日；金格尔致汉口道台程兰，附于金格尔致布鲁斯1863年6月27日函中，均见英国外交部档案，228/351。

② 《汉口小志·商业志》，14页；英国外交部档案，《英国驻华总领事商业报告》，1888年，14页。

③ 海关总税务司：《中国通商口岸对外贸易报告》，1881，10页。

这种竞争经常损害外国商人之间的合作，不仅使他们在总体上处于一种不利地位，而且造成了整个茶市的紧张局面。

因为西方茶商不住在汉口，在这里，他们比中外贸易的其他领域更依赖中国雇员。我们已看到，外国茶商已获准进入内地茶市去购买茶叶，但他们很少有人这样做。一些实力较大的外国公司委托其中国网络中的代理人（主要是广东人）去内地买茶①，但大多数洋行则选择依靠汉口的中国大茶商与经纪人所运作的茶叶收集系统。与中国茶商、经纪人协商，和中国钱庄以及买进进口货物的购买商谈判，所有这些中西方商人操办的事务都由买办负责。这些买办们非常喜欢自行其是，这在1861年与黑茶行交涉时他们的自由行为中已经显示出来。结果，从事茶贸易的买办就成了汉口最有势力的社会群体之一，事实上，也是全中国最有势力的集团之一；其中的许多人最终成功地在汉口及其他地方占据了商业与行政管理的重要位置。②

一些在中国贸易中有长期利益的大公司，如怡和洋行、美国商号旗昌洋行（Augustine Heard）公司，在汉口茶市中提供一些稳定的外国人职位，但大多数在汉口采购茶叶的商人对汉口茶市一无所知，因而冒着极大的商业风险，或者对他们要承担的风险浑然不觉。这些商行的商人来去匆匆，常常在匆忙中不顾其经济能力就买进。1867年6月，怡和洋行汉口采购商在一份有关麦克莱公司（Mackeller and Company）那位无所顾忌的商人的评论中，揭示出这种轻率行为所带来的巨大痛楚："我根本不知道他们如何支付他们购买茶叶的钱，只知道几天后几乎所有的中国茶贩都收到了订单上的钱。他们的行为严重损害了市场，因为要不是这样不计后果地抢购，完全可以买到更便宜的茶叶。"③ 这样做的结果只能是破产，麦克莱公司正是在这一年

---

① 怡和洋行档案，"汉口致上海私人信件集"，1867年3月21日条下（C55/1）；金格尔致布鲁斯，1863年6月27日，英国外交部档案，228/351。

② 围绕麦克莱公司（Mackeller and Company）破产问题的调查报告提供了一个外国商人依赖其汉口买办的实证，见总理衙门档案："湖北英人交涉"，李瀚章同治六年八月八日片。关于汉口买办后来在政府机构的作为，可以刘少聪（音译）为代表，他曾是琼记洋行主要的买茶代理，后来中国汽轮商运公司汉口办事处的领导人。参见郝延平：《19世纪中国的买办：东西间的桥梁》（马萨诸塞州，坎布里奇：1970），113页。

③ 怡和洋行档案，"汉口致上海私人信件集"，1867年6月22日条（C55/1）。

破产的。①

许多在汉口的外国茶商不仅不负责任,也同样不讲道德,而且从事很多欺骗性的买卖。英国领事、海关官员们虽然与这些外国商人之间通常都有亲密的个人关系,却也经常不能不承认这一点。例如,艾勒伯斯特(Chalconer Alabaster)领事在1882年给英国政府的信中写道:"据说几乎每一个外国仓库的秤都有各种各样的问题,虽然那些借此牟取私利的人极力否认,但毫无疑问,他们这样做过很多次了。"②

总的说来,在汉口从事茶叶贸易的西方人都是一些目光短浅之辈。他们对贸易的稳定毫不在意,不讲商业道德,也不遵守商业信誉,不顾及市场价格的稳定,只求急功近利。中国人与外国观察家都能一眼就看出他们不团结。③ 至少直到19世纪80年代中期,中国茶商就利用了这种不团结,一直将茶价维持在一个相对于其生产来说较高的水平上,并在其他方面控制、支配着贸易过程的各个环节。我们将看到,汉口茶市中的稳定因素一直是其中国参与者。

在汉口茶叶贸易的中国一方,由中间人、代理商组成了一个复杂的等级集团,这个集团阻隔了种茶人与这一市场的终端外国买主之间的联系。在中国其他商品化农业的市场体系中也同样存在着类似的科层制集团,这被认为是中华帝国晚期国内贸易的重要特征,可是在茶叶贸易中也有某些独特之处。④

跨越五六个省的19个著名产茶区的茶叶运到汉口来以供出口。这些地方的茶不是在农场制度下生产的,而是由一个个小个体茶户种的。许多留存下来的史料记载着这些地区的小农为了适应外国人的茶叶需求而迅速地调整

---

① 英国外交部档案,228/436;凯恩(Caine)致艾科克(Alcock),1869年1月25日,英国外交部档案,228/476。

② 艾勒伯斯特:《1882年贸易报告》,英国外交部档案,228/934。

③ 参见《申报》同治十一年五月十日,《字林西报》1879年5月20日。

④ 以下有关茶叶收集系统的描述,资料来源包括中、西方报纸,总理衙门与英国外交部档案,海关出版物,特别是海关总税务司:《茶,1888年》,见"海关系列专刊"第11种(上海:1889);姚贤镐主编:《中国近代对外贸易史资料》(北京:1962);T. H. 朱:《华中的茶贸易》(上海:1936);重田德:《清代社会经济史研究》(岩波书店:1975)。

他们的土地利用方式。例如，在湖北南部的羊楼洞地区，原来生产供给国内市场的绿茶，这时就引人注目地改种供出口西欧的红茶了。① 同样，1861年后，湖南浏阳县也突然抛弃了主要的传统农产品大麻，而改种茶叶。②

在大部分地区，茶户在"山头"的领导下形成松散的组织。"山头"是独立的、小规模的乡村投资人，他们构成了联系汉口乃至更远地方的茶叶收集体系中的最低一级。③ 山头向当地茶农通报市场需求变化，监督茶叶的采摘、焙干与烘制。然后，他安排将茶叶卖给称作"茶客"（其字面意义，是"茶的客人"，等同于其他贸易领域中的"客商"）的行商。每年都有数百个茶客给汉口市场供茶。其中有许多人是独立经营者，但其中的大部分是大茶商的雇员或者代理人。无论怎样，茶客都很少直接将茶叶卖给外国买主。事实上，1872年，汉口道台声言为了保护良好的市场秩序，颁布了禁令，不准茶客直接接触外国人。④

西方人认识的那些"茶叶经销商"、"茶商"或者"茶人"，并不是茶客，而是雇佣这些基层商人或者从他们那里买茶的大"茶庄"、"茶号"的业主。有些茶庄坐落在茶乡的中心市镇，或者靠近这些中心市镇，另一些茶庄的总部则设在汉口。⑤ 在最鼎盛的时候，有两百多茶庄活跃在汉口市场上，但这个数字明显地随着市场与经济条件而发生变动。例如，在1877年最艰难的三个月里，据说就有超过50个这样的茶庄倒闭。⑥ 1861年后从事出口贸易的几个茶庄，是最初地方商人为从事国内贸易或亚洲贸易而建立起来的老茶

---

① 卞宝第光绪十年末或光绪十一年初的奏折，见《卞制军奏议》卷五，45~48页；赵李桥茶场、华中师范大学历史系：《洞茶今昔》（武汉：1980），5页。关于汉口茶贸易的乡下来源，可参阅水野幸吉：《汉口》（东京，1907），289页。

② 谭嗣同：《浏阳麻利书》（1897），转引自姚贤镐主编：《中国近代对外贸易史资料》，第3册，1472页。

③ "山头"在华中茶贸易中所扮演的角色，有类于横山英所描述的长江下游地区棉花生产与运销过程中的"保头"，参阅横山英：《中国近代化的经济结构》（东京：1972），第2部分。

④ 《申报》同治十二年四月十三日。

⑤ 有些茶庄在几个地方都有商号。例如，湖南人萧漂程（音译）开办的商号的总部在湘潭，同时又在汉口一直保留着一个永久性的分号。参见总理衙门档案："湖北英人交涉"，李瀚章同治十年一月二十四日片。

⑥ 《申报》光绪三年六月二日，《字林西报》1877年4月18日。

庄。然而，大部分茶庄是由非本地商人新建或者改组、扩建的，这些非本地商人是从事海外贸易的广东和宁波商人，或者是从事正在大规模扩张的对俄贸易的山西商人。在 19 世纪，广东与宁波商人不过是将他们的生意随着中外茶叶贸易的中心从广东转移到上海，然后再转移到汉口或者其周围的卫星市场（如羊楼洞，在 19 世纪 70 年代，它从一个小市镇发展成为拥有三万人口的主要商业中心）而已。一些汉口茶庄的老板，如曾做过福州海德公司买办的唐伦茂（音译），在受雇于外国公司时获得了资本，并建立起联系。当外地商人涌入汉口的时候，湖北和湖南人开办的本地茶庄并没有被排斥出贸易领域，而是被那些更大的非本地商号吸引或者带进到这一领域，成为类型不 的附属商号。①

近年来，中国学者倾向于强调这种非本地茶商的"接管"给华中地区经济所带来的不良影响，但事实上，这只不过是中华帝国晚期贸易特征之一——国内商业殖民化——的一个典型例证而已。早在 16 世纪，对外贸易还远没有这样重要，来自某一地区的商人就率先开始在远离其故乡的地方选取或者培植一种单一的、可获取高额利润的商品，从而垄断其产品。在第八章将要讨论的药材和木材贸易就是两个典型，而华中茶叶出口贸易在这一方面也基本相同。

1861 年后，一些外地茶商将他们的家随同其生意一起搬到汉口，但大多数人在非收茶季节仍留在广东或上海。他们在 3 月或 4 月来到汉口，在汉口自己的茶庄里或者某一个中心村落建立起收集点，从茶客手中收购茶叶。收购来的茶叶经过茶庄之手，就被制造成具有特色的产品，然后拿到英美消费者的桌上。在这一方面茶叶出口贸易不同于大部分国内贸易。虽然茶叶贸易的结构与其他贸易一样，也是由乡村生产者、基层收集商以及交易商所组成，但汉口的茶叶交易商人不仅仅限于收集茶叶。茶庄将通过茶客从各地收集来的茶叶筛选、分级、重新焙干，调和成各具特色的产品，然后贴上它的商标。这些活动表明，他们作为商业资本家已直接干预了生产过程，标志着

---

① 卞宝第：《卞制军奏议》卷五，46 页；赵李桥茶场、华中师范大学历史系：《洞茶今昔》，6~7 页；重田德：《清代社会经济史研究》（岩波书店：1975），602 页；郝延平：《19 世纪中国的买办：东西间的桥梁》（马萨诸塞州，坎布里奇：1970），170 页。

从简单的流通经济向工业资本主义迈出了重要的一步。①

茶庄把茶叶装在一个或几个样品盒子里,交给汉口的茶叶经纪人(茶栈),由他们转交给外国买主。这些大茶叶经纪人,是1861年黑茶行的后继者,是茶叶出口贸易中的关键。在19世纪60年代到20世纪初的茶叶出口的鼎盛期,较有势力的出口经纪人一直是外地人,包括山西人、宁波人,特别是广东人。这些外贸巨商在汉口的商店只是在外国买主光临这座城市的有限几个月里开门。

除了与外国人或其代理人打交道之外,汉口茶叶经纪商与其他完全从事国内贸易的经纪商没有什么区别。他们拥有存放茶叶的货栈(在所有通商口岸,都把仓库称作"栈"),货栈同时也卖茶叶,为基层商人提供住宿,监督度量衡,保证市场价格的连续性。在收到茶庄提供的样品盒子之后,经纪人通常把他们分别出示给几个内行的买主看。当收到一项购买意向并且根据样品的品质谈妥单价之后,当事人就到(或者带着他们的代理人一起)经纪人的货栈去称总量,算总账。然后,经纪人扣除税款及自己应得的佣金,负责把大宗货物交给买主。

因此,汉口的经纪商既"代表"("代")中国商人,也代表外国商人,而且经常经管双方的运输事务。换言之,一个经纪人既可以接受西方公司的委托,为他们采购茶叶,也可以将自己的商标贴在任何中国茶商的茶叶上。在买主方面,早在数十年前茶叶贸易的上海时期乃至广东时期,经纪人与西方商人之间就已建立起联系;而且,汉口的经纪人与买主就像是以上海为基地的公司的分号一样。② 在卖主方面,许多控制某一稳定茶庄的汉口经纪人与卖主之间一直保持着密切的个人关系,也是卖主们与外国市场建立联系的唯一渠道。当然,当茶庄本身不设在汉口时,这种情形显得尤其突出。一个典型的例子是一个汉口经纪人可以同时固定地代表某一湖

---

① 在20世纪50年代中期,重田德就考察了这一过程(参见《清代社会经济史研究》,603页)。最近,彭泽益在阐释清代经济的广泛变革时又谈到这一问题(参见彭泽益:《清代前期手工业的发展》,载《中国史研究》,1981年,第1期,56页)。近代早期中国的这种现象,使我们想到可与历史学家所说的近代早期欧洲的"原初工业化"相比较。

② 一个例证就是宁波商人钱寅,参见总理衙门档案:"湖北英人交涉",李瀚章同治十年一月二十四日片。

北省属县里的几家家族式茶叶店。① 因此，尽管经纪商通常既不买茶，也不卖茶，但毫无疑问，他在汉口却是贸易双方习惯上的贸易伙伴，其地位不可低估。

从茶栈到茶庄、茶客，再到山头、茶农，这一不断伸展的商业联系网络是由贸易金融惯例所支撑的。在经纪人货栈这一环节中，茶叶的流通越来越依靠信贷方式运行。另外，一直存在着一个连续的信用关系，而且这种信用关系使生意人之间长久地互相依赖，并进而向下压低产品的等级，向上则抬升茶叶的等级。比如，外国购买商通常将经营款预付给汉口的经纪人和个体茶商，然后经纪人再贷款给茶庄，以让其保证在收茶季节有稳定的茶叶进来。同样的资金预付，或者是承诺购买商品的"预买"，一直延伸到农户的生产与收购环节，以给基层的茶叶种植以资金支持。②

这种外地商人进入华中茶叶市场、预先支付资金的制度，时常受到历史学者的批判，认为它与"封建的"依赖性有着千丝万缕的联系，而这种依赖性使农民生产者与小商人的利益受到侵夺，并使他们不可能自发地发展到资本主义的小业主阶层。在一定程度上，这种观点看来是正确的。然而，正如近来一些学者所指出的那样，这种制度也有其"进步"的一面，它推动当地的金融收益逐步直接参与到生产过程中去。③ 汉口历史上没有史料支持这样的论点，即认为金融体系与个人依附必然会导致对小农与小商人的盘剥。清朝政府专制主义的经济政策所提供的司法援助在某种程度上是反对这种盘剥的，正如我们在第六章将要看到的那样，在几个著名的茶叶贸易里小商人与经纪人发生纠纷的案例中，官府对小商人的权力给予了特别的支持。然而，较低等级的汉口茶商主要是通过集体行为，而不是通过正式的官方机构，显示其政治与经济力量的。

---

① 总理衙门档案："湖北英人交涉"，卞宝第光绪九年十月二十一日片。
② 怡和洋行档案："汉口致上海私人信件集"，1867年3月21日条下（C55/1）；总理衙门档案："湖北英人交涉"，卞宝第光绪九年十月二十一日片；重田德：《清代社会经济史研究》（岩波书店：1975），610页。
③ 彭泽益：《清代前期手工业的发展》，载《中国史研究》，1981年，第1期，56页。商业信用不仅适用于西方出资人对中国客人，也适用于中国商人对西方商人。参见下文有关麦克莱公司破产的讨论。

四、茶叶贸易中的集体组织

1883年联合抵制西方买主的著名事件，标志着汉口茶叶公所作为集体反对西方人行动的组织而登上了历史舞台。然而，行会的作用还远不止于此：它在地方官府面前为商人利益争辩，迫使政府做出让步；它制止那些被认为是自行其是的中国商人从事分裂活动（与此同时，怡和洋行也被认为是危害西方人利益的闹独立的公司，受到挤压，从而无所作为）；更重要的是，它维持着贸易活动中两个主要的中方参与者经纪人与商人之间的和谐关系。

彭雨新曾经强有力地争辩说：在汉口茶叶出口贸易中，数以百计的茶商听命于少数大经纪人与茶栈老板的摆布，因为茶商之间竞争非常激烈，从而使他们易于被后者找到操纵的机会。① 在日本研究中华帝国晚期商业史领域占据主流地位的重田德赞同彭雨新的观点，认为汉口茶业中的经纪人作为中间人（日语中的"問屋"），束缚了商业活动，也损害了乡村茶农与小商人的利益。② 但事实上，大多数独立的汉口个体茶商觉得在经纪人的严格控制之下仍有利可图，而且，茶商们自己组织起来的汉口茶业公所，也经常为强化此种控制而施加压力。

与大部分汉口的经济组织一样，茶业公所的源起，也不能准确地界定。1861年到汉口来与西方人做生意的百余名茶商，也许早在其家乡或者本省时就已有一部分组织起来了，有的则是到汉口之后很快就组织起来。这些组织的成员用的是商号而不是个体商人的名义，因此，虽然其成员的准则包括地缘（同乡）和业缘（同业），但这一组织显然更倾向于职业群体，而不是社会群体。③ 有时，某一地方的茶叶公所隶属于某一较大的本省公所之下，这种本省公所不限于某一单独的行业。④ 在19世纪60年代，汉口有6个茶叶

---

① 彭雨新：《抗日战争前汉口洋行和买办》，载《理论战线》，1959年，第2期，29页。
② 重田德：《清代社会经济史研究》，610~613页。
③ 参见总理衙门档案："湖北英人交涉"，卞宝第光绪九年十月二十一日片。
④ 例如，在道光年间，安徽省的茶叶公所就是汉口安徽同乡会的一个组织部分。参见仁井田陞：《清代汉口的山陕西会馆与山陕西行会》，载《社会经济史学》，第13卷，第6期（1943年9月），503页。

行会（帮），都是按省建立起来的。此后不久，他们认识到其共同利益需要组成统一的汉口茶叶公所。但是，这个组织中的每个帮一直没有丧失其各自的独立，进入 20 世纪之后，还一直用"六帮"来正式与非正式地代指这个有很多分支的组织。

令人意外的是，我们不能确定汉口的这 6 个茶帮到底是由来自哪 6 个省的商人组成的。有关六帮组织内部交流的残存材料没有提供这方面的信息，而外人的观察报道又互相矛盾。我所见到的最早的记载，是 1888 年的，说这 6 个省分别是湖北、湖南、江西、广东、山西和安徽。1936 年，T. H. 朱也提到这 6 个省；但 12 年（原文作"2 年"，误——译者）之后，见闻广博的根岸佶却用福建与江南代替了山西、安徽。① 我怀疑有来自 6 省之外的商人后来也参加到这六帮之中，尽管六帮的名称仍旧，这种名实不符的现象为后来的研究者造成了某些混乱。我们在第八章中将看到，已有的行会组织内部存在着一种日益壮大的趋势，而新来的商人更可能参与到这些别省的行会中去，而不是另外组建自己单独的组织。

六帮联合的准确时间以及联合的直接动因，还不能准确地探知。英国茶行宝顺洋行（Dent and Co.）的买办徐润，在他的自传里留下了如下一段简明扼要的描述，其记述的时间是 1868 年：

> 本年上海创立茶行［公所］。余倩余自梅（音译）君代为监督石街至老闸后地租。……汉口亦立茶业公所，鄂、湘、赣、粤各省茶商公推盛恒山、张寅宾等，会同上海行会执事打理生意。②

可是，在此前一年英国领事发出的信件中，已经引用由一个统一的汉口"茶叶行会"所颁布的告示③，这就使我们对徐润所记汉口茶业公所建立的

---

① 艾伦（Allen）致沃尔什姆（Walsham），1888 年 5 月 12 日，英国外交部档案，228/864；T. H. 朱：《华中的茶叶贸易》（上海：1936），237 页；根岸佶：《买办制度研究》（东京：1948），82、226 页。

② 徐润：《徐愚斋自叙年谱》（上海：1910），14 页。（此处未能查对原文。——译者）参见郝延平：《19 世纪中国的买办：东西间的桥梁》（马萨诸塞州，坎布里奇：1970），189 页。

③ 麦华陀（Medhurst）致艾科克（Alcock），1867 年 8 月 19 日，英国外交部档案，228/476。

时间产生疑问。而另一些史料则都说汉口茶业公所是在1868年之后建立的。与许多类似的组织一样，事实也许是起初只有一个偶尔起作用的、领导汉口茶商的特别团体，作为本行业的发言人，他们得到其他同行的默认或明确同意；到后来，才商讨、制定规章，向地方官府登记注册，租用或建设永久性的议事厅，从而正式地建立起组织。不管怎样，到1871年，汉口茶叶公所已完成了上述所有程序。

虽然徐润的记载没有提供汉口茶业公所设立的准确时间，但他很可能揭示出汉口茶业公所建立的一些背景。首先，汉口茶业公所的活动与上海茶业公所之间有着密切的协调关系，徐润及其他上海方面的要人也许参加了汉口茶业公所的创办。这个说法没有其他材料可以佐证，而且汉口茶业公所后来的活动表明，它一直是独立的，不像是受到一个下游母组织的操纵。然而，中国商业情报网络的发展与西方非常相似，而且两个主要城市茶业行会之间的密切关系也许不仅会使中国传统商业的链状结构得以存续，还会使主要城市中心与另一个城市中心间的重要贸易呈现出不断增长的趋势，特别是这些城市中心的商业精英之间的联系也会不断加强。

其次，徐润告诉我们，汉口茶业公所的主要创办人是盛恒山，他与徐润一样，也是琼记洋行的雇员：他们在汉口的首席买办。这说明买办常常是中国商业社团中的领袖人物，但这并不意味着在当地行会组织中存在着外国势力的不正当影响。实际上，1861年的黑茶行事件，使我们对买办的独立与自私自利留下了更为深刻的印象，同时也反映出这些买办较之于此前更把自己看做中国商人。对中国人来说，汉口茶叶公所是一个中国人的组织，盛恒山在其创立过程中无疑主要是以个体商人的身份发挥作用的。据徐润说，参与创立汉口茶业公所的第二个成员是张寅宾，则显然从未受雇于外国公司。与盛恒山不同，在此后20年里，当西方商人是行会活动的主要目标的时候，他成为行会的著名领导人。

事实上，联合后的汉口茶业公所领导的第一次集体行动就是针对外国商人的。导因是1867年麦克莱公司破产，它无所顾忌的混乱经营导致了它的倒闭，留下一笔巨额债务：欠汉口中国钱庄三万多两银子，欠西方公司的要稍少一点。英国领事根据英国破产法，只给造成此种后果的麦克莱管理人以相对较轻的处罚，这在中国商人社团里引起了极大的愤慨。从此，不信任的气氛就一直笼罩着汉口市场。

当麦克莱倒闭时，道台（受到湖广总督的强有力支持）坚决支持中国商人关于立即全额偿付债务的要求，而英国领事沃尔特·麦华陀（Walter Medhurst）却坚持按照西方破产程序来运作。西方人根本不了解中国商人集体组织的能力，麦华陀确信只要施加官方压力就可以压服商人们的激动。这年8月，他写道：

> 中外商人间的贸易活动一如故往，就像麦克莱破产事件以及由此而引发的一系列事情，都被彻底忘记了。当地商人仍然很相信外国商人的正直与诚实——在我看来，是更相信了，任何官员或公告都不能动摇他们的信心。①

不管麦华陀关于中国人相信外国人将会看重法律的描述到底在多大程度上是事实，商人们都准备采取一些实际措施以防止因这种信任可能带来的损失。就在那时，麦华陀提到有两家外国公司（阿尔弗雷德·魏金森公司[Alfred Wilkinson and Company]和怡和洋行）就受到刚刚成立的茶业公所全面的联合抵制，而且这一行动是独立进行的，和道台对这两个公司在中国商人仍在等候偿付债务的时候，就与破产了的麦克莱公司达成私下谅解、清理本公司的巨额债务提出抗议，没有关联。②

然而，西方商人并不是茶业公所行动的唯一目标。茶业公所的作用还表现为在与地方官府相对立的过程中，反映本行业的利益。一个很好的证据就是茶业公所联合盐业公所发动了一场运动，要求改革纳税程序，以使下乡买茶或卖盐的商人不需要携带大量的银两向当地厘金局交纳厘金。两家公所争辩说：湖北向来频发暴力事件，携带硬通货易于遗失，而且也会使商人成为活跃在产茶山区的强盗的绑票对象。到1872年，两家公所最终"运动"湖北厘金局开创了一种新票序列（厘票），商人可以在汉口关税站购买厘票，然后就可以票代钱，通过各个检查点，到内地去。十年之后，经过茶业公所进一步的活动，又发行了一套新的、更有效率的票。③

---

① 麦华陀（Medhurst）致艾科克（Alcock），1867年8月19日，英国外交部档案，228/476。
② 英国外交部档案，228/436。
③ 《北华捷报》1872年6月22日，《申报》光绪八年三月二十八日。

19世纪80年代初，随着茶业公所的势力与声望不断增加，它开始向官府施加压力，争取直接减轻税收。这种减税的操作可以采取中国财政运行中惯用的一种迂回方式，例如，50斤的茶在过厘卡时只按48斤来征收，"因为在运往口岸的路上，茶叶可能会变干或者被抛撒"。也可能直接削减税收。1886年，茶业行会就成功地获准减少5%茶商需要承担的特别防卫税，在以后几年里，它又经过协商，进一步减免了这一税项的15%。①

茶业公所就这样使用集体力量保护其个体成员的权利（在联合抵制魏金森与怡和洋行的过程中），并从地方官府那里得到了一些特别的让步。然而，它在这个城市里活动的主要方向，则是为维护贸易的稳定与规范化而进行长期持续的斗争。在斗争过程中，这一目标时常受到引人注目的现实问题的影响；大多数情况下，汉口茶业人员认为行会是有远见的，能够为了保持市场的稳定而牺牲眼前利益。19世纪70年代到80年代间茶业公所的活动显示出两个总体特征：（1）规章法令化，或者说是希望将互相认同的贸易行为规范编纂成文；（2）理性主义的适应态度。比如，这种态度促使他们采用更准确的西方"磅"作为计算茶叶重量的单位。彭泽益指出：恢复阶段无序的社会趋向，西方贸易的突起与强制性扩展所引起的前所未有的震动，造成了比前一时期竞争更激烈、贸易秩序更混乱的局面。尤其是在茶叶贸易中，一个自行其是的、机会主义的本地商人集团异军突起，而且他们完全不管茶叶的质量控制，对茶业形成极大的威胁。② 虽然实际上许多西方商人投资支持这些自行其是的中国商人，鼓励他们的行为，从而引导行会将自己的标准调整到足以与西方人竞争的水平上，但汉口茶业公所的战术策略则主要是指挥反对这些独立于行会的本地商人集团。在一定程度上，茶业公所的行为妨碍了市场的自由竞争，可并没有证据表明它试图固定茶叶的市场价格或者将交易双方限定在一个经过挑选的特许经营群体中。尽管行会一直在为规章制度而努力，但其成员面对的显然仍是一个非常舒适的开放性市场——即便是在19世纪80年代末的黑暗岁月里，它的活动损害了他们利益的时候，也依然是

---

① 海关总税务司：《茶，1888年》，见"海关系列专刊"第11种（上海：1889），24、49页。

② 彭泽益：《十九世纪后期中国城市手工业商业行会的重建和作用》，载《历史研究》，1965年，第1期，81页。

如此。

在这几十年里，持续困扰着行会的问题，则是样品与批量出售的大宗货物之间如何一致的问题。我们已谈到，各茶庄通常要提供茶叶样品盒子给经纪人的货栈，以便潜在的买主看货。当一个买主有意购买时，就以样品为基础议定单价；而大宗茶叶就要到货栈过磅，并计算总价。可信的资料表明，在汉口开埠的头几年，很少发生样品与批量货物之间不相符合的问题；可是，随着从事这一贸易的商号数量不断增加，竞争日益激烈，那些不稳定的中国商号就努力想方设法增加其边际利润。其做法一般是伴随着高品质的样品之后，所提供的大宗货物或者以次充好，或者掺杂次品茶叶，或者用其他地方出产的茶叶代替。当这些被发现后，买主就会要求在最后计算货物总价之前重新商议单价。1870年后，掺假行为十分普遍（一份资料估计，在所有交易中，有30%掺假），以至于西方商人已形成惯例，在根据样品议定单价之后，过磅时又习惯性地要求打折，而对大宗货物的品质则不再过问。结果，茶叶经纪人试图仅仅根据市场环境而控制价格的努力，就被破坏了。①

1872年6月，茶业公所第一次试图反击这种趋势，六帮首领召集所有行会成员开了一个会，草拟了一套规则，以从根本上消除他们感觉到的问题。②这些规则中最主要的一条是规定茶商不再事先提供样品给经纪人，由经纪人提供给西方买主。取而代之的是，要求茶商等到其全部货物都运到经纪人的货栈之后，再从供货中随意挑选样品；并且不由卖主而是由茶业公所为这一宗买卖专门指定的经纪人来挑选样品。第二条规定，是为了减少外国人的疑虑，要求在销售过磅与最后成交时，由购买商行派出一人，与牙行雇佣的"经手"一起，共同负责监督和随意挑选样品。为了防止外国买主看到市场行情随后的波动而违约，行会进一步规定，在过磅与货物检查后三天内，必须提货并付清账款。

只是代表这个城市里卖茶商人（茶庄）的茶业行会，把他们这份拟定的新方案提交给茶业经纪人（茶栈）会议，后者满心欢喜地赞同这一方案。经纪人利用自己官府特许商的这种半官方身份，将这份建议草案呈递给汉口道

---

① 《字林西报》1872年9月2日记载，西方买主总是将这种样品与大宗货物之间的差异归因于从乡下的加工地向汉口运输过程中缺乏管理。

② 《申报》同治十一年五月二十二日。

台，希望它能够具备法律效力。道台乃正式予以颁布，并进一步加上了一条规定：必须在汉口中心的指定茶栈里交易，不得在汉阳城暗中交易或在其他地方倒手。①

这样，新规定就已经"在案"，在这个城市里就具备了法律约束力。行会进而通过道台，为这些规定的实施谋求正式的官方支持——例如，让全省厘卡主动禁止与大宗货物分离的茶叶样品通过关卡。② 此外，茶业公所还得到道台的支持，在其辖区之外执行新规定。例如，行会不能直接控制从下游城市九江运来汉口的茶叶，从那里常常有很多样品送到汉口来供议价，而大宗货物则仍然在九江。为了规范运营，汉口茶业公所请求汉口道台会同九江道台一致行动。翌年，九江道台颁布命令，要求九江茶叶的大宗货物只有在九江关卡登记并交纳向上游运输的全部税费之后，才能把样品送往汉口，以此防止在大宗货物里以次充优。汉口茶商宣称他们对这种安排并不满意，但他们只得让步。在加强对湖北省外的控制方面，他们至少是取得了一部分成功。③

中华帝国晚期有许多类似的改革尝试，既有私人商务方面的，也有官方的，其最初试图从根本上解决问题而设计的方案，却往往演化成为一种持续的过程。在这一过程中，制度不断破坏、崩溃，随后则是努力加强控制网络，二者交替进行。早在1874年，就有明文规定样品问题一律要照章办事，不得例外。在新规章颁布的两年里，汉口茶叶的实际价格大幅度下降，这被归因于打折旧习重现。紧接着，汉口经纪人吁请道台重申他支持茶业公所的章程。④ 到1879年，问题发展到如此地步，以至于经纪人认为当他们专注于一件危及市场运营的特别严重的欺骗行为时，应当暂时停止交易。由于语言障碍，大部分说英语的买主发现有必要雇佣买办、中国商人、经纪人，作为自己的代理。这些中间人有很多机会"中饱"，这就是人们所熟知的、在中间吮吸利润的现象。1872年茶业公所的章程中就指出过这种"中饱"行为的危害性，并提请牙行和当地关税官员密切监督。7年之后，问题愈演愈烈。牙行的代理人在交易的关键时刻，也就是交货与付款时，再提议打一个低于

---

① 《申报》同治十一年五月二十二日。
②③ 《申报》同治十二年四月十三日。
④ 《申报》同治十三年四月八日。

协议一致价格的折扣,其借口仍是假定样品与供货之间存在差异,代理人和买办都从中取得一份巨额私利,这已成为非常普遍的事情。因此,1879年5月,汉口茶叶经纪人关闭了市场,撤回了派到交易中去参与交易的私人代表,因为他们完全排除其雇主的意见,自行其是。他们决定以后有关与外国买主之间的商谈都由牙行的合伙人(栈伙)去负责。①

所有这些措施都是直接反对贸易的中国参与者的不良行为的。然而,随着茶业公所凝聚的力量和信心不断增强,它开始通过其他方式解决这一问题:对那些投资给中国背叛者的西方买主施加压力。1876年10月,茶业公所采取了第一个直接步骤:在这年茶季结束之际,它召集了一个会议,起草了一套管理贸易所有细节问题的、包含广泛的章程,并请求汉口道台以法令的形式颁布在案。这一次,他们还提请道台将一份适用的规章副本转送各国驻汉口的领事,并附上一份行会成员们对西方商人们寡廉鲜耻的行为表示愤慨的声明。茶业公所对西方人有关支持公平而理性市场的表白给了一顿嘲讽。下面这段文字就摘引自茶业公所的声明:

> 咸丰十一年间,长江初开口岸,洋商始来汉口通商。彼时华洋均以现银成交,信孚相仍,各无疑议。由此生意渐广,交易日阔,而吾帮茶叶尤为大宗。向以成盘后将茶业发入洋栈,俟过磅后即能收银。继因市情中变,虽公正洋商仍照旧制,其中间有意图取巧,甚至将茶叶起栈后五七天尚不能过磅,而过磅后又数日至半月而不得收银。一任迁就,或洋信稍落,即指为茶不对样,打板割价,此而起,种种挑剔,出入在其掌握……虽奉同治十一年间宪谕严正,乃世风日移,未免日久漫漶。今议重申宪谕,总以先收茶价,后交厘票。窃查华商向洋商买货,向系将银票送到洋行,方准过磅落货;今商等先将茶叶发入洋栈,后向取收价。领事官视中外如一体,必不致偏护。②

在附有此项声明的章程中,茶业公所试图建立一套程序,进一步推动用公开方式解决所有争端,而不是用私下协商的方式。他们规定当一个外国商人声言样品与大宗货物之间不一致时,他可以不再通过接受打折的方式平息

---

① 《申报》光绪五年四月十二日。
② 《申报》光绪二年十月一日。

争端——茶业公所将在立即进行正式调查的同时，延缓这笔交易。无论是中国商人，还是经纪人，一旦被发现存在欺骗行为，就将受到重罚，罚金将存入公共基金。与此同时，茶业公所要求外国商人遵守其他几项新规定：第一，更严格地监督过磅过程，而在声言短斤少两之前，应检查几个样品盒；第二，重申1872年的规定，茶叶交付后三天内必须付清货款。在这里，中国人有一张王牌，现在他们决定打出这张王牌：装载茶叶之后离开汉口的外国船只在开赴海岸时必须经过几个沿江的厘卡。因为他们的货物在汉口就算正式出口了，不再需要交纳厘金，但在经过这些检查站时，他们必须出示由输出口岸汉口所颁发的特别通行证。现在，茶业公所就吁请汉口道台在外商按合同规定付清全部货款之前，拒发这些通行证。道台采纳了这些建议，并将其知会了外国领事。

可以预料到英国领事帕特里克·休斯（Patrick Hughes）的反应。他虽然勉强承认"贸易上的片面优惠制度"可能给中国商人带来"某些不便"，但他却拒绝承认问题的严重性；相反，他却抱怨新规章是"繁文缛节，无论形式还是内容都令人讨厌"。他将他的回函副本送给英国商会。在休斯的极力鼓动下，商会"完全拒绝按现有结构接受它们"①。到1876年茶季结束时，这个问题仍然搁置未决。

在以后几年里，贸易领域中没有发生重要的冲突。显然，外国商人成功地避开了争执，而中国方面看来暂时更愿意继续依靠个人的强制来保证按期而公平地付款。然而，到19世纪80年代初期，问题再度出现，而且引起了比70年代末期要大得多的情绪反应。其结果则是爆发了中华帝国晚期记载中最早的、最广泛的、有组织的、反西方的经济抵制活动。

五、1883年联合拒售茶叶事件及其后果

到1882年，汉口茶叶市场又彻底恶化。尽管严格禁止私自递送样品的行为，但这种现象仍非常普遍，而且样品与大宗货物之间品质不一致的情况也

---

① 休斯（Hughes）致韦德（Wade），1876年10月31日，英国外交部档案，228/569。

同样普遍。用打折和额外增加茶叶的量以补偿这种不一致，已成为惯常的做法，以至于公认的市场价格毫无意义。相互指控的气氛日益紧张。当地海关的西方雇员这样写道：

> 西方买主指控中国商人在产品质量、包装样式等方面采用各种欺骗手段。另一方面，中国商人则声称西方买主威逼他们，索取超出其应得数量的茶叶。实际上，通常更可能的情况是——按照我时常被告知的观点——中国人所说的很可能是对的，他们一般是忍气吞声，多少受了一些委屈。①

更糟糕的是，汉口茶栈因为使用标准不同的秤过磅而声名狼藉，然大部分分析家却都将这种情形归咎于西方买主的诬蔑。因此，在1882年茶季结束之际，市场状况十分恶劣，以至于当中国商人声称他们准备自己掌握市场时，竟意外地得到了各方面的支持。这年年底，英国领事艾勒伯斯特写道：

> 值得庆贺的是现在使用的各式各样的重量标准也许将在明年茶季到来之前被强制性地统一起来……汉口茶业公所发布告示，为了平息各方的抱怨，他们决定指定一个公共司秤，无论何时发生争执，都要由他来过磅。这样做是否能成功还是个问题……可是，大家当然都期望统一计量标准，要么采用另外的措施以保证计量的公正，要么以固定折扣的形式达成一致。②

随着1883年茶季的临近，汉口的中国与外国商人群体都越来越兴奋。最近，武汉地区一直非常惶恐，一个秘密社会组织发动起义的尝试进一步加剧

---

① R. E. 布雷顿（R. E. Bredon），见海关总税务司：《中国通商口岸对外贸易报告》，1883，77页。关于1883年联合抵制出售茶叶事件的资料，包括中英文报纸的有关报道；总理衙门档案："湖北英人交涉"中湖广总督卞宝第的报告；海关总税务司《中国通商口岸对外贸易报告》（1883）中布雷顿的报告；以及英国外交部档案，《英国驻华总领事商业报告》（1883）中英国领事查尔科纳·艾勒伯斯特（Chalconer Alabaster）的报告。虽然此次抵制事件在很多二手资料中被偶然提及，但却没有一份关于这次事件的满意记载，最全面的记载（仍然相当简略）可见马士（Morse）《中国的贸易与行政》（纽约：1908），以及彭泽益《十九世纪后期中国城市手工业商业行会的重建和作用》（《历史研究》，1965年，第1期），下文的叙述主要根据摩尔斯的记载。

② 艾勒伯斯特：《关于1882年贸易情况的报告》，英国外交部档案，17/934。

了当地的紧张气氛。当茶季开始之际，汉口仍然笼罩在军法管制之下，前途未卜。也许，茶业公所准备停业在某种程度上正是出于担心地方安全体系的崩溃；也可能是中国士兵出现在汉口给茶业公所带来了勇气。① 值此混乱之际，就在茶季开市之前，由主席张寅宾主持，茶业公所召开了一次全体会议，最后起草了一套新的规章。虽然茶业经纪人一直留在六帮体制之外，也被邀请参与这次讨论。在5月份的第一周，这份草拟的章程以通告形式告知了西方茶商，同时通过呈递请愿书的形式得到了汉口道台的批准。

新章程中首要的一条，也是后来引发对抗的主要原因，就是茶业公所要求设立一个公正的仲裁人（公正人），他应当"公开选出"，在买卖双方的一切争端中，他的决定应当被毫不迟疑地遵守。② 茶业公所准备请一位外国人担任这一工作，他必须是"思想开放的、无私的、正直的，行事稳健，为人诚实，得到华洋商人的共同信任"。其次是制定茶叶过磅的标准，确定过磅的监督制度。章程指出：当西方商人初到汉口时，曾打算在所有茶叶交易中采用西方的"磅"作为标准的重量单位。后来出现了五花八门的计量标准，茶业公所（也许有点过分大度地）把它归咎于茶客与经纪人来自于不同的省份。无论如何，现在将严格强制性地要求使用西方的"磅"。不管货物交割何时进行，也不管是在华商货栈还是在洋商货栈进行，都要在茶业公所代表的直接监督下使用共同的计量标准。每一盒茶叶都要过秤，外国买主可以按照合同明细单核实，如果发现短斤少两，则可以根据每一个盒子上标明的重量得到补偿。盒子和包装材料的重量都要经过严格检查。

新章程用尽可能最强硬的措辞重申了1872年章程中有关严禁预先或暗地致送样品以及要求由行会代表挑选样品的规定。声明在涉及市场管理结构

---

① 至少有一种报纸的叙述将这两个事件联系在一起，虽然有点含糊不清，参见《申报》光绪九年四月十四日。我曾经在一篇文章中描述过这次起义的密谋，参见罗威廉：《晚清城市中的叛乱及其敌人：1883年汉口的密谋》，见邹谠主编：《中国的政治领导层与社会变迁：远东研究中心论文集》，第4辑（芝加哥：1979—1980）。

② 《申报》光绪九年四月三日刊登了1883年茶业公所章程的简写本；内容相同的全本，也就是经道台批准的定本，则见于东亚同文会：《支那经济全书》（大阪：1908—1909）卷二，672~674页；以及全汉昇：《中国行会制度史》（上海：1933），182~185页。这里提到的章程摘要，只是特别涉及贸易运作的内容才予以讨论，有关行会内部功能的问题，将在第九章展开讨论。

时，暗示茶业公所与经纪人都渴望取得盐业公所与盐牙在盐市中那样的官方监督地位；运茶船舶应按到达汉口的先后排队，样品也应严格按程序呈递上来。在茶叶贸易领域，这样做并不会排除竞争，因为样茶的性质与品质各不相同，也就要求有不同的价格。

最后，新章程承诺将惩罚任何被发现暗中破坏章程的中国商人。如果一个茶商犯了过错，他将被其所属省份的行会所惩戒，并且在六帮联合的公开会上接受审问。如果犯错的是经纪人，因为不属于茶业行会，所以行会将提请他所属的牙行和地方官府予以惩戒。

总之，1883年的规章理性地将中国传统商业的惯例运用到了中外贸易之中。在坚持所有交易都使用外国"磅"的同时，茶业公所通过强化贸易内部的标准而履行了中国商业组织的正常功能（它对于统一标准的热情远比其西方同行要大得多），并证明它具备接受外国先进事务的世界主义胸怀。同样，"公正人"一直被认为是中国商业活动中理性化市场的特征之一①，而且茶业公所情愿把这个职位交给外国人。他们把挑选合适人选的权力留给汉口英国商会，而后者选定了英国商人托马斯·罗斯威尔（Thomas Rothwell）。②

新规定保证了公正，对西方利益做出了让步，在这两方面，西方商人没什么可抱怨的了。对于外国人的反应，海关雇员描述说："总的说来，没有人对准备实施的规章的公正性提出异议，也没有人对公正人的人选怀有个人意见，但是，他们仍强烈地感受到外国人被置于交易中敌对的一方，而这种对立并不是他们造成的。"③ 接到茶业公所的这份照会之后不久，外商在英租界的汉口俱乐部召开了一次会议，商讨统一的回应。然而，即便是面对如此明确的挑战，西方商人也不可能团结一致。此前只有一次，即在1879年，外商共同赞成某一件事情（决定在市场正式开放之前，单个公司不签订购买合同）。即使是那唯一的一次，也有一位英国记者挖苦说是一个"奇异的协议"，而且对其是否能够维持长久深表怀疑。④ 因此，1883年的会议"既无人认真对待，因而也完全不反映贸易需求"，就毫不奇怪了。⑤ 这次努力的唯

---

① 参见藤井宏：《新安商人研究》，载《东洋学报》，第36卷，第3期，87页起。
②③ 海关总税务司：《中国通商口岸对外贸易报告》，1883，77页。
④ 《字林西报》1879年5月20日。
⑤ 《北华捷报》1883年5月18日。

一结果是给茶业公所致送了一份备忘录，要求进一步加强管理，尤其是要强化对急速上升的自九江递送样茶的禁令。茶业公所诚实地回答说，它将尽力去做。

5月12日，星期六，茶业公所向预定的买主发放了第一批茶业样品，而且宣布定于下周一开价，以便洋商有充足的时间考虑其反应。到开市时，几个外国买主大声抗议规章单方面地强迫他们接受这种程序，一家英国商行，杜德威尔公司（Dodwell and Company，即天祥洋行——译者），拒绝在新体制下出价。此后，中国经纪人宣布暂停交易，中西商人都准备回去谋划策略。茶业公所认为天祥洋行故意等到茶叶样品发放之后戏剧性地退出是事先筹划的。而英国商行则有一艘"第一流的轮船"正停在港口等待装载茶叶，因此，茶业公所认为最好的策略是撤回送给天祥洋行的样茶，要求所有中国茶商同意联合抵制与这家商行做生意。西方商人用三倍于此的行动作为回应：他们决定在对天祥洋行的联合抵制撤销之前，全体拒绝向此前提供的样茶出价；认真商讨提出一套与茶业公所章程针锋相对的意见；委托英国领事艾勒伯斯特将他们的情况知会汉口道台。

隔了一天，5月14日，艾勒伯斯特向道台恽彦琦发了一份照会，抗议新规章"违背了"条约。领事指出：联合抵制天祥洋行已给这家公司带来了"实质性的损失"，而且自从根据条约开放贸易以来，这种抵制活动遏制了贸易的发展。他要求按照每天的损失给予天祥洋行以补偿。道台恽彦琦研究了茶业公所的新规章，他回答说，他认为新章程是"公正而公平的"，没有违反条约之处。因此，他告诉艾勒伯斯特，他批准新章程各款，希望西方商人遵守它。

不过，道台还是把茶业公所的领导人张寅宾召请到衙门里，以澄清公所的态度。张寅宾坚决支持新规章，他认为这是在所有茶叶贸易里全面推行统一计量单位从而实现标准化的最好时机，而且坚持这一点正是"从根本上反对'遏制'贸易的发展"。他进一步嘲讽地说：天祥洋行不打算买他们的茶叶，他们又怎么给它赔偿呢？

道台的回函促使艾勒伯斯特发出了最后通牒，声称如果张寅宾不得到适当的惩罚，他将直接上诉到武昌的省衙去。恽彦琦被迫再一次召见张寅宾。张反复申说六帮的行为是有道理的，断言天祥洋行的反应另有图谋。他提出西方商人抗议的合适渠道应当是到茶业公所来，相互进行交流；最后，他指出，如果说需要赔偿的话，那也应当是中国商人应当得到赔偿，因为他们由于西方商人拒绝出价购买其茶叶而受到了损害。恽彦琦道台回答说，他也觉得公所的行为非常合理，责备西方人制造了目前的僵局。他指出他自己的职责是弄清事情的真相，而不是不分皂白地替中国人说话，但在当前的这个问题上，中国人分明是正确的。他希望英国领事换个角度想一想这个问题，如果他愿意的话。①

随着事态的发展，道台和领事都试图通过一种更自然的方式解决冲突，以避免矛盾更进一步激化。在艾勒伯斯特基于国际法原则对新规章提出抗议的同时，西方商人在5月14日会议上提出来的反建议却转而只是在诸如如何完善样茶重量（是尽可能接近一磅，还是半磅）之类的问题上，对中国章程提出异议。茶业公所客气地接受了西方人的建议，回函解释说，由于这一章程已发给乡下的行商，所以眼下这一茶季只好按原定章程办事。不过，他们承诺翌年将认真考虑西方人的建议。反应敏捷的《北华捷报》评论说："从此，过磅问题就按照茶业公所的意见解决了。"②

在中外互相抵制的过程中，"很快就显现出外国人的不团结来"③。俄国茶商没有参与西方人的罢市活动，马上拿到了最好的茶叶。看到这一点，其他商人也立即乱了阵脚，相继开始交易。当天祥洋行自己也做出让步时，这场闹剧达到了高潮：

> 只剩下天祥洋行独自解决它与茶业公所之间的难题了。我相信他们写给茶业公所的信中一定是这样解释的：他们的买办没有得到授权，就告诉茶商他们不愿按茶业公所的规矩称茶。随后又通了几封信，坚冰终于打破，而我们的这个据点又恢复了茶季的正常秩序。④

在中国近代史上，1883年联合抵制售茶事件并不是唯一的，它不过是国内贸易中惯常使用的、在19世纪后期对外贸易中也偶尔成功运用的集体行

---

① 总理衙门档案："湖北英人交涉"，卞宝第光绪九年十月二十一日片。
② 《北华捷报》1883年6月15日。
③ 英国外交部档案，《英国驻华总领事商业报告》，1883，80页。
④ 《北华捷报》1883年6月15日。

动的事例之一。① 它既不是"大众运动",也不是"政治斗争",更不同于后来的民族主义抗议运动和工会活动。茶业公所完全无意于直接攻击西方商人——实际上,正是西方商人贸然中断了交易。这些汉口茶商的脑子里根本没有一点要与西方帝国主义或其经济侵略作斗争的思想;他们作为对外贸易的主要受益人,非常满意自己的角色。进而言之,抵制运动纯粹是一种精英行动。汉口茶商绝不是用革命思想武装起来的"自觉的"资产阶级。相反,他们是由明代以来就支配中国国内商业的传统"绅商"发展而来的,其中许多人几个世纪以来世代经商。然而,他们却证明自己有能力利用集体行动的方式去达到经济目的,而这种方式在不久以后就将成为强有力的政治武器。

虽然 1883 年的联合抵制事件是一个经济行动而不是政治行动,但它却揭示并捍卫了一个原则——承认这个城市里的西方人可以分享一切收益,除了荣耀之外。这是一个理性的原则,而且各地的开放市场都只有服从于市场价值才能得到收益。同时,抵制事件还表明,15 年来一直在进行的质量控制运动达到了顶点;中国商人要想获得可靠的利润,就必须提供别人想要的产品,其质量和计量单位必须标准化。因此,茶业公所极力寻求消灭掺假和短斤少两之类的现象,以使价格与利润立基于更可预测的商品市场价值之上。

从 1883 年事件中,汉口茶业公所表现为较之此前更强有力的组织。1884 年茶季开始之际,"几乎所有外国茶行"联合起来向英国商会提交了一份抗议,指责它没有与利益各方协商,就与茶业公所签订协议,按照新规章任命了一位公正人。然而,这个抗议来得太迟了。公正人已经任命,而且他的任命,连同章程的有关规定,都已生效。② 从此,每年都有一位外国商人轮流担任这一职位。他由英方提名,但需要遵守茶业公所制定的规章。在每年茶季开始时,茶业公所都以领导人张寅宾的名义发布一份相关规章的中英文摘要,并同时伴随有一份由当年的公正人署名的公告。1888 年,英国领事克莱门特·艾伦反映:"值得注意的一点是茶业公所向欧洲商人发布命令,而且

---

① 一位 20 世纪初的作家(佚名,但很可能是 H. B. 马士[Morse])记载说:"在有限的几起中国行会与外国商人的冲突中,一般总是以外国商人屈服而告终,因为中国行会为了支持其章程,可以罢市、关闭港口乃至掀起骚乱。"(《今日远东印象及海内外杰出的中国革命党人》,218 页)关于在国内贸易中使用集体联合抵制的手段,请参阅本书第八章有关药材贸易的讨论。

② 《北华捷报》1884 年 4 月 25 日。

丝毫没有想到要放缓一些语气，或者需要考虑欧洲商人的期望或想法；同时，在西方商人方面，竟然温顺地接受了这种地位。实不相瞒，我想恐怕是我们当中一些人的玩忽职守导致了这种令人不快的局面。"① 在下一年的报告中，艾伦只是简单地说："茶业公所的有关章程仍继续生效……运作中似乎没有摩擦。"②

公正人的作用非常之好。只发生过一次关于重量方面的争论，向公正人的权威提出了严肃的挑战。1886 年，英国公司威尔士公司（Welsh and Company）不同意由中国经纪人召唤公正人，其结果是茶业公所召开了一次会议，"全体一致赞同" 联合抵制威尔士公司。英国领事查尔斯·嘉托玛（Charles Gardner）被请去斡旋，他建议威尔士公司让步，之后，问题得以妥善解决，抵制取消。对于公正人，嘉托玛报告说："我认为（公正人）制度运行至今，对中外商人都是有利的。"③

因此，茶业公所在汉口仍然拥有——用《北华捷报》的话说——"无所不能的地位"。④ 1889 年，它在汉口的宏伟的新总部大楼落成，同时发布了一份文告，声称它将继续奉行其宗旨，即切实管理好与西洋各国间的茶叶贸易。⑤ 当新大楼启用之际，按照习俗，茶业公所连日举办宴会，并演出中国戏剧，不仅邀请汉口的头面商人和官员参加，也邀请了外国社团的领袖，从而将茶业公所的威望适当地展现给中国人与外国人。⑥ 茶业公所也努力改变自己以适应外国人的影响——实际上，这种适应导致它在 1893 年创办了汉口第一份中文报纸《汉报》。⑦ 同时，茶业公所在国内贸易中所占的地位，在与本地盐业公所的竞争中得到加强，后者的作用全部局限于国内经济体系之内。茶业公所新的行会大楼也显示着这种竞争，它与盐业公所在同一个月内

---

① 艾伦致沃尔什姆，1888 年 5 月 12 日，英国外交部档案，228/864。
② 艾伦致沃尔什姆，1888 年 6 月 1 日，英国外交部档案，228/878。
③ 嘉托玛致沃尔什姆，1886 年 8 月 25 日，英国外交部档案，228/831。
④ 《北华捷报》1886 年 6 月 11 日。
⑤ 1920 年《夏口县志》卷五，30 页。
⑥ 艾伦致沃尔什姆，1889 年 9 月 2 日，英国外交部档案，228/878。
⑦ 武汉市图书馆存有这种报纸的一部分，包括最早发行的几份。报纸的报头上标明是汉口茶业公所的出版物。

建成，而且两栋建筑的名称只有"茶"、"盐"一字之差。①

然而，事实证明茶业公所在本地与外国人面前的威望，并不足以抵御来自一个全然不同的方面的新威胁。实际上，新大楼的建设并不仅仅是为了显示荣耀，还是为了提供一个向世人表明他们在面对最严峻的考验——来自国际竞争的挑战——时，团结一致、背水一战的象征。②

六、汉口茶叶贸易的危机

大致从光绪初年起，汉口茶业叶市场开始面临着不断增长的经济压力。我们已经看到，在中国商人与西方商人之间日益增加的冲突中，这种压力促使中国商人进一步加强了团结。与外国人竞争所带来的威胁不但使质量问题摆到了头等重要的位置上，还促使汉口商业资本家与生产、流通领域里的其他要素之间的潜在矛盾日益加剧。最后，茶业贸易的危机也引发了商人群体与帝国官僚体系之间的对抗。

很难逐年叙述汉口茶业贸易在达到其成熟期之后的兴衰变迁史，因为现存的数据既没有一致性的指标，也没有必不可少的可信度。正如英国领事查尔科纳·艾勒伯斯特所指出的那样，周详细密的打折制度，以及"面包商用的'打'和印刷业用的'先令'的普遍使用，把真正的贸易总额搞得模糊不清"③。即使是最好的报告，也常常互相矛盾，只能给出一个总体的描述。刘广京从海关报告中精选出来的数据表明，从1864年到1874年，每年通过外国轮船从汉口运往上海的茶叶总量（这也是汉口输出茶叶的大部分）波动不大，些微的增长合计起来不超过5%。这些断断续续的描绘，给我们提供了一幅这些年中稳定、适度增长的贸易图画。④ 然而，到19世纪70年

---

① 1920年《夏口县志》卷五，30页。

② 彭泽益：《十九世纪后期中国城市手工业商业行会的重建和作用》，载《历史研究》，1965年，第1期，97页。

③ 查尔科纳·艾勒伯斯特，《1882年贸易报告》，英国外交部档案，17/934。关于此种统计制度的最新而全面的评论，请参阅罗兹·墨菲（Rhoads Murphey）：《局外人：西方人在印度与中国的经历》（安阿伯：1977），"贸易数字意味着什么"章。

④ 刘广京：《英美轮船业在中国的竞争，1862—1874》（马萨诸塞州，坎布里奇：1962），66、150、197页；《申报》同治十二年四月十五日，同治十二年五月四日。

代后期，汉口市场开始显露出萧条景象。紧接着，中国商人开始用船将越来越多的长江中游的茶叶直接运往上海出卖和出口，汉口面临着被废弃的威胁。可是，汉口本地的财东、"英国船主以及其他既得利益者"都一致想方设法，阻碍消减成本的理性尝试。①

在整个 19 世纪 80 年代，贸易波动更加变幻莫测，而且很少有令人高兴的事。偶尔有几季，如 1881 年、1882 年和 1888 年，茶叶丰收，品质也高，从而刺激了商业活动，也使茶叶贸易的参与者与旁观者都持乐观态度。② 在这十年里，汉口茶叶出口的总量一直稳步增长，而中国茶商与茶农的收益却在下降。1885 年，湖广总督卞宝第指出：数年前，汉口市场上每 100 斤茶叶要 50 到 60 两银子，现在，平均头季茶只要 18 至 22 两银子，二季茶要 13 至 14 两银子，三季茶则只需 6 至 9 两银子。同时期其他资料中引用的数据也都证明了这一戏剧性的价格下滑。③ 这种下滑敲响了警钟：在好年份里迅速开张的众多茶叶店，现在越来越多地关门了。总督卞宝第举例说：在主要的卫星市场羊楼洞，几年之间，茶叶店数量就从 80 多家减少到 28 家。

许多资料都记载说，1887 年，大幅度的亏损首次成为困扰贸易的问题。观察家们注意到在中国商人中间普遍存在着一种绝望情绪，心理承受不了的小商人自杀的事件时有发生。汉口海关官员在年度报告中指出："人们常说中国茶叶危机即将来临，现在终于来了。今年就很像危机，茶叶卖不出去了。虽然茶叶很快地涌进来，但却卖不动。"④ 就在这一年，湖北盐茶牙厘局及海关都对此种危机情况展开了调查。

直接原因几乎不是什么秘密：在英国市场上，华中茶越来越竞争不过英

---

① 《字林西报》1877 年 6 月 11 日；弗兰克斯·W·怀特（Francis W. White）：《汉口》，见海关总税务司：《中国通商口岸对外贸易报告》，1881，7 页。这里的引文来自怀特对"五年前情形"的描述。

② 《益闻录》1881 年 7 月 23 日，1882 年 5 月 6 日；英国外交部档案，《外交使节与领事有关贸易和金融的报告：中国。关于 1887 年汉口贸易的报告》，1888 年，14 页。

③ 卞宝第光绪十一年奏，见《卞制军奏议》卷五，45~48 页。亦可参见汉口海关监督裴式楷光绪十三年十一月三日片，转引自姚贤镐：《中国近代对外贸易史资料》（北京：1962）第 3 册，1473 页。

④ 海关总税务司：《中国通商口岸对外贸易报告》，1887，79 页；另请参见《北华捷报》1887 年 6 月 3 日。

属印度以及锡兰生产的茶叶。1866 至 1886 年间，汉口输出的茶叶只增加了一倍，而同一时期印度输出茶叶则增加了 14 倍。① 表 4—1 列举了较长时期以及关键的 1885—1887 年间的有关数据，清晰地显示出中国茶叶在与南亚竞争中失利的情况。

表 4—1　中国、印度以及锡兰茶叶在英国市场中的份额，1866—1903

年份	中国	印度	锡兰	合计
1866	96%	4%	0%	100%
1885	61%	37%	2%	100%
1886	57%	40%	3%	100%
1887	47%	47%	6%	100%
1903	10%	60%	30%	100%

资料来源：1885—1887 年间的情况，据英国外交部档案，《1887 年贸易报告，汉口》，转引自姚贤镐主编：《中国近代对外贸易史资料》（北京：1962），第 2 册，1211 页；关于 1866 年与 1903 年的资料，据弗朗西斯·莫德（Frances Moulder）：《日本、中国与现代世界经济》（剑桥：1977），138 页。

当时，人们都已认识到与外国竞争的失利。而真正的问题则在于：为什么华中的茶叶不能据有英国市场？一些同时代的人认为，那是由于外国买主（英国人和俄国人）突然发现通过一致行动，他们可以人为地压低市场价格，因为汉口日益增加的中国商人之间竞争非常激烈。这一观点也得到近来一些"阴谋论"理论家的支持。② 这一观点在一定程度上消除了茶业公所垄断或稳固价格的嫌疑，但却与我们在 1883 年联合拒售事件及其后来几年中所见到外国人的作为完全对不上号。

在此之前，有一个观点认为汉口茶价之所以受到破坏，是由于提供了第二、第三季茶叶，其品质明显低下，因而就相应地拉下了价格。1887 年危机期间，茶业公所采取了果断行动，以缓解这一问题。这是一个真正显示茶业公所能力的著名范例：即使是在面对严重金融压力的时刻，它仍然有能力组织统一行动，其成员联合起来，决心克制住，不卖第二季茶叶，以努力保住头季茶的价格，他们把所有希望都寄托在头季茶

---

① 《今日远东印象及海内外杰出的中国革命党人印象》（伦敦：1917），205 页。

② 卞宝第：《卞制军奏议》卷五，45~48 页；《益闻录》1882 年 5 月 6 日；赵李桥茶场、华中师范大学历史系：《洞茶今昔》，11 页。

上。① 有效地控制了出售二季茶之后，看来暂时缓解了利润的持续下滑。然而，这并非解决危机的根本办法。我们看到，头季茶的价格下降的如此急剧，以至于二季茶的影响只能是一种很次要的因素。

江汉关监督为华中茶叶丧失英国市场提供了另一个更加似是而非的理由：是由于中国茶叶品质的下降。海关虽然将造成茶叶品质下降的部分原因归咎于商人对质量的检查日渐松弛，但认为问题的核心在于生产体制。中国茶叶是由贫穷的小农户生产的，而不像印度那样是由资本主义大农场生产的。因此，中国茶农就无力给土地提供肥料，土地在年复一年的连续使用之后就会渐趋耗竭。另外，他也不可能定期地更换种茶的土地，而这是保证茶叶质量水平的必不可少的步骤。这些问题又与劳动力不足而带来的损害交织在一起。在最好的情况下，茶叶必须在刚长出来时就立即采摘。而中国茶农往往雇不起必要的劳动力以迅速采摘，经常被迫全家老少齐上阵。由于汉口的茶叶价格下降，茶农就更没有能力去雇工，采摘时更加手忙脚乱，赶不上茶叶的生长，于是其质量进一步下降，而价格也进一步下滑。②

湖北盐茶牙厘局的调查则明确指出，在生产、收集以及加工过程中，都普遍存在着资金短缺，而资金短缺的部分原因是体制的松散结构所造成的。③这种结构不仅导致了产品质量的下降，而且还由于茶叶运抵汉口出售之前要换好几手，层层加码使其价格抬升，其标价就比其竞争对手高得多。④总之，数百年来在国内贸易中运行得很好的、由收集代理人与中间人组成的、精致的网络，一旦面对新的体制外竞争形势，却被证明是笨拙的、无能为力的了。

---

① 《申报》光绪十三年四月三十日；《北华捷报》1887年5月27日，1887年6月3日。

② 裴式楷光绪十三年十月十四日、十一月三日申呈总税务司，转引自姚贤镐：《中国近代对外贸易史资料》，第2册，1209~1210页，以及第3册，1473页；海关总税务司：《茶，1888年》，见"海关系列专刊"第11号（上海：1889），27页。

③ 卞宝第：《卞制军奏议》卷五，45~48页。1891，湖广总督张之洞下令对仍在继续恶化的茶叶贸易又做了一次调查，可能也是由湖北盐茶牙厘局负责进行的。与上一次调查一样，它也归咎于中国茶叶质量不高，并认为这是由生产与市场体系中的结构性缺陷造成的。参见苏云峰：《中国现代化区域研究：湖北省，1860—1916》（台北：1981），397页。

④ 参见陈夔龙光绪三十四年奏，见《湖北通志》卷五〇，41~43页。

因此，茶业公所面对着一个它无力控制的市场局势。虽然它在汉口市场中仍居有统治地位，但它没有能力重建一个完整的生产体系，以弥补中外观察者所揭露的旧体制的那些弱点。因为不可能从根本上解决问题，所以茶业公所力图减轻直接吃掉其成员利润的税收——官府在茶叶生产、运输与出售方面的税收。几年来，汉口茶商一直在想方设法使他们的收益尽可能少地落入官府手中。我们在第二章中曾经谈到，19世纪70年代，人们喜欢利用特许证制度来逃税。这种花招，就是中国商人假称自己受雇于外国洋行，以便得到免除自内地市场运往汉口的运输税的特许证。这些年来，这种花招在茶叶贸易中使用得非常普遍，从而确实减轻了税收负担。然而，到19世纪80年代中期，正当贸易整体下滑之际，海关开始更有效地与这种行为作斗争。①于是，商人们就转而通过茶业公所直接向中国官府施加压力，要求减税。我们已看到，茶业公所在这方面取得了几次一定的成功。

1887年11月，茶业公所首事张寅宾向省府和海关呈交了一份备呈文，他用凄凉至极的词语描述了贸易的衰败。对一个现代读者来说，茶业公所的呈文充满了愤怒、辩解、甚至是近乎哀怜，反映出汉口茶商在虽然勉力挣扎仍无济于事的市场面前，沮丧情绪日渐浓郁。在这篇呈文中，茶业公所承认受到印度茶叶的排挤，但否认中国茶叶品质低劣。相反，它将不断涨价仅仅归咎于在生产和收集的每一个环节都要交纳税费。②

大多数湖北官员都对茶业公所的观点表示同情。例如，19世纪80年代中期，湖北藩司蒯德标和总督卞宝第都多次情绪激昂地反对朝廷试图提高茶税。③ 1890年，湖北省府甚至从户部得到许可，可以减轻这些十分重要的税收，"一旦找到其他财源可以弥补开支的话"。然而，直到清朝灭亡，一直没有找到这样可供选择的财源，所以大规模的减免税收也就没有成为现实。④ 进入20世纪，贸易进一步衰败的情况并没有得到改观，汉口茶商越来越沮丧。虽然事实上这种衰败是由各种各样的原因引起的，但他们越来越把怨气

---

① 海关总税务司：《茶，1888年》，见"海关系列专刊"第11号（上海：1889），24页。
② 《汉口茶业公所呈报茶市情形节略》，见海关总税务司：《茶，1888年》，（中文部分）24~25页。同书（英文部分），48~49页另有一份较为自由的译文。
③ 卞宝第：《卞制军奏议》卷五，45~48页；卷六，3~5页。
④ 陈夔龙光绪三十四年奏，见《湖北通志》卷五〇，43页。

集中到一个目标上：是帝国政府损害了他们的利益。

七、结语：茶叶贸易与地方社会

在国内茶叶贸易之上，再叠加上与西欧的直接海外贸易，这对于汉口地方社会带来了虽然范围有限，意义却极为重要的影响。在这一过程中，茶叶在这一港口诸种贸易商品中从一般性商品上升为主导性商品，与茶叶贸易相关的行业也因而繁荣起来，地位也随之上升了。自从广东、宁波商人（都经过上海）来到这里并逐渐成为茶业贸易领域的主宰以来，作为经纪人和雇员服务于大商行，就会引起人们的特别关注。这些人加入汉口商界，并在某种程度上改变了长期以来不曾变化的商业精英的结构。然而，外国人本身却并没有分享汉口新精英的影响，他们与当地社会之间存在着隔阂，而且，由于一直按本地惯例运营商业，他们自己也不适应，所以他们一直未能参与贸易领域中的主要决策。

在贸易内部，中国商人较之英国商人，起到了更大的稳定作用，而且他们一直热切期望着一个长期健康的市场。因此，他们在汉口是韦伯所谓"经济理性"的坚决拥护者。尽管西方商人在口头上也尊重这些理性原则，认为计量要标准化，质量要控制，破产程序要公平、公正，而实际上，他们常常为了急功近利而抛弃这些原则。正是中国人（首先是政府官员，随后是茶商领袖们）再三采取各种措施，试图维护市场的公平、稳定与理性。这些措施大多起源于国内贸易中的其他商业活动。他们的能力足以保证他们接受中外贸易，但却并不必然意味着他们能够有效地、自如地应付外国竞争者。当面临竞争时，中国国内商业的散漫式结构特征，就被证明是不利的因素，而不是一种有利因素。

在将其市场规则贯彻到对外贸易领域的过程中，汉口茶商们形成了空前的团结。这种团结未能阻止贸易的全面衰退，却使那些自行其是的中国商人们不负责任的行为得到控制。在太平天国运动之后的数十年中，无所顾忌的竞争与投机行为，并不是茶叶贸易领域的唯一现象，而普遍存在于汉口商业与社会的许多领域。当然，造成这种情况的部分原因是由于突然引进的直接对外贸易提供了新的机会。但我认为，更根本性的原因是由于太平天国运动期间旧有的商业社会受到了彻底破坏。然而，在19世纪70年代中期以及整个80年代，当地茶叶贸易中的控制力量在其控制范围内成功地引起了自由竞争机制，给当地经济与社会普遍地带来了好处。正如我们在下一章有关信贷市场的研究中将要看到的那样，这种发展也出现在其他贸易领域。

茶商们的团结使有效的集体行动成为现实，比如联合抵制和茶业公所的施压策略。事实证明，这些手段不仅对付执拗的外国人很有用，也同样可以对付中国官府——例如，达到了减税的目的。虽然在我们研究的时段里，这些策略未被应用于明确的政治目的，但却明显已具备将其运用到政治领域去的能力。茶业公所开始对政治事务表现出兴趣，在19世纪90年代初创办报纸这一事件上显示出来。再加上对清政府财政政策的不满情绪日益强烈，都使茶业公所越来越政治化，并最终成为20世纪初革命运动的潜在的政治工具之一。

第 5 章
汉口的信贷与金融

在一部备受责难但影响很大的论著中,杰顿·斯杰伯格(Gideon Sjoberg)认为所有文化中的"前工业化城市"都受到血缘团体和自愿协会的控制。这是因为他从宏观角度认识到需要有类似的团体作为信用机构来发挥作用。他认为不存在更正式的信用机构,因为在城市地区没有可以利用的担保物品,而在城市有钱人阶层中,"精英态度"又很流行。① 然而,对中华帝国晚期城市的研究,越来越清晰地表明,虽然它们也都是"前工业化城市",但至少在一些最主要的商业中心,情形与斯杰伯格的一般性认识并不一致。② 尽管那些高利贷和互助性团体也在发挥着重要的金融作用,但专业性的信贷组织则为更广泛的相关商业客户提供服务。

在 19 世纪的汉口,无论大小商人,都很容易获得信贷和投资。如果一个人能够提供一个"保人",一个表面上看来不是很难的业务,他很快就会从那些急于刺激出卖货物的商人或热衷于拿出存款去运营的钱庄那里,得到一笔预付款。有关报道还进一步指出,对保人个人财产方面的要求非常之

---

① 杰顿·斯杰伯格:《前工业化城市》(纽约:1960),214 页。
② 这些研究包括关于宁波和宁波人银行的三篇论著:西里善行:《关于清末的宁波商人:浙江财团的起源研究》,载《东洋史研究》卷二六,第 1、2 期;苏珊·曼因·琼斯(Susan Mann Jones):《宁波的金融业:"钱庄",1750—1880》,见 W. E. 威尔穆特(W. E. Willmott)主编:《中国社会中的经济组织》(斯坦福:1972);《宁波帮及其在上海的金融势力》,见伊懋可与施坚雅主编:《两个世界之间的中国城市》(斯坦福:1974)。另可参见杨联陞:《中国的货币和信贷》(马萨诸塞州,坎布里奇:1952);麦克埃德里(Andrea Lee McElderry):《上海钱庄,1800—1935》(安阿伯:1976)。斯杰伯格的一般性认识与欧洲的情形也不相符,参见德鲁富(Raymond DeRoover):《中世纪布鲁日的货币、银行和信用》(马萨诸塞州,坎布里奇:1948)。非常感谢托马斯·罗斯基(Thomas Rawski)提示我注意德鲁富的研究。

低——例如，我们看到，一个看门人的妻子作为职业性的担保人和信贷消费的中间人，为她的邻居们提供服务，来补贴她的家用。①

只要有机会，汉口的投资人可以很便利地将投资从一种商品转移到另一种商品。许多人获得了暴利，但也有一些人破产了。后者要么是躲起来不见债权人，或者干脆遁入"地下"，直到他们看到有东山再起的机会。在19世纪初，比起19世纪中期来，这种情况还很少，但在太平天国运动之前，这无疑已成为汉口的典型特征之一。在汉口开埠之后的20年里，这种情形按惯性向前发展，到1880年前后，长期的影响开始出现了后果。

一、金融机构

汉口金融市场体系的终端是当铺，一种在农业社会中提供私人信贷的传统高利贷者。几个世纪以来，典当铺户一直活跃在城市里，各县的典当行会也把公所设在城里。一些城市富商利用他们在城中获得的利润作为资本，在周围乡村开设当铺，从而使他们的获利渠道多样化；而另一些城市当铺则实际上是由退休官员为积聚财富作为信用基金而设立起来的。然而，不管怎样，由于它们所提供的获益率不能与银行相比（正如杨联陞所指出的那样），或者只是因为它们不能适应重要商业中心的金融业务，当铺在汉口金融市场体系中只占有非常小的份额。②

在另一端，较为先进的城市金融机构类型是银行，或者说是"现代银行"。与中国其他地方一样，在汉口，它们首先是外国人建立起来的，最早是由英国洋行麦斯尼公司（Masney and Company）开设的。③ 中国历史学家彭雨新认为，外国人控制这些银行使西方商人相对于其中国贸易伙伴而言占

---

① 《申报》光绪五年七月二十六日。
② 叶调元：《汉口竹枝词》卷一，6页；1884年《汉阳县识》，"公官铺"，3~4页；1920年《夏口县志》卷一五，16~17页；总理衙门档案："湖北英人交涉"，同治六年八月八日李瀚章片；武汉市工商联合会档案，《武汉典当业略谈》，1962；杨联陞：《中国的货币和信贷》，100页。
③ 苏云峰：《中国现代化区域研究：湖北省，1860—1916》，113页。

据了不公平的优势地位,并最终导致西方人全部控制了当地的市场。① 然而,同时代的史料却表明,直到 19 世纪 80 年代,无论是外国银行,还是外国货币,在汉口贸易中都还没有因为发挥重要作用而在当地形成重要影响。② 当外国风格的银行业最终开始赢得喜爱时,特别是在茶业贸易领域,华商团体迅速做出的反应。到 1891 年,汉口茶业公所促使本地的银行共同联合起来,组成了也许是中国第一个属于本地人所有的"现代银行"③。

在这两个极端之间,存在着许多各种各样的中国银行,它们在我们研究的时段里占据着本港金融世界的主导地位。关于此点,有关英文论著中已有很好的描述,因此,我们只需简要地评论一下它们在汉口所发挥的作用。所谓的"北方"或"山西"银行(票号,票庄)最初专门经营不同地区间的转账,或者地方货币的兑换。奥古斯特·马杰利(Augustus Margary)在他为不幸的云南之行在汉口做准备时所撰写的报告中,描述了这种功能:

> 31 日、1 日和 2 日,继续商谈廉价购买并得到一只小船,雇几个仆人,并订立金融契约,起先就预计到这些事情会非常麻烦。然而,一位牧师最后得知一家陕西(原文如此)银号在云南开有分号。……给我及这个牧师提供服务的银行职员非常优雅地应承着,而且事实证明他也确实是一位非常重要而能干的人。他告诉我云南的官府也可以通过它的银行向我提供资金。当着牧师的面,他交给我一个黄铜的符,把它呈交给云南府的分号,就可以得到如数支付的经费。此项金融服务,需要付 4% 的费用。④

在马杰利的情况下,山西票号通常不支付存款的利息,而以向存款人提供服务作为替代。他们首先要求他们的存款放在这里能够绝对保证安全。因

---

① 彭雨新:《抗日战争前汉口洋行和买办》,载《理论战线》,1959 年,第 2 期,22~29 页。

② 海关总税务司:《十年报告,1892 年》,177 页。

③ 苏云峰:《中国近代化之区域研究,湖北省》,第一次年度报告(1974),122 页。我之所以推测这可能是中国第一个属于中国人自己的现代银行,是因为杨联陞在《中国的货币和信贷》一书中列出的最早的这种银行是在 1897 年(87 页)。

④ 奥古斯特·马杰利(Augustus Margary):《从汉口到大理的旅行笔记》(上海:1875),1~2 页。

此，正如马杰利被告知的那样，到 19 世纪，他们已很少接受个体商人的委托，而主要是作为其他银行的储备库，而且越来越多地接受中央与地方官府的业务。在这一过程中，他们逐步获得了准官方特征。

汉口几家较大的山西票号几乎全面避免了他们自己内部的竞争。山西票商的地方团体非常小，而且通过私人纽带互相联系着，可是，其社会与经济影响却远远超过其成员所占有的比例。① 山西票商的影响一直维持到 19 世纪 90 年代，现代邮政系统的出现，侵夺了其基本功能——资金汇递。无论如何，在这个世纪的大部分时间里，票号一直把从事本地借贷作为一种副业，而且在 20 世纪，当他们丢失了其主要业务之后，仍然能够在一段时间里退守信贷领域。② 当地山西票号发行的兑换票据可以按持票人的要求支付，并可以作为货币在汉口的国内与外国顾客中间自由流通。③

汉口的"南方人"或"本地人"银行，中国人称作"钱铺"、"钱庄"或者"钱店"，与其山西同行有很大不同。与人们普遍认为的那样相反，在西方影响全面进入之前，它们在本地有很好的发展。根据最近一份评价很好的研究成果，上海最早的一家地方银行是一些本地的煤商作为集聚其盈余资金的储蓄所，于 18 世纪中期创建的。到 18 世纪 90 年代，这座城市里登记在案的地方银行已超过 100 家。④ 尽管 1842 年本港开放对外贸易刺激了其迅速

---

① 据一位知情人士统计，在清末汉口的 19 家票号中，除两家外，老板和经营者都来自山西汾河流域；例外的两家属于湖南和湖北的本地人，但至少后者的经理仍然是山西人（武汉市工商联合会档案，《武汉票号浅谈》，手稿，1961）。

② 日清贸易研究所：《清国商事指南》（上海：1892），第 1 卷，133 页；东亚同文会：《支那经济全书》（大阪：1908—1909），第 6 卷，608 页。张国辉在《19 世纪后半期中国钱庄的买办化》（《历史研究》，1963 年，第 6 期）一文中将汉口山西票号的衰落归因于上海对这个城市经济的全面控制，并将其衰落的时间定在 19 世纪 60 年代。但我认为他的看法有些夸大其词。

③ 休斯（Hughes）致弗雷瑟（Fraser），1877 年 10 月 4 日，英国外交部档案，228/590。清代山西票商的作用，看上去与中世纪欧洲意大利的"商业银行家"（或者说是"汇兑银行家"）很相似。参阅雷蒙德·德鲁富（Raymond DeRoover）：《中世纪布鲁日的货币、银行与信用》（马萨诸塞州，坎布里奇：1948），第一部分。

④ 杜黎：《鸦片战争前上海行会性质之嬗变》，提交给"中国资本主义萌芽讨论会"的论文，南京：1981 年 5 月；另请参阅西里善行：《关于清末的宁波商人——浙江财团的起源研究》（《东洋史研究》，第 26 卷，第 1 期，1967 年），第一部分。

增长，但这些银行的早期发展却最好归因于自明后期以来持续稳步发展的中国国内经济的全面货币化。在本地银行兴起的过程中，汉口较上海稍微滞后一些，但在开埠前，这里也已经有相当好的银行建立起来。① 这些银行在汉口主要的先驱可能是那些 18 世纪与 19 世纪初排列在街头的、众多的露天兑钱桌子（钱棹）。到太平军进入汉口前，这些简陋的情景已经消失，而代之以更为成熟的金融机构。② 在整个 19 世纪，随着商人与资本持续不断地涌进汉口，每个群体也都带来了他们自己的金融管理方法。经过相互竞争和同化，一种成熟的、或多或少具备某些统一模式的本地银行逐步在汉口发展起来。

有些研究者曾经探讨过钱铺（"货币商店"、"兑换商店"）与另一些通常称为"钱庄"（"货币存储店"，"传统的本土银行"）之间的区别。前者被界定为简单的货币兑换商，而后者则被认为具备广泛的银行功能，包括接受存款、商业贷款以及发行私人银票。③ 没有必要探究这些名称在汉口有哪些变化。19 世纪上半叶，传统银行通常称为"银号"，而在太平天国运动之后，这一称谓几乎全部被"钱庄"所取代。④ 没有证据表明这两种称谓意味着它们在功能上有重要的区别。在后一时期，通常也使用"钱铺"与"钱店"这两个称谓，但也同样看不出它们的经营模式有明显的不同。"钱铺"也许是指规模较小的、来往客户限定为当地零售商的银号，而另两种称谓则是指面向批发贸易的银号，但这三种名称在习惯上也指那种既从事借贷又发行纸币的机构。显然，这是一种总括性的称谓，包括很多规模不同、适应各种不同客户的银行。⑤

---

① 《申报》光绪七年十一月十八日。
② 叶调元：《汉口竹枝词》卷五，4 页。
③ 杨联陞：《中国的货币和信贷》，84~87 页。无论是从起源还是从功能上看，钱庄都相当于中世纪布鲁日的"货币交换者"，参见德鲁富：《中世纪布鲁日的货币、银行与信用》，第三部分。
④ 《申报》光绪四年五月二十五日。
⑤ 1909 年，一份日本人的报告将汉口的传统银行分为两个大类：较大的，业务涉及这个城市商业的各方面；较小的，将自己限定在为小商人提供货币兑换与金融服务方面。两种类别都包括在"钱庄"这一普通称谓之下（东亚同文会：《支那经济全书》，第 6 卷，608~609 页）。

在汉口，传统银行业是一个流动的行业。虽然屡有失败，但在市场繁荣、前景看好的时期里，仍然涌现出大量新开设的银号。比如，单是在1878年的两个月里，沿着一个独立街区的街道，就有大约12家银行开张。① 19世纪前半叶，据说汉口的地方银行就有百余家；到1891年，其总数可能已超过500家。② 据一位报告者称：它们"麋集街巷，鳞次栉比"；往往是在一条不引人注意的偏巷里连续开设着好几家银行。③ 如此过量的银行势必导致金融业的激烈竞争和经常性混乱。

在叙述有关19世纪50年代遍地开花的宁波与绍兴人银行时，西里善行指出：这些银行主要（如果不是绝对排外的话）是为商业中心里的宁波商团服务的，也是由他们自己创办的。他总结说：这使宁波人取得了对其他地域团体的决定性优势地位，特别是在伴随着开埠而兴起的外贸领域里，因为，与其竞争者不同，宁波人无论何时需要，都会有现成的信贷资源。④ 可是，有关汉口地方银行的许多报告给人留下的总体印象却是其中的大多数并不限定其顾客，也并不像西里善行所暗示的那样狭隘。当然，人际关系网络使一个商人易于从他的同乡办的银行那里得到贷款，而且多数银行也将大部分投资投向本省同乡开办的商号。⑤ 一份20世纪初的资料表明，一些较大的汉口钱庄一直面向它本身所归属的省份行会，虽然其中的大多数并未结成这样的同盟。⑥ 在有些情况下，银行似乎也得到本省同乡团体的资金投入与支持（在一个著名事例中，汉口的广东同乡会发起募捐，募集的资金偿还了一家破产银行所欠下的大部分债务）。⑦ 湖南商人在湘潭到汉口商路的各个据点上，建立起一个互联的银行网络，就像四川商人在汉口与重庆之间所建立的

---

① 《申报》光绪四年四月三日。
② 叶调元：《汉口竹枝词》卷一，7页；海关总税务司：《十年报告，1892年》，177页；苏云峰：《中国现代化区域研究：湖北省，1860—1916》（台北：1981），113页。
③ 《申报》同治十三年一月二十五日，光绪七年十一月十八日。
④ 西里善行：《关于清末的宁波商人——浙江财团的起源研究》，载《东洋史研究》，第26卷，第1期，1967，10~11页。
⑤ 《申报》光绪四年一月十三日曾报道说：均由江西人经营的一家钱庄和几家商行，由于连锁的信贷关系而同时破产。
⑥ 东亚同文会：《支那经济全书》，第6卷，610~612页。
⑦ 凯恩（Caine）致韦德（Wade），1872年3月1日，英国外交部档案，228/515。

银行网络一样。① 然而，那些在这个城市中占多数的、较小的银行却着眼于向它们所在街区的居民提供服务，而不是为其同乡群体服务。因此，那些散布于大街小巷的生意就以某一居于其中的银行为中心，形成一个信贷网络，从而建立起金融联系。②

1887年，一位本地通讯员评论说："钱庄为贸易之领袖，钱庄经手尤为诸伙之领袖，势既大，责任匪轻。"③ 汉口钱庄的所有者与经营者都是些什么样的人？这一阶层的上端，是那些与官府有着密切联系的或者本身就拥有较低官品的人。很多人拥有买来的绅士身份。有些汉口钱庄主，也许是大多数，都是商人，他们从事金融活动是一种为其他商业项目融资的辅助手段。王立大是一位捐纳的九品官，其乡籍不详，可以算是这一阶层的代表人物。他作为汉口一家大型的瓷器经销店老板发了财，到1869年，他的买卖估计价值6 000两白银（包括存货）。他带着赢得的利润进入正迅猛发展的城市房地产领域，最终获得了位于汉口的一个拥有八座住宅楼的街区和位于汉阳的一家商店，并将它们租借出去，此外，还拥有2 800两现银。1863年，他在汉口开设了齐泰阳钱庄，发行可用来兑换存款现银的银票；然后，他再把这些业务赢得的利润投入到自己的瓷器生意中。王立大的银票广泛流通，特别是在汉口的中外鸦片贸易方面。④ 同样，来自宁波的徐氏家族在19世纪60年代的汉口也经营各种商业事务。徐家与洋商关系密切，所从事的活动部分是买办，部分是独立的生意，主要经营棉花和鸦片生意。他们也在邻近的乡下拥有几家当铺，并交给宁波同乡经营。徐家的领头人徐继堂，是一位捐纳的九品官，最终在汉口开设了一家银行，作为家族的事业，并开始发行银票。⑤

许多汉口银行家，特别是那些依靠非金融贸易的银行家，都与遍及中国

---

① 张国辉：《19世纪后半期中国钱庄的买办化》，载《历史研究》，1963年，第6期。

② 《申报》光绪四年八月一日。当然，在汉口，这种亲近通常也意味着一种地缘联系。

③ 《申报》光绪十三年四月十一日。

④ 同治八年十月十九日李瀚章片，见总理衙门档案："湖北英人交涉"。

⑤ 同治六年五月十二日谭廷襄片，同治六年八月八日李瀚章片，均见总理衙门档案："湖北英人交涉"。

主要商业中心的钱庄网络有着密切联系。宁波镇海的范氏家族就是一个最著名的例证。18世纪初期，范氏家族从经营食糖与丝绸买卖慢慢起家，然后从故乡小镇扩展到上海，并很快进入蓬勃发展的中外茶叶贸易领域。1830年左右，他们在上海开设了自己的第一家银行。到19世纪中期，他们在汉口开办了一家银行，这家银行直接归家族所有，从而与在上海、宁波、杭州以及其他主要城市的家族银行联系起来。①

这样大规模的城市间金融系统的存在，反映出到19世纪后期，中国传统银行业至少已部分成功地形成了统一的、反应敏捷的全国性金融市场。因此，金融管理者就可以特别选择某些繁荣的地区以集中投资，同时则避开那些受到威胁的地方或区域。这种资金流动又反过来影响到地方经济。1877年，"主要的钱庄均从汉口撤出了资金"，因为他们担心当时的山西、陕西饥荒会危及这个城市的商业投资。我们知道，这一举措给本地商业带来了惨重的损失。②

从我们举出的三个例证中，可以看出，银行业与非银行业之间通过共同的资本与管理人形成一个链条，这对于当地经济来说，是一个相当大的潜在危险，因为它增加了信贷过度扩张的危险性，而信贷过度扩张则将危及汉口市场。王立大和范氏家族最后都未能逃脱这种命运。仅仅在王立大进入金融领域之后五年，他的钱庄就发现自己已无力兑付大额银票，随后，他被迫交出了瓷器买卖和所持有的财产。徐继堂的钱庄也同样导致了其家族势力在汉口的毁灭：当他拒绝兑付发行给洋商买办的银票时，其全部家族产业被查抄，以作为欠款的补偿。虽然范家与徐家在当地的负责人想方设法延缓、避免钱庄的瓦解，但在同样的情况下，更为常见的反应却是简单地逃遁。连这些得到如此强大的商业企业支持的钱庄都会失败，因此，没有任何钱庄是安全的，也就毫不奇怪了。

---

① 中国人民银行上海分行：《上海钱庄史料》（上海：1960），730~731页。参见苏珊·曼因·琼斯：《宁波的金融业："钱庄"，1750—1880》，见威尔穆特（W. E. Willmott）主编：《中国社会中的经济组织》（斯坦福：1972），60页起。

② 帕特里克·休斯（Patrick Hughes）：《汉口贸易报告，1877》，英国外交部档案，17/788。

二、信用和债务

1874年,一位当地记者提交了这样一份通讯稿:

> 汉镇为水陆冲衢,南北商贾辐辏之总汇也。我朝二百余年,行商坐贾之客于此者,日盛月新,而莫可穷诘。咸丰以前,人心古茂,无论何项交易,一律俱以现银,故历年多而塌账亦少。
>
> 今也不然。开设钱店者所挟巨本不过二三千金,然亦只有数家耳。余不过二三百金,或七八百金,填街塞巷,鳞次皆然。推原其故,由于银钱两票可以海市蜃楼,张人门面。及至兑票临期,则又称客账未归,辗转拖延,而遂至于倒塌者,十有八九矣。究其自己之资本,固早已完璧返赵耳。市道之衰,莫可底止。①

报告人看来是将当时的情况与从前的美好岁月作为夸张的比照,以取得戏剧性的感觉效果(这是中国式的通讯报道中常见的修辞手法)。我们已看到,到19世纪初,信用机构在汉口已发挥着重要作用。那么,也就没有理由怀疑在19世纪中期信贷的使用有较大的增加。指出这一点是十分重要的,即汉口与其他地方一样,这种发展发生于西方人到来之前,并且是独立发展的。②

通过发行更为方便、易于携带的银票,汉口的钱庄积累了资金,然后再把这些资金贷给商业公司,从而全面参与了信贷的扩展。票据是按照银子的重量(银票)或者按照铜钱的数量(钱票)作为标准发行的,任何持票人都可以(凭票)支取。它们可以注明特别的兑付日期(期票),或者按照需要随时兑付。后者的典型是很多钱庄发行的以1 000钱为单位的"花票",它在19世纪80年代成为武汉三镇共同流通的货币。③ 汉口开埠后,钱庄发行的

---

① 《申报》同治十三年一月二十五日。
② 西里善行(《关于清末的宁波商人——浙江财团的起源研究》,第一部分,14页)认为,早在1842年开埠之前,长江下游港口就已经出现了在商业事务中使用普通信贷承兑的倾向。苏云峰也同样发现,鸦片战争前,上海的棉花、小麦与大豆交易也习惯依靠银行发行的信用票据以清算其交易账。
③ 《申报》光绪八年十月八日。

票据很快就得到中外贸易领域的接纳。① 此外，官府也用钱票支付军饷，因此，由于在遣散军队时一些退伍士兵带着这些银票回乡，从而给汉口银行带来了一些影响。②

商业借贷扩张的主要手段是一种称作"过账"的透支信贷程序，它允许商业存款人获得超过其存款额的银票，其收支差额由钱庄定期结算。汉口的钱庄都位于批发市场和主要的商业街道上，它们坚持向自己的常客提供各种没有限制的银票储备，而且，一家商号通常可以得到六家乃至更多钱庄的信贷支持。较大的、稳定的商业机构也向某一或某几家汉口的山西票号和坐落在中国其他主要商业中心的钱庄借贷。③ 因为渴望把自己的资金投入运营，大部分汉口的钱庄都只在手里保留仅相当于其正投入流通的银票很小比例的硬通货或现金。④ 因此，不仅银行发行的银票大大超出其本身拥有的财产（当地称为"空票"），而且即使是实际拥有资产的银行一般也没有足够的预备金以应付没有预约的兑付要求。⑤

汉口的信贷并没有形成某省金融机构垄断的局面，那些经常发生业务往来的商号之间也可以互相提供信贷，或者通过频繁的交易，或者是作为某一母公司的独立负责的分号。1861年之后，这些业务扩展到包括由外国商人提供信贷或者向外国商人提供信贷。由此而产生了一些问题，我们在上一章谈到的英国茶商麦克莱公司（Mackeller and Company）破产案中已反映出来。

---

① 总理衙门档案有关汉口的报告指出，汉口的外贸领域普遍使用钱庄的银票；《申报》光绪七年十一月十八日的报道也有同样的反映。琼斯指出：在对外贸易中广泛使用这些钱票，大约始于1858年的上海（《宁波的金融业："钱庄"，1750—1880》，71页）。如果所说不误，那么，在上海，传统信贷手段在外贸领域的迅速发展，是在开埠大约16年之后，而这些信贷手段早已在国内贸易领域得到广泛而灵活的运用。

② 《申报》光绪八年十月八日。

③ 《申报》同治十三年十一月九日，光绪四年三月二十一日，光绪七年闰月六日；水野幸吉：《汉口》（东京：1907），291页。西里善行描述了过账制度在宁波与绍兴银行里的运营情况（《关于清末的宁波商人——浙江财团的起源研究》，第一部分，10~11页）。

④ 《申报》同治十三年一月二十五日，同治十三年十一月九日。

⑤ 当然，通过发行没有硬通货支持的金融票证所导致的通货膨胀，并不必然会给商品经济的发展带来不良影响。在汉口，更危险的不如说是没有中央银行或者类似的金融控制机构。

一般说来，商号之间的信贷是十分棘手的事情。例如，1882年，一位汉口商人雇了一个专门讨债的人，向一位邻近的水果商追讨债务，最终迫使水果商自杀。一位本地通讯员愤激地评论说：此种事件正"足见收账之难也"①。

由于在汉口与在其他主要商业中心一样，借贷非常容易，这就导致了19世纪下半叶相当广泛的信贷投机。当时的观察者也警醒地注意到此种行为；一位报道人指出：即使是实力雄厚且历史悠久的商号也很少逃脱破产，因为他们也不能不订下很多债务合同。② 不论是投机商还是钱庄经营者，都发现自己越来越不易订立金融契约了，那些（可以订立信贷契约的）商店都悄悄地关闭并消失在黑夜里了。汉口像这样迁走的商号不计其数，估计在1860年至1890年间，就有数百家乃至上千家。很多时候（虽然并不是大多时候），外国商人忽然发现某一个与他们打交道的钱庄主管或者商家在一夜之间蒸发了。③ 债权人与债务人一个要讨债，一个要躲债，在这个大城市里你找我藏。钱庄的投资人总是想方设法隐瞒他们在银行获得的收益，以避免银行经营失败后所可能导致的影响，或者通过诸如使用化名登记其真实财产之类的手段，以隐藏他们保存在一些潜在债权人处的其他财产。为了捞回自己的部分，债权人经常设法将那些可疑的银票交给其西方贸易伙伴，如果发行银票的钱庄破产了，西方债权人就可以利用领事的权威去追讨债务。

很多没有道德的钱庄主管在他们逃走之前，大肆发行大额的新银票，以给自己逃走筹措资金。④ 另外一种通行的做法是对那些已察觉到钱庄即将破产的债权人给予补偿，与他们达成一项终结协议以换取他们的沉默。例如，1881年，一位经营四川货物的商人，忽然于夏夜子时，将自己的大部分财物装进箱子，门上留下一张告示："停业"，就消失了。很快，人们就发现他欠了几家钱庄和别的商人总计超过一万两的银子。可以确信，他的债权人事先

---

① 《申报》光绪八年八月二十八日。
② 《申报》光绪四年十月二十日。
③ 总理衙门档案"湖北英人交涉"中谭廷襄同治六年五月十二日片，李瀚章同治八年十月十八日片和光绪四年二月二十日片；麦华陀（Medhurst）致艾科克（Alcock），1868年3月28日，英国外交部档案，228/456；美国驻汉口领事馆：《公文快报》，汉口道台致美国领事谢伯德（Shepard），1877年11月26日、12月25日，都报道了这样的事例。
④ 《申报》光绪九年十二月一日。

得到了警告，并且达成了某种协议；但其中有一位，是一家钱庄的经管人，他正希望那位商人偿还债务以弥补他自己的欠债，当他赶去讨还自己的份额时，已经太晚了，于是，他就在同一天夜里潜逃了。①

这位钱庄主管的命运，可能阐释为主要商号倒闭引发的"多米诺效应"。一家商号倒闭，可能带倒好几家借贷给它以维持其金融运转的银行；而一家银行忽然消失，更会引发很多依靠其银票的商号崩溃。大部分损失惨重的倒闭都是因为裹进了这个城市里众多的钱庄的链条，这些链条或者表现为老板的传统网络，或者通过连锁的信贷关系而互相联结起来。这些钱庄只要有一家倒闭，就会使大约一半由它担保的生意不能按期付款，随之势必引起整个链条的崩溃，接着也就会危及这些银行支持的每一家商号。②

这种广泛的信贷投机，连锁的信用关系，以及倒闭的商号与钱庄较易于逃避债务，导致了当地市场的萧条，这种萧条在各方面给所有汉口商业团体带来了很大的不良影响。一次这样的萧条发生在1874年与1875年之交的冬天。在这次萧条达到极端时，一位当地通讯员报道说，有一家丝绸店、一家棉布店以及六家钱庄相继关闭，10家银行和12家或更多的经营各种货物的商铺因此而濒临破产的边缘。③ 1877年令人失望的茶季是另一个市场疲软时期，"许多历史悠久的企业也不得不在严重的萧条面前屈服，好几家轻率地给茶叶交易提供预付金的银行的倒闭，也拖垮了它们"④。艰难的经济环境一直延续到冬天；到翌年春天，当生意开始复苏时，已经有很多家钱庄破产了。⑤ 一位本地的中国报道人分析这次倒退说："汉镇各生意，因汇项便易，往往贪多务得，以致销场积滞，转手维艰，遂形亏折。本年茶商之吃亏尤甚。"⑥ 越来越清楚，很多事实都要求限制信贷经营者不负责任的行为，无论是公共权力还是私人权威，实际上都试图建立这种规章制度。

---

① 《申报》光绪七年十一月二十一日。
② 《申报》光绪三年十月二十四日，同治十三年十一月九日。
③ 《申报》同治十三年十一月九日。据《益闻录》1866年11月27日报道，同样的一次商业暴跌，导致了五家汉口钱庄的连锁倒闭。
④ 弗兰克斯·W·怀特（Francis W. White）：《汉口》，见海关总税务司：《中国通商口岸对外贸易报告》，1877，14页。
⑤ 《申报》光绪四年一月十三日，三月二十一日，四月三日。
⑥ 《申报》光绪三年六月二日。

三、汉口金融领域的规章制度与组织

苏珊·曼因·琼斯（Susan Mann Jones）在她有关 19 世纪宁波与上海钱庄的杰出研究中，曾经总结说："中国传统社会的钱庄是非常自由的，不受政府的控制，而政府所提供的保护与支持又可与其他文化背景下成熟的金融制度相提并论。"① 在汉口，与在中国其他地方一样，确实如此，没有监督其金融机构的专门常设机构，甚至没有正式的法律条文规定政府可以在金融领域中占有一席之地。在汉口，正如在琼斯所描述的长江下游港口城市一样，地方官府在试图控制钱庄方面受到严格的限制。但看来上海官府比汉口官府更乐于推行放任自由的政策。西里善行说：直到 1887 年和 1889 年当地官府发布禁止从事金融投机行为之前，上海没有采取任何控制金融投机的行动。既没有努力，也就没有任何效果。② 而汉口几乎早于上海 20 年就做了一些尝试，只是其结果并不令人满意，所有控制措施都被城市里的商人社团傲慢地放到一边去了。

很长时间以来，武汉的地方和省级官员就一直密切关注着金融机构的动作。例如，嘉庆年间，汉口的当铺就开始受到官府的严格控制，当时，湖广总督白文敏规定当铺在冬季月份里的利率为 2%，其他月份为 3%。白文敏的规定至少一直有效地实施到 19 世纪末。③ 同样，地方货币也一直属于政府关注的范围，这不仅表现在政府持续推动着反假币的斗争，也表现在政策上规定汉口的商店与市场必须接受各种数不清的地方货币。④

---

① 苏珊·曼因·琼斯：《宁波的金融业："钱庄"，1750—1880》，见威尔穆特（W. E. Willmott）主编：《中国社会中的经济组织》（斯坦福：1972），77 页。

② 西里善行：《关于清末的宁波商人——浙江财团的起源研究》，第一部分，13 页。

③ 叶调元：《汉口竹枝词》卷一，6 页；武汉市工商联合会档案：《武汉典当业略谈》（1962）。

④ 政府干预货币政策的典型例证是 1739 年湖北巡抚晏斯盛规定了商用铜钱，以及 1877 年汉阳知府蔡平钧禁止使用小钱（《申报》光绪三年四月二十三日）。在 19 世纪的汉口，官府也一直维持着两个负责检验流通银两纯度的"公估局"（蔡乙青：《闲话汉口》，载《新生月刊》，第 6 卷，第 1—2 期，78 页）。

地方官府试图采用几种办法以控制信贷和债务。动作最小而且实施时间最长的是起诉逃债者。与认为后期的帝国政府很少尽力强化其商业责任的假设正好相反，汉口的地方官府（特别是汉阳知县衙门）在保证偿还债务方面发挥了稳定而负责的作用。外国商人利用其特权成功地取得了汉口道台在索债方面的官方合作，而地方史实则清楚地表明，中国商人也同样为了此种目的向汉阳知县求助。单是在1874年，就有大约90%提交到汉阳知县面前的合法要求由于知县的干预，而使躲避债务的企图没有得逞。①

地方文献提供了大量官府有效地帮助追讨商业贷款的证据。一件非常有趣的事是官府介入了一场由四个地方商人——广东人郑伟昆、卢士升和绍兴人蔡明兴、武昌人李同元——策划的巨大的密谋中。卢士升是一个与汉口各种投机买卖都有联系的人，既自己做，也拉线说合。他想出一个点子，让郑伟昆和蔡明兴两人开设一家茶叶与烟草店，其资金全部来自由李同元发行的、没有任何约束力的银票。合同与订单均由郑签名，而蔡与李做担保人。当这一切阴谋败露之后，郑伟昆被他的中国债权人拖到道台面前（实际上，他也欠下了其西方生意伙伴大宗的款项，从而引起了总理衙门对这一事件的关注）。道台积极地调查了这四个人的阴谋，不仅迫令他们还清欠款，还强调要保护汉口商人，不要陷入此类陷阱中。②

笪某是一个江南人，当他的家乡受到太平军破坏时，他迁到汉口，但他生意的失败似乎并非因为裹进此类欺诈图谋之中。19世纪50年代到70年代，他慢慢地在这个城市建立起一个粮食批发的连锁企业，并成为城市精英中的一员。然而，1877年，代他处理财务的几家钱庄相继像多米诺骨牌那样倒闭了，从而迫使他无力偿还债务，他也被告到汉阳知县面前。尽管他显然没有故意做坏事情，而且拥有受人尊敬的社会地位，但依然被判决打1 000棍（原文如此——译者）。他死于行刑当中；知县意识到这一点之后，命令

---

① 《申报》同治十三年二月十四日。布罗克曼（R. H. Brockman）在最近的一篇文章《19世纪后期台湾的商业合同法》（见柯文［A. Cohen］、爱德华兹［R. Randle Edwards］和陈张富美主编：《中国的法律传统论集》，普林斯顿：1980，76～136页）对所谓帝制下对商业契约漠不关心的说法做出了重新评估。

② 同治四年一月官文片；另可参见同治五年三月十日官文片，同治六年一月二十九日谭廷襄片，同治八年十一月十九日李瀚章片，光绪元年十一月十三日翁同爵片，并见总理衙门档案："湖北英人交涉"。

暂停行刑，余刑另择时机执行，然后他退到内堂，以回避遭遇更多的不快。①

第三个卷进此种事例的是叶新雨经营的正元钱庄，汉口盐商匣费就有一部分存在这个钱庄里。1865年，当捻军威胁汉口时，叶新雨带着钱庄财产逃到乡下。据他自己说，在逃亡路中，财产的大部分都遗失了。秩序恢复后，盐商匣费的监督适时地向县衙提出立即归还存款的要求。知县李振麟给叶新雨规定了好几次还款的最后期限，而叶每一次都证实自己只能偿还存款总额的很小一部分。最后，李知县下令以"理财不善，情节重大"的罪名将叶新雨乱棍打死。②

惩罚如此严酷，那么，拖欠债务的汉口商人总是频繁地选择逃亡，而不是选择面对司法程序，也就毫不令人惊奇了。因此，我们也许可以得出这样的结论：在这一时期，官府的过度热衷干预所造成的信贷混乱，比由于官府的漠不关心所带来的混乱还要多一些。如果一个欠债人逃跑了，官府听到后，总是把债务顺延到他的债务人、代理人或亲戚身上。如果一家商号倒闭了，那么，负责保存其钱款的钱庄就有责任担负起一笔数额巨大的债务。③地方官员对待逃债的态度取决于正式的公共记录。1877年7月，为了对商号倒闭率不断上升做出回应，汉阳知府与汉阳知县联署发布了一个通告，宣称要努力逐个找出围绕那些不负责任的破产声明的重重弊端，主要是由官府查封破产业主的全部个人财产，直到所有主要的要求得到解决为止。这种不妥协措施显然得到了汉口商人的广泛支持，并且很快降低了逃债率。④官府进而不仅强迫已经破产的企业偿还债务，而且还不时关闭那些传闻已陷入困境的钱庄，或者禁止那些被怀疑可能无力承兑的钱庄所发行的银票流通。⑤

当然，这些措施并没有从根本上解决这样一个问题，即不管有没有现金

---

① 《申报》光绪三年十二月六日。

② 曾国荃同治五年十月二十六日奏，见《曾忠襄公奏议》（1903）卷二，6~7页。李知县后来为此事付出了丢失官帽的代价，但并非由于他对叶新雨的判决被认为定罪不当，而是因为叶新雨拥有官品（买来的），李知县在剥夺其品阶之前，不应当把他作为罪犯予以惩罚。

③ 《申报》光绪四年三月二十一日、五月二十日，七年十一月十八日，以及另外散见于各处的资料。

④ 《申报》光绪三年六月二日。

⑤ 居斯戴尔与林格公司（Drysdale, Ringer and Company）致凯恩（Caine），1868年11月13日，英国外交部档案，228/456；《申报》光绪七年七月五日。

储备都可以发行商用纸币以及为了鼓励商业交易而不加审查即准备提供信贷。当然，官方的努力在这些直接管辖的地区，取得了"阶段性成功"（就像 1881 年的一条资料所指出的那样）。① 实际上，早在 1865 年，就进行了第一次这样的努力。后来担任汉口海关税务司助理的理查德·哈克特（Richard Halkett）报道说：

> 人们发现，买办在一个非常危险的领域里从事着投机活动，他们主要利用其雇主的资本，以及他们名义上得到的货物作为抵押，获取长期贷款，而且为了筹集投资，他们不惜让合法买卖受到关键性的损失与亏蚀。这就完全有必要废除信贷制度——事实已经表明，买办获得了全部的利益——随后，在这一个剩下的时间里，贸易也就暂时停止了。②

哈克特所描述的行动，是中国商人还是西方商人，是海关官员还是地方官员进行的，没有留下清楚的记载。不管怎样，随后的结果却是清楚的，他们并没有能像哈克特希望的那样，"废除信贷制度"。也许正是当地官府在 1865 年暂停了贸易。《字林西报》1871 年 3 月简要报道的一个汉口事件很可能就是此前行动的翻版："看来道台与当地钱庄在通过检查必要的预付款方面存在着一些分歧。而这种争论，显然涉及租界以及人们所期待的大宗贸易（对外茶叶贸易）。"③ 关于 1871 年的争论，与 1865 年的争论一样，由于资料不足，我们无以充分弄清其性质。但有一点是清楚的，即当地官府已发现汉口的钱庄在地方信贷市场方面完全缺乏控制，而且他们已经开始直接干预，并宣布延期偿付贷款。

然而，汉口金融机构并没有忽视在制定集体自治规章方面做出一些努力。在整个 19 世纪上半叶，这些规章制度都是由各种各样的"帮"（行会）来制定运作的，而这些"帮"是按照共同的省份和共同的行业组织的，在实际运作过程中也只对那些拥有共同省籍的、直接通过共同的老板或者通过连锁的投资关系而联系在一起的钱庄才是有意义的。诸"帮"之一就是山西票

---

① 《申报》光绪七年十一月十八日。
② 海关总税务司：《中国通商口岸对外贸易报告》，1865，41 页。
③ 《字林西报》1871 年 3 月 15 日。

商联结起来的"晋帮",一份日文资料把它描述为这一时期汉口资本化程度最高、最值得注意的行会。① 另一些代表性的钱庄则是由当地的湖北人、浙江人(宁波和绍兴)以及安徽、江西人来运营的。

1866年,浙江帮与安徽帮首次试图进行正式的协作;1871年,江西籍钱庄老板加入之后,三方建立了"汉口钱业公所",其目标就是控制汉口的钱业市场。② 组成这个公所的各帮看来在公所内部依然保持其各自的身份,因为直到民国时期,这个公所仍被非正式地称作"三帮"或"四帮"。③ 这两次动作,看起来很像是对官府在1865年与1871年规范贸易的努力而特别做出的回应,既是为了改善当地信贷状况而采取的改变自身固有程序的措施,也是为了顶先阻止官方直接介入监督。可是,我们没有资料证实他们确实有这样的动机。

山西票商的"帮"没有与其他钱庄联合,因为它所发挥的功能与控制的利益均不同于那些本地的钱庄。本地钱庄根据各自的专业功能,组织了两个单独的钱业公所:一个包括那些较小的本地钱庄,主要经营货币兑换;另一个则限于那些较大规模的机构,主要从事银票发行。后来,山西票商帮加入了后者。④ 尽管这种重组看来是发生在20世纪之初,但这些迹象表明,早在本书所关注的时段里,各式银行应当具备怎样的功能,就已开始重新厘定了。

在太平天国运动后的数十年中,金融业的"帮"最基本的功能就是控制货币及其兑换率。确定并监督汉口银两的标准,是山西帮的权限⑤,而且,通过它的努力,汉口的银两一直保持着稳定的一致性。银两的重量与纯度在

---

① 日清贸易研究所:《清国商事指南》(上海:1892),第1卷,133页。
② 1920年《夏口县志》卷五,第28页,以及未编页码图表部分的"汉口钱业公所"表;何炳棣:《中国会馆史论》(台北:1966),105页。另一份史料却记载说是浙江、安徽与江西三帮先合并起来,湖北帮最后才加入的(日清贸易研究所:《清国商事指南》,第1卷,136~137页)。
③ 1920年《夏口县志》,未编页码的图表部分,"汉口钱业公所"表。
④ 新成立的组织被称为"票帮公会",同时也包括几家新的、属于中国人自己所有的汉口现代银行(东亚同文会:《支那经济全书》,第6卷,616页);张寿波:《袖珍汉口工商业一瞥》(1911),30页。
⑤ 仁井田陞:《清代汉口的山陕西会馆与山陕西行会》,载《社会经济史学》,第13卷,第6期(1943年9月),504页。

不同地方千差万别。然而，在大部分由行会控制各种商品贸易的主要商业中心，一直能使那些散银保持着为人们接受的纯度与重量。在汉口，山西票商的势力相当大，它成功地将汉口的银两限定为两种：一种在国内贸易中使用，一种在对外贸易中使用。① 1871 年以后，钱业公所每天开一个碰头会，确定本市银两与各种流通铜币之间的兑换率，然后，在每天开市之前通知各钱庄。②

这些"帮"的第二个主要功能是作为法庭裁决其成员之间发生的矛盾冲突。有时，地方官府会把某一件金融纠纷指派给钱业行会的头领处理。比如，1872 年，汉阳知县就命令行会首事对一家钱庄与一个当地买办之间的纠纷做出公断。③ 另一些案件则可以在送官之前解决。例如，1877 年，一个男子拿着银票来到一家汉口有名的钱庄，要求兑付。那张银票好像是赝品，可是因为其数额巨大，持票人又是一位高品级的武官，钱庄的管事就把此事提交给行会，行会决定将它呈递给汉阳知县。可是，持票人意识到这样做将会对他的名誉带来危害，于是通过双方都相识的熟人进行调解，提出由他为行会举办一场丰盛的宴会，以换取后者不要把此事呈递到官府面前。行会欣然地接受了他的宴会。④

除了这些基本的政策功能之外，钱业公所还试图控制那些更为普遍的、在其创立之初就存在的信贷弊端。虽然负责任的金融界人士和地方政府都在考虑为了其自身的利益而试图建立起规章制度，但二者在解决问题的具体途径方面却并不相同（由此，我意识到二者之间最初的冲突很可能促使了正式的钱业公所的建立）。到 1874 年，钱业公所已经成立了三年并巩固了其权力，二者之间的分歧也就越来越明晰化了。

这年 3 月，新任汉阳知县姚知县莅任，他决心把解决汉口信贷问题作为

---

① 约翰逊（Johnson）致劳（Low），1870 年 9 月 20 日，以及约翰逊致凯德沃德（Cadwallder），见美国驻汉口领事馆：《公文快报》。另见摩尔斯（Morse）：《中国的贸易与行政》（纽约：1908），145～146、157 页。

② 汉口海关税务司托马斯·戴克（Thomas Dick）1878 年 2 月 13 日的报告，见海关总税务司：《关于通商口岸海关金融制度和地方货币的报告》（上海：1878），71 页。

③ 李瀚章同治十一年十一月二十九日片，见总理衙门档案："湖北英人交涉"。

④ 《申报》光绪三年十月二日。

其衙门的主要任务之一，从而把这种分歧突然公开化了。① 在掌握了近年来汉口如此之高的企业破产率，特别是如此多的拖欠情况后，姚知县深感震惊。因此，甚至还未及接印，他就召来钱业公所的首事，告诉他们，他打算全面禁止汉口银票流通。凭借官府的专制权威，他草拟了一份规章，并向全市通告，命令所有商务活动必须全部使用硬通货。行会的直接反应是对此表示蔑视。汉口几家为首的钱庄故意采取了一个行动，决定共同发行一组新银票，一起嘲弄这个规章。然而，姚知县迅速行动起来，没收了大批新银票，看来是暂时占了上风。

可是，姚知县笨拙的努力实际上是与中华帝国晚期商业发展的方向背道而驰的，因此，他不可能有长久成功的机会。正如一位中国报告者评论的那样：人们普遍认为，像这样由官府单方面地命令在汉口金融结构方面做出大规模的改变，是不合规律的；而且，虽然姚知县的目的是良好的，但公众舆论更认可复杂的经济现实，而不会认同一个新任的官员。毫无疑问，商人们发现新章程根本没法实行。汉口的大小商铺都被迫留存大量不切实际的现金，他们很快就表现出不耐烦来。几乎与此同时，姚知县也不能不废除他有关禁止使用小面额纸币的规定，用他的话说，是为了"便民"。禁止使用大额银票的规定维持得要稍长一些，但他很快就发现，他莅任之时正是每年贸易周期中最萧条的季节。在其后的几个月里，随着主要商品批发市场（包括茶叶出口市场）的开市，在各主要环节使用信贷手段的需要就立即明朗化了。虽然没有迹象表明知县受到明确的压力，但在4月初，姚知县又一次召见了钱业公所的首事们，告诉他们，他赞同发行新银票（也许是行会自己已做出了这一决定）。于是，银票与各种信用凭证立即恢复到此前的流通状况。

这一次注定要失败的直接控制尝试之后，地方官府将信贷监督的大部分权力留给了不断强大的钱业公所。作为报答，行会加强了对信贷市场的控制。采取的第一步措施当然是发出通告，宣称钱业行会的成员将不再认可那些不是行会成员的钱庄所发行的钱票，从而有效地将不隶属于行会的信贷方

---

① 这一事件的有关资料，参见《申报》同治十三年元月二十五日，二月三日，二月十四日；《字林西报》1874年3月11日，4月8日。

式从汉口市场中驱逐了出去。① 然后，它又回过头来检查其成员的信贷机构。如果要在汉口经营钱庄，未来的老板就要与行会签订一份至少有五个行会成员作保证人的"连名互保"的契约；然后，钱业公所才会在他呈递给汉阳知县、要求正式允许发行信用证券的陈情书上签字同意。公所还要求其每个成员要在公所里存放不低于400两的"保证银"。应当强调指出：这个规定并未能限制那些较大的以及只有中等资本的未来钱庄主（19世纪末，汉口钱庄所拥有的资产从大约2 000两到超过10万两不等），但它显然阻碍了那些小规模钱庄的开办，因为这个规定所要求的保证金在它们的资产总额中占有较大的比例。钱庄公所每年对保证金支付一定的利息，按照章程，其中的一成给钱庄掌柜，一成给其他职员，八成给投资人。② 通过向其成员收取保证金，钱业公所从根本上解决了长期以来困扰汉口信贷市场的问题，即现金储备不足的问题。

由于钱业公所加强了控制，到19世纪80年代，虽然仍有个别钱庄倒闭，但银行与商铺连锁倒闭的多米诺效应得到了很大控制。钱庄的利润率与安全度也得到提高，这在很大程度上应归功于卓越的钱业公所内部已形成一种新的协作精神。③ 20世纪初，一位当地史学家将钱业公所界定为"本邑汉镇财政总机关"，意味着此时在大众观念里，它已是一种"准公共机构"了。④ 然而，上海钱业公所却仍然只是由居留此地的宁波、绍兴籍银行家建立并为他们服务的，本质上排外的组织，而早在1871年，他们的汉口同行已经有意识地包容并且尝试着联合来自各省份的、在这个城市中具有重要代表意义的所有钱庄业主了。这也许就是为什么在19世纪80年代上海仍不时遭受周期性的信用危机，并在此后才采取汉口已于70年代中期已经采取过的那些措施的原因之一。

对于金融领域来说，就像汉口生活中的所有领域一样，19世纪90年代

---

① 1873年，上海钱业公所也发布了一个同样的通告，参见西里善行：《关于清末的宁波商人：浙江财团的起源研究》，第一部分，14页；苏珊·曼因·琼斯（Susan Mann Jones）：《宁波的金融业："钱庄"，1750—1880》，71页。

② 蔡乙青：《闲话汉口》，载《新生月刊》，第6卷，第1—2期，78页。

③ 参见《申报》光绪四年四月三日；日清贸易研究所：《清国商事指南》，第1卷，137页。

④ 1920年《夏口县志》，未编页码的图表部分，"汉口钱业公所图"。

的 10 年是一个重要的转折点。苏云峰提供的一组数据表明：90 年代初，汉口钱庄的数量超过 500 家；1898 年，降到 100 家左右；到 1915 年，只剩下 56 家了。而外国风格的"现代银行"，在 1891 年只有 4 家（已经从开埠之初的 40 家降下来了），在此后的十年中，却不断开设其分号。① 事实证明，钱庄在汉口的国内与对外贸易领域都有非常卓越的贡献，但工业资本主义却将它们逐出了汉口。

四、结语：信贷、商业和社会

19 世纪，汉口的金融业经历了一场巨大的变革。早在太平天国运动之前，伴随着经济领域的全面货币化以及日益繁荣的区域间贸易，那些较为原始的金融机构诸如钱柜、当铺之类开始消失了。从 19 世纪二三十年代开始，新型的金融机构发展起来，它可以通过汇票、储蓄融资、储户间的资金转账、信贷透支以及（最具现代特征的）可流通、转让的信用票据等革新的服务措施，给商人们提供更为便利、顺畅的融资渠道。② 在这一进程中，金融机构不仅扩展了投资（因而也就促进了贸易），还促进了联系帝国所有主要商业中心的一体化全国金融体系的形成。

在汉口，信贷机构大发展的时期正是商业竞争最为自由的 19 世纪六七十年代。其结果是出现了一个无政府主义的信贷市场，并危及贸易的各个方面。官僚主义的行政机构对此没有漠不关心，而是满怀热情地强调债务人的还债义务，并周期性地试图制定信贷的基本规章制度（一度彻底禁止信贷）。事实证明，这两种政策都没有效果，而日益恶化的信贷市场与不欢迎政府直接干预的期望结合起来，最后推动"私人"在制度方面做出努力。其结果就是形成了一个新的、有力量的组织：汉口钱业公所。只要一个人拥有一定水平的投资，有意进入这一领域，在提供将遵守钱业公所规定的责任与义务的誓约并将一笔数额不小的保证金存入公所之后，就会得到公所的接纳。在制

---

① 苏云峰：《中国现代化区域研究：湖北省，1860—1916》，113~114、332 页。
② 关于可流通纸币的现代特征——这是中世纪欧洲金融制度最为缺乏的显著特征，参阅德鲁富（Raymond DeRoover）：《中世纪布鲁日的货币、银行和信用》，3、550 页。

定这些规章条款的过程中，钱业公所已经在中国金融管理制度方面开始了一项意义重大的革新：它已被赋予了某种中央银行的功能。到19世纪80年代，汉口钱业公所已经稳步地使当地的信贷市场可以适应巨大的区域间贸易与对外贸易的需要，其发展程度也许超出上海或其他商业中心所达到的高度。

对于汉口社会来说，钱业公所的意义并不仅限于它理性地影响与控制着货币、金融与信贷领域。它还代表着一种新型的行会组织，即试图不分故乡来源地联合某一行业或职业领域中的所有参与者。在这一趋势中，汉口的金融从业人员起了先锋作用，我们将在第二部分详述它所带来的普遍影响。这种新的结构赋予行会以宽广的代表性，也使行会逐步得到地方官府越来越多的尊重，从而使汉口经济"私有化"（并最终发展到社会）进程中的决策力量向前迈进了一步。

第6章
国家与商业

通过以上各章的研究,我们已经意识到,在本书考察的这一时期里,汉口商业生活已步入了"私有化"进程的道路。在盐贸易方面,这实际上就等于完全废除了国家直接拥有所有权的制度;在其他行业,这更简单地意味着国家已被排除在制定规范贸易各方之制度的权威之外。官府一直非常关注商业,不管是国内贸易还是对外贸易(为了财政收入,私人致富,甚至是受其统治的平民的福祉),可是,其作用越来越局限于阐释一般性政策(通常是与对口的行会协商之后)、任命监督人员(越来越普遍地任用经纪人)、起诉臭名昭著的犯罪分子(比如强制偿还信贷债务)等方面,当然,还有收取它认为应当归官府的那部分利益。然而,国家与商业、官员与商人之间的联系是相当复杂的。本章将对此做进一步的探索,以揭示这些相互关系在官方政策以及政策制定方面的影响。

关于帝国晚期的商业政策,已有的学术观点大约可以粗略地分为四种总体倾向,我把它们分别命名为"抑制"、"忽视"、"勾结"和"鼓励"。第一种倾向,直到近年来仍是西方学者在这个问题上的主流观点,它认为清朝官僚机构主观上对贸易抱有敌意。虽然这一观点可以找到一些证据,比如在清朝的士绅中间,各种各样的社会批评中,重农主义的呼声迄未停息;但这一倾向也许更主要是来源于19世纪西方商人在中国所受到的挫折,他们倾向于认为所有的官员都站在敌视商业的反对立场上限制他们的活动。这种早期的印象,通过马克斯·韦伯的"科学"发现、其同时代人普遍认同的中国社会存在着"传统主义的"思想习惯,以及近年来西方理论家关于一般"前工业化"文化特性的认识,而越来越强化了。① 主张"抑制"说的理论家认

---

① 参阅杰顿·斯杰伯格(Gideon Sjoberg):《前工业化城市》(纽约:1960),136、183页等。

为，占统治地位的官僚集团，惧怕非正统政治力量的兴起，所以一直在寻找"限制商业资本壮大的办法"，他们"宣布某些有利可图的重要企业归国家垄断"，并且声称"商人阶层不能受到官员们的礼敬，他们也无权使用那些礼节"①。直到最近，中国大陆学者的思想方法与此种思路也是一致的，他们认为明末发生的商品化在一段时间内可能摆脱官僚集团的控制，但是，随着强大的清政权的建立，实际上宣告中国进入了"重新封建化"时期，它使乡绅地主制重新崛起，却将刚刚萌芽的商业资本主义力量压制下去了。②

"忽视"说也赞同清政府不是商人和贸易的朋友，但认为政府的政策主要表现为游离于商业活动之外或者是对商业活动漠不关心。首倡这一观点的学者 H. B. 马士（Hosea Ballou Morse）曾经担任过海关官员，他提出了一个这一观点的经典表述：帝国政府只不过是一个税收与治安机构，绝不介入任何贸易活动中。弗朗西斯·莫德（Frances Moulder）最近重新申述了这种论点，他总结说："中国与欧洲旧制度之间的主要差别，看来并不是中国政府压制工商业，而欧洲各国政府不压制工商业；而是中国政府未能像欧洲各国政府那样，促进商业与工业的发展。"③ 按照摩尔斯的观点，政府游离于工商业活动之外，将消费者与小商人都抛给那些实力雄厚的、唯利是图的商业资本家以及由他们控制的行会。日本学者今堀诚二继承了他的观点，他认为中国的"封建"商业体系，通过地方"共同体"受到大资本家的支配，这是国家采取放任自由政策的直接结果。④

"抑制"与"忽视"并不是互相排斥的，但一般会认为清政府分别在前期和后期采用这两种政策。一个优秀的例证是 F. L. 戴逊（F. L. Dawson）1948 年在哈佛对《大清律例》所做的研究。戴逊总结他有关清代商业政策的

---

① 第一句引文来自地理学家格雷恩·特雷沃思（Glenn Trewartha）：《中国城市：起源与功能》，见《美国地理学家协会年鉴》，第 42 卷（1952），82 页；第二句引文来自影响巨大的历史学家瞿同祖的《清代地方政府》（马萨诸塞州，坎布里奇：1962），168 页。

② 参阅侯外庐：《中国封建社会史论》（北京：1973），251~283 页。

③ H. B. 马士（Hosea Ballou Morse）：《中国的行会》（伦敦：1909），27 页；弗朗西斯·莫德（Frances Moulder）：《日本、中国与现代经济》（剑桥：1977），66 页。

④ 今堀诚二：《中国的社会构造》（东京：1953），301~303 页。

分析说:

> 在正式规定方面,这一法律体系通过两种方式对商人阶层可能带来的损害做出反应:(1)积极的方式,建立控制贸易的垄断制度,并与各种其他官僚制度相结合,限制个体企业的发展,并借助强大的集体负责制度将之贯彻实施。(2)消极的方式,即政府绝不为诸如财产所有权、契约关系之类的事务提供任何帮助,也不愿帮助明晰社团的活动。①

与这两种说法相比,"勾结"说则是对清政府的一种尖锐批评。这种观点主要是由一个有较大影响的日本学术流派提出来的,它认为贪婪的清政府为了谋取官方利益和个人私利,既与商人阶层相互勾结,又对他们巧取豪夺。"勾结"理论有一部分应归于马克思,而其中的大部分则应属于日本汉学的前辈内藤湖南,他认为宋代以后中国历史的特征是国家权力不断积聚。可是,波多野善大认为:在帝国晚期,"绝对权力的专制制度"或者说是"专制主义"使官僚集团有很多机会不断进行金融扩张,而阻碍其他人积聚资本——除非他特别获得了官方给予的特权,他们为了自身的目的而培育了货币经济与商品化的发展。从乾隆时期开始——也就是说,早在西方势力影响之前,官员们积聚的财富就逐步转换为商业资本。官僚、地主和大商人组成一个阶层,成为农民、手工业工人与小商人身上的寄生虫。②

佐伯富更强有力地强调国家与商业资本之间的勾结。他有关盐专卖的前沿性研究引导他认识到,清代远比此前的朝代更多地利用从事区域间贸易的商人承担起行政控制的功能,无论是在全国范围内,还是在地方上,都是如此。在最近的一篇文章中,佐伯富把欧洲拿过来做了一个简单的比较:"在欧洲,独裁统治是伴随着城市商人的金融活动发展起来的,而且商人受到专制统治者的政治保护(作为交换)。在这一互利互助的过程中,专制统治制

---

① F. L. 戴逊(F. L. Dawson):《传统中国的法律与商业:清代法规〈大清律例〉及其对商人阶层的意义》,载《中国论集》,第2辑(1948),58页。

② 波多野善大:《中国近代工业史研究》(东京:1961),3页,以及全书各处;另请参阅寺田隆信:《山西商人研究》(京都:1970),7页。

度逐步形成。"佐伯富认为，清朝的专制主义也有相同的结构特征，以城市为据点的大商人向清政府支付金钱（部分是为了购买权力），以换取自主地开拓市场。①

最后一种观点，即"鼓励"说，来源于19世纪50年代的中日学者，但近年来无论在东方或西方又都流行起来。持这一观点的学者认为：帝国晚期的行政部门在积极地探寻鼓励商业的方式，不仅是为了增加国家财政收入，也来源于那种认为高水平的贸易是经济繁荣与良好运转的家长式观念。例如，藤井宏就将明末商业的繁荣归功于开中法的颁布，他认为开中法乃是在朝廷蓄意鼓励全国商人与商品流通的政策下，采取的开放西北边疆的一项措施。邓拓也将16至17世纪商业的发展与政府的经济货币化政策和刺激地方经济发展的举措联系起来。近年来，一些中国学者如彭泽益、韦庆远等人，都把清中期史无前例的经济繁荣与清朝统治者在此前有计划进行的大规模改革联系在一起。② 这些学者以及一些美国同行都指出，国家有意识地放松对经济的控制是刺激经济发展的一种主要手段。马若孟（Ramon Myers）可能是在这一方向上走得最远的学者，他把中华帝国晚期商品经济在总量方面的增长，描述为很大部分是长期以来政府推行将商业功能从公共领域向私人领域转化这一政策的结果。③

很清楚，我认为19世纪汉口的证据支持这一"鼓励"理论——但这并

---

① 佐伯富：《清代的山西商人》，载《史林》，第60卷，第1期（1977年1月），1页。作为内藤湖南的弟子，佐伯富使用内藤湖南的术语"独裁专制"，而不是日本马克思主义史学家更偏爱的"专制主义"。他用同样的理论来阐释法国路易十四时代专制统治，确实是非常对得上号的。简言之，佐伯富的讨论发展了所谓"内藤式的假设"，即认为中国的专制统治开始于唐王朝的灭亡，随着每一个王朝的成功而逐步加强，直到清朝。从五代时期开始崛起的城市大商人集团，为专制统治的长期存在与发展做出了贡献。请参阅佐伯富：《东亚世界之发展总概》，《中国近代独裁统治下的商业政策》，见《中国史研究》，第2卷（京都：1971），6~8、61~62页。

② 藤井宏：《新安商人研究》，载《东洋学报》，第36卷，第1期；邓拓：《论中国历史几个问题》（第二版，北京：1979），特别是其中的《从万历到乾隆》；彭泽益：《清代前期手工业的发展》，载《中国史研究》，1981年，第1期，43~60页；韦庆远、鲁素：《清代前期的商办矿业和资本主义萌芽》（北京：1981）。

③ 马若孟：《明清时期的商人和经济组织》，载《清史问题》，第3卷，第2期（1974年12月），79页。另请参阅墨子刻：《中华帝国晚期的国家与商业》，载《亚非研究》，第6卷（1970），23~46页。

不是说"抑制"、"忽视"与"勾结"三种说法是完全没有道理的,因为清政府在商业中的作用是复杂的,有时甚至是矛盾的。我们的证据也支持近年来一些英语研究所得出的认识,这一认识指出:实行家长制统治的清朝政府曾尽力掌控商品流通①:通过调节粮食价格、鼓励或要求在批发贸易中提供担保人以及对那些侵害公众利益的经济活动立法惩罚等方式。② 虽然我们在汉口也看到省级行政机构在批发市场上购进大米,以便于在需要与价格上扬时向零售市场倾销,而且合法地要求担保人对那些重要的商号与交易负起责任,它还强制推行诸如在行商中组织五至十人相互负责的"互保"、"相保"之类的政策。③ 但是,我们将看到,家长制政策不能与"抑制"混为一谈。事实上,这些政策在官员的头脑里已到了先入为主的地步(他们并不总是这样做),所以他们常常是自觉地给商品流通提供方便,而不是限制它。

为什么清政府会寻求鼓励商业的发展呢?最直接的原因无非是依靠贸易作为财政收入的来源。西方学者总是低估这种依赖。例如:1954 年,罗兹·墨菲(Rhoads Murphey)写道:在中华帝国晚期,任何商人都十分依赖国家(诸如水路的保护等),从而使政府收入几乎是单纯地依靠农业资源,相应地,也就不怎么依靠商业阶层。④ 芮玛丽(Mary Wright)1957 年在讨论诸如

---

① 我使用"家长制"去描述这种统治政策,来源于欧洲历史学者的研究工作,特别是汤普森(E. P. Thompson)《英国工人阶级的形成》(纽约:1966),197~198 页。关于清朝的这种政策,弗朗西斯·莫德(Frances Moulder)曾经用"供给制"这一术语做了很好的阐述(《日本、中国与现代世界经济》,48、62~66 页)。但我不愿使用这样的标签,因为它对于清政府的全部意图来说太过狭隘了,清政府的目的可包括保护大众生计(包括与商业有关的生计)、提供粮食以及保持社会稳定等等。

② 全汉昇、理查德·克鲁斯(Richard Kraus):《清中叶的米市场与贸易:价格变动的研究》(马萨诸塞州,坎布里奇:1975);杨联陞:《传统中国对城市商业的政府控制》,载《清华中国研究学报》,第 4 卷,第 1 期(1972);西比勒·范·德·斯普伦克尔(Sybille van de Sprenkel):《城市社会控制》,见施坚雅(Skinner)主编:《中华帝国晚期的城市》(斯坦福:1977),609~632 页。

③ 分别见《裕庄毅公年谱》,75 页;帕克(Parker):《盐》,英国外交部档案,228/525;1818 年《汉阳县志》卷一二,10 页。在 1837 年前后,汉口也在居港商人中间建立起五船互保制度,见"清宫档案",讷尔经额道光十七年二月三日奏。

④ 罗兹·墨菲(Rhoads Murphey):《作为变化中心的城市:西欧与中国》,载《美国地理学家协会年鉴》,第 44 卷(1954),357~358 页。

引入厘金之类的财政改革时,告诫其读者不要做出过分的推断,因为对于晚清官员来说,"发展商业以使之成为重要财源的想法,是完全不可思议的"①。然而,我们关于汉口商业的研究(以及其他现在的研究)必然导致相反的结论。例如:1864 年,湖广总督官文证实,湖南与湖北两省将近 70% 的政府财政收入来源于商业资源。就全国而言,据王业健估计,1753 年,各级政府全部财政收入的约 74% 来自土地税;到 1908 年,这个比例下降到 35%,其空缺的部分主要是由商业税收填补的。② 很清楚,到清朝末年,国家对商业税收的依赖已经非常之大,官员们也都意识到这一点,也就相应做出了政策调整。

在汉口,官府从商业中榨取收入主要通过三方面途径来达到:(1)通过国内关卡、帝国海关以及厘金关卡,征收商品运输税;(2)通过发放政府特许商品经纪人证,征收重要批发贸易税;(3)通过各种非正规和间接的渠道,榨取收入。

一、运输税

《湖北通志》称:湖北省征收的国内关税(常关)是按运载货物的船只而不是按它所运载的货物征收的。③ 负责征收武汉地区关税的武昌关,设立于 1664 年。19 世纪前期,许多官方报告都表明,当时它仍然是地方和省里财政收入的重要来源之一。④ 太平天国运动后,湖广总督官文与湖北巡抚胡林翼重建了由分布在江夏(武昌城)、汉阳和黄陂三县的 11 个分关组成的关税体系。这 11 个关卡中的 4 个——也是收益最大的 4 个,分别据守进入汉口镇的 4 条通道。政府从这一新体系中的收益每月在 1 000 两到 1 800 两之间,

---

① 芮玛丽(Mary Wright):《同治中兴:中国保守主义的最后抵抗》(斯坦福:1957),149 页。

② 官文同治三年七月奏,转引自埃德文·比尔(Edwin G. Beal):《厘金的起源,1853—1864》(马萨诸塞州,坎布里奇:1958),143~148 页;王业健:《中华帝国的土地税,1750—1911》(马萨诸塞州,坎布里奇:1973),72、80 页。

③ 民国《湖北通志》卷五〇,3~4 页。

④ 《裕庄毅公年谱》,74 页;林则徐:《林文忠公政书》(台北:1965),其中有不少他在湖广总督任上的奏疏。

大部分流入当地官府的金库。①

海关是后来增设的，1861年汉口开埠之初，海关与国内关卡放在一起。创立中华帝国海关时，总税务司赫德（Robert Hart）及其在总理衙门的上司决定：所有来自长江流域的外贸税均在上海征收。但汉口开埠几个月后，官文在奏疏中称：因为没有海关机构，本地商人遂得以逃避"子口税"。随后，朝廷批准设立汉口海关，或者叫"江汉关"，由外籍税务司和中国监督共同管理。海关监督被指定由汉口道台兼理，1862年之后，又由汉阳知府兼理副监督。汉口海关包括设在汉口适当位置的江汉关署、设在英租界的"大关"、设在汉阳城的"南关"以及范围广泛的征收过境税的关卡网络。关税收入增长得非常迅速，按不同的比例分给本地、湖北省和中央机构。②

与关税不同，厘金是按货物征收而不是按运载货物的船只征收的。厘金与中央政府没有直接关系，这一特点使它与此前所有的商业税（至少是所有的合法税收）区别开来。它由省级政府负责征收，并交由省级政府，最初用于支付其正在镇压太平军的独立军队的开支。厘金是由省政府向商人索取"贡献"以应付非正常地方开支的传统做法演变而来的，最初是为了使这种收集"贡献"的常规化取得正当地位。事实上，厘金自始至终，一直未被正式地称为"税"或"课"，而是使用"劝"、"劝输"等术语。实际上，它是一个非常复杂的商业税收体系，包括很多类别的税目。比如：在湖北，除了作为中央收入而征收的货物税（盐课、茶课），在普通货厘之外，还要加上由省政府征收并归省政府支配的盐厘、茶厘，还有更为地方化的面向零售贸易与生产环节的税收。

1855年，继1853年雷以諴在江苏征收厘金并得到清政府批准之后，胡林翼开始正式在湖北省征收厘金。③ 胡林翼的一套做法深受王家璧的影响。

---

① 1873年，汉口镇盛传朝廷要求将所有国内关税收入直接解往北京，但这种传闻被证明是没有根据的（《字林西报》1873年8月4日）。

② 官文咸丰十一年九月奏，见《筹办夷务始末》（咸丰朝）卷二，4~8页；官文同治元年奏，见明清档案，"朱批奏折·财政"；民国《湖北通志》卷五〇，12~13页。

③ 关于湖北厘金的创立，参阅胡林翼：《胡文忠公遗书》之1866年、1875年部分；王家璧：《编年文稿》（手稿）；民国《湖北通志》卷五〇；《申报》光绪六年十一月四日。关于厘金早期历史的最好的第二手资料见埃德文·比尔（Edwin G. Beal）：《厘金的起源，1853—1864》。另请参阅刘广京：《清朝的重建》，见费正清主编：《剑桥中国史》，第10卷《晚清卷》（剑桥：1978），409~490页。

王家璧是湖北本地人，1844 年中进士，他在受聘担任雷以諴的幕僚时设计了这一制度；1854 年雷以諴致仕之后，他转任胡林翼的幕僚。在 1856 年收复武汉地区之后，胡林翼立即在汉口码头设立了一个重要的厘金局；不久，这个厘金局实在太繁忙，于是又在码头的另一处设立了第二个局。在随后几年中，另有 6 个厘金局在汉阳县各地设立起来。最早设在汉口的厘金局实际上就成为全面负责全省各分局的总局。

很快，丰厚的厘金收入就成为湖北省政府非常依赖的财源，这也使胡林翼得以迅速全面恢复省内的治安，并将其作战军队派去帮助长江下游地区。太平天国运动被镇压后，直到清朝灭亡，厘金一直保持着重要地位。比如，1866 年，巡抚曾国荃指出："鄂省入款之丰盈，莫如厘税"；20 多年后，湖广总督陈明谨（原文如此——译者）也承认，汉口厘金局所征之厘金"于负担军用至为重要"①。1884 年，仅汉口厘金分局就征收到 274 300 串铜钱。②

由于厘金成功地增加了财政收入，也就必然会拓宽厘金收入的使用范围。我们知道，厘金征收最初只是为了应付紧急的军事供应（军饷），尽管朝廷最终迫于压力批准可以将它用于太平天国运动后的恢复重建，但无论在理论上还是在实践中，厘金仍然首先是作为本省军饷的来源而征收的。然而，事实表明，外省官员都不难在湖北厘金征收特别是汉口厘金征收这一"致富之源"找到致富的机会。例如：1868 年，两江总督曾国藩与长江水师提督彭玉麟成功地奏准皇帝，要求每年从汉口厘金局收入中抽提 16 万两以维持长江水师。③ 本省官员更是越来越随心所欲地将厘金收入挪用在其他方面。1870 年，湖广总督李瀚章就从汉口厘金收入中拨出 5 万两救济全省水灾和修复堤防。④ 虽然厘金被认定是省政府的管辖范围，但汉口地方官员们也找到了适应其需要的开发途径。1884 年，汉阳知府成功地在汉口与鹦鹉洲分局的厘金征收上贴征了 10%的附加费，声称此项专款将"专用"于港口的维修。当然，为了达到这一目的，他被迫同意省政府的要求，每年从这笔附加

---

① 曾国荃同治五年五月奏，见《湖北通志》卷五〇，27 页；陈明谨光绪十四年一月奏，载《益闻录》1888 年 3 月 3 日。
② 卞宝第：《卞制军奏议》（1894）卷五，43~44 页。
③ 民国《湖北通志》卷五〇，28~29 页。
④ 萧耀南：《湖北堤防纪要》（1924），第二章。

税收中拿出一万串钱交给省盐道衙门，以支持湖北省的文教机构。其结果，正如最初参与这种游戏设计的所有官员期望的那样，这项"水利建设附加费"平均每年的收入实际上达到了 4 万串钱。因此，如果没有重要的汉口商业税收的话，全省的教育系统，那个宣扬神圣的儒家学说的神圣领域，就将步履维艰了。①

汉口的丰富财源带来的另一必然后果是税收中的贪污腐败。E. H. 帕克（E. H. Parker）注意到："汉口的贸易形势如此之好，以至于它经受得起'勒索'"。当然，帕克接着也表示对这种腐败行为在湖北省达到如此程度以及"厘金事务中严重的侵吞公款"而使这个省声名狼藉，深感震惊。② 胡林翼的书信表明，他早已充分意识到这种勒索行为的潜在危险，因此，他为地方厘金局配备了一些为人忠厚的职员。他首先挑选胡兆春担任湖北省厘金局总办，吴传灏为汉口厘金局总办，便是很好的例子。他们两人都来自汉口有名望的世家，持有功名（胡兆春于 1835 年中进士，吴传灏于 1846 年考中举人）；而且两人都在当地抵抗太平军占领的过程中发挥了重要作用，他们广泛鼓动、组织当地士民不与占领武汉的叛军当局合作，并呼吁人们向皇家军队提供财政支援。虽然他们两人都不是商人，但他们与汉口商界有着长期接触（比如，胡兆春的父亲即以教授准备参加科举考试的商人子弟为生），而且在财政能力与正直方面都享有很高声望。③

胡林翼能够通过其下属在太平天国危机中的表现来评判他们，但此后的湖北省巡抚在挑选厘金局主管方面却甚少成功。19 世纪末，虽然新任巡抚或总督总是开展短暂的整顿运动，但汉口厘金局的运行情况仍在逐步恶化。候补知府唐训邦是一个官僚式管理者，在他担任总办时，汉口厘金局达到了最低点。唐训邦在当地商人社团里声名狼藉，总督卞宝第不得不于 1883 年将他即行革职，并剥夺了他的品级。随后，调查发现，唐训邦将汉口厘金局收入

---

① 民国《湖北通志》卷五〇，68 页。
② E. H. 帕克（E. H. Parker）：《中国：她的历史、外交和商业》（伦敦：1901），235 页。
③ 1867 年《汉阳县志》卷二〇，2、39~40 页；1884 年《汉阳县识》卷三，21 页。

的一半全部装入了私囊。① 然而，在一个贿赂公行的官僚制度下，唐训邦所犯的罪行只不过在程度上有别于其同事而已，在本质上并无不同——据说，汉口道台自己，就掌握着"全省油水最大的衙门"②。

对于帕克这样置身事外的观察者来说，汉口的商业经济似乎可以承受这些日益严重的腐败而不会导致过度的紧张，但对于那些无法保护其财产安全的个体商人而言，官员的腐败则使他们越来越愤怒不平。面向商人的上海报纸《申报》上越来越频繁地刊登攻击汉口厘金弊端的文章，其言辞也越来越激烈，就清楚地反映出这种情绪。③ 即使厘金制度能够保持相对的清明，征税本身也会成为当地商人与官府之间关系日益紧张的根源。撇开操作层面上的问题，商人们对这一制度的抱怨主要集中在（1）税率与附征税目迅速增长；（2）费时而笨拙的收税程序；（3）制定税收政策时越来越不听取商人代表们的意见。

起初，胡林翼及其代理人尽量避免这些矛盾，而胡兆春之所以能成功地使省里的税收进行下去，在很大程度上应归功于他每遇到程序问题总是与汉口商界领袖们认真商议的策略。④ 但是，这种由首任监督开创的和谐关系并未能维持多久。1880年，汉口厘金局未与商人们会商，就公布了一个旨在打击入港船舶偷漏税的补充性章程。事实证明，新规定非常不适于实用，它激起一位汉口商人写了一封愤激的信，刊登在《申报》的头版上。⑤ 他论证了新制度的不便操作性，痛斥当地官员急功近利，却不喜欢事实证明对国家与商人都有利的平稳的商业活动。当地官府竟然要求新来的船只沿着汉口码头停靠许多次，填写数不清的关税申报表格，从而侵害了良好的商人—国家关系最基本的原则："其立法也，宜简便不宜烦碎；其稽查也，宜精细不宜苛求；其收捐也，宜照章不宜浮冒；其用人也，宜慎选择不宜滥收；其取诸人者，总以应取而取之。"

汉口商人察觉厘金超额之后，通过几种方式以发泄他们的不满。首先，

---

① 卞宝第：《卞制军奏议》（1894）卷五，23、43~44页。
② 戴维·希尔（David Hill）：《在华中的二十五年，1865—1890》（伦敦：1891），10页。
③ 最典型的反应，载《申报》光绪十三年四月十二日。
④ 1884年《汉阳县识》卷三，21页。
⑤ 《申报》光绪六年十一月四日、十一月六日。

越来越多的商人逃避税收。这促成了对 1880 年章程的修改，也引发了对旷日持久的茶业"运照"争论的攻击。湖广总督卞宝第称：在 1875 年实施"运照"制度之后的数十年中，越来越多的商人，特别是那些地位卑下的小商人，越来越频繁地使用"运照"以逃避交纳厘金。卞宝第认为，这种情况的增加是由于税收负担日益增加引起的。① 商人和各行各业的行会所采取的逃避手段越来越圆熟，并且逐步采用体制内的方式进行，这就是一步步地暗中加大标准货件的大小，因为厘金是按照货件来征收的。当然，这种做法必须要向厘金监督送更多的贿赂，因为这瞒不过他们的眼睛。这样，就滋生了更多的腐败，也增加了税率，从而形成恶性循环。②

商人们的第二种抵制方式就是组织起来给政府施加压力。我们在前几章已谈到，盐业与茶业行会都成功地促成了税收程序的简化，并降低了厘金税额。1868 年，商人们施加更大的压力迫使湖北省政府延缓征收全部经由陆路进出汉口的货物的厘金，只向经由较大河流进出汉口的货物征收厘金。③

虽然取得了几场孤立的胜利，但汉口商人们的抱怨经常是被忽略的。他们对自己在太平天国运动后几十年中所被迫承担的日益增长的税收、附加税与勒索，充满着愤慨之情，这在 1887 年汉口茶业公所的呈文（见第四章）、前揭《申报》上刊登的信件等文献中清楚地表露出来。茶业公所的呈文含蓄隐晦，而《申报》刊载的信件则直率激烈，但都与那些目光短浅、贪婪的旧官僚以及太平天国运动后崛起的中国官员、受外国势力影响的心胸广大的官员们之间，形成鲜明对比。于是，到 19 世纪 80 年代，商人与国家间的疏远早已显露出来，而此种疏远对于清朝的灭亡实有着深远的影响。

二、官方经纪人：财税与控制

在汉口，如同在帝国各地一样，官方特许经纪人（牙行）是一种久经考验的监督商业经济的方式。我们此前集中讨论了经纪人作为买卖双方中间人所起的作用，而他们在面对官府时的地位也是举足轻重的。随着唐朝的衰

---

① 卞宝第：《卞制军奏议》（1894）卷六，3~5 页。
② 武汉市工商联合会档案：《武汉药材行业历史沿革》（稿本）。
③ 卞宝第：《卞制军奏议》（1894 年）卷六，3 页。

亡，早期帝制时代建立起来的市场控制体系（当指坊市制——译者）大部分崩溃了；宋朝重新统一之后，采取较为宽松而间接的政府控制商业的政策，开创了一个商业"解放"的新时期（用杨联陞的话说）。这种制度要求在许多关键商品的大批量交易过程中，必须有官方特许的中间人或者说是经纪人在场。随后的几个王朝继续实行并逐步改进了经纪人制度，到清代，它更得到高度发展。按照《大清律例》的规定，经纪人特许证（牙贴）由户部根据各省官员之推荐核定发放，其数量受到严格限制，向每个有一定规模的市场中心指派经纪人，并按地方和商品规定其职责。据曲直生说，总共在16个行业设置了经纪人，包括14种农业商品和两种手工业商品：棉织品与丝织品。经纪人还被委托协调陆上与水上运输，并负责招募雇工。在这些贸易领域中，如果没有官方经纪人作为证人与中间人，任何交易都是不合法的。①

经纪人的基本职能是以准官方身份维护其经纪商品的市场秩序。最为重要的是，他负责保护市场价格（市价），这个价格不是由某种垄断力量控制的，而是根据供求因素上下浮动的（质言之，清政府关心的是给市场提供一种"理性的"保护人）。政府赋予了经纪人多种治安权力以防止商人们在其管辖范围内违反商业或公共规则。他还要负责登记商人的姓名、籍贯、生意行当以及贸易渠道等。另外，他还要起草所有交易的合同，记录所有交易活动，包括交易各方的姓名、交易量以及价格，将这些记录呈交给地方官府和户部，以备定期审查。

经纪人的官方职能是双重的：他不仅可以直接代表国家控制市场，还要给

---

① 关于中华帝国晚期的牙人，我不知道是否有第一流的研究成果。这里我能引述的有曲直生：《中国的牙行》，载《社会科学杂志》第4期（1933年12月）；冯华德：《湖北省"牙税"性质之演变》，见冯华德主编：《中国经济研究》（上海：1938），第2卷，1067~1080页；上坂酉三：《中国商业结构研究》（东京：1949），从240页始；根岸佶：《买办制度研究》（东京：1948），112~115页；斯波义信：《中国都市研究概况——基于法制史方面》，载《法制史研究》第23期（1974），189、192页；斯波义信：《宋代的商业和社会》（伊懋可译，安阿伯：1970），165页始；杨联陞：《传统中国对城市商业的政府控制》，载《清华中国研究学报》，第4卷，第1期（1972），193~194页；横山英：《中国近代化的经济构造》（东京：1972），149~170、175~185页；苏珊·曼因·琼斯（Susan Mann Jones）：《县级商业组织：牙行与田赋》，载《中远东研究论文集》，第3辑（1978—1979），70~99页。我在与琼斯教授的几次交流中也受益匪浅。

政府搜刮到财政收入。很清楚，在清朝的某些时期和某些地方，是由经纪人直接征收商税的；在20世纪初"新政"改革带来国家权力迅速扩张的时期，由经纪人直接征收商税变得更为普遍。① 可是，在我们考察的时段里，汉口经纪人的财政作用一直是间接的（其他地方可能也是如此），即经纪人向国家交纳经纪税（牙税），牙税包括一笔数额较大的最初购买牙贴的费用和每年重新登记所需较小的费用。这些负担间接地转嫁给商人的交易活动，因为国家授权经纪人征收的佣金诸如牙钱、行用钱等，就有一部分抵充了牙人用于购买牙贴的花费（我们在第二章已谈到，经纪人的收入还可以加上出租住房、货栈所得的租金，以及在他主管的商品领域里经营属于自己的生意而得到的收入）。

压力难以避免地在三个方面不断增加：（1）国家为增加商业税收需要开拓牙行制度；（2）国家渴望维护对贸易的控制；（3）国家需要控制牙行本身。1686年康熙皇帝首次颁布的清朝牙行法规，以及1733年雍正皇帝推行的强有力的牙行改革，都说明这三方面关注是非常重要的。这两个法规都强调要限制牙帖发放的数量。需要强调的是，这一决定并非试图限制贸易的发展，而是因为经济规律要求抑制中间人的过度增生，以防止"累商"，并使商品流通更加自由顺畅。这些清朝早期的政策精神反映出，即便是在政府关注土地垦殖的年代里，也宁愿牺牲潜在的商业收入，而更希望最大限度地控制其代理人。②

到18世纪中期，汉口牙行已多达数百家。汉口经纪人经营的贸易范围及其绝对数量，都阻止任何单一的经纪人个体或群体给当地商业活动带来束缚（在一些较小的商业中心，这是常见的抱怨），可是作为一种机构或阶层，他们拥有巨大的力量。汉口市场的独特性增加了这种力量。比如：与较小的市场相比，在一个地区间贸易的商业中心，买卖双方通过中介人进行交易要更加普遍，所以通常只有经纪人才能弄明白交易双方在交易上的一致性。而汉口经纪人掌握着许多库房与存货，进一步强化了其作用。此外，地方官府还赋予经纪人十分广泛的职能，以使他们控制贸易的各个层面。他们负责：

---

① 关于20世纪牙行功能的转变，请参阅冯华德：《湖北省"牙税"性质之演变》，1069页始；琼斯：《县级商业组织：牙行与田赋》，85~87页。

② 关于清朝前期的牙行政策，参见内田直作：《中国商业结构之基础——经纪制度再检讨》，载《一桥论丛》，第22卷，第2期（1949年8月），52~54页；冯华德：《湖北省"牙税"性质之演变》，1067页。

(1) 检查货物样品，仲裁单价，计算总价，将货价换算成银两；(2) 将买卖双方的代理人召集在一起，保证代理人与委托人的诚实，并监督付给代理人佣金；(3) 监督货物的移交，监管货物装船时可能发生的质与量的差异。①

在 19 世纪前半叶，湖北巡抚晏斯盛在乾隆初期革新时制定的选用与任命汉口经纪人的办法仍然实行着。当晏斯盛 1745 年到达汉口时，他就注意到很多经纪人几乎没有偿付能力，于是，他规定所有经纪人都要由一名公认的富人和常设组织担保。在经纪人取得特许证之前，担保人需要签署一份已拟好的保单，并在汉阳知县面前立下誓言。巡抚声言：若知县疏于督察此一程序，则将知县撤职查办；如果经纪人的个人财产不符合标准和不能得到商人的信任，就将收回其经纪特许证。晏斯盛还进一步规定：如果一个经纪人在获得任命之后，其私人财产大幅度减少的话，那么，他就将被认为不能胜任其职责，其特许证将会被收回，另发给更合适的候选人。② 晏斯盛在湖北的举措，与雍正在中央的改革措施如出一辙（他们显然受到雍正改革的启发），首先控制住了经纪人，因而也就维护了以保证政府财税收入为目标的市场秩序。

随着太平军进入湖北以及胡林翼逐步收复湖北，这个规定发生了变化。1855—1856 年，虽然还没有占领武汉三镇，但胡林翼已设计了一整套牙行改革方案，这套方案后来作为一种模式推行到全国，并一直实施到清朝灭亡。③

---

① 晏斯盛乾隆十年奏，见晏斯盛：《楚蒙山房全集》卷五，35 页；东亚同文会：《支那经济全书》（大阪：1908—1909），第 7 卷，247~254 页；内田直作：《中国商业结构之基础——经纪制度再检讨》，62 页。

② 晏斯盛：《楚蒙山房全集》卷五，33~36 页。

③ 胡林翼的文集中包括许多与其牙行改革有关系的文件，其中最重要的是他在咸丰五年十月六日、咸丰六年三月二十四日的奏疏，分别见《胡文忠公遗书》（1875）卷四，10~12 页；卷八，14~17 页。参阅台北"故宫"博物院："清宫档案"，胡林翼咸丰九年五月二十一日奏；王家璧：《编年文稿》第三册；民国《湖北通志》卷五〇；内田直作：《中国商业结构之基础——经纪制度再检讨》。东京东洋文库收藏了 176 份牙帖，都是在胡林翼开始的牙行制度改革之后由各省发放的。其中有 77 份来自湖北，包括 48 份属于咸丰时期，15 份属于同治时期，14 份属于光绪时期。还可以再加上一份湖北省的牙帖，来自汉口，现藏于武汉市工商联合会档案室。在东洋文库所藏的 77 份牙帖里，18 份是发给粮食经纪人的，11 份是发给棉布经纪的，6 份发给生棉经纪，8 份发给木材与木材制品经纪，7 份发给肉、鱼经纪，6 份发给纸经纪，其余的则分别发给另外几种商品的经纪人。牙帖上除了注明发放日期、牙人姓名、商品名称、居住地之外，还都统一印上了最初由王家璧和胡林翼草拟、后来由户部行文颁布的章程的复杂内容。

这些改革方案大大放宽了政府在经纪人数量及其选择标准方面的限制。这些政策也反映出对产生危机的经济原因的看法发生了改变，即不再将中间人看成是商品流通的障碍，而看做商品流通的润滑剂了（这种观点可能与人们越来越理解商业中的劳动分工不无关联）。更重要的是，这一改革代表了一种新的先后排序，即商业税收先于国家对贸易的控制。

胡林翼注意到：湖北经过太平军的蹂躏，特别是汉口三次易手，许多特许经纪人或死或逃，幸存者的证明文件也多损毁。他认为这给他解决最急迫的问题即筹集资金以供应其军队提供了一条幸运的途径。于是，他上奏皇帝，要求在湖北发行超过1733年户部有效限额的两千个"新帖"。虽然特许经纪人可以出示旧帖按较大的折扣换取新帖，但在一个规定期限之后，旧帖就被废除了，只有持有胡林翼所发行新帖的人才被允许在湖北省从事经纪活动。新帖的价格根据各个经纪职位可能获利的等级而各不相同，而且与从前一样，包括一笔数额较大的首付款和年度换证费。最重要的是，按照胡林翼的要求，皇帝同意将那些出卖新帖获得的收入不再如从前一样直接交给户部，而是用于胡林翼的地方军队（楚营）的支出。大量证据（包括湖北以及帝国控制的其他地区发行的特许证上的文字）都表明，北京朝廷再也未能恢复对这一财源的直接控制。因此，在胡林翼的改革进程中，财政自主权在一定程度上不断由中央向省级转移。①

正如事实证明这一变革对清朝历史非常重要一样，它对于地方历史发展的重要性主要是随着胡林翼新帖的发行，经纪人的选任标准放开了。旧的体制打破了；虽然某些原有的汉口经纪人重操旧业，但他们中的大多数没有再回归经纪行业。因此，为了尽快恢复贸易和从中获取直接收益，胡林翼极力"广泛鼓励"人们购买新牙帖。从前要求提供担保人和有关候选经纪人投资的财产与声誉的严格规定废除了，而且至少是在战时，任何人只要能买得起新帖，都可以成为合格的经纪人。

为了实现这种自由化目标，胡林翼专门向皇帝上了一份奏疏，要求允许放弃以前颁布的关于牙帖持有者不得拥有功名或名誉官品的规定。胡林翼绝

---

① 关于始于胡林翼及其同时代人的改革所导致的省财政自主权的发展，请参阅彭雨新：《清末中央与各省财政关系》，载《社会科学杂志》1946年，重刊于《中国近代史论丛》，第2卷，第5期（台北：1962），3~45页。

对相信当地儒家士大夫的美德,也承认贸易具有其社会政治价值,因此,对于他来说,士绅与商业角色合而为一,是非常自然的。而且,正如胡林翼在奏疏中辩论的那样,士绅与商人的区别实际上早已被忽视了。近几十年来,在湖北,购买功名已经司空见惯,而那些持有正统功名的人又用假名购买经纪特许证。因此,胡林翼认为,旧规定既无法强制实施,更不合乎需要。朝廷考虑再三,最终同意了胡林翼的要求。此后,胡林翼的新规定就一直得到实施。①

为了稳定汉口及湖北其他地方新的商业精英的稳定与延续性,胡林翼另外加了一条规定:继承权。胡林翼认识到:几个世纪以来,汉口的经纪业造就了一些历久不衰的大家族。因此,他的新规章允许这样的家族后裔继承其家族的经纪业务,只要交纳相当于其牙帖原来价格的一半费用,就可以合法地正式接续经营了。无论如何,这作为一种正式规定是没有前例的。② 事实上,胡林翼的新政策的确让汉口的经纪人家族得到了自我保障。直到1920年,《夏口县志》还记载说:在各地方贸易领域,市场仍然被10至20家在1856年胡林翼改革时"原领部贴之老行"所主导着。③

这把我们带回到控制问题上来。与一般看法不同的是,按照新政策授权的国家特许经纪人的数量之增加,却并不意味着国家加大了对贸易的干预力度。通过允许更多的经纪人进入汉口市场,胡林翼淡化了其准官方的身份,也减少了国家对其活动的控制;通过放宽经纪人选任的限制,他实际上将市场控制转交给了普通的商业精英,特别是那些商界领袖自己。牙帖数量的增加,事实上意味着许多从前未被牙行掌握的贸易领域如今也置于他们控制之下了。例如,中草药行业长期以来一直是由非官方的"经纪"作为中间人,只是在胡林翼改革之后,这些经纪才正式得到官府的特许,从而获得了管理从事这一行业的其他商人的合法权力。④ 而随着正式继承权的获得,他们的

---

① 胡林翼:《胡文忠公遗书》卷四,12页。在现存东洋文库、武汉市工商联合会档案室的所有牙帖上,都由户部写明可以卖给"绅商职衔"及平民。

② 胡林翼:《胡文忠公遗书》卷八,17页;内田直作:《中国商业结构之基础——经纪制度再检讨》,60页。

③ 1920年《夏口县志》卷一二,12页。

④ 武汉市工商联合会档案:《武汉药材行业历史沿革》(手稿)。

势力更是稳若泰山了。

汉口每一个大行业都有数十家牙行，胡林翼又提高了牙帖配额，从而使其数量大增。然而，正如胡林翼所指出的，无论在他改革之前，还是在改革之后，有一点是共同的，即这些牙行中有很多都是通过家族纽带联结着的。他认识到这种做法隐藏着垄断的危险，但为了扩大其销售许可证的市场，也就只能听之任之了。胡林翼为自己的做法辩解说：在其他领域的商业管理体系中，也普遍存在着这种平衡关系：在指定行业里经纪人过于亲密的联系所导致的危险，将通过国家强制推行税收与总体运行的集体负责制（当指互保制——译者）而在很大程度上得到抵消。①

有清一代，汉口官府对同一贸易领域内经纪人之间的协作一直持谨慎的赞同态度：协作作为一种稳定市场的方式虽然受到鼓励，但又不断地提醒官员们要时常注意警惕它会制约贸易。早在1678年，米粮贸易这一主要商品领域里的市场管理者在官府的赞同下联合起来，组织了汉口米牙公所，其规章规定对米粮交易的各个环节均由集体负责。汉口米粮贸易随后的发展历史表明，这种集体管理模式既让官府感到满意，也对经纪人自身非常有利。②

在那些年里，某一行业的经纪人联合起来控制市场的试图越来越频繁。在1678年米牙章程大约两个世纪之后，汉口菜油经纪人做了一次更为雄心勃勃的努力。胡林翼的改革授权"油牙"就其掌管的商品贸易起草并强制实行一份规章制度。19世纪70年代末，油市数遭挫折，迫使越来越多的大油商经纪人以很低的价格倾销其库存，以便尽快还清债款。在这种情况下，1880年，主要经纪人召开了一次会议，决心抛弃此前的固定政策，即"买卖双方可自行议价，随行就市，绝不试图固定市价"，而代之以他们建议强制实施一种最低限价。③ 遗憾的是，没有记录表明官府是否赞同这一设想；油业经纪人们的这种做法只是一种抵御商业灾难的临时措施。不过，从油牙们请求

---

① 胡林翼：《胡文忠公遗书》卷八，17页。

② 1678年汉口米牙公所章程的全部译文见根岸佶：《中国行会研究》（东京：1938），244~245页。关于此后米粮贸易的发展，参阅安部健夫：《谷米需求之研究——拟作为〈雍正史〉的第一章》，见所著《清代史研究》（东京：1971），411~522页。

③ 《申报》光绪六年八月十三日。

原谅的措辞以及他们决定停止实际上只实行了很短时间的汉口市场油料限价来看，官府对这种努力是持反对态度的。

地方与省府的官员们都意识到汉口经纪人之间的过度协作存在着危险，特别是当油业的经纪人同时又是他们所管理的这一行业中主要承销商时，尤其如此。早在1745年，湖北巡抚晏斯盛就表示决心与经纪人中间的"垄断式合伙"作斗争；一个世纪后，湖广总督裕泰在呈给皇帝的奏疏中声称，他时刻防范汉口经纪人的垄断化可能导致市场价格上扬。① 然而，在整个中华帝国晚期，特别是在19世纪，存在着一种逐步放松国家对市场进行控制的趋势。这并不是有势力的商人面对虚弱或腐败的政府时坚持维护自己利益的结果，而是因为从中央、省里到汉口地方的官员越来越多地对商业事务采取一种务实的态度。绝大多数官员都认识到商业对本地区各阶层人口的重要性，并愿意采取理性的措施支持贸易。这些措施逐渐得到官员与商人们的认同，从而使某些国家控制自由化了。

同时，官府也不愿支持在汉口市场上突出的贪污腐败行为或者通过其特许经纪人使用暴力手段。它不仅始终寻求办法保护消费者，使生活必需品不要人为地涨价，而且力图保护小商人，使其免受经纪人的胁迫与欺诈。政府对经纪人强行挪占游商留下的资金这一欺诈行为一直保持警觉。例如，晏斯盛就记录了这样一件纠纷：汉口的经纪人向其客户索取了过多的押金，用于自己投资，最后又不愿偿还这笔款项。②

太平天国运动后，地方官府保护中国商人免受经纪人欺压的热情看来并没有降低。胡林翼拟定了禁止欺诈行为的细则以及具体惩罚条例，并印在湖北省代户部发放的经纪人特许证（牙帖）上。③ 这些章程得到了实施。例如，1874年，一位汉口茶业经纪人（茶牙）的头面人物，由于被其客户指控欺诈，而受到道台的传讯；而当英国公司威尔士公司（Welsh and Company）挑战茶业公所选择仲裁人的权威时（参见第四章），中国经纪人则声言应将

---

① 晏斯盛：《楚蒙山房全集》卷五，33页；台北"故宫"博物院，"清宫档案"，裕泰道光二十一年十一月二十八日奏。
② 同上书，33~36页。
③ 见东洋文库与武汉市工商联合会档案室所藏牙帖上印的章程，第十三至第十六条。

纠纷交给仲裁人，以使自己免受同样的欺诈指控。①

我们已经看到，由于朝廷并没有关于国内贸易规则的清晰的政策性阐述，管理汉口的官员们就逐步形成了自己的阐述。其特征就是逐步将控制权转交给经纪人（其私人化不断加强）和行会。同时，官员们保留了在必要时进行直接干预的权力（就像他们在1861年茶叶贸易和19世纪70年代金融业中所做的那样），他们还是诸如信贷者、消费者、小商人等弱者群体最后求助的对象。换言之，政府试图在日益增长的自由化和最低程度的经济家长制中间寻找某种平衡。

三、商业税收的其他渠道

除了征收商品运输税和批发交易税之外，湖北省和地方政府还通过各种各样其他的手段从汉口商业中榨取财政收入。在19世纪，这些手段越来越被纳入正常的税收系统之中。他们包括：（1）铸造货币；（2）国家直接所有的商业企业；（3）国有资金投资于私人企业；（4）商人的捐献；（5）商业借款等五个主要方面。

1. 铸造货币。1744年，湖北巡抚晏斯盛创办了一家本地冶炼与铸币厂，在18、19世纪，湖北省政府从中获得了很大的收益。当初，晏斯盛利用的是非常高品质的铜：由于银价上涨，"商铜"大量地不断涌进汉口市场，而本地大商人又急于尽快将其资产兑换成银两，于是官府就低价购进这些商铜，把它改铸成与本地流通货币面值相符的铜币，用以支付薪俸，特别是荆州驻防营官兵的军饷。这种办法取得了很大成功，所以最初建立的15个冶炼炉后来又多次增加。②

---

① 休斯（Hughes）致韦德（Wade），1874年5月4日，英国外交部档案，228/537；嘉托玛（Gardner）致沃尔什姆（Walsham），1886年8月25日，英国外交部档案，228/831。彼得·戈拉斯（Peter Goals）曾报道了一宗发生在18世纪北京的同样的事件，参见戈拉斯：《清代前期的行会》，收入施坚雅主编：《中华帝国晚期的城市》（斯坦福：1877），570页。

② 《湖北通志》卷五〇。关于欧洲相类似的现象，可参阅德鲁富（Raymond De-Roover）：《中世纪布鲁日的货币、银行和信用》（马萨诸塞州，坎布里奇：1948），229~230页。

2. 国家所有企业。作为主要的商业中心，汉口是国家直接介入的商业企业集中的地方。其中最重要的是对盐业的垄断，我们已看到，在19世纪已开始向"私人贸易领域"演变。但是国家拥有越来越多的日益地方化的企业，特别是金融机构——例如，这个城市的三家"海关"银行就属于政府。① 这些银行的特点是私人业主（经常是以私人身份出面的官员）出资大部分，并获得大部分利润，国家以承认它是正式的官营实体换取其较少的股份。在本质上，海关银行是"官督商办"体制的一种早期形态，这种体制随后被运用于武汉及其他地方的西式工业企业中。汉口海关银行是在当地海关机构建立之后，在道台的支持下创建的，其目的是为国家收存海关税收。但它也发行政府担保的钞票，并从事许多准官方性质的金融业务。除了海关银行，汉口还有不少其他的金融机构，包括几家当铺，都至少部分地得到官府的赞助。②

3. 政府投资。许多史学家断言，清朝政府比此前的任何王朝都更多地将国有资金投入到私人所有并经营的企业中进行运作。我们在第五章中曾经谈到，到19世纪，政府资金被存放在山西票号里，并被用于再投资。在汉口，政府资金也被存放在钱庄里；而19世纪中叶以后，湖北省一直在私有的善厚升和正元钱庄里有投资。③

除了存款于银行之外，政府还投资于一种称为"发商生息"的制度（把资金交给商人，以赚取利息）。全国各地官府都经常性地使用这种办法为维持公共工程及其他持久性的地方开支筹措经费，管理汉口的地方官也不例

---

① 汉口海关税务司托马斯·迪克（Thomas Dick）1878年2月13日的报告，见海关总税务司：《关于通商口岸海关金融制度与地方货币的报告》，"海关系列专刊"第13号（上海：1878），70~71页。

② 《申报》光绪七年闰月二十五日描述了汉口的几家当铺，表明它们得到县衙的保护和部分投资。

③ 关于清朝政府在商业领域里的投资情况，参见藤井宏：《新安商人研究》，载《东洋学报》，第36卷，第3期，73页；波多野善大：《中国近代工业史研究》（京都：1961）；寺田隆信：《山西商人研究》（京都：1972），7页；杨联陞：《中国的货币和信贷》（马萨诸塞州，坎布里奇：1952），99页。关于善厚升与正元钱庄，可见《申报》光绪八年十月八日；曾国荃：《曾忠襄公奏议》（1903），同治五年十月二十六日奏。至于欧洲与此相似的情况，可参见德鲁富：《中世纪布鲁日的货币、银行和信用》，280页。

外。而汉阳当局更愿意将这类资金托付给行会（比如典当商行会），而不愿交给个体商号，以便行会成员们可以集体对这笔资本的再投资以及与政府分割有关利润共同负责。①

与国家所有企业一样，政府投资一般与金融业联系得更紧密一些，而不太与商业企业有联系；可是，从18世纪中叶到太平天国运动前，湖广总督衙门一直在汉口盐商处存有一大笔款项（是匿费基金的一部分），从中每月可获得1.5%的红利，用于武汉三镇的公共事业。② 而汉阳县衙则只能在汉口偶尔得到并扶持一些商业资产，然后出租给私营企业。③

4. 商人捐资。政府还通过劝谕富有的地方商人提供捐献（捐输）从汉口贸易中得到支持——实际上，这是渐次增加所得税的原始形式。这种捐输可分为三种形式：（1）与特授科举功名或官品联系在一起的"捐纳"；（2）专门用于克服财政危机的募捐；（3）日常募捐。第一种形式包括在传统的卖官（收捐、事例）之内，北京朝廷宣称这是为专门应付中央政府的财政需要而设立的（在理论上是暂时性的）。自从白莲教起义在鄂西北爆发，直到清末，汉口商人群体一直是这种"捐纳"特别瞄准的目标。1800年到1845年间，在武昌设立了一个专门机构，主要是围绕这个群体共收集到银4 056 430两，湖北省取得了一半，另一半上解中央。至于零散出卖荣誉官品的收入，单是1807年在武汉一地，就净得32 687两。④ 1857年，巡抚胡林翼获得特许，可以在湖北省出卖官品以满足他供应军队的需要。不久，在武昌设立了一个专门办理此事的捐输局；为了让汉口商人不必为渡江而花费时间，他还

---

① 1884年《汉阳县识》，"公款簿"，3~4页。张之洞到任之后，又把这种做法向前推进了一步，他把总督署衙门的全部资金都存入武汉典当行以生息。参见武汉市工商联合会档案：《武汉典当业略谈》（手稿）。

② 佐伯富：《中国史研究》，第2卷（京都：1971），315页。关于这种运作的总体情况，请参阅杨联陞：《中华帝国公共工程的经济方面》，见所著《汉学漫步》（马萨诸塞州，坎布里奇：1969），244~245页。

③ 1884年《汉阳县识》，"公款簿"，1页。

④ 明清档案，"朱批奏折·财政"，湖北巡抚杨健嘉庆二十一年奏，常明嘉庆十三年奏，杨懋恬道光三年四月二十一日奏，赵炳言道光二十五年奏。另请参阅讷尔经额与周之琦道光十七年二月三日奏，见台北"故宫"博物院，"清宫档案"。关于卖官制度的经典性研究，是徐大龄的《清代捐纳制度》，载《燕京学报》，第22辑（1950）。

在汉口增设了一个分局。19 世纪 50 年代末,稻米歉收,捐官被要求用粮食支付;粮价降下来之后,非常举措演变成了永久措施,只不过要求用银钱来支付了。1869 年至 1871 年,胡林翼的后任报道说,通过这一途径共收获 50 万两。①

商人捐献的第二种类型既没有士绅功名或官品之类的补偿,而且时常是被强迫的。在 1857 年胡林翼改革之前,湖北省或地方政府遇到紧急金融需要时,并不是求助于捐纳,而是首先在本地富有的商人中间募捐。例如,1831 年,一场大洪水淹没了江汉平原,湖北省政府向汉口盐商征募捐资,在三年里共募得 15 万两,以帮助赈灾和维修堤防(估计总共花费了 29 万两)。② 根据 19 世纪 80 年代湖北巡抚衙门提供的证据,这种强制性的募捐在太平天国运动后已成为这个省里商人生活的主要特点了。③ 富裕的汉口商人为了希望维护自己在社团中的领导地位,也会诚恳地自愿捐献。对于他们,官府当然会表彰其公共精神,记住这些慷慨的商人的名字,并给其后任留下一份可以恳请的关系网。19 世纪 40 年代,一位汉口米商的头面人物被官员们称作"柑橘",大概就是因为他很容易被榨出水来吧!④

但在财政拮据时,自愿的捐献却又几乎没有。在太平军带来的破坏臻于极致时,胡林翼试图从汉口牙商中募集捐款(当时汉口暂时掌握在官方手中),几乎没有得到任何反应。即使在接到朝廷劝谕他们予以帮助的诏书之后,很多牙商依然选择了停业或借口利润下滑而拒绝捐资。⑤ 正由于这个原因,胡林翼创设了第三种募捐方式,一种常设的、得到合法委托的按百分比的募捐(更确切地说,是一种附加的商业税)。厘金开始时便是这种募捐方

---

① 胡林翼咸丰八年五月十四日奏,李瀚章与郭柏荫同治十一年七月十四日奏,均见明清档案,"朱批奏折·财政"。

② 王凤生:《楚北江汉宣防备览》(1832)卷一,1页。佐伯富曾经讨论了太平天国运动前汉口盐商的另外几次捐献,见所著《中国史研究》,第 2 卷,290 页。

③ 卞宝第光绪十年奏,见《卞制军奏议》卷六,3页。

④ 叶调元:《汉口竹枝词》卷五,3页。(叶调元所录这一首竹枝词谓:"行栈官人最软和,每逢生意巧张罗。局中明白旁人昧,说话由来橘子多。"原注称:"各行皆有隐语,米市尤甚,俗谓之'打橘子',疑'谲'字之讹。"则米行所谓"打橘子",当是指说话多神秘,不能明了,或亦有不可信之意。作者对于此处资料之理解有误。——译者)

⑤ 胡林翼咸丰五年三月十一日奏,见《胡文忠公遗书》卷八,11页。

式之一，但并不是唯一的方式。1880 年前后，一种一百抽一、称为"九九商埠捐"的捐税被强压在汉口商人身上，而且在随后几年里，同样的勒索被推广到很多贸易领域与市场。①

5. 政府借款。严格说来，向个体商人借贷并不是一种财政收入方式，只是政府寻求商人支持的最后一种办法。有一些证据表明，早在 19 世纪上半叶，借款就已经相当普遍，但直到太平天国运动后的几十年里，湖北省政府才越来越习惯于依靠这种辅助手段。中国与外国商行都借钱给政府。例如，1866 年，汉口的一位中国商人以 16% 的年利率贷了一大批款项给省政府。翌年，怡和洋行（Jardine, Matheson and Company）汉口分行以 1.75% 的月息向湖北省政府发放了一笔为期两个月的 3 万两的贷款，供省政府发放月俸。1883 年，湖广总督卞宝第报告说，湖北省政府已没有希望再向汉口的洋商举债了。②

随着借贷越来越普遍，湖北省政府开始寻找更为成熟的信贷方式。1874 年，为了分担左宗棠西北之役的军费开支，湖北省政府发行了月息 1.25%、总额 7 万两的国债，以汉口海关收入作为担保。大约 20 年之后，这笔国债（及其后续国债）方才还清。③ 1884 年，省政府甚至曾非正式地考虑过在商人中间"招集股份"以为兴办兵工厂筹集资金。④ 这种设想很可能为 1890 年开始的、由张之洞领导的自强工业化运动的融资提供了先例，把它放在这一大背景下来看，它显然应当得到很高的评价。

---

① 关于九九商埠捐，请参阅武汉市工商联合会档案：《武汉药材行业历史沿革》（手稿）。关于后来特殊贸易捐的证据，见于汉口道台于宣统二年五月三十日发布的通告，在这份通告中，他指责非法设立的一项"商捐"，每年向与汉口相邻的"土垱"地方的商人派捐 350 两（武汉市工商联合会档案）。

② 怡和洋行档案："汉口致上海的私人信件"（C55/1），1866 年 11 月 21 日、1867 年 1 月 28 日的信件；卞宝第光绪九年十一月奏，见《卞制军奏议》卷五，56~59 页。关于太平天国运动前此类活动的建议，见叶调元：《汉口竹枝词》卷五，1 页。关于太平天国运动前政府向商人举贷的一般性讨论，参见佐伯富：《清代的山西商人》（《史林》，第 60 卷，第 1 期），5 页。关于欧洲的类似情况，参阅德鲁富：《中世纪布鲁日的货币、银行和信用》，85~88 页。

③ 李瀚章光绪五年三月二十八日奏，见李瀚章：《合肥李勤恪公政书》（1900）卷八。

④ 卞宝第与彭祖贤光绪十年九月奏，见《卞制军奏议》卷六，51~53 页。

四、湖北省商业政策的形成

由于国家复杂的财政网络越来越依靠商业,而且官员们也认识到贸易对社会各阶层的生活均有着十分重要的意义,湖北省与地方官府对待商业领域的态度也就不可能是敌视的了。随着国家财政收入逐步从依靠农业转向从商业收入中筹集,作为商业中心的湖北省在整个帝国财政结构中的地位也逐渐重要起来,汉口之在湖北省内的地位也是如此。官僚们敏锐地认识到这一事实,所以在这些年中形成了"体恤"汉口商业企业、支持贸易发展的政策。

湖北官方鼓励汉口贸易的最早证据是 18 世纪中期两位"经世"人才晏斯盛、陈宏谋担任巡抚的时候。充分了解商业活动的价值,并利用商业机构去达到国家的目标,一直是他们施政中的重要部分。① 19 世纪上半叶,林则徐与其他湖北省官员之间的通信也反映出他们中间的大部分也同样能够摆脱本阶层常见的对商业的偏见,批判性地认识到贸易的重要性,并付诸行动。例如,当林则徐感觉到当地商业不景气时,便召见了一些大商人,面对面交谈,详细了解汉口贸易的价格与贸易量。② 正如森田明所指出的那样,那些年中一直在整治汉水水利,给当地农业收成带来了不利影响,但同时却给货物进出汉口带来了便利;湖北省的官员们完全了解这两者之间的冲突,但一

---

① 将这些基本理念和做法与清代"经世"运动联系起来,还不能得到完整的理解。关于此点,最简明扼要的叙述是张灏的《梁启超和中国思想的变迁》(马萨诸塞州,坎布里奇:1971),26~34 页。按照张灏的观点,经世运动的特点是把"对组织与管理问题的关注"应用于行政实践之中去,并将"对财富与权势的合法性追求"和"传统儒教国家的政治诉求"融合在一起。到 19 世纪,陈宏谋(1746—1748 年间任湖北巡抚)与晏斯盛(1739,1744—1745 年间任湖北巡抚)被认为是经世实学的代表性人物,他们的许多论述收入了 1826 年魏源、贺长龄主编的《皇朝经世文编》。关于陈宏谋与晏斯盛在汉口的特殊政策,我们还要进行讨论。

② 林则徐在道光十八年的奏疏中报告了这次调查情况,其概要见于张馨保:《林钦差与鸦片战争》(马萨诸塞州,坎布里奇:1964),36~37 页。关于 19 世纪前期湖北官员们对待商业的态度,可参见周天爵道光十九年五月二十五日奏、裕泰道光二十一年十月二十日奏,均见台北"故宫"博物院,"清宫档案"。

直坚持这一整治工程。① 湖北省官员们支持商业的姿态后来一直扩展到外贸领域。例如，官文和胡林翼的官方来往信件就表明他们非常欢迎汉口开埠所带来的商业繁荣，即使是在面对外交与公共安全问题时，他们对这一点也深信不疑。②

汉口的许多政府官员（如果不是全部的话）持相同的观点。太平天国运动前，一位来访者写道："大商号与官衙紧密相连"③。汉阳知县与知府均在维护公共治安方面花费了很大精力，因为"汉镇路通九省，处杂五方，商贾殷繁。中外交易必须市廛静谧，宜绝痞匪根株"④。汉口道台衙门特别愿意雇用那些具有强烈商业倾向的人。19世纪60年代，一位西方来访者受到道台郑兰的接见，带走的印象是："他看上去非常融入商业事务中，很愿意提供诸如价格、产地资源等等，并询问了可资进口的商品价值"⑤。

汉口的商人们清醒地认识到那些对他们持同情态度的官员的价值。因此，1889年，当主张革新的张之洞即将调任武汉的消息传出时，英国领事报道说："汉口的土地价格不可思议地上涨。"⑥ 对这种实际支持的感谢有各种各样的表达方式。1882年，当汉口道台何维健离任时，商人社团选择了传统的方式，宣称他们将不会忘记他的"恩德"，给他送了匾和锦旗。⑦

在武汉，省政府与地方官员支持商业的倾向至少可以回溯到"盛清"时期。当然，毫无疑问，政府对商业采取庇护的态度，这一巨大的质的转变是

---

① 森田明：《清代水利研究》（东京：1974），特别是92页。关于湖北官员对此项工程的认可，典型的例证是裕泰道光二十一年十月二十日的奏疏，见台北"故宫"博物院，"清宫档案"。

② 官文咸丰十一年四月奏，见《筹办夷务始末》（咸丰朝）卷七八，3~4页；胡林翼致严渭春信，见胡林翼：《胡文忠公遗书》（1875）卷六五，10页。

③ 叶调元：《汉口竹枝词》卷五，3页。（遍检《汉口竹枝词》，未见与作者此处所引句意相合者。唯卷五第9首竹枝词句云："栈房行店密于鳞，各有财东各有宾。"与作者所述之意庶几近之。疑作者对此句之理解有误。——译者）

④ 《申报》光绪六年七月二十六日。

⑤ 加纳特·J·沃尔斯利（Garnet Wolseley）：《1860年与中国的战争纪事》（伦敦：1862；特拉华，威尔明顿：1972年再版），387页。

⑥ 艾伦（Allen）致沃尔什姆（Walsham），1889年9月2日，英国外交部档案，228/878。

⑦ 《申报》光绪八年三月二日。

在 19 世纪 50 年代之后、胡林翼主政时才开始的。尽管胡林翼是一个纯粹的儒家学说信奉者，但他在儒家思想与早期商业发展策略之间取得了一个平衡，简单地说，就是：

> 农犹根本也，商犹枝叶也……商逐末，取利厚，缗算亦便；农力勤，取利微。损一分，受一分之益，所以培根本也。

对于胡林翼来说，健康的商业经济是王朝安定平稳的前提。然收复后的武汉情形却距离这种理想非常遥远。"四年之中，武昌三陷，汉阳四陷。国帑因而虚靡，民生因而凋敝。东南数省受害之烈，亦惟武汉为尤甚矣。"这种情形表明只能采取激进的改革，或者用胡林翼的话来说，就是"招商变通试办"①。

和具有相同看法的同僚湖广总督官文协商之后，胡林翼提出了一系列重实效的但在政治上不无风险的措施，以对当地现存和潜在的商业势力表示"同情"和"鼓励"。其措施包括向士绅阶层和所有愿意投资的人开放经纪行业，特别是放松对经纪人经营业务的调整与扩大的限制。同样，官文也邀请所有来访者分享太平天国运动后盐政自由化的果实。其总体计划是在盐、茶贸易以及经纪行业、商业税收结构等方面进行全面改革——在本质上已包括了国家正式关注的商业事务的各个方面，后来的事实表明，这些改革使汉口乃至全省的贸易成功地复兴起来。正如所预期的那样，这些改革也使政府得自商业的财税收入（以及有限度的控制）也很快得到恢复。② 从长远看来，这些成功的取得是以牺牲部分官僚权力为代价的，比如许多实行很久的对商业活动的限制被永久性的废除了；然而，这种损失只会加速几个世纪以来中国商业一直在进行的私有化趋势。

为了贯彻其新商业政策，1855 年到 1858 年间，胡林翼逐步建立起一整

---

① 胡林翼致陈秋门信，咸丰八年，见《胡文忠公遗书》(1875) 卷六〇，6 页；咸丰六年十二月三日奏，见《胡文忠公遗书》(1875) 卷一四，2 页；咸丰六年三月二十四日奏，见《胡文忠公遗书》(1875) 卷八，15 页。

② 到 1859 年，胡林翼自豪地声称，通过这些措施获得的收入已足以供应其军队（咸丰九年五月二十一日奏，见台北"故宫"博物院，"清宫档案"）。继任他担任湖北巡抚的严树森与曾国荃也都报道说从这些资源中得到的财税收入在不断增长。参见曾国荃同治六年三月二十一日奏，见《曾忠襄公奏议》卷三，28~29 页。

套政府机构以监督本地区的贸易。这些机构大都直接从他的战时军事供应机构演变而来,由分布于湖北各重要商业地区的分局共同组成。我们已看到,他最早建立的地方"局"是厘金局,负责出卖经纪特许证(牙帖)、劝募捐款等。渐渐地,各地的各种局被合并成一个单独的、多功能的局,负责从商业领域里征收所有税收,保护地方贸易及地方商业利益。每一个地方局都由一个"绅员"或"委绅"负责,职员也从当地"公正士绅"中选任。然而,这些人都由省政府选任并定期考察,而且整个机构也是明确向省里负责的,并不归当地地方官控制。① 胡林翼给自己提出的目标是"修正""封建的"政治思想,其特征则是将使用本地的地方精英与使用地方资源结合起来,去解决地区问题。② 在颁布新法时,胡林翼对他的"封建"情结作了细致阐释,表明其目的乃是想避开那些较低级的官僚层级,如县、府衙门,那里雇用了过多的吏员,并拥有过多的产生腐败的机会。他的目的就是要保护国家(也就是他的省政府)与生产者(包括农民与商人)不受那些寄生的中间阶层的过分盘剥。

胡林翼在省城设立了一个控制中心,以作为他新的商业管理机构的中枢。这个组织叫做"湖北省盐茶牙厘局",第一次将省政府在贸易方面的各种收益汇聚在一起。在它被晚清新政中设立的新机构取代之前,它一直是湖北最重要的机构之一。

湖北盐茶牙厘局拥有一个庞大的士绅管理者组成的职员队伍,其成员都是从取得科举功名的人和候补官员中间挑选的,其任命与撤职都要经过巡抚。这些委员负责征集各分局的收入。此外,对于帝国晚期制度史具有更大意义的是,这个局的董事成员包括省里的布政使、按察使、粮道(通常由按察使兼任)、武昌道(通常兼任盐道)等官员,1861年后又包括了汉口道台

---

① 胡林翼咸丰九年五月二十一日奏,见台北"故宫"博物院,"清宫档案";曾国荃至湖北局札,见《曾忠襄公奏议》卷三,28~29页。

② 简言之,中国政治思想中的"封建"传统提倡帝国内部的较高级别的地方长官和代理长官应当由外地籍但熟悉本地士绅的官员担任。参阅杨联陞:《明代地方制度》,见贺凯(Charles O. Hucker)主编:《明代政府七论》(纽约:1969),1~10页;孔飞力(Philip A. Kuhn):《民国时期的地方自治:控制、自治与动员》,见魏斐德(Frederic Wakeman)与卡伦·格里特(Garolyn Grant)主编:《中华帝国晚期的冲突与控制》(伯克利:1976),261~268页。

(兼任江汉关监督)。①

从胡林翼到张之洞，大约有40年的时间里，在盐茶牙厘局任职的官员人选一直存在着某种继承性，这反映出这个湖北省的经济总部是稳定的，其成员之间也已建立起长期的联系（表6—1反映了部分官员的任职情况）。至少有一位盐茶牙厘局的成员晋升为湖北巡抚（1867年，湖北布政使何璟护理湖北巡抚）。显然，这个局是由一些在商业、区域贸易以及省级财政方面训练有素、行动谨慎的官员们组成的精英机构。同样也很清楚，这些人有很多机会与汉口商业领域建立起很好的个人联系。

表6—1　　　　　　湖北省盐茶牙厘局的领导人，1858—1893

成员	官职	首任时间
郑兰	宜昌道台	1858
	汉口道台	1861
	武昌道台/盐道	1867
	汉口道台	1869
何维键	湖北军需局总办	1866
	武昌道台/盐道	1868
	粮道	1874
	湖北按察使	1875
	汉口道台	1876（至1882年）
䙡德标	武昌道台/盐道	1875
	湖北按察使/粮道	1880
	湖北布政使	1883（至1888年）
恽彦琦	粮道	1877
	湖北按察使	1879
	汉口道台	1882
恽祖翼	武昌道台/盐道	1881
	武昌道台/盐道（再任）	1887
	湖北按察使/粮道	1890
	汉口道台	1893

资料来源：《湖北通志》卷一一五，据其他资料作了增补。其中恽彦琦与恽祖翼可能有些关系，特别是因为他们的籍贯相同，都是江苏阳湖县。

---

① 湖北省盐茶牙厘局通告，1861年6月21日，英国外交部档案，228/313；《申报》光绪八年三月二十八日。

这一富于改革精神的政府机构的功能包括协调各方面的商业政策，定期召集省里的有关官员商讨重要经济决策。例如，1878年，湖广总督李瀚章即把他们召集在一起，讨论位于武昌下游大约80英里的樊口闸的建设对商业的影响问题。① 然而，湖北盐茶牙厘局及其分支机构主要的关注还是财税收入。胡林翼及其继任者交给他们的任务特别棘手，即在最低程度地增加商人负担与影响商品流通的前提下，最大限度地增加财税收入。例如，1866年，刚刚就任湖北巡抚的曾国荃就将这种思想付诸现实，他指示湖北盐茶牙厘局及其分支机构，强调必须坚持维护"众论"，并"爱敬众商"。1883年，湖广总督卞宝第也同样强调，保持对纳税人的信任具有十分重要的意义。湖北盐茶牙厘局在1882年的一份公告里也宣称：本局一切措置，乃在"便商"，"立票为适用起见，尔等……毋负本局便商之至意"②。

为了成功地挖掘商业税收资源，并用它维持其他地区军队的日常开支，湖北就必须迁就并保护商人。③ 随着时间的推移，支援外省的任务越来越艰巨。例如，1876年，巡抚翁同爵报告说：每月从省藩库调拨给清军的军饷为3万两，协济甘肃4万两、安徽5万两、陕西2万两、四川2万两、云南1万两，还有一次性支付给"华北海防"的15万两和给左宗棠平定新疆之役的20万两。④ 在1883年至1884年间的中法战争中，东南沿海的巨大花费给湖北省财政带来更为沉重的压力。⑤

从19世纪70年代末开始，在湖北盐茶牙厘局特别是其敢于直言的成员

---

① 李瀚章光绪五年二月二十一日奏，见《合肥李勤恪公政书》卷九。湖北盐茶牙厘局不负责监督商业财税收入的支出，这一任务被分配给一个单独的机构负责，它最初叫"总粮台"，1866年以后称为"军需总局"，1880年之后称为"善后总局"。可是，这些机构中的官员很多与盐茶牙厘局的官员重叠，或者二间之间有亲密关系。参见曾国荃：《曾忠襄公奏议》卷一，16~18页。

② 曾国荃给湖北盐茶牙厘局的训示，同治五年，见《曾忠襄公奏议》"公牍"部分，卷一，3页；卞宝第光绪九年奏，见《卞制军奏议》卷五，43~44页；《申报》光绪八年三月二十八日。

③ 参见胡林翼：《胡文忠公遗书》（1866）卷六，23~26页，卷一〇，27~28页；官文同治元年奏，见明清档案，"朱批奏折·财政"；曾国荃：《曾忠襄公奏议》卷三，28~29页。

④ 明清档案，"岁收登记"光绪二年目录下，光绪二年三月六日、四月十六日、十月三十日，以及这一年中的其他奏疏。

⑤ 卞宝第光绪十年奏，见《卞制军奏议》卷七，26~27页。

蒯德标的劝告下，湖北省政府开始坚决地拒绝超额摊派给湖北省商业税收的负担。他们都会把需要保护与支持本地商人作为拒绝的首要理由。1878年，当军机大臣袁宝恒要求提高湖北盐厘以支援河南救灾时，湖广总督李瀚章（在蒯德标的劝说下）以盐商获利已非常之薄为由拒绝了。① 1884年，湖广总督卞宝第反对将湖北厘金收入进一步调拨给福建海防。他争辩说："嗣兵兴日久，一捐再捐，其势已成强弩之末。"同一年，卞宝第又阻止了朝廷提高汉口茶税的计划，声言："裕课首在恤商，必使商有盈余，斯市面方有起色，税厘可望旺收。"② 1886年，根据蒯德标和湖北盐茶牙厘局所准备的报告，巡抚谭钧培反对朝廷准备提高牙帖收费的意图，因为这样做不利于吸纳有能力的人，因而也会阻碍商品的流通。谭钧培的理由是："商贾见牙帖价涨，必不愿购进。而牙商必求之于自愿之商，非可由官府屈致者也。"③

从某种意义上讲，湖北省政府和湖北盐茶牙厘局不过是采取了帝国晚期各省官员所共同采取的策略，即借口"同情商业"而努力保护本地区的财力资源，使它不受外部的压榨。可是，在19世纪80年代，分明还有些别的因素在发挥作用。从这些年中湖北官员们的争论中，我们可以察知一种特殊的情况，那就是他们对当时的商业状况有一种成熟的理解。对于蒯德标及其同事们来说，有一点非常清楚，就是：太平天国运动后，以汉口为中心的商业繁荣已开始失去其发展的动力，因此，在税收方面任何重大的增高都很可能会适得其反，迫使商人或者成系统地逃税，或者走向破产。在指出市场的全面萎缩之后，他们总结说："商力实已濒于衰竭"；眼看着越来越多的钱庄倒闭，他们认为："商号愈益滞缓，欠债日增。"④ 19世纪80年代中期，湖北盐茶牙厘局觉察到国际竞争带来的威胁，对面临生存危机的汉口茶叶贸易进行了一次全方位的调查研究。⑤ 在他们这一阶段的各种报告中，都包含一种

---

① 李瀚章光绪四年四月十日奏，见《合肥李勤恪公政书》卷八。
② 卞宝第光绪十年奏，见《卞制军奏议》卷六，第3~5页；卷五，45~47页。
③ 谭钧培光绪十二年五月奏，见谭钧培：《谭中丞奏稿》（1902）卷五，18~20页。
④ 卞宝第光绪十年奏，见《卞制军奏议》卷六，5页；谭钧培光绪十二年五月奏，见《谭中丞奏稿》卷五，19页。
⑤ 海关总税务司：《茶，1888年》，见"海关系列专刊"第11号（上海：1889）。

清楚的意图,即希望削减税收以刺激地区商业。

当然,最根本性的刺激来自别处,即西式工业化融入了汉口与华中地区的商业经济中。观察湖北省的工业管理如何融入固有的商业管理结构之中的进程,是非常有趣的。例如,1886年,当湖北巡抚谭钧培试图开展一个开发湖北京山县铜矿的系统工程时,他就以湖北盐茶牙厘局为模本,在汉口设立了一个"湖北矿务总局"。六年后,当张之洞计划为其自强运动在武昌开办一家织布厂时,也在汉口设立了一个"湖北省织布局",任命长期担任湖北盐茶牙厘局总办的粮道恽祖翼兼任总办。甚至根据张之洞1898年颁布的革新法令而设立的"湖北商务局",在制度上也可以看做湖北盐茶牙厘局的后继——它由两名候补道台负责管理,其资金则来源于湖北牙帖收入,其目标乃在于鼓励与推动工商业的发展。① 据此看来,19世纪开始的自强运动的动力在很多方面并非来自外部冲击,而是国家保护商业的内部传统不断演化的结果。

五、商人和官僚:个人利益的结合

以上关于政府对汉口贸易的关注及其政策的考察,还仅仅揭示了事实的一部分。为了全面理解国家与汉口商业的关系,我们还必须对参与商业活动的个人与政府官员之间在私人利益方面的重叠进行考察。在整个19世纪,这些私利在很多方面紧密地交织在一起。虽然纵观中国历史发展,官与商这一对孪生兄弟不时地相遇在一起,但在清末,越来越多的商人成为官员,而越来越多的官员也做了商人。

对于许多官员来说,汉口商业的利润太大了,以至于很难不进行私人商业投资。19世纪前期,投资的理想领域是盐业;由于盐商具有准官方地位,正统的官员参与其中也不会有失体面。而且盐业既有很高的利润,又相对安全;做食盐生意不需要太多的关系,只要付得出大笔首付款即可。因此,盐业就吸引了像黄承吉这样的人,他是徽州人,1797年进士及第,其官宦生涯

---

① 《益闻录》1886年9月25日,1892年12月3日;张之洞:《南皮张宫保政书》(1901)卷一二,18~20页。

的最高官职是广西巡抚。黄承吉曾在武汉三镇任过职,1820 年左右退休后,他就来到汉口,成为一位盐商中的头面人物。①

19 世纪中叶以后,盐业日益私人化,风险也逐渐加大,官员们越来越多地投资于金融行业。与全国各地一样,武汉的当铺也多为退休官员所开,他们已经集聚了一定的财富,想找一种相对安全的投资渠道。② 可是,由于钱庄开始展现出更大的获利机会,于是就吸引了更多的官员来投资。例如,王文韶还在署理湖南巡抚任上时,就已经是他的两个杭州老乡在汉口经营的钱庄唯一的老板与后台了。同样的例子还有一位张姓的知县,当他 19 世纪 70 年代在芜湖担任盐引批验所大使时,就已成为一家汉口钱庄的股东。张是他在盐务部门中的直接上司湖北盐道蒯德标的亲密朋友与门人,后来,他被指控利用这层关系把他的钱庄当做正式的官方机构而犯下了罪责。③

盛世丰事件充分地显示出官员私人投资所具有的两面性,他的银行盛裕泰钱庄于 1868 年倒闭,弄得流言蜚语满天飞。④ 他先后担任巡检和按察使司照磨,在汉口时他出人意料地成为刑部的一位低级官员。不管怎样,随着时光流逝,几年后,他用"盛恒山"的假名成了汉口的一名独立商人,并用"阿和"之名当了宝顺洋行(Dent and Company)的汉口买办。虽然他拒绝承认,但他确实是盛裕泰钱庄背后实际的主要股东,而且外界广泛传闻说他的朋友和恩主、前湖广总督官文也是大股东之一。出于各种原因,官员们在汉口开办私人企业喜欢隐瞒其投资——比如,盛世丰开设的两家当铺就是用他六岁儿子的名字注册的。

那些没有直接涉足贸易以获取个人财富的官员则通过其血亲关注商业

---

① 范锴:《汉口丛谈》卷五,1~7 页。
② 武汉市工商联合会档案,《武汉典当业略谈》(手稿,1962)。
③ 《申报》光绪五年元月十七日。
④ 麦华陀(Medhurst)致艾科克(Alcock),1868 年 2 月 18 日,英国外交部档案,228/505;麦华陀致艾科克,1868 年 3 月 28 日,英国外交部档案,228/456;居斯戴尔与罗根公司(Drysdale, Ringer and Company)致凯恩(Caine),1868 年 11 月 13 日,英国外交部档案,228/456;凯恩致艾科克,1869 年 1 月 25 日,8 月 13 日,英国外交部档案,228/476;凯恩致韦德(Wade),英国外交部档案,228/494;凯恩致韦德,1872 年 3 月 1 日,英国外交部档案,228/515。

领域。众所周知,中国士绅家庭喜欢让子孙分别在官场、土地经营和商业领域里发展。在中国近代,最著名的例子可能就是汉口的叶氏家族了。有着二百多年历史的叶氏家族在汉口开办了一家全国闻名的叶开泰药店,叶家的财富就是靠这个药店积累起来的,这些财富使得他们后人中有几十个通过科举考试获得了功名,并有一些做了高官——特别是在第二次鸦片战争中臭名昭著的叶名琛。① 太平天国运动后,总部设在汉阳外港鹦鹉洲、湖南人占据主导地位的木材行业中,这种官商结合的家族现象最为突出。木材商的头面人物都是曾国藩和左宗棠的亲戚,他们对市场活动都表示出极大的兴趣(参见第八章)。有一个特别愚蠢的、很可能是杜撰的故事,说19世纪70年代,来自湖北大冶县的一个商人行会试图强行进入汉口木材市场,他们求助于其大冶同乡、时任江西巡抚的何凤士,要求他给汉口官方施加压力,允许他们进入木材行业。何凤士答应这样做,但有一个条件,即允许他的亲戚进入这个行会,而此前这一行会只有另外三个姓的人才能加入。②

商人们除了从血缘亲戚那里得到庇护之外,还可以用其他理由得到官员的保护。像何凤士那样,就是同乡关系发挥了作用。左宗棠也一样,他的同乡张自牧及其子张崇傅由于生意上的纠纷,经常与汉口地方官府发生冲突,左宗棠三番五次地出面保护他们。③ 当林则徐于1831年就任湖北布政使时,也曾多次从武昌衙门渡江去看望在汉口的福建同乡。作为一位有改革精神的官员,林则徐非常谨慎地将这种联系限制在职务规范与礼仪范围之内。因此,他采取的第一个正式行动就是发布了一个通告,限制商人进入他的私宅;他告诉其长随:"如有伪投名帖书函者,该商立即送究。"④

官、商角色的互相渗透,绝不是单向进行的。纵观清朝历史,越来越多的有名望的或不太有名望的汉口商人都拥有了荣誉性的官品(职衔)。其中的大部分只是一般的职员或佐杂,也就是最低级别的吏职;而那些更为成功的人则把目光盯着候补知县、知府、道台等头衔上。有关汉口商人拥有官衔

---

① 武汉市工商联合会档案:《武汉叶开泰药店简史》(手稿,未著日期)。
② 武汉市工商联合会档案:《汉阳鹦鹉洲竹木市场事略》(手稿,1964)。
③ 卞宝第光绪八年十二月奏,见《卞制军奏议》卷四,1~3页。
④ 林则徐:《林则徐集·日记》(北京:1962),道光十七年三月四日(234页)、道光十八年十月十一日(308页)下的记事;《林则徐集·公牍》,18页。

的确切比例无法统计，但一些印象性的证据表明，到19世纪下半叶，超过一半的汉口牙商和主要批发商都拥有这样的职衔。例如，大部分因为各种原因而被记录在呈给总理衙门报告中的商人都拥有官衔。

商人们有非常充足的机会获得这些职衔。我们在前面已经讨论过这个世纪里在武汉进行的、首先由朝廷后来由湖北省主持的、出卖官品与士绅功名的"捐纳"运动。根据研究这一制度的代表学者徐大龄的研究，朝廷不仅在19世纪中叶放宽了售卖官职的配额限制，而且由于朝廷越来越急于敛财，卖官的价格也逐步下滑。对于一个已经拥有最低级别功名（那是容易买到的）的人来说，如果想得到道台的官品，在1798年需要花费18 040两银子；到1851年，同样的官品需要花11 808两；而1889年，只要花5 940两就行了。① 到那个时候，对于一个拥有适量财产的汉口商人来说，这个可以购买的最高官品也就唾手可得了。

除了可以得到公众的尊敬之外，购买官品的另一个动机是官员身份可以豁免普通的刑事处罚。在太平天国运动后缺少规范的汉口商业世界里，购买官衔的投机商人远远超过他们那些本本分分的同行。上一章曾讨论的裹入1865年信贷欺诈案的四个人以及上文提到的张某都拥有官品。从汉口和湖北发出的很多官方信件都记录了当地和省里的官员试图剥夺这批害群之马的官衔，以将他们绳之以法。

特别是在太平天国运动后的时期里，商业行会的领导人按惯例都要购买官衔，从而使他们可以与地方官平起平坐地打交道。有一个故事说：1889年，张之洞莅任不久，一位官商，药业公所的总首万兴，去求见张之洞。张之洞看了一下万兴的拜帖，知道是一位商人来访，就笑着说："请这位尊贵的大人进来吧！"②

当然，荣誉性与候补官衔是一回事，而真实的现任官员（实官、实缺）又是另一回事。但有时也能买到实官做。朝廷极力避免这样做，但迫于财政压力也会偶尔为之。例如，在胡林翼在武汉筹集粮饷的前六个月里，朝廷就特许他可以出卖十个实缺。在整个19世纪，这样的出卖官职在汉口间或有

---

① 徐大龄：《清代捐纳制度》，载《燕京学报》，第22辑（1950）。
② 武汉市工商联合会档案：《武汉药材行业历史沿革》（手稿，未著日期）。

之，虽然所有的报道都清楚地表明这对于各方都是一件十分棘手的事。①

汉口本地的低级职位也向商界名流开放吗？汉口的礼智、居义巡检是正式的官僚职位；地方志列举了担任这两个职位的官员名单，虽然注明了他们的籍贯（这表明这些职位的作用遵守了回避制度），但却没有提到他们任何功名等级。那些长期侨居于此的人有可能渐渐进入当地官僚集团吗？有的巡检在被任命为巡检之前，就长期在汉口担任官职，似乎表明他们已在这个城市扎下了根。例如，周缵文做了六年居义巡检，之后转任礼智巡检，又做了三年。② 19世纪初有一位巡检叫胡戟门，是杭州人（那里有很多商人），并非科甲出身。因为"军功"——通常是指给帝国军队提供了一笔财政捐助，他被任命为汉阳县西南境的新滩巡检，之后转任汉口的居义巡检。③ 可以相信，胡戟门很可能是一位富有的汉口盐商，他适时地向当地官府捐献了一笔平定白莲教起义的款项——当时白莲教起义已耗尽了湖北省的藩库，所以得到一个官职作为报偿。

不论像巡检这样的常设官职是否向汉口的商业精英敞开大门，还是有很多有权有势而且有利可图的准官方职位在习惯上留待真正的本地人通过非正规渠道去猎取。这包括那些地方盐业、厘金、牙行以及劝捐局等部门中的"委员"职位。例如，刘仁山既是汉口药业公所的首事，同时又是牙帖局的会办。在19世纪下半叶，富有的商人一般同时又是征收厘金的官方代理人。只要尽心尽责地办事，这些人可以期望最后从更高级别的官员那里得到候补知县、候补知府之类的官衔作为奖赏。④

从上面列举的各种情况来看，在清末的汉口，商与官的利益日趋紧密，有时其功能也很相近。长久以来"限制"官绅与商人交结的原则，虽然仍然

---

① 胡林翼咸丰八年五月十四日奏，见明清档案，"朱批奏折·内政"。另请参阅范锴：《汉口丛谈》卷四，30页；叶调元：《汉口竹枝词》卷五，3页。关于出卖实缺的总体情形，参阅徐大龄：《清代捐纳制度》，第6节。

② 1867年《汉阳县志》卷一四，54~60页。

③ 范锴：《汉口丛谈》卷五，6页；蔡乙青（辅卿）：《闲话汉口》，载《新生月刊》，第5卷，第9期，34页。

④ 中国第一历史档案馆所藏明清档案之"朱批奏折·财政"、"朱批奏折·内政"部分有很多来自湖北省的报告这一类奖赏的奏疏。关于刘仁山，则可见武汉市工商联合会档案：《武汉药材行业历史沿革》。

是胡林翼及其继任者时常认可的晚清商业政策的一个方面,但在实践中却越来越淡化了。"职商"、"绅商"之类的简称,也许更便于描述一个更为宽广的汉口精英群体了。

六、结语:勾结还是冲突?

在汉口,国家财政收入在很多方面依赖于商业,湖北省出台了相适应的政策,设立了执行政策的机构,以支持贸易并维护国家得自贸易的财税,而且个体商人与官员们的私人利益越来越重叠,凡此,是否就足以从汉口的实例中得到证明,认为帝制国家与商业资本之间存在着"专制主义的勾结"呢?我们认为还未必,理由如下:

首先,无论帝国晚期的官府,还是汉口的商业世界,都不是铁板一块,它们都包含多个竞争层面。举一个显明的例子:上文叙述的湖北省政府的政策实施起来是要损害中央与县级衙门利益的,而且在实施过程中这两者失掉的不仅是税收,更是威望。随着省级官府越来越注重与商人成功地建立起朋友关系,大众就越来越把信任与尊重转向了那些相比之下受到损害的其他级别的衙门。另外,由于商人阶层因利益不同而不断分化,政府既不可能让所有商业阶层满意,也不可能长期支持某一阶层而反对其他的阶层。

其次,虽然商人与官员们的目标有所重叠,但他们各自的侧重面是不同的。商人首先是要追逐利润,其次才是一个生意不受阻碍的稳定的社会。而国家首先考虑的则是社会和谐和秩序,同时也要考虑尽可能攫取最大收入以使它能够完成越来越复杂而且花费巨大的任务。虽然国家也十分关注鼓励贸易发展,并放松了对它的控制,但它也需要维护社会稳定,所以同时也必须坚持家长制的经济政策。这种家长制的经济政策并非每一个人都喜欢,最糟糕的情况则像第五章所述姚知县颁布的禁止使用信贷的错误禁令,就没有一个人喜欢。

最后,虽然商业税收引导国家去鼓励商人的活动,但它是一把双刃剑。事情还有另外一个方面:日益加重的商税负担使官、商关系越来越紧张。我们已多次看到 19 世纪后半叶汉口商人对税收制度特别是苛捐杂税越来越敌视。1887 年汉口茶业公所的揭帖把这种敌视反映得淋漓尽致。起初只是在商业危机中才能清晰地听到这种抱怨的声音，到后来，即使是那些最受外来影响的商业领域也到处在发泄不满情绪了。在清朝最后的一段时间里，由于税收更为沉重，外来影响更加扩大，这种紧张状态影响了汉口商人社团全体对王朝的忠诚。

第二部分

城市的社会组织

第7章
移民城市的地方根源

中国疆域辽阔，加之中央统治权力总体上较为虚弱，社会分化为许多地方亚文化区，这已是不言自明的事实。这些亚文化区的大小不定。而且，它们是一个套一个的：比如一个汕头人，稍次但同样很重要的，他也是一个广东人，还可以是一个南方人。共同的家乡市场体系，相同的社会习俗，以及独特的地方语言（在异乡这可能是最重要的）形成了一个地方的群体。

最近的研究，包括这里所论述的，都得出这样的结论：虽然地理环境所造成的区域差异并不是区域间贸易与交换所不能逾越的障碍，但它们是中华帝国晚期单个的人之间最为重要的特征。① 与此相比，亲属关系和宗族团体对绅士而言是极为重要的，但在某些乡村地区就不那么重要了。除了回民外，在一个十分奉行中庸之道与兼容并蓄的传统社会里，宗教信仰的差异并不引人注目。阶级、称谓、身份都比不上同乡的传统持久，尤其是在商业化的城市环境里。地方志中人物传的标准记载模式是：开头先述其名、字、号、籍贯，然后再叙及其他内容，这反映出在界定一个人的身份问题上，地方出身是极为重要的。

明清时期，人口的空间移动仍然非常之高。劳伦斯·W·克瑞斯曼（Lawrence W. Crissman）在一篇引发争议但颇有影响的文章中，证明对海外中国城市社区（唐人街）的考察与对中华帝国晚期城市的研究之间存在着某种相同点，因为二者都是由移民构成的。② 克瑞斯曼指出，无论是在国内城市还是在海外华埠，中国人都根据出生地划分成几个族群（或亚族群）的

---

① 何炳棣：《长江中上游地区会馆的地理分布》，载《清华中国研究学报》，第2期（1966年12月），120~152页。

② 劳伦斯·W·克瑞斯曼：《中国海外城市社团的组织结构》，载《人类学》，第2卷，第2期（1967），185页。

"小群体"。他指出："中国城市里个人和群体在多大程度上属于'外地人',主要依赖于其家乡和居住处所之间的距离和差异……所有这些'外地人'一般可依据地理来源和职业划分为许多'族群团体'"①。因此,"亚族群"差异在决定婚姻伴侣、邻里关系和自愿组织的构成等方面发挥着重要作用。

至少在一些大城市里,商业的专业化扩大了亚族群间的差异。这种专业化远不仅是贩卖某人家乡的产品,而是某一特定地区的人专门生产和销售某些商品类型或从事某些服务行业。即使那些初来乍到的观察者也能看出在汉口商业和出生地之间的关系:19世纪60年代,一位西方人报道说:"经营鸦片贸易的主要是广州人,经营棉布和绸缎业的主要是浙江人,江苏商人是做瓷器和药材生意的,经营烟草的则都是福建人。"②

在帝国晚期的所有中心城市中,汉口可能是最能体现克瑞斯曼所描述的"移民城市"了。当然,也是较为特殊的一个。其他的一些商业中心,如广州、南京、天津,也吸引了不少新迁入者,但这些城市是其自身缓慢的有机发展的产物。汉口建镇较晚,加上其优越的地理位置所决定的商业重要性,从而为非常迅速、密集的移民运动提供了契机。城市在国内市场中的地位不仅吸引了来自遥远地区的大商人,而且在明末清初,武汉地区已不能提供这一新兴的商业中心所需要的各种社会经济阶层的人员。所以,如果说徽州和绍兴是帝国重要的人才输出地区③,那么汉口就是主要的人才输入地区。也许,只有重庆和上海才能与之相提并论。17世纪张献忠在四川的大屠杀制造了类似的契机,而上海在开埠以后的飞跃发展在国内也是独一无二的。④

---

① 克瑞斯曼:《中国海外城市社团的组织结构》,载《人类学》,第2卷,第2期(1967),201页。

② H. E. 霍布森(Hobson),见海关总税务司:《中国通商口岸对外贸易报告》,1869,28页。关于中国人对这一现象的看法,参见《汉阳县志》(1920)卷一二,11~12页。

③ 何炳棣:《中华帝国成功的阶梯:1368—1911年的社会流动》(纽约:1962),233页。

④ 关于重庆,参见窦季良:《同乡组织之研究》(重庆:1946),第1章;胡昭曦:《"张献忠屠蜀"考辨:兼析湖广填四川》(成都:1980),第3部分。北京也有移民城市的特征,但是起因不同。

一、移居城市的三种类型

我们不能确定汉口移民和当地土著居民（那些在方言与文化上与汉阳县一样的人）的比率到底是多少，但显然是相当高的。1850 年，一位中国作者描述道：他的邻居没有一个是本地居民（土著），那时 90% 的人口都是寓居者，10% 的登记为土著的也都是上一代或上两代时迁移过来的。① 虽然这是个极端的例子，但也不是完全没有代表性的。1813 年，汉口的保甲登记簿中，大约一半登记为本地籍，一半登记为其他地区的籍贯。不仅前者要包括许多最近的新移民，而且整个登记人数要远远少于城市的实际人口数。那些没有登记的很可能是暂住的外地人。② 一个世纪以后，据《汉口小志》记载，按照文化和语言的标准划分，城市中只有十分之一的人是本地人。③ 此外，人口的男女比例也能说明汉口的大部分人口是移民。1912 年的人口调查表明，汉口 64% 的人口为男性，比北京高 0.5%，比当时的大多数美国城市要高出许多。在美国城市，男女比例基本是持平的。④ 而从 19 世纪中期以后对汉口的描述中可以看出，那些年中汉口的男女比例几乎一直是 2∶1。例如，1858 年，劳伦斯·奥利芬特（Laurence Oliphant）报道说："作为商业中心的汉口，其人口构成中的男女比例要比一般的中国城市高得多。其居民中的大部分都是逗留者，所以很容易估算出来。"⑤

为了详细论证奥利弗恩的"很容易"得出的结论，我们必须对城市的非

---

① 叶调元：《汉口竹枝词》卷一，2 页。（此处所引之竹枝词原文是："此地从来无土著，九分商贾一分民。"原注称："一分民，亦别处之落籍者。"——译者）

② 1818 年《汉阳县志》卷一二，18 页。参阅罗威廉（William T. Rowe）：《中华帝国晚期的城市控制：汉口的保甲体系》，载乔舒亚·福格尔（Joshua A. Fogel）和罗威廉主编：《透视巨变中的中国：纪念 C·马丁·韦伯（C. Martin Willbur）教授论文集》（科罗拉多，博尔德：1979），97~98 页。

③ 徐焕斗：《汉口小志·风俗志》（1914），2 页。

④ 徐焕斗：《汉口小志·户口志》，1 页。北京和美国城市的数据来自西德尼·盖博（Sidney Gamble）：《北京社会调查报告》（纽约：1921），105、412 页。

⑤ 劳伦斯·奥利芬特（Laurence Oliphant）：《1857—1859 年额尔金伯爵出使中国与日本纪行》（纽约：1860），566 页；也见 W·阿瑟·考纳比（W. Arthur Cornaby）：《漫游华中》（伦敦：1896），39 页。

本地人口作更为细致的分析。按照移居方式的不同，可以将帝国晚期移入汉口的人划分为三种相对清晰的群体。我把这些移居类型分别称为"迁移性移居"、"城市化移居"和"客寓式移居"。

1. 迁移式移居。虽然中国历史早期的地区间移民运动（如唐宋时期文化的向南扩展）一直有人在研究，但帝国晚期的移民运动只是最近才引起学者们的注意。每个历史时期都有移民运动发生。虽然也存在着诸如政府有计划的移民垦殖之类的情况，但大多数的移民都是迫于天灾人祸，或是独身一人或是拖家带口地背井离乡。在中国史料中称之为"流民"的就是这些移民——这个称呼通常包含着某种蔑视的意味，我在这里无意于援用它。许多移民，虽然并非全部，都来自乡村地区，在城市里只能找到一些卑下的工作。对这些移民来说，移居于新地点就是长期性的，很少有人再回到家乡（关于迁移式移居的特征，参见表7—1）。①

表7—1　　　　　　　　"迁移式移居"的特征

类别	特征	←绝大多数	←多数	不相上下	→多数	→绝大多数	相反特征
预定移居的时间	暂时性的					√	永久性的
返回家乡	季节性的					√	不定期回乡或从不回乡
迁入时的家庭成员	独自一人			√			家族
以前的住地	乡村	√					城市或郊区
职业状况	卑下	√					专业人员
移居的动机	被迫离家	√					发达、晋升

---

① 穗积文夫在《流民考》（《史林》，1965年，第1期第1~20页和第6期第1~15页）对地区间的移民运动作了富有启发性的研究，他虽然偏重于宋代，但也涉及明清时期。

向汉口移民是一个持续现象，但当大范围的灾难发生时其速度会加快，特别是在明朝兴起、明末农民战争和太平天国运动这三次重大的军事动乱中，移民纷纷涌入武汉地区，涌向汉口。在这三个时期，移民运动的方向主要是向西迁移，人们从长江下游地区迁入长江中游地区。这三次移民浪潮中最大的一次可能发生在明朝末年。对此，魏源（1794—1856）写道：

> 当明之季世，张贼（张献忠）屠蜀民殆尽，楚次之，而江西少受其害。事定之后，江西人入楚，楚人入蜀，故当时有"江西填湖广，湖广填四川"之谣。①

我们用来研究武汉移民迁居方式的最好资料是家谱和族谱，但这些资料只能反映那些在新环境中获得成功的家族，并不能代表整个长江中游地区的移民情况。我参阅了汉阳县8个家族和邻县5个家族的族谱，这些家族均有成员在汉口活动。②

这13家几乎都是从长江下游地区迁移到武汉的：7家来自江西，5家来自江南，剩下的一家来自湖北本省的麻城县。其中8家是在元末明初迁来的，3家是在明中叶，2家是在明清之际迁入的。有人可能猜测在明初迁入的移民都是为了逃避那时的农民叛乱，而且4家（包括来自江西备遭蹂躏的吉安府的3家）族谱有明确的记载。但是，更多的移民似乎是站在朝代更替战争中的胜利者一边；这13家中有5家是明初在该地区任职的官员，退休时在附近地区开垦或收购了一些肥沃的良田，从而在武汉长期居住。（这些家族的始迁祖有4个是明太祖的追随者，1个是15世纪60年代在武汉任职的官员。）只有1家（就是来自湖北的那家）自称是为了逃避明末农民战争。因为张献忠部曾掠麻城，并在那里招募军队，这家的始迁祖可能是被张献忠逼走的地主，也可能是一个在张献忠军队瓦解后而定居他乡的在麻城被征募

---

① 转引自何炳棣：《长江中上游地区会馆的地理分布》中的译文，亦可参见何炳棣：《中国会馆史》（台北，1966），67页。（本段引文出自魏源：《湖广水利论》，见《魏源集》上册，中华书局，1976，388页。——译者）

② 这13部族谱是：《张氏三修家谱》，《常氏宗谱》，《冯氏宗谱》，《汉口劳氏族谱》，《韩氏宗谱》，《汉阳姚氏族谱》，《洪山庙罗氏宗谱》，《官桥凌氏宗谱》，《桂氏宗谱》，《刘氏宗谱》（1924），《刘氏宗谱》（1932），《姚氏宗谱》，《叶氏宗谱》。

的士兵。① 由于这些家族已在当地定居了几百年，繁衍了好几代，因而他们的历史并不能反映第三次移民浪潮，即太平天国时期的移民情况。但是，其他一些资料能说明最后一次移民浪潮的情况。如江南笪氏商人家族在19世纪50年代迫于叛乱而背井离乡，在武汉定居。②

总之，虽然多数移民来自乡村，但西向移民运动的移民，尤其是社会大动乱时期，却包括了乡村和城市各个社会经济阶层的人。许多人在长江中游的村落里安家落户，但他们的后裔或支系也常常定居汉口或这一地区的其他城市。因此，在整个19世纪，久居汉口并历经数代的居民可能是参与了这些大规模移民运动的人的后裔。

2. 城市化移居。第一种移居汉口的方式是"城市化移居"，我们把它定义为：城市腹地的人口受到城市吸引，离开故乡，来到城市，并相对长时期地居住在城市里。英国领事金格尔（Gingell）曾谈到这一现象，他在1863年报道说："汉口商业持续繁荣，规模日渐扩大。不同层次的中国人都大量涌向这个城市……为了他们能很容易地找到工作。"③ 受到吸引来汉口的人几乎都是来自狭义的"长江中游大区"：湖北的中部和东部、湖南的北部和中部以及河南的西南部。④ 但是，最多的还是来自附近的湖北诸县乡村。

某种程度上，从腹地移向汉口的人都是被迫离开家乡的。除了日渐增长的人口压力外，频繁的洪水（汉水流域）和饥荒（干旱的河南平原），以及太平天国运动后大量的政府军队被遣散，都促进了19世纪后期的城市化。

---

① 关于张献忠在麻城的活动，见胡昭曦：《"张献忠屠蜀"考辨》，87~89页。他在书中的第3部分详细论述了元末明初和明末清初的西向移民运动。

② 《申报》光绪三年十二月六日。这一时期，另一个从长江下游地区迁居汉口的是为了逃避1862年叛乱的安徽人，见约翰·格利菲思（杨格非，Griffith John）：《来自中国的声音》（伦敦：1907），205页；另请参阅福斯特（Mrs. Arnold Foster）：《长江流域》（伦敦：1899），150页。

③ 金格尔（Gingell）致布鲁斯（Bruce），1863年3月10日，见1863、1864年英国议会档案，第3302号，40页。

④ 不少汉口社会下层人员的籍贯保留在中、外政府档案和新闻报纸有关诉讼的报道里。如：翁同爵光绪三年三月二十六日、光绪三年五月二十日片，见总理衙门档案（台北："中央研究院"近代史研究所），"湖北交涉俄人已未结各案"；所署日期为同治元年八月三十日的中文报道，英国外交部档案，682/1797；《申报》光绪四年四月二十九日、光绪九年四月六日，以及光绪九年五月三日。

但是，和其他社会中的城市化一样，大多数移民的主要目的是想在经济繁荣的城市寻找工作。几乎所有能找到的工作都是些不需要特殊技能的苦力或小贩等卑贱的职业。① 许多汉口邻县和湖南的移民都加入了正迅速扩大的码头工人和岸边搬运工的行列，这一部分人成为 20 世纪初期汉口社会极不稳定的因素。② 比起那些较为富裕的居民，人们更关注与城市化进程相关的边缘人口的增长。1884 年《汉阳县识》的作者感叹道："溯道光初年，汉市殷盛，惰民流丐于此者滋多。"③ 更为不稳定的是妓女、赌徒和小罪犯，其人数在 1870 年后成倍增长。这些失去社会地位的人的增加对汉口后来的历史产生巨大影响，他们使得案件增加，社会日益动荡不安。④

不少难民短时间后会离开城市，但多数"城市化移民"却会留下来。当面临危难时，其中的大部分人都会选择回到乡村，那里仍向他们敞开怀抱，并有事可做。在太平军袭击汉口时，很多汉口居民"逃回乡村"；但他们仍被称为"居民"而不是暂居者。⑤ 汉口的人口数量会有季节性的波动，来自附近乡村的下层居民在农忙季节会回到家乡。⑥ 但是，总的说来，即使是在汉口从事最低下工作的人也会携带家人或在这个城市成家，从这一事实可以看出：人们一般是周期性地返回乡村，而不是在农闲时候周期性地来到城市。⑦（关于"城市化移民"的特征，参见表 7—2）

---

① 比如，《申报》光绪四年四月二十九日记载，一个移居汉口的黄陂人，起初是为新来的船员理发，后来成为一个沿街叫卖的水果小贩子。

② 萧致治：《武汉码头工人革命斗争史》（未刊稿，1972）。关于工人队伍中的湖南人，见武汉市工商联合会档案，《汉阳鹦鹉洲竹木市场史略》（手稿，1964）。

③ 1884 年《汉阳县识》卷二，22 页。

④ 《申报》和《益闻录》记录了这些因素的产生与增长。我在《中华帝国晚期的城市控制：汉口的保甲制度》和《晚清城市中的叛乱和敌人：汉口 1883 年事件》（载邹说主编：《中国的政治领导层和社会变迁：远东研究中心论文选集》，第 4 集，芝加哥，1979—1980，71~111 页）等论文中，已初步分析了他们对地方历史的影响，在本书的续集中我将进一步展开详细的论述。

⑤ 1867 年《汉阳县志》卷八，35 页。

⑥ 劳伦斯·奥利芬特（Laurence Oliphant）：《1857—1859 年额尔金伯爵出使中国与日本纪行》（纽约：1860），566 页。

⑦ 《申报》光绪五年七月二十六日，描述汉口一个挑夫的家庭；《申报》同治十一年八月二十一日，讲述了一个赌徒的家庭生活；叶调元：《汉口竹枝词》卷二 5 页以及卷四 7 页，叙述了城市中几个小家庭的生活。

表 7—2　　　　　　　　"城市化移居"的特征

类别	特征	← 绝大多数	← 多数	不相上下	→ 多数	→ 绝大多数	相反特征
预定移居的时间	暂时性的					√	永久性的
返回家乡	季节性的			√			不定期回乡或从不回乡
迁入时的家庭成员	独自一人		√				家族
以前的住地	乡村	√					城市或郊区
职业状况	卑下	√					专业人员
移居的动机	被迫离家				√		发达、晋升

不像那些阶段性地进入汉口的移民运动，城市化移民是一个持续的、不断加速的过程。因此，18和19世纪汉口城市人口的大幅度增长很大程度上得力于这一类型的移民。前引1884年《汉阳县识》记载说，城市化开始于太平天国叛乱前的几十年；考虑到叛乱引起的大量居民的逃离和新居民的移入，其过程是逐渐累增的。1862年，基督教传教士罗伯特·威尔逊（Robert Wilson）写道："在我去年留居汉口的三个月的时间里，可以明显感觉到这个城市变得日渐拥挤"。10年以后，一个教会医生描述说："城市中的空地布满了新近移居者的棚屋。"① 在1871年关于汉口健康情况的报告中，这位医生指出几乎每57位他诊断的麻风病患者中就有两个是新近来自城市周边的农村的。②

在主要的工业生产技术被引进之前发生的19世纪中期的汉口城市化，

---

① 罗伯特·威尔逊（Robert Wilson）致伦敦总会，1862年3月5日，伦敦布道会档案（伦敦：亚非学院）；A.G.里德（A.G. Reid）：《到1872年3月31日为止的半年中，里德博士关于汉口的健康报告》，见《海关公报》，1872年1—3月，44页。

② A.G.里德（A.G. Reid）：《到1871年9月30日为止的半年中，里德博士关于汉口的健康报告》，见《海关公报》，1871年4—9月，55页。

与18世纪伦敦和巴黎前工业化时期的城市发展相似,而且和这些城市一样,城市化可能为随后的工业化建立基础。① 然而,汉口城市化运动的高峰却发生在工业化之后,而不是工业化之前。19世纪60年代中期,一个英国领事将汉口与上海作了比较,认为"庆幸的是,没有什么意外事情发生,将汉口变成两省的避难所"②。19世纪70年代和80年代的事实表明,他的欣慰为时过早。在大规模的强行勒索、外国资本侵入以及19世纪90年代的工业化运动等多重因素的影响下,将汉口看做与上海相反的、如磁石般吸引周边农村人口的城市,已经完全没有根据了。

3. 客寓式移居。在移民运动和城市化过程中迁入的移民都是打算长久居住的,这与第三种移居类型"客寓"形成鲜明对照。这一类型的移居最基本的一点就是被正式看做短时期的居留。(实际上,在汉口寓居的人可能是短期的,也可能是长期的,甚至是永久性的。)这种居住方式而不是其他居住方式,长期以来一直被用来界定帝国晚期中国城市人口的特征:马克斯·韦伯(Max Weber)宣称,在中国"城市从来不是真正的家乡;对大多数的居民而言,它只是一个远离家乡的地方"③。而且,从清朝以来,中国史料中一直用一些支持此种观念的专门词汇:城市中的个人和群体都被描述为"寓","客寓",或"驻"④。("客寓式移居"的特征,见表7—3)

表7—3 "客寓式移居"的特征

类别	特征	←绝大多数	←多数	不相上下	→多数	→绝大多数	相反特征
预定移居的时间	暂时性的	√					永久性的

---

① 参见乔治·路德(George Rudé):《18世纪的巴黎和伦敦》(纽约:1973),3~5页,以及散见全文各处。
② 英国议会档案,1865年,第52册,第3489号文件,112页。
③ 马克斯·韦伯(Max Weber):《中国宗教》(纽约:1951),90页。
④ 范锴:《汉口丛谈》卷三,8页;1920年《夏口县志》卷一五,26~29页;《叶氏宗谱》卷五,1页;仁井田陞:《清朝汉口的山陕西会馆及山陕西行会》,载《社会经济史学》,第13卷,第6期(1943年9月),508页。

续前表

类别	特征	←绝大多数	←多数	不相上下	→多数	→绝大多数	相反特征
返回家乡	季节性的			√			不定期回乡或从不回乡
迁入时的家庭成员	独自一人			√			家族
以前的住地	乡村				√		城市或郊区
职业状况	卑下					√	专业人员
移居的原因	被迫离家					√	发达、晋升

短期寓居汉口的人大都是为了一些个人原因。一个客寓者来到城市是为了发展事业，获取财富。施坚雅（William Skinner）关于近代中国这一阶层的研究都是建立在这样的认识之上的："一个简单的事实是，除了农民，大量的中国传统人士也离开家乡出外谋生；他们是寓居者，而且他们寓居的地方体系与中心地，其城市成分总比他们仍然留有住所的桑梓故里要多一些"①。这些努力向社会上层移动的人，虽然并不总是经常是有钱人（汉口一些商行里的学徒可能就是这样的寓居者），而且，他们来到商业中心城市是为了更好的经济发展机遇以及逃避家乡的人身束缚与行为约束。但是，和那些来自经济腹地的移民很少挑选工作种类不一样，寓居者都是一些追求名利地位的人。而且，他们所来自的地方，正如施坚雅所说的那样，是一些比汉口稍差一点的城市，大多数人可能来自一些地方城市，如徽州、广州或宁波等至少半都市化的城镇。大部分寓居者都不是行为粗鲁

---

① 施坚雅（William Skinner）：《导言：中国社会的城乡》，见施坚雅主编：《中华帝国晚期的城市》（斯坦福：1977），266 页。施坚雅在《中华帝国晚期的迁移策略：一个区域体系的分析》（见卡尔·A·史密斯主编：《区域分析》，纽约：1976）中详细论述了这些观点。

的乡下人。

汉口多数寓居者都从事商业活动。我们可将他们分成两个相对的群体，用中国传统的称法分别是"坐商"和"行商"。后一类包括经营规模和财力大小不等的游动的"客商"，以及从事贸易运输的独立的船户。这些人是过路客。对他们而言，汉口仅仅是他们旅途路线中的一个停靠点（虽然经常是终点）。而另外一些人如茶商，则会在这里建立起季节性的居家。这些寓居者们只是间断地在汉口居住，但是在任何时候，他们都占据了城市人口中相当大的一部分。一位长期居民估计，在太平天国运动后，每年来到汉口的船有165 000只（每只船有六七人）。① 假如在八个月的贸易繁忙时期内，每条船在汉口平均停留一个星期，那么，平均起来，不论何时，城里的船工都有将近10 000人。

客商的人数也很多。按照600位运盐商人一共要雇佣11 000个船主来计算的话，那么平均每个盐商要雇佣18.2个船主。② 以此来计算整个船主的数目，考虑到盐商的投资总是超出平均水平（因此可能会雇佣更多的船工），再加上那些从陆路运输货物的商人，我们估计每年贸易季节大约有1至2万的行商在汉口逗留。而这些客商又带有大量的搬运工和家仆。总之，在八个月的贸易季节里，城市里一般可能会有2至3万暂居此地的商业人员。虽然这些估计不是十分精确，但与人们对19世纪汉口社会的印象大致相符。

客商成为汉口城市生活的一大特色。那些不在港口的船上歇息的人一般就住在餐饮店、庵庙、同乡会馆或者由行业经纪人经营的货栈和旅店（客行或客栈）里。③ 正如1818年《汉阳县志》记载："汉镇商人多赁屋居住，朝居一地，暮已他处。"④

与行商相对应的，是生活较为稳定的坐商。在汉口，这一群体包括盐业的岸商、主要商品的经纪人牙商、大大小小的批发行的老板和伙计，以及各

---

① 约翰·格利菲思（杨格非）：《来自中国的声音》，90页。
② R·德·卢卡（R. de Luca）：《关于湖北的报告》，见"海关系列专刊"第81号《食盐生产与税收》（上海：1906），80页。
③ 《汉阳紫阳书院志略》卷三，13页；1818年《汉阳县志》卷一二，17页；叶调元：《汉口竹枝词》卷五，20页；《申报》光绪九年十二月一日。
④ 1818年《汉阳县志》卷一二，10页。

种零售商。虽然这些商人像客商一样,都不是本地人(正如我们已经指出的那样,汉口商业一直控制在外地人手中),但他们在当地居住的时间要长些。对他们中间的某些人来说,汉口是一个前方基地。如汉口的茶商一般都只是些分店经理,他们在贸易季节过后就返回广东或长江下游地区的家乡总部(因此杨格非提到"听他布道的商人都是每年来回奔波的")。① 但是,其他一些人就成为汉口的永久居民了。

不甚富裕的坐商一般就在店里居住。而有钱的商人就租住豪华的公寓(寓馆),或是租用,或购买,或自己建造全汉口都为之倾倒的大楼(庭馆)。② 要精确计算出19世纪这些人在汉口所占的人口比例已是不可能的事,但他们的总数目可能有几万甚至几十万之多。而且,没有什么能阻碍他们在汉口结婚生子,地方史料频繁地记载着这些寓居者都在城市里拥有稳定的家庭生活。

坐商通常长期居住在汉口。1822年《汉口丛谈》列出了几十个在汉口寓居十年以上的商人,他们都是社会名流,一些是盐商;他们中许多人长期居住汉口,并且在这里建立起家族的支系。有几个显赫的地方家族也有相同的早期移居历史。不幸出了个在第二次鸦片战争中臭名昭著的叶名琛的汉阳叶家,是一个古老的商业大家族的分支,并且一直和安徽徽州休宁县、江苏扬州溧水县商业势力雄厚的叶氏宗族保持联系。汉阳叶家的始迁祖于1650年移居汉口经营药材,通过与当地的妇女结亲,这一家族逐渐在汉口扎根。③ 直到1865年,英国领事仍报道说,许多富裕的寓居商人来到汉口,"来到之后,他们建立起自己的永久居所",这说明在太平天国叛乱之后,寓居者在汉口的临时身份只是一个习惯性的称呼问题。④

总之,在19世纪汉口的居住者,用克瑞斯曼的话来讲,基本上都是些

---

① 杨格非1861年11月5日信函,伦敦布道会档案。
② 范锴:《汉口丛谈》卷三,8页,卷五,19~20页,以及散见全书;叶调元:《汉口竹枝词》卷一,6页。
③ 《叶氏宗谱》,第1—6章。参见武汉市工商联合会档案:《武汉叶开泰药店简史》(手稿,未著日期)。
④ 英国议会档案,1865年,第52册,第3489号文件,123页。

"外地人"。那些在汉口已有深厚根基的人都是在明代和清初移居此地的移民的后代；其他人则是在太平天国战乱时迁移过来的。从汉口兴起开始，就一直有大量的旅居者来到这里，其数量随着贸易状况而上下波动，但一般情况下是相当稳定的。这一群人，有些只是在汉口作短期逗留，有些则居住较长一段时间，还有些则永远留在了汉口。作为一个群体，他们只是汉口人口中的一小部分。最后，在19世纪时还有一个从周边农村地区向城市稳步加速的移民过程。虽然一些人在危难关头和农忙季节仍会返回乡村，但大多数人都基本成为城里人。这三种人群在一定程度上都铭记着他们的"外乡人"身份，并且在人数上要远远超过那些居住在汉口、自称是土生土长的汉阳本地人。他们对家乡的思念程度以及对成为汉口人的认同程度，是我们接下来要讨论的话题。

二、汉口的地方群体

19世纪的汉口人都来自哪些地方？答案当然是中国各地。正如康熙朝著名诗人查慎行所写的那样：

> 人言杂五方，商贾富兼并。①

1818年《汉阳县志》照惯例把汉口称作"七省通衢"；半个世纪后，杨格非记载说，定期听他布道的人来自12个省份。② 我们在第2章中已看到，中国各地都有人在汉口销售他们家乡的产品；但是，城市里聚集最多的还是来自那些重要地区的人：首先是汉口所在的长江中游地区，其次是其他一些地理上并不邻近，但人才输出方面较为突出的地区。这些地区的人还经常在与本地人争夺其他地区商品贸易权的斗争中取得胜利，并成为那些商品在巨大的华中商业都市里的代理商。

1. 长江中游地区。居住在汉口的这一地区的人可分为五类：(1) 汉口或汉阳的土著居民；(2) 来自武昌及周边地区的人；(3) 来自汉口"城市

---

① 查慎行:《敬业堂诗集》卷一，9页。
② 范锴:《汉口丛谈》卷六，33页；杨格非1861年11月5日信件，伦敦布道会档案。

化边缘地区"的人；（4）来自湖北中南部其他商业城市的人；（5）湖南人。①

我们知道，按照当时的判断标准，汉口本地人是很少的——估计还不到城市人口的10%。从他们组织的商业协会来看，大多数人是技术熟练或不甚娴熟的工匠（木工、石匠、鞋匠）或规模很小的零售商（肉贩、磨坊主、食品杂货商、茶馆老板）。② 很小部分从事全国性贸易的大商人由当地人充当，尽管城市一般只接纳来自其他地区的商人，而不是培养本地商人。同样，汉口孕育的本地文人也极少。③ 在明清时期历经几百年而不衰败的重要汉阳家族只有12个左右。这些家族大多以乡村为基地，尤其是土壤肥沃的县境南部称为"汉南"的地区，但他们也都不同程度地参与了汉口的商业贸易活动，有些甚至在城里建立起宗族分支。一点也不奇怪，许多富家大户在我们所研究的这个时段内未涉足汉口的商业活动，但在1890年以后"自强运动"时期，他们加入到商业和工业中来。④

---

① 本段和下段内容利用了大量较为分散的资料，包括1867年《汉阳县志》卷二七，136页；1920年《夏口县志》卷五，22~29页；以及官文同治五年三月十日片，谭廷襄同治六年五月十二日片，卞宝第光绪九年十月二十一日片，均见总理衙门档案："湖北英人交涉"；郭柏荫同治七年十二月十五日片，翁同爵光绪元年九月七日和三年三月二十六日片，李翰章光绪四年十二月四日片，并见总理衙门档案："湖北交涉俄人已未结各案"；同治八年三月二十日郭柏荫片，见总理衙门档案："湖北、浙江、奉天法英美俄交涉"；同治元年八月三十日的诉讼，英国外交部档案，681/1797；《申报》光绪九年四月三日，光绪九年四月六日，光绪九年五月三日，光绪九年七月二十一日，及光绪九年七月二十七日。

② 1920年《夏口县志》卷五，22~29页。在这一点上，汉口与欧洲早期的一些主要的地区贸易中心相类似，那些地区的零售贸易也一直是由当地人紧密控制的。参见德鲁富（Raymond DeRoover）：《中世纪布鲁日的货币、银行和信用》（马萨诸塞州，坎布里奇：1948），第16页。

③ 汉口本地出身的大商人只有李祥兴（嘉庆朝的一位重要盐商）和冯絜庵（一位19世纪80年代活跃在上海的商人），见《湖北通志志余》，第6册；《申报》光绪九年十二月二十六日。而且，汉口人在长江其他的港口城市如重庆和宜昌也有自己的会馆。但是，一般来讲湖北人在本地之外的地区贸易中的作用微不足道。参见苏云峰：《中国现代化区域研究：湖北省，1860—1916》（台北：1981），52~54页。汉口本土的文人例子也很少，有17世纪的熊伯龙和19世纪的胡兆春，见1867年《汉阳县志》卷二七，1920年《夏口县志》卷二〇，2、39~40页。

④ 这些家族的活动在族谱中记载较多，有关族谱已见前文注释。

在清朝大部分时期，长江天堑阻碍了武昌与汉口的社会经济往来。但在19世纪后期，省会及其周边的江夏县的一些绅商和技术熟练的劳动者开始渡过长江来到这一地区商业中心。① 较早与汉口建立起密切联系的是武昌府几个盛产茶叶的县。毗邻江西的、山峦众多的崇阳县和通山县，与湖南交界的蒲圻县，在帝国晚期吸引了大批受俄国人雇佣的山西商人，而来自这几个县的茶叶商人最后又来到汉口销售茶叶。武昌府咸宁县，从18世纪初期开始便因茶叶种植以及出产享誉全国的棉布，而成为华中地区最富裕的县之一。不同经济实力的咸宁商人和工人都在汉口销售他们的这些产品。考虑到它的繁荣兴盛和邻近汉口的优越地理位置，在20世纪初，由咸宁人出任第一任汉口商会会长，也就不足为奇了。②

然而，至少到19世纪下半叶为止，汉口的大多数湖北人还是来自武汉三镇周围的几个最主要的县的乡村，我把这些地区称为"汉口城市化边缘地区"。这些县包括汉阳府的黄陂、孝感、汉川，以及（稍为次要一些）武昌府的嘉鱼县。黄陂人最多——可能是汉口单个地方群体中人数最多的。从汉口镇兴起开始，他们就已在那里从事地方贸易；到19世纪时，他们作为工匠和"小贸"活跃在汉口，不仅销售本县的特产，铜器，还广泛涉足其他商品的买卖。黄陂人和其他县的人一般也在汉口从事一些卑下工作——苦力、搬运工、码头工人，而且在19世纪七八十年代的前工业化的城市化浪潮中，他们的人数显著增加。太平天国运动后的经济复苏以及城市的重建和扩张，使得许多周边地区的村民成为建筑业内的固定的或临时的工人。最终，这些人又构成了汉口失业队伍和边缘人口的核心部分。③

来自湖北中南部的其他两个经济系统的商人在汉口也极为突出。他们

---

① 特别是韩家的迁移，见《韩氏宗谱》。
② 藤井宏：《新安商人研究》，载《东洋学报》，第36卷（1953—1954），第1期，15、26页；张寿波：《袖珍汉口工商业一瞥》（1911），卷首。
③ 关于黄陂人在汉口的历史，见1920年《夏口县志》卷五，22~29页；《长江日报》1962年8月23日，1964年7月21日，1979年10月9日。关于这些周边地区的人在汉口的失业情况，参见《申报》光绪九年四月六日和光绪九年五月三日；罗威廉：《晚清城市中的叛乱及其敌人：1883年汉口的密谋》（见邹谠主编：《中国的政治领导层与社会变迁：远东研究中心论文集》，第4集，芝加哥：1979—1980），86~87、100~101页。

是"黄帮"和"汉帮",这两个商帮控制了整个汉水流域的商业。"黄帮"总部在黄州(黄冈),据说其成员最初是从江西迁移过来的,有些则经由湖北麻城来到此处。"汉帮"以沔阳州仙桃镇为中心。在汉口,这两个商帮占据了比全国性的大区域贸易低一到两级的较低区域层级的商业贸易。①

汉口的湖南人大多来自连接汉口与中国东南地区的湘江流域。其中的大部分又来自湘江沿岸的贸易城市长沙、湘潭、衡州和宝庆。湖南人既不位居汉口社会的最上层,也不属于最下层。许多人一直从事运输行业,像船行或与船行订立契约的独立船户。②湖南人也从事商品批发贸易,但在巨商如云的汉口也就不值一提了。例如,湖南最大的产品输出是将稻米运往江南地区,从通过船只把稻米运到区域汇集中心长沙和湘潭的米市,经过好几次装运,再到汉口装卸,用大船运到长江下游的重要港口南京,其过程一般是由长江下游地区的商人出资包办的。③ 同样,汉口茶叶贸易的收购商与批发商很多都是由湖南人充当的,但他们从来无法进入这一行业的领导阶层,即不会充当货栈主、经纪商。④ 湖南人所能控制的贸易也就是鹦鹉洲的竹木业。以此为基点,再加上太平天国后几位湖南籍的朝廷高官的庇护,在19世纪的最后几十年中,湖南人跃入汉口的商业领导阶层。

在清代中后期,长江中游地区的人可能只占据汉口人数的一半多一点。

---

① 《刘氏宗谱》(1924)记载了沔阳商家的详细数据。关于黄帮和汉帮的情况,参见蔡乙青(辅卿):《闲话汉口》,载《新生月刊》,第6卷,第1—2期。另请参阅本书第2章。

② 例证见张荫桓嘉庆二十五年六月十二日奏,见中国第一历史档案馆藏明清档案,"刑科题本";总理衙门档案:"湖北英人交涉",光绪十三年五月启;1920年《夏口县志》卷一二,12页。

③ 中村治兵卫:《清代湖广米粮流通的一个方面》,载《社会经济史学》,第18卷,第3期(1952),53~65页;北村敬直:《关于清代的商品市场》,载《经济学杂志》,第28卷,第2期(1953),2页;藤井宏:《新安商人研究》,载《东洋学报》,第36卷,第1期,26页。

④ T. H. 朱:《华中地区的茶业贸易》(上海:1936),239页;重田德:《关于清初湖南米市场的一点考察》,载《东洋文化研究所纪要》,第10期(1956年11月),612~613页。参见本书第四章。

虽然其他地区的人数也逐渐增加,但前工业化时期的城市化过程,尤其是在太平天国后的几十年,大大增加了长江中游地区人口的数量优势。然而,在经济和社会中占优势的却一直是其他地区的人。

2. 安徽徽州府。徽州府,又称新安,可能是15世纪到19世纪早期中国最重要的人才输出地区,产生过无数朝廷官员、文人墨客以及最重要的商人。关于徽州商人在帝国晚期日益发展的商品经济流通中所发挥的关键作用,藤井宏和重田德已经作了出色的分析。① 从明中期开始,三个新安所属的县休宁、歙县、婺源的商人就开始雄心勃勃地试图从事日常生活用品的跨地区贸易,尝试用新的商业手段,开拓新的市场,最终完全绕过他们贫瘠的家乡和家乡的特产(木材和木制品)而贩卖米、盐、茶、棉、丝绸以及其他全国需求量较大的商品,并得到发展。早在16世纪,他们就已开始尝试着销售从福建沿海走私贩运来的一些西方进口商品。

到康熙初年,大量徽州人已来到汉口,这一时期汉口的徽州人数直线上升。1704年的一份资料宣称:"汉镇列肆万家,而新安人居其半。"② 雍正朝的一份报告则称:"新安人来于此者尤多。"③ 在19世纪,虽然由于受到来自其他省份商人的激烈竞争,徽州人在汉口贸易中的相对优势可能有所下降,但直到道光年间,他们在城市里的绝对数量却一直稳步增长。在太平天国叛乱之前,他们几乎一直是汉口最大的商人群体。

大多数徽州人在汉口从事盐业或茶业贸易,但也有一些人经营其他商品。④ 茶叶是二者之中较为次要的;重田德告诉我们多数徽州商人都是直接把茶叶船运到上海。那些在汉口做茶叶生意的徽州人,只是一些茶叶贸易层

---

① 藤井宏:《新安商人研究》,载《东洋学报》,第36卷,第1期,尤其是第2部分;重田德:《关于清初湖南米市场的一点考察》,载《东洋文化研究所纪要》,第10期(1956年11月)。英文中对清朝中国徽州商人的活动有简短论述的有何炳棣《中华帝国成功的阶梯:1368—1911年的社会流动》(纽约,1962),233~234页;施坚雅:《中华帝国晚期的迁移策略:一个区域体系的分析》,见卡尔·A·史密斯(Carol A. Smith)主编:《区域分析》(纽约:1976),第1卷,第1期,344~345页。

② 《汉口紫阳书院志略》卷7,7页。

③ 《汉口紫阳书院志略》卷8,22页。

④ 例如,婺源县的司彦韶就是18世纪汉口的一位重要的木材商。(参见重田德:《关于清初湖南米市场的一点考察》,载《东洋文化研究所纪要》,第10期,598页。)

级中的低级代理商,就像湖南人一样,被排除在地位较高的茶业经纪商等级之外。① 但是,盐业就不同了。正是由于盐业贸易的繁荣才使得汉口徽州商人的人数上升。虽然他们并没有完全垄断整个市场,但大多数汉口极为富裕的岸商和淮南纲商都是徽州人。

《汉阳县志·人物传》、徽州会馆档案,尤其是范锴1822年的《汉口丛谈》等史料都详细记载了这些人的生活。② 在17世纪后期到19世纪前期,他们一直是城市中占支配地位的经济群体以及时尚风气的带头人;他们充分地意识到这一点,并为此而感到自豪,并且特意尝试着去影响和改变地方社会方式与风俗(移风易俗)。③ 许多歙县和休宁县的显赫家族都在城市中十分活跃,或者一直在汉口居住,或者在外居住几代后又重新返回汉口。他们通过文人的风雅举止,领导地方慈善活动,晋升为绅士(不尽是当地的)和官员,表现出他们的重要地位和势力。

虽然有些徽州商人很可能带一些学徒到汉口,但没有证据表明这些工匠、船工、劳力,或来自这一地区的其他的较为卑微的工人迁居到汉口。因此,汉口的徽州人在社会地位上有点头重脚轻。随着19世纪城市的性质(和总体的中国商业性质)发生变化,特别是在太平天国运动后,徽州人的影响明显下降。虽然,仍可看到一些富有的徽州商人,但他们却逐渐让位于新的商业势力。到1911年,汉口商会的刊物在讨论城市商业中的主要地方势力时,就已对他们忽略不计了。1918年的一本商业指南认为汉口的徽州人只是些茶馆和旅店的小老板了。④

3. 山西和陕西。从明后期开始,来自山西和陕西省(稍微次要一些)的商人就成为威胁徽州商人在国内商业贸易中之主导地位的主要对手。山陕商

---

① 参见重田德:《关于清初湖南米市场的一点考察》,载《东洋文化研究所纪要》,第10期,603、605、610~614页。三个这样的徽州商人是金列坤、金峦、汪匡士。

② 这些和接下来的论述中,汉口徽州商人的人物主要利用以下资料,范锴:《汉口丛谈》卷三,7~8、14页,卷四,19、24页,卷五,1~8、10、13、19页;1867年《汉阳县志》卷一九,10~11页,卷二〇,22~23页,卷二二,8~9页;1920年《夏口县志》卷一三,22~23页。

③ 《汉口紫阳书院志略》卷七,7页。

④ 张寿波:《袖珍汉口工商业一瞥》(1911),21~25页;张鹏飞主编:《汉口贸易志》(1918),70~71页。

人取得优势地位的过程极为复杂，佐伯富和寺田隆信对此有详细论述。① 当时普遍的认识是说徽州人掌握中国南方的贸易，而山陕商人则控制北方市场。② 虽然这一说法并不完全正确，但由此却可推论他们在汉口是势均力敌的。至少到17世纪，来自北方二省的商人就大量出现在汉口，而且，在整个清朝，他们的数量持续增长。19世纪70年代由山西、陕西社团承办的建设项目从两省人经营的1159家商号中募得捐款。③ 至少从那时起，他们就已经是汉口最大的地方群体之一。

大部分寓居汉口的山西和陕西人都来自山西省内的主要河流——汾河下游地区。这一地区包括重要的城市太原、山西西南汾州府的一些属县（汾州、闻喜、平遥），以及邻近的陕西蒲城县。虽然两省有很多人在汉口处于社会的底层，如汉水流域的船工和陆上的搬运工，但它们在汉口却以滋生大批富商而著称。这些商人经营多种项目，包括他们家乡在中亚边缘地区极受欢迎的皮革和著名的汾酒。④ 但是，他们也控制了其他地区产品在汉口的贸易。例如，鄂西北地区的襄阳府均州，以其生产烟叶著称，但这一产品在汉口的销售却是由山陕商人把持的。⑤ 均州位于陕西经由汉水到汉口的交通要道上，这些烟叶的生产很可能是由来往于这一路线上的北方商人投资经营的。同样，山陕商人也从俄国进口贵重的毛织品到汉口销售。⑥

山西和陕西商人在清初就已在两淮盐政中获得立足点（部分由于他们与中国的新统治者建立了亲密关系），这极大地促进了他们在全国的影响。

---

① 佐伯富有几篇论文涉及这一问题：《清代山西商人》，载《史林》，第60卷，第1期（1977年1月）；《山西商人和清朝的兴起》，载《中国史研究》，第2卷（京都：1971），263~321页。另请参阅寺田隆信：《山西商人研究》（京都：1972）。关于山西和陕西商人活动的英文综述，见施坚雅：《中华帝国晚期的迁移策略：一个区域体系的分析》，345~347页。

② 藤井宏：《新安商人研究》，载《东洋学报》，第36卷，第2期，33页。

③ 《汉口山陕西会馆志》（1896）卷一，21~28页。

④ 在汉口，至少有17家山陕商人按不同商品与服务行业组织起来的行会，得到山陕同乡会馆认定的、由其成员经营的买卖行业有24种（《汉口山陕西会馆志》卷一，15、20页）。关于汾酒在汉口的经销，见1920年《夏口县志》卷五，28页。

⑤ 《汉口山陕西会馆志》卷一，20页。

⑥ 总理衙门档案："湖北汉口俄商被骗"。

他们在淮北盐销区的活动要比在以汉口为中心的淮南盐销区多,但有一些商人,如蒲城的汪文宁,在汉口盐业市场中相当有势力。① 我们已经看到北方商人在汉口的茶叶贸易中所扮演的重要角色;在19世纪70年代,至少有23家山西经销商从湖南和湖北的产茶区引进并加工茶叶。② 山陕商人也充当代理商、经纪商和买办,特别是在和俄国的茶叶贸易中充当买办。最后,这些北方人最重要的行业就是经营山西钱庄。虽然山西钱庄在19世纪末期开始走向衰落,但他们在1889年后仍是汉口重要的商业势力。

广泛的利润来源,特别是扎根于方兴未艾的茶叶贸易之中,使得他们在新的竞争中,甚至在他们的徽州同行衰落之时,仍立于不败之地。虽然在太平军到来之前,这些北方商团已经全部撤退,但不久他们就卷土重来,并在此后数年中进入鼎盛时期,那时的外国领事在报告中宣称畏惧"这些富有的山西商人"在地方经济上的影响。③ 然而,不像鼎盛时期的徽州商人,北方人从来不在汉口追求与他们的经济势力相称的社会影响力。相反,他们宁愿在一个联系紧密、内聚性的"亚族群团体"中过一种谨慎而朴素的生活。

4. 广东省。虽然今天我们倾向于将广州商人与对外贸易和通商口岸联系在一起,但至少从清初起,他们在国内的商业贸易中也发挥重要作用。广州人把热带食品和闻名全国的广东铁器运到长江中游和更远的地区销售,同时运回粮食和其他商品。因此,到雍正末期,他们已在湘水流域各城市和汉口站住了脚。在广州商贸体系中,广东商人也成为外国输入品(不仅是鸦片)在中国销售的主要代理商。虽然鸦片从来不是汉口贸易的主要项目,但在19世纪30年代,当地鸦片批发市场促使广州人建立了几个大型的仓库和拥有巨资的经销点。直到19世纪末期,汉口的鸦片贸易仍在南方人的控制

---

① 范锴:《汉口丛谈》卷三,16页。关于山西商人在两淮盐务体系中的活动,请参阅寺田隆信:《山西商人研究》(京都:1972),第2章。
② 《字林西报》1877年4月18日。
③ 英国议会下院:《英国议会公报》,1863年,第73卷,第3104号,133页;《英国议会公报》,1865年,第53卷,第3489号,123页。另请参见东亚同文会:《支那经济全书》(大阪:1908—1909),第7卷,248~249页。

之下。①

众所周知，1842年北方港口城市以及1861年长江流域各通商口岸的开放使得广州的贸易有所下降，但广州商人本身却并未受到影响。由于他们长期和西方贸易伙伴打交道，当港口开放时，他们就成为联系这些外商的买办。对西方人的到来，19世纪60年代汉口的一本小册子警告说，城市里的外国商人"几乎完全依赖他们的广州和宁波买办"②。而在这两者中，广州人较为突出，这很大程度上是因为他们专营茶叶，而茶叶是汉口对外贸易的核心。郝延平在最近的研究中证实我们这一研究时段中的汉口六个买办全都是广东人。③ 而且，大部分卓越的茶商也都来自广东，包括几个大的经销商、大多数经纪商和货栈主。在20世纪初期，很可能在此之前，广东人就已经完全控制了汉口所有的对外贸易。随着对外贸易在汉口生活中的地位日益重要，他们相应地取代了一些传统的地方群体而成为城市经济和社会生活中的精英。④

不像传统的有势力的地方群体，在汉口的广东人群体（主要指包括广州及广州周围珠江三角洲上的4个县的人，但并不完全排除其他广东人）并不主要集中于社会的上层。许多南方人来到这座城市充当外国和中国人的家

---

① 这些经销商是19世纪30年代林则徐禁烟运动的打击目标（林则徐：《林文忠公政书》，台北：1965，588~589页）。海关总税务司：《中国通商口岸对外贸易报告》，1869，28页。

② W. F. 迈耶（Mayers）、丹尼斯（N. B. Dennys）、金（C. King）：《中国和日本的通商口岸大全》（伦敦：1867），451页。

③ 这六个人是旗昌洋行（Russell and Co.）的阿庞、怡和洋行（Jardine Matheson Co.）的裕隆、琼记洋行（Heard and Co.）的协隆和刘绍宗、宝顺洋行（Dent and Co.）的盛恒山和杨辉山。参见郝延平：《19世纪中国的买办：连接中西的桥梁》（马萨诸塞州，坎布里奇：1970），227~234页，也可参见51~53页。

④ R. E. 布伦顿（Bredon），"汉口快递第459号"，1887年11月28日，见海关总税务司：《茶，1888年》，"海关系列专刊"第11种，16~17页；重田德：《关于清初湖南米市场的一点考察》，载《东洋文化研究所纪要》，第10期（1956年11月），613页；T. H. 朱：《华中地区的茶业贸易》，237页；郝延平：《19世纪中国的买办：连接中西的桥梁》，170页；张寿波：《袖珍汉口工商业一瞥》（1911），23页。由于购进外国货的特权，19世纪晚期汉口的广东商人在近代中国较为普遍的百货公司中居于领先地位，参见武汉市工商联合会档案：《武汉百货业的溯源》（手稿，未著日期）。

仆；更多的人则成为码头工人和货栈雇工。① 社会地位稍高一点的是那些独立的、为外国提供食品的供应商以及负责修建英国租界的建筑商。② 最后，无论是作为工业企业家，还是作为修建、管理、维护公共设施的技术熟练的工人，南方人的这些重要技能使得他们成为汉口生活中不可缺少的一部分。③ 我认为，通过大规模引进这些富有的、技术熟练的南方人，通商口岸的开放才最终改变了这一时期汉口社会历史的发展方向。

5. 浙江宁波和绍兴府。长江三角洲的宁波、绍兴人（原文如此）在汉口日渐突起几乎只是19世纪的事情。④ 虽然这两个地区很早就有人向外销售本地区的特产（尤其是绍兴酒和宁波海味），但只有到嘉庆时期，这些商人才发展为一个全国性商业贸易力量。最初，他们的优势在于融资方面的一些技术改革（发展钱庄），但正是这些改革的综合效应以及1842年后与西方商人的合作使他们一下子跃居全国重要地位。在汉口，宁波公所成立较晚，始建于1780年。到20世纪初（这时候，它其实已和绍兴公所合并），人们已经公认他们是城市中最重要的商业势力。⑤

宁绍商人在汉口立足有赖于两个基础：钱庄体系以及长江下游地区的贸

---

① 一位英国领事报道说："中国人，一般都是广东人，总是被委托保护外国商品过境。"（英国议会下院：《英国议会公报》，1866年，第71卷，第3587号，121页）广东商人也雇佣广东的货栈工人。

② "几乎所有要建楼房的欧洲人都只和广东人签约，虽然他们的价格要贵些，但作为建筑商，他们更值得信赖。"见R·威尔逊（Wilson）1862年12月22日的信函，伦敦布道会档案。另请参阅《字林西报》1876年6月16日。

③ 柏西·M·罗塞比（Percy M. Roxby）：《武汉：中国的心脏》，载《苏格兰地理杂志》，第32期（1916），277页。

④ 关于这些商人在清代商业贸易中的作用，见西里善行：《关于清末的宁波商人——浙江财团的起源研究》，载《东洋史研究》，第26卷，第1期，1967；苏珊·曼因·琼斯（Susan Mann Jones）：《上海宁波帮及其金融势力》，见伊懋可（Mark Elvin）和施坚雅主编：《两个世界之间的中国城市》（斯坦福：1974）。关于宁波地区，见斯波义信：《宁波及其腹地》（见施坚雅主编：《中华帝国晚期的城市》，391~440页）；苏珊·曼因·琼斯（Susan Mann Jones）：宁波的金融业："钱庄"，1750—1880》，见威尔穆特（W. E. Willmott）主编：《中国社会的经济组织》（斯坦福：1972）；詹姆斯·科尔（James Cole）：《绍兴：清代社会历史之研究》，博士学位论文，斯坦福大学：1975。

⑤ 张寿波：《袖珍汉口工商业一瞥》（1911），22页；1920年《夏口县志》卷五，25页。

易。这两者在我们的研究时段以外也一直是很重要的。我们已经讨论了汉口的钱庄业，其中宁绍商人起主导作用。① 直到 20 世纪，汉口和长江下游港口之间的水上贸易一直主要是由宁波人所有或租赁的中等大小的帆船（"就船"）负责运输的。以这种方式运输的最主要的商品是棉布和丝绸，在汉口的宁波人几乎专营这些产品。② 他们也往上游地区运送海产品和桐油，将木材、谷物和大豆运往下游地区。不少宁绍商人也渗入到淮南盐业。田维翰，在太平天国叛乱后由胡林翼任命起草地方盐业条例的前任"纲商"，就是绍兴人。③ 在胡林翼的改革下，旧的盐业垄断制度被打破，大量的宁绍商人得以进入这一行业，分享曾经由徽州和其他地区的商人控制的商业利润。

像广东人一样，宁波人也在汉口充当买办，并且也是利用西方贸易的深入而提高他们在当地商业圈中的地位。例如：宁波慈溪县人钱叶是汉口的大茶叶经纪商和货栈主，在汉口开埠时将他原在上海的生意迁到上游地区的汉口。④ 直到 20 世纪，宁波人和广东人一直控制着茶叶和其他产品的出口贸易。然而，令人奇怪的是，虽然宁波人在汉口整个城市贸易中最有势力，但在对外贸易方面却屈居广东人之下。1866 年，琼记洋行（Heard and Company）的汉口代理也表达了类似的困惑，他指出：尽管广东人在当地买办中占据优势，"（但）最符合商家要求的是宁波买办，他们在货物运输和进口品销售方面有绝对优势。从宁波或宁波周围地区到这里来从事贸易的外国人，都倾向于宁波人而不是广东人，而且只要有两个宁波买办就能轻易取得巨大的成功。有了一个宁波买办，做蜡、烟草等生意就容易

---

① 宁绍商人除了经营金、银业外，汉口的宁绍工匠也因他们精细的金属手工技艺而闻名（1920 年《夏口县志》卷一二，11 页）。

② 西里善行：《关于清末的宁波商人——浙江财团的起源研究》，载《东洋史研究》，第 26 卷，第 1 期，8 页；海关总税务司：《中国通商口岸对外贸易报告》，1869，28 页；郝延平：《19 世纪中国的买办：连接中西的桥梁》，53 页。本书第二章提到的史富润就是一个这样的宁波商人，见艾勒伯斯特（Alabaster）致弗雷泽（Fraser），1980 年 4 月 19 日，以及艾勒伯斯特致韦德（Wade），1880 年 7 月 7 日，均见英国外交部档案，228/651。

③ 1920 年《夏口县志》卷一三，13 页。

④ 李瀚章同治十年一月二十四日片，见总理衙门档案："湖北英人交涉"。

多了"①。

广东人在汉口的势力迅速扩张，尽管由来已久，但几乎完全是由于他们与西方商人的合作。相反，宁绍商人虽然能从在宁波与上海的西方商人的契约中获得极大利益，但他们在汉口的显赫地位，与其说是对外贸易的结果，不如说由于中国自身发生了变化：在19世纪，长江贸易加速发展，呈现出多样化趋势，宁绍的钱庄系统在对金融的管理方面也取得了重大进步。当世纪之交汉口经济势力发生巨大改变时，宁绍商人似乎已占据了优势地位：在汉口第一批私有的现代企业中，有宁波人在清末建立的造纸厂和火柴厂，而且第一任汉口商会副会长是绍兴人。②

6. 次要的人才输出地区。除了徽州、宁波和绍兴以外，整个长江下游四省为汉口输送了大量商业人才。当然，这些人大多数都是在西向移民运动或者是在销售地方产品过程中来到汉口的。这些人的输入导致汉口建立起十多个代表长江流域不同地区的同乡会，而其中的大部分都创建于17世纪和18世纪早期。这中间，有不少地区像徽州一样，也产生了大量的能干的寓居商人，他们也在汉口各种商业贸易中发挥重要作用，尤其是浙江钱塘县（杭州）、江苏江都、镇江、松江县、江西南昌、南丰县、义宁州，安徽太平府以及桐城县（属安庆府）的人。许多盐商自称为扬州江都籍人，其实最初是长江下游其他地区迁过去的（汉口最富的盐商几十年来一直是来自镇江丹徒镇的包家）。另一些长江下游地区的寓居者包括运输经纪商、手工艺人、钱庄职员、商人、商业性文人等。这些人同时做好几种商品的投机生意；开埠以后，许多人与来自上海的西方商人建立起连锁经营的伙伴关系，成为他们在汉口的代理商。③

---

① 奥古斯丁·琼记洋行（Augustine Heard and Company）档案，哈佛大学贝克图书馆，转引自郝延平：《19世纪中国的买办：连接中西的桥梁》，175页。
② 张寿波：《袖珍汉口工商业一瞥》（1911），1页。
③ 这些人的信息来自范锴：《汉口丛谈》中的人物传记，卷二，22、32页，卷五，1~7、35、38页；1867年《汉阳县志》卷一九，13~14页，卷二〇，8~9页；1884年《汉阳县识》卷三，13页；1920年《夏口县志》卷五，22~29页。亦可参见官文同治五年三月十日官文片，汉口道台光绪十三年五月启，见总理衙门档案："湖北英人交涉"；翁同爵光绪元年九月七日片，李瀚章光绪四年十二月一日片，见总理衙门档案："湖北交涉俄人已未结各案"；郭柏荫同治八年三月二十日片，见总理衙门档案："湖北、浙江、奉天法英美俄交簿"；蔡乙青（辅卿）：《闲话汉口》，载《新生月刊》，第5卷，第10期，41页。

7. 回民。汉口唯一不按地方来划分的族群就是回民。回民人数较少但社会内部联系紧密，他们大多数是卖羊肉和糕饼的富裕商人。①

三、籍贯及与家乡的联系

汉口居民与他们所谓的出生地（近代中国人称为"老家"）之间的联系是怎样的？由于不存在所谓"一般意义上"的汉口居民，我们只能从地方来源、社会地位和职业方面去寻找答案。因此，我们最好分析一下影响汉口居民与其汉口之外的"家乡"的联系的几个因素。

一个人思念自己所了解的家乡，既是一种本能的情感，也是帝国晚期社会常有的现象。我们在第八章即将讨论的许多协会的建立，至少部分是为了表达对家乡的思念。② 这种思念的表达方式在我们看来有时是非常没有道理的。例如：全国闻名的江苏溧水县叶家，其族众分散居住在全国各地。尽管依据叶氏族谱记载，该家族在溧水县定居之前还有很长一段历史，而且到18世纪时大量的族众，包括汉口支系的成员，已经有好几代没有正式在当地入籍甚至没有回过家乡了，但所有的人都认为溧水县是他们的"家乡"（本邑）。③

某些情况下，像汉口叶家那样与家乡的亲戚保持一脉相承的血亲关系会加强他们与家乡的联系。同样，《汉阳县志》按当地标准称之为"汉口人"的汪传懿一家，仍和从前浙江老家的亲族维持紧密联系。④ 当然，那些在汉口做季节性生意的人，与故乡家族的联系更为密切。

在一定程度上，甚至是那些长期在汉口居住的人，也都是通过财政联系来加强这种亲族关系。苏珊·曼因·琼斯（Susan Mann Jones）认为像徽州或宁波那样的商人群体不断开拓市场的主要的目的，就是为了"确保这些钱

---

① 叶调元：《汉口竹枝词》卷一，10页。
② 如汉口的徽州同乡会，在其最初称述的目标中，就主张培养这种思乡情结（《汉口紫阳书院志略》"卷首"，1页）。
③ 《叶氏宗谱》卷三，6、14页；卷四，1页。
④ 1867年《汉阳县志》卷一九，13~14页。

（商业利润）能返回引发贸易的地方社会中"①。方家就是一个有名的例子：汉口方家的商号和银行所得的大部分利润都流回了宁波。② 同样，孟家的"京祥"零售连锁店经营丝绸、棉布、茶叶、玻璃等产品，早在17世纪就已在许多大城市中开设了分店；19世纪下半叶，他们在汉口经营三大商店所得的利润大部分流回了山东中部的老家，用于购置家族地产。③ 开埠以后，由长江三角洲或广东其他地区的家族经营的、以上海为基地的许多公司，逐渐渗透到作为对外贸易之组成部分的汉口商业中来，这种现象必然逐步加剧。显然，对家乡地区的经济反馈是帝国晚期寓居生活的重要部分。但是，我的总体看法是：这种现象可能被高估了。一个现成的理由是：对寓居的认识基本上来自那些寓居者比较集中的扬州和汉口等城市的众多繁华景象的描述，我们如何能认为它就代表了整个寓居情况？

对在城里追逐事业的人来说，经常回乡是比和亲戚往来或寄回资金更好的一种与故乡保持联系的方式。已有的资料表明，回乡的模式是多种多样的。那些处于社会底层的人，如来自邻县的劳力和湖南的船工，虽然他们已经长期居住在城市里，但在农忙季节仍返回家乡。④ 一些富有的商人，尤其是那些从事季节性贸易的人，在每年市场关闭时就回到远方的家乡。其他一些整年都在汉口居住的人，就可能只是经常回家探望一下亲戚了。⑤ 自然灾

---

① 苏珊·曼因·琼斯（Susan Mann Jones）：《上海宁波帮及其金融势力》，见伊懋可、施坚雅主编：《两个世界之间的中国城市》，77页。施坚雅也提出类似的观点，见《清代中国的城市社会结构》，收入施坚雅主编：《中华帝国晚期的城市》，540页。

② 中国人民银行上海分行：《上海钱庄史料》（上海：1960），730~731页。

③ 景甦、罗仑：《中华帝国晚期的地主和佃民：山东案例研究》，恩迪曼·威克逊（Endymion Wilkinson）译，（马萨诸塞州，坎布里奇：1978）。（作者所引为英文译本，此书之中译本书名为《清代山东经营地主底社会性质》，山东人民出版社，1959。——译者）

④ 南满铁道株式会社对20世纪初期上海船工的调查表明，一半以上的船工都会花部分时间在乡村干活。横山英谈到这一调查结果时，认为这种情况适应于早些时候和其他地区的城市（横山英：《中国近代化的经济结构》，东京：1972，158~159页）。

⑤ 在几封信件中谈到这样的一些例子，见怡和洋行档案，"汉口至上海的私人信件集"（C55/1），1867年3月21日汉口分理处发出；杨格非1861年11月5日信件，伦敦布道会档案；1867年《汉阳县志》卷一九，13~14页。

害或兵燹迫使大量居民逃离汉口，或促使他们帮助受灾的家乡地区。如田维翰，已成为法律认可和事实上的汉口人，却返回浙江老家好几年，在那里组织地方团练以抵抗太平军。①

在家乡和汉口之间轮流居住的时期，往往只是将全家永远迁居汉口的前奏。比如：朱鸿绪是一个在汉口做生意定期回到家乡的徽州商人的儿子。父亲客死异乡后，朱鸿绪很快就决定永远迁居汉口，处理父亲的后事，接管家族的生意。② 叶宏良也是将时间一分为二，一半用于在汉口经营药材，一半在江苏陪伴家人。他家乡的妻子为他生了两个儿子，汉口的小妾后来又为他生了一个儿子（叶成佺）。他死后，其财产由这三个儿子平分。年长的两个儿子都破产了，而叶成佺却发达了。后来两个哥哥在汉口加盟他的产业，三人在这里建立起叶氏宗族的支系。③ 徽州休宁县汪家则是另一种形式。几个世纪以来，他们在汉口经营着一个包括食品的进口和加工、干货售卖以及棺材店的商业王国。在汉口建立家族的基业后，大约在1700年前后，汪士良和他的汉口妻子把商业委托给别人代为打理，然后退隐到徽州。在汪士良死后二十年，他的孙子汪国柱又长期迁居汉口，重新接管家族生意。虽然汪家在汉口一直兴旺发达，人口不断繁衍，并热心于地方公益事业，但他们从来不像叶家那样在一定程度上切断了与家乡的联系。因此，在民国时期，我们仍看到汪家汉口商业的一个首脑人物退隐回徽州。④ 显然，汉口的单个移民和寓居商人对家乡的态度是不相同的，极为复杂的。

检验他们的这种态度的最好办法是看他们对埋葬地的选择。如朱鸿绪决心成为汉口人，就把他父亲的遗体埋葬在汉口。同样，全国各地的叶氏家族人都认为溧水县某个山腰是他们家族墓地所在，而叶成佺在汉口建立家族支系时，却叫家人把他埋在汉阳，头则向着溧水，这标志着他新的地方身份，也表明他仍然承认故乡。⑤ 劳家，从浙江经湖南一路走走停停，最后定居汉口，由于颠沛流离（肯定非常贫困），不得不将死去的亲人沿途草率埋葬；

---

① 1920年《夏口县志》卷一三，13页。
② 1867年《汉阳县志》卷二〇，16~17页。
③ 《叶氏宗谱》卷一五，23、37页；卷一六，1页。
④ 武汉市工商联合会，《武汉市汪玉霞食品厂沿革》（手稿，1959）。
⑤ 《叶氏宗谱》卷一，81~82页。

当他们意识到他们已是"汉口劳氏"时，他们就在城边购置了一块永久性墓地。① 汉口的同乡会馆常帮助把寓居者的遗体运回家乡，并鼓励这种对家乡的留念方式。② 但对那些太贫困而无力运回遗体的人或与汉口联系紧密愿意埋在汉口的人，这些会馆也会提供公共墓地（义冢），让寓居者可以和家乡的同伴一起埋在他生活和工作过的地方。③

地方身份以及与本邑的联系问题，因法律的规定而变得更加复杂。清朝和此前的王朝一样，强制推行地方户籍登记制度。1870年版的《大清律例》涉及这一问题，宣布"所有人户必须登记户籍"，接着列举了各种违反现象，以及对失职官员和户籍吏员和各种欺诈行为的惩罚条例。④ 虽然法令没有充分阐释"籍"的基本概念，但从其评论上我们可以推测一二。首先，律例反复申明，如果不能小心维持户籍登记，就会导致整个帝国的动荡和混乱；显然，主要是担心国家不能统计人丁数量。其次，户籍相当西方的出生证明，提供了一个法律名字用于将来和政府打交道，如征税、诉讼、科举考试。再次，由于户籍都是根据"士"、"民"、"工"、"商"这样需要继承的身份分类的，这种指定的户籍登记程序，在某种程度上可以阻止职业和阶级的流动。

然而，户籍登记过程并不完全是这么一回事。虽然户籍登记是由知县负责的，县籍作为一个身份特征将伴随一个人的一生，但这种制度并不能阻止区域间的迁徙。律令并没有特别规定换籍的程序和标准，但从经常使用的"本籍"、"原籍"和"入籍"等词语来看，地域间的移民显然是存在的。而且，分家（分异财产），在新地方建立新"户"都有特殊的程序规定。⑤

从汉阳法律公告和判例全集来看，换籍的程序是十分清楚的。首先，想要入籍新地方的换籍者必须是已在地方上交纳20年税款的土地所有者，或者是这样的一个土地所有者的后代。地方法令明确规定其所拥有的土地必须是城市里的一所房子或商铺，而不是耕地。其次，申请者必须提供一份行为

---

① 《汉口劳氏族谱》。
② 参见徐焕斗：《汉口小志》"名胜志"，2页。
③ 《汉口紫阳书院志略》卷八，62~63页；仁井田陞：《清朝汉口的山陕西会馆及山陕西行会》，载《社会经济史学》，第13卷，第6期（1943年9月），508页。
④ 《大清律例》卷八，"人户以籍为定"，1~9页。
⑤ 同上书，"别籍异财"，1页。

端正、品格高尚的书面保证，并在知县面前立誓他会绝对遵守县里的所有法规。最后，需要捐输一些钱财，其数量依申请者家产的财富等级（共三级）来确定。① 这些条件似乎为那些渴望换成汉阳县籍的人带来不小的障碍，但在 19 世纪，官方对地方事务的漠不关心和无知，佐杂衙吏的贪污腐败，以及籍贯申请者的欺诈行为，所有这一切加在一起，使得这一程序并不能严格执行，从而使得许多移民换籍的前景多少明亮些。

我们已经指出，在籍的汉阳县人中只有一小部分是真正的汉口人，他们的绝对数量在 19 世纪有所上升。1850 年，叶调元指出：在只有 10% 的在籍土著中，所有的"当地人"都是最近几代才从其他地区落籍此处的。② 在太平天国叛乱后的几年中，越来越多的家庭想方设法换成了汉阳籍。③ 然而，尽管入籍的人要比出籍多得多，在汉口，汉阳籍居民在整个人口中所占的比例可能仍然有所下降。这是因为，虽然进入城市的移民遍及各个社会经济阶层，但换籍的在很大程度上却只限于绅士或近似绅士的人。只有他们才能支付这一过程所要求的巨额资金，而且，正如我们所看到的，他们也从中牟取暴利。

一个人籍贯的所在地与他出生、结婚、生子的地方没有必然的联系。正如施坚雅指出的那样，由于户籍登记是以户为单位的，"寓居者生的儿子继承父亲的姓和籍贯"④。因此，正式户籍在其他地方的人并不意味着他就不是在汉口出生和成长的。另一方面，户籍所在的县也不等于它就是人们所认同的"乡贯"，乡贯通常可用"本籍"或"原籍"等没有法律效力的概念来表示。因此，范锴在 1822 年所记录的 80 多个寓居者中，有 1/4 到 1/3 的人把他们的本籍正式换成了汉口籍，虽然他们在同乡关系上仍属于其他地区。⑤ 如在籍的吴仕潮和方世克记为："汉口人，原籍歙县"。实际情况可能更复杂。程浩亭，19 世纪初期在汉口寓居多年，持有安徽霍邱县籍，但仍是歙县

---

① 《申报》光绪元年十月十六日。
② 叶调元：《汉口竹枝词》卷一，2 页。
③ 《申报》光绪元年十月十六日。
④ 施坚雅：《清代中国的城市社会结构》，见施坚雅主编：《中华帝国晚期的城市》，539 页。
⑤ 范锴：《汉口丛谈》卷三、卷四、卷五。由于范锴并不是每次都叙述原籍、现籍、职业等条目，因此不能做精确的数量统计。

人。汉阳叶家虽然其籍贯和族源都在江苏溧水县,但原籍却在安徽休宁县。①

籍贯的改变并不能抹掉原有的地方身份,这似乎刺激了再入籍现象。如汪文仪,清初汉口徽州同乡会的创立者,率领家乡地区的所有寓居者入籍汉口。清代,尽管徽州同乡会主要特征之一就是允许入籍汉口,但同乡会仍然宣称其成员必须属于徽州六县籍。这可能是因为,在社会(而不是法律)中,其所有成员的认定仍是按徽州原籍。②

如果户籍的作用既不能代表族属身份、出生地,又不能表示实际的长期居住地,那么是什么促使人们改变或维持他们的家乡籍贯?我认为:在清代中后期,至少对于一些精英人士和那些野心勃勃向上爬的人来说,籍贯只是一种手段,特别是它可提供受教育的机会。在18和19世纪,换成汉口籍的寓居商人,和那些后代成为朝廷官员、持有功名的绅士或地方上有名的学者文人之间,存在着明显的联系。当地颇有名气的一些文人,如袁笋陔、方世克、洪琴西、项大德、项大复、孙石楼、戴喻让、丁苹原、吴长庚和吴仕潮等,都是父亲或祖父寓居汉口经商,后来改入汉阳籍的。③ 清代产生多位学者和朝廷官员的汉阳叶家,也是明朝改籍汉口的一位儒商的后代。虽然,这一趋势主要是那些希望获得正式绅士身份的商人,但也包括一些在职官员和绅士。因此,1784年汉口仁义巡检汪兰罢官后,就把他的籍贯从苏州改成汉口,他后代中至少有两人成为当地有作为的著名学者。④ 显然,像1875年当地一个报道人所说的那样,客商"思为子弟功名计,俱寄籍汉阳,以为进身之路"⑤。

与户籍所在地相关的三个教育问题是:入县学、廪生的津贴与取得参加

---

① 范锴:《汉口丛谈》卷三,14、17页,卷五,10页;《叶氏宗谱》卷一五,23页。

② 《汉口紫阳书院志略》卷八,36、39、43~44、47、49页。

③ 范锴:《汉口丛谈》卷三,7~8页(项大德、项大复),13~17页(孙石楼、吴仕潮、方世克);1920年《夏口县志》卷一三,22~23页(吴长庚);1884年《汉阳县识》卷三,7页(洪汝奎);王葆心:《续汉口丛谈》卷二,19页(丁苹原,袁笋陔,吴少伯,洪琴西)。王葆心特别提到这种现象十分普遍。

④ 汪兰,见1867年《汉阳县志》卷一四,20~21页;他的后人汪传懿和汪铜庵,见1867年《汉阳县志》卷一九,13~14页,以及王葆心:《续汉口丛谈》卷二,19页。(作者此处对文献的理解有误,汪传懿字铜庵,并非二人。——译者)

⑤ 《申报》光绪元年十月十六日。

科举考试的候选人资格。而最后一项最为重要。在任何地方参加县级或省级考试，考生要求必须是那一地区的在籍百姓。但是，考虑到地区间的贸易日渐增长，至少从明万历朝开始，帝国政府开始允许少数寓居商人在其寓居地建立"附籍"或"商籍"，从而使他们的家人有资格参加特殊的"附籍应试"，获取最低级别的绅士功名（生员）。① 我们目前还不清楚清代是否继续执行这一措施；不管怎样，这一有限的配额并不能满足那些数量日益增多的、远离家乡从事地区间贸易的、雄心勃勃的商人们的要求。

更重要的是，徽州、扬州人才众多的地区，入试和中举的名额却非常有限；为了应对此种状况，他们就必须在家乡以外的地区参加考试。这意味着在别的地方，一般是在商人经商的县，建立户籍。何炳棣发现，在 1827 年《徽州府志》"选举"一栏中，以外地籍考取进士的本地子弟总共有 377 人，几乎是本地进士名额的三倍。② 这些人以及其他地区求取功名的人都在土著文人较少的汉阳县参加考试。因此，吴长庚（徽州人的儿子）和洪汝奎（其父来自陕西）以汉口籍考取了举人。汉阳知县裘行恕估计，在 1818 年，地方应试者的人数比 40 年前增长了两倍多，这主要归因于寓居商人为了博取功名，成功地改换户籍。③

确保进入地方教育机构是建立本地籍的另一个原因。官办的县学招收的学生名额很少，学额须极力争取才能得到。寓居商人通常是由行会出面建立私学来教育他们的子女。但是，帝国政府对此也采取了一些举措。为了让官方盐商的儿子能接受教育，明朝在盐商云集的城市，如汉口，建立一种特殊的"运学"制度。鉴于这一制度过于烦琐，清朝另行规定在寓居人口较多的地区，一定数量的非本地籍的盐商（和其他商人）的儿子可以进入县学学

---

① 藤井宏：《新安商人研究》，载《东洋学报》，第 36 卷，第 4 期，119 页。藤井宏认为商人在寓居地的"占籍"通常只表示他已经申请增补的"商籍"，而不是说他已经正式把户籍从家乡迁移到了寓居地。在汉口，用来表示籍贯的改变的词语不是"占籍"而是"入籍"。虽然"占籍"用得不多，但我还没发现它和"入籍"的意思有多大差异，也就是，都表示一种永久性的彻底的籍贯转换。这样，入籍者的后代也能继承。

② 何炳棣：《中华帝国成功的阶梯：1368—1911 年的社会流动》（纽约：1962），234 页。

③ 1818 年《汉阳县志》卷一五，40 页。

习。① 因此，汉阳县学有 8 个"商学"名额。当 1851 年陆建瀛废除淮南销区纲盐垄断制度时，县里预料到更多的有资格的应试者可能会入县学，于是把名额增加到 10 个。② 然而，寓居子弟要求入县学的人数要远远超过所允许的名额。对许多商人而言，最好的解决办法就是换成汉阳籍。

对那些有津贴的学额位置（食饩）的追求就更激烈了。汉阳县提供 12 份食饩，负担支付有前途的学者的生活费用，从他们获取生员功名开始到他们获得更高的功名为止，有时往往是终生。这些闲差事只授予真正的在籍县民，但许多接受者，包括丁仁静和吴长庚都是后来入籍的寓居者的儿子或孙子。③

可以想象，教育机会的激烈竞争使汉阳县户籍机构产生许多弊端。多数弊端集中于伪造户籍，特别是同时保留两个县的户籍。当一个商人申请换成汉口籍时，程序上应该是自动取消他原有的户籍。但是，汉阳官府常常不通知前一个户籍所在的县官，这边已经另建户籍。这样，入籍者就可从中获利，因为他和他的后代可以在两个县之间选择受教育的机会，在两个地方参加考试，中举的几率也增加一倍。结果 1794 年发生了著名的洪檀案件。洪檀的父亲洪滋鑑是一个徽州盐商，在汉口呆了 40 多年，其间他入了汉阳籍，但没有取消他的徽州籍。洪檀入汉阳县学学习，但当他通过地方生员考试时，一个嫉恨的对手揭发他重籍的身份。结果，省级官员剥夺了洪檀的生员资格，指责汉阳知县严重失职，并且重新规定在湖北省内任何一个县入籍，都必须经过巡抚的直接同意，而巡抚的职责就是把换籍的事通知给原籍地区的官员。④

然而，这些预防措施必然会半途而废。1875 年，一桩大丑闻又一次暴露了户籍制度中存在的弊端。这一年，以李炳琳为首的几个本地生员向汉阳知府和知县请愿，要求两位官员调查日益普遍的伪造户籍和重籍行为。地方文人将官方的注意力引向洪覃案（请愿者似乎只是最近才发现这一案例），宣称近几年来这一弊端愈演愈烈，必须公布新的严格制度以约束换籍行为。他

---

① 藤井宏：《新安商人研究》，载《东洋学报》，第 36 卷，第 4 期，123~125 页。
② 《申报》光绪元年十月十六日。
③ 1884 年《汉阳县识》卷三，第 13 页；1867《汉阳县志》卷一九，10~11 页。
④ 《湖北学政全书》，乾隆五十九年，引自《申报》光绪元年十月十六日。

们说：只有严禁冒籍，明定入籍章程，并请求官府"立案备查，以申功令而培地方"①。

这两个官员真的进行了调查。② 他们发现有些家庭经常利用亲戚关系而使应试者以假的户籍参加地方考试；特别是一些在汉口已取得合法户籍的商贾之家，经常把外甥、侄子、堂兄弟以及其他地方的远亲带到汉口，假称他们就是他的儿子，使他们得以参加竞争不甚激烈的汉阳生员的考试（这反映了一个很有意思的现象：那些显赫的商贾之家可能在全国各地的商业中心都有在当地建立户籍的家族支系，他们的后裔往返参加不同地方的考试，以此增加他们中举的机会）。而且，官员们发现大量的外地商人家庭没有住满20年，却宣称自己是当地一个同姓但没有任何血缘关系的本地籍商民的后代，从而设法取得汉阳籍。在太平天国后的近几十年来，这一做法广泛流行。可以预见，像绅士请愿者一样，知府和知县指责所有的弊端在于地方衙门胥吏的唯利是图，收受贿赂。他们发现，为了几十两功德钱，在文昌殿供职的吏员就歪曲考试成绩，帮考生伪造假籍（虽然官员并没有提到，但一位有学识的观察者却指出，大范围的贿赂不可能没有县教谕的参与，而且几个本地文人也可能有份）。③ 鉴于他们的调查，两位官员重申支持采用先前严格的换籍制度，包括20年的居住条件，并保证采取措施杜绝任何投机取巧的行为。

然而，对这一事件的另一种不同的看法表明了时代确实已经变了。当上海《申报》将汉阳事件公布于众时，一位声称熟悉汉口内幕以及杭州和苏州类似情况的匿名作者，立即发表一篇刊于头版的评论。④ 虽然作者与汉阳士绅及官员的意见一致，对下层吏员的腐败行为深感痛惜；但在他看来，事情不能简单地归咎于教谕或者官员的俸禄太少，真正的问题是社会发生了根本的变化。汉阳事件的根源是地方官员和同类的绅士顽固坚持维护居住20年的入籍条件。在太平天国之后，这一规定不仅不能严格执行，而且也极不受欢迎。因为它不符合当时地区间的人口流动日益频繁的情况。虽然作者没有提出要完全废除户籍制度，但这一观点已呼之欲出——事实上汉阳请愿者（那些强烈反对这些提案的人）已经明确提到这一点。

---

①② 《申报》光绪元年十月十六日。
③④ 《申报》光绪元年十月十八日。

从1875年事件以及在汉阳入籍的种种冲突中,我们可以看出:如果没有意外的话,最初制定的这些法令毫无疑义地会载入《大清律例》,惩罚那些以伪籍参加考试的行为,户籍在教育和科举考试中的作用极其重要。对那些云集武汉、想要向上晋升的人来说,户籍只是一种能为他们提供方便的事情。虽然在当时,很多人不能辨别这一混乱事件的性质①,但却已意识到它的重要性绝不亚于现代西方社会中的社会安全系数。

如果说家乡的县籍只是一种基于实际目的而采取的虚假行为,那么,我们也不能说他们对出生地就是充满了感情的。我们已看到,出生地和户籍所在地常常是不同的两个地方,这引出两种不同类型、程度相异的依恋关系。对一些汉口居民来说,出生地是真正的家,是他们退休之后归隐或(像许多湖南木材商那样)挣够钱在乡村买块地后永远居住的地方。② 不愿回去的人可能对出生地仍有强烈的感情,他们和在世的亲戚保持联络,有时也回家看看。但对其他大多数人而言,出生地——像户籍上的地址——只是他们名字后一个多余的符号,是不可触摸的虚幻。决定人们与出生地联系的强弱程度有许多因素,包括出生地的距离远近、社会组织的密集、出生地产品在贸易链中的作用、地理环境和气候的适宜(湖南水草繁茂的湘水流域比安徽山峦崎岖的徽州府能吸引更多的回乡者)等。但对所有寓居者和移民,甚至是那些和出生地联系极少的人来说,出生地的身份决定了他们在居住城市从事的行业范围。

四、地方来源是汉口社会秩序建立的原则

不管一个居民与他认同的出生地的联系是否紧密,他都很可能更愿意和汉口的"同乡人"交往。在文化、方言、宗教诸方面相同的人之间存在着一种真实的感情结合,这一点从同乡会组织捐款、号召同乡参与活动的能力中可以看出来③(这些同乡会将在下一章中详细论述)。汉口的旅店愿意招待

---

① 《申报》光绪元年十月十八日。
② 武汉市工商联合会档案:《汉阳鹦鹉洲竹木市场史略》(手稿,1964)。
③ 参见《汉口紫阳书院志略》卷首,第1页;《汉口山陕西会馆志》卷一,14页。

来自家乡地区的客人,并在城市内形成一种同乡居住区,其背后的原因可能是情感的倾向甚于实际功利的考虑。① 当然,除了感情的纽带之外,还有一些功利主义方面的考虑。当联合起来更为有利的时候,他们可借家乡地区发生的不幸事件而有力地团结在一起,就像商业合同或其他的契约能加强人们的感情联系一样。

我们先看一下非商业领域中的同乡关系。最基本的一点,在一些激烈的冲突斗殴中同乡关系可以用来获得友好的帮助。例如,当一个汉口焰火商人在酒店口角中被人欺负时,两个同乡的士兵,虽然完全不认识这个受害者,但仍会把他所受的辱骂当做对所有同乡的侮辱,而把他的对手狠狠地揍了一顿。② 另外,就是在诉讼上的援助;在第五章提到的一个试图使用假钞票的官员,就是说服一个黄陂老乡和钱业公所协商,而免受法律惩罚的。③ 同乡人之间的经济支援也是常见的。一个明显的例子就是可以希望那些富有的、在当地社会地位较高的人充当新到的同乡借贷契约中的担保人。冯义麟,一个有名的广东买办商人,因有计划地挪用其西方雇主的资金而被汉口道台审问。他辩解道:他需要钱为那些破产的同省人支付巨额担保金;他说他是汉口的每一个广东人求助的对象。④ 最后,受到类似恳求的地方官员也会为同乡提供一些政治帮助。如一个汉口的木材商,通过与汉口一个水师统领的同乡情谊,成功地暂时禁止了龙舟节(按:即端午节时的赛龙舟)的举办(这可能会促使一些造船的人偷他仓库里的木材)。⑤ 政治上的保护也体现在官员的任命上;因此,湖北盐道衙门里的官员一般都是现任道台的同乡。⑥

已有的研究已表明,地方来源在帝国晚期商业组织中的重要作用是不言自明的,有关汉口贸易的研究也为这一观点提供了大量证据。同乡关系能组成不同的商业群体,从批发商的行会到船队、船夫与码头工人帮会、建筑工

---

① 《申报》光绪五年八月二十九日,记载一个四川人开的旅馆只接待本省人。
② 《申报》光绪四年九月一日;罗威廉:《中华帝国晚期的城市控制:汉口的保甲体系》,见乔舒亚·A·福格尔与罗威廉主编:《透视巨变中的中国:C·马丁·韦伯教授纪念论文集》,90页。
③ 《申报》光绪三年十月二日。
④ 李瀚章同治八年七月五日片,见总理衙门档案:"湖北英人交涉"。
⑤ 《申报》光绪四年五月二十五日。
⑥ 《申报》光绪五年一月十七日。

人和货栈雇工的帮会等一些基层社会组织。① 同乡关系经常是雇佣工人的基础。例如，当汪士良的后代厌倦了管理汉口的家族商业时，他们就把它委托给一个徽州老乡陈志富。② 正如山西钱庄一般聘用家乡地区的人打理其他地方的钱庄生意一样，汉口来自湖南、河南、四川的货栈主也只雇佣他们自己的"家人"，或者把内地的买卖给他们去打理。③ 雇佣下人也是在同乡范围内选择的。总理衙门档案记载：19 世纪 70 年代俄国砖茶厂的一个货品保管员就是由他做茶叶贸易的咸宁老乡介绍和担保的。④ 同样，卢裕山（音译），一位已移居湖北崇阳县的江西人，在内地的一家茶叶加工厂做事。当他在 1878 年调到茶商在汉口的公司时，他就说服一个俄罗斯茶厂的工头老乡帮他在那儿找到一个更好的差事。但是，雇佣这样的人是很危险的，俄国人发现卢裕山和工头是偷盗工厂砖茶的团伙头目。⑤

汉口许多商家的联盟和相互依赖，反映出某些地方群体已形成了地区间的贸易网络。地方产品和服务的专门化加剧了这种情形。咸宁县 7 个茶叶商人由于共同拥有一个汉口牙商而彼此关系紧密，这位经纪商专门负责销售他们县内的产品。⑥ 另外，两个同乡人开办的公司可以延长彼此的贷款期限，不管他们是否是经营相关商品贸易。例如，一个名叫沈桢的松江人想要和英国商人合伙做生意，但无力提供他那份资金；于是从另一家松江人开办的毫不相干的公司里借了 850 两银子。⑦ 由于这个原因，一个汉口钱庄的倒闭经

---

① 关于船工，参见叶调元：《汉口竹枝词》卷六，7 页；《申报》光绪二年八月十六日；关于搬运工，参见涂宗瀛光绪九年三月五日折，见总理衙门档案："湖北英人交涉"；关于工厂劳力，参见翁同爵光绪三年三月二十六日折，见总理衙门档案："湖北交涉俄人已未结各案"。横山英：《中国近代化的经济结构》（东京：1972），189~196 页，讨论了中华帝国晚期的这一现象，可参阅。
② 武汉市工商联合会档案，《武汉市汪玉霞食品厂沿革》（手稿，1959）。
③ 东亚同文会：《支那经济全书》（大阪：1908—1909），第 7 卷，248~249 页。
④ 翁同爵光绪三年三月二十六日折，见总理衙门档案："湖北交涉俄人已未结各案"。
⑤ 李瀚章光绪四年十二月四日片，见总理衙门档案："湖北交涉俄人已未结各案"。
⑥ 卞宝第光绪九年十月二十一日折，见总理衙门档案："湖北英人交涉"。
⑦ 官文光绪九年十月二十一日折，见总理衙门档案："湖北英人交涉"；参阅藤井宏《新安商人研究》，载《东洋学报》，第 36 卷（1953—1954），第 3 期，66~70 页。

常会导致钱庄老板的几个同乡经营的商号的垮台。① 同乡关系经常决定了商业伙伴关系和连锁式的管理制度。如徐家和汪家都是徽州人，他们在汉口的许多商业领域中都建立了紧密的合作关系，包括棉布销售、鸦片货栈、钱庄以及在周边乡村的当铺等。②

这种特殊的商业联系使得韦伯及其追随者把中华帝国晚期的商业，在本质上归入"前理性的"一类；日本学者（马克思主义者和非马克思主义者）也强调这一点，他们倾向于将这种关系界定为"封建性的"。尤其是今堀诚二在其著作中引申的"共同体"（大致相当于德国的 gemeinschaft）理论，强调寓居商人利用同乡关系以在居住地占据绝对优势，少数商业资本家还获得凌驾于同乡和当地人之上的权力。③ 今堀诚二的乡村共同体概念受到日本学者的批评，也只有个别历史学家认为同乡关系对中国商业的影响是极为有害的。虽然如此，日本和西方的大多数权威学者却一致承认：帝国晚期商业贸易中的同乡关系广为流行，并对中国经济和社会的发展带来不利影响。④

然而，我想强调的是，对同乡关系组织的过高估计是不符合 19 世纪汉口的商业实情的。如果完全拘束于同乡这样狭隘的联系，作为大规模的转运港的汉口，其经济影响就可能逊色很多，它在商业网络中的层级也势必受到影响。事实上，它也不是这样的。正如我们在各商业行业研究中所看到的那样，西里善行在对宁波寓居商人的研究中所揭示的那种同乡商业的连锁关系在城市之间的结合，在汉口这个长江中游地区最大的商业中心里并不存在。虽然，同乡关系经常决定了伙伴关系的形成，但这些联系并非总是在所有商

---

① 例证见《申报》光绪四年一月十三日，及光绪四年五月二十日。
② 李瀚章同治六年八月八日折，见总理衙门档案："湖北英人交涉"。
③ 今堀诚二：《中国社会的结构》（东京：1953），序言和第 1、274、295 页。斯波义信对共同体观点作了简短的分析并将之运用于中国城市研究中，见斯波义信：《中国城市的研究概况——以法制史为中心》，载《法制史研究》第 23 卷（1974），191 页。关于这一理论的英文介绍，见镰知纪子、费正清（John K. Fairbank）和市古宙三合著：《1953 年以来日本对中国近代史的研究》（马萨诸塞州，坎布里奇：1977），23~25 页。日本学者对共同体的评论，见旗田巍：《中国村落与共同体理论》（东京：1973）。
④ 如藤井宏：《新安商人研究》，载《东洋学报》，第 36 卷，第 2 期，32~33 页；第 3 期，76~78 页，第 4 期，133 页；波多野善大：《中国近代工业史研究》（东京：1960），60~61 页；寺田隆信：《山西商人研究》（东京：1972），7 页；玛丽安·利维（Marion Levy）与石坤寒（音译）：《现代中国商人阶层的兴起》（纽约：1949）。

业中发挥作用。总理衙门档案的一些法律案件多次提到一些商业公司都是由来自不同地方的商人共同经营的；具有代表性的是，有一家公司是由武昌、绍兴、广东人共同成立的，另一家则是由武昌、四川、贵州、江西人建立的。① 即使商业伙伴都是来自同一地区的汉口商人也常常和非同乡的人做生意或转包工作。他们也可能从家乡特定地区之外的人中招聘一些从事贸易的体力劳动。例如，刑部档案记载，湖南沅陵县的一个独立的船主从陕西城固（原文作"Ku-ch'eng"，误，当作"城固"。——译者）贩运烟草到汉口销售，他宁愿在沿途各码头的自由劳动力市场招募船工，也不从家乡带人；1820年，他的三个船工分别来自临湘（湖南）、京山（湖北）和兴安（陕西）。②

在中华帝国晚期，汉口汇聚了全国各地一流的商业人士，它的地理位置和自由贸易市场培育了这种地方性的联系。人口因素也使得它具有某种"世界主义"倾向。即使在诸如徽州这样的群体在人数上占优势的时期，也没有哪一个地方群体或单个寓居团体能一直垄断汉口的商业机遇。这种多样性在太平天国运动前既已存在，而在叛乱之后的几十年里，则又越来越表现出社会多元化的特征。

让我们简要讨论一下汉口按地方来源团聚的"亚群落"交往的方式。在汉口看到一个中国人，人们一般能立即说出他属于哪个"族群"，至少能断定他是不是自己家乡的人。除了说话的口音和方言外，外貌特征也能显示出他的"族群"身份。1858年，第一次访问中国汉口的外国人劳伦斯·奥利芬特（Laurence Oliphant）就能够指出汉口汇集了来自帝国各地的人，从他们的面部特征和地方习俗可以看出他们来自哪个地方。③ 客寓汉口的叶调元也对汉口来自各地的人作了生动描述：他印象最深刻的是山西人，又称"老西"，他们经常穿着长长的羊皮袍子和厚重的"高底镶鞋"在城市中四处

---

① 官文同治四年一月二十日片，见总理衙门档案："湖北英人交涉"；郭柏荫同治八年三月二十日片，见总理衙门档案："湖北、浙江、奉天法英美俄交涉"。

② 京嵩孚嘉庆二十五年二月二十三日奏，见中国第一历史档案馆藏明清档案，"刑科题本"。

③ 劳伦斯·奥利芬特（Laurence Oliphant）：《1857—1859年额尔金伯爵出使中国与日本纪行》（纽约：1860），566页。

溜达。①

尽管存在着"族群"居住区（有时，这种情况在山西人中尤为突出，因为他们在内部实行一种强制性的隔绝政策，从而使山西人形成一种类似犹太人聚居区的团聚区域）②，大多数汉口居民却能和来自不同地方的人和平共处，深入交往。不仅在商业事务中如此，在一些休闲场所如茶馆、酒馆、烟馆中也是如此。各地方言并未对不同地方背景的中国人之间进行基本交流造成严重的妨碍。19 世纪 60 年代初期就开始在汉口传教的杨格非报道说：虽然参加他在街头布道的人来自中国各地，但"大多都能听懂他的讲话（官话）"③。作为一种通用的商业混合语言，汉口方言是（迄今仍然是）由不同方言集聚而成的，它简单易学，而且最大限度地融合了所有寓居商人家乡方言的一些特点。④

在汉口，不同地方群体之间的交往有时也会引起公开的亚族群冲突。这可能根源于特定群体之间的相互反感，或经济机遇方面的激烈竞争。当一些非正规的行业组织、工人帮会、船队或其他按同质族群结合的组织介入其中时，后一种对抗可能会演变为暴力行为。⑤ 毫不奇怪，汉口最常见、最持久的"种族仇视"是针对那些最生疏的"外地人"的。琼记洋行（Heard and Company）的汉口代理处在和买办打交道时发现，尽管在汉口最地道的当地人都来自华中地区，但长江下游的宁波人（原文如此——译者）却能和当地社会圈子中的人打成一片。来自较远的文化区域的寓居者如山西人和广东人，他们的群体团结意识更为强烈。山西人为人审慎，在社会中的行为一向保持低调，这种典型的共同点强化了其内在凝聚力；相反，比较浮夸的广东人一般会在阴历五月的龙舟节等一些喧闹的节庆中，发泄受到压抑的"亚族

---

① 叶调元：《汉口竹枝词》卷五，3 页。

② 窦季良指出：19 世纪重庆山西钱庄里的职员都是山西人，他们在钱庄区内居住，晚上不许出来和其他省的人交往（窦季良：《同乡组织之研究》，161 页）。

③ 转引自 R. W. 汤普森（Thompson）：《杨格非在华五十年》（纽约：1908），175 页。

④ "汉口方言是非常平淡的，只有 316 个音节，而北京话有 420 个……它的发音在很多时候会变调，不像北京话那么固定。"E. H. 帕克（Parker）：《汉口方言》，载《中国评论》，第 3 卷，第 5 期（1875），308 页。

⑤ 《申报》报道了许多这样的争端。我希望能在另一本著作中对此作更详细地探讨。

群"情绪。①

但是，在中国东南地区较普遍的以地方根源为基础的世仇和族群械斗在汉口并不多见。一般而言，族群对抗是短暂的、有节制的、自发的，因而也是容易平息的。城市中流行的还是一种"世界主义"的氛围，其引起的冲突主要是经济上的，而不是族群上的。

五、出生地、居住地和社会变迁

在19世纪，绝大多数汉口人与此前一样，在某种程度上都属于"外地人"。我们在这一章讨论了这些人来到汉口的原因、城市中地方"亚族群"的构成、对所认同的家乡地区的联系程度，以及拥有共同出生地的同乡人之间的情感。在继续讨论建立在"亚族群"基础上的社会组织之前，让我们再简单考察一下汉口的移民和寓居者对他们自己作为"汉口市民"的认同程度。

至少从社会活动的参与方面看，汉口寓居商人中的头面人物都把他们自己看做全面融入汉口社会的一分子。县志的人物传和当时其他的一些资料都赞扬了许多非汉口人在当地的慈善之举：资助水利工程以及其他的建设项目，在洪水、饥荒或兵燹后为那些无家可归的人提供住宿，设立免费的救生船只、孤儿院、学校、医疗服务以及消防队，参与综合这些服务的各种善堂的建设。② 民国《夏口县志》有一章专门记录了一些出手大方的寓居慈善家。水灾和火灾的隐患，以及社会动乱的危害，无疑是激发他们这些活动的契机；但是，为社会服务的意识似乎也起到一定作用——如县志记载，有时个别富有的盐商或其他行业的商人由于过于乐善好施而耗尽家财。③

在军事战乱时更能证明寓居商人是极力维护地方利益的。当汉口受到白

---

① 《北华捷报》1872年6月29日。武汉的一个历史学家潘新藻告诉我，他认为广东人是19世纪后期汉口同化最少的一个寓居群体，而长江下游地区的人（来自徽州、江西和宁波的人）则被同化的最多，山西人则位居两种极端之间。

② 代表性的例子有程子云（范锴《汉口丛谈》卷四，18页）、胡晓岚（范锴《汉口丛谈》卷五，35页）、朱鸿绪（1867年《汉阳县志》卷二〇，16~17页）、胡元（1920《夏口县志》卷一五，4页）、李必春（1920年《夏口县志》卷一五，26页）。

③ 如吴长庚的父亲（1867年《汉阳县志》卷一九，10~11页）。

莲教徒、太平军、捻军袭击时,许多外来商人,并没有逃回家乡,而是组建城市团练,修建防御工事,有时甚至是献出生命以尽忠。① 在19世纪80年代城市安全受到威胁之际,在汉口的寓居商人比本地工人和小商贩奉献得更多,他们一直在城市中留守,并参与防御。②

在职业事务方面,地方上活跃的商人可能将他们的利益直接和汉口的事务挂钩,而不是和他们所隶属的家乡地区的事务相联系。我们先前论述的盐贸易表明,汉口的盐商喜欢和当地官员,而不是两淮盐业中心的官员合作;南京的一些盐务官员三番五次挑起商人和官府之间的矛盾冲突,而武汉的官员则仰赖商人的财富,与他们结合,或者不愿冒疏远这些武汉社会的中流砥柱所可能有的风险。就商人自身而言,虽然他们来自其他省份,但他们更愿意把商业利润的相当一部分投入到他们工作、生活、成家的地方,而不愿意花在长江下游地区官府假借朝廷名义巧设的各种名目上。

何炳棣对汉口和窦季良对相类似的重庆的专门研究,都认为寓居者的情感和个人身份认同感都倾向于客居的地方。何炳棣说:"不同省份与地区的商人在汉口经营商业到一定时期之后,都不可避免地和汉口地方社会建立紧密联系。"③ 窦季良则描述了在一个寓居城市里,建立在同乡基础之上的亚社区(乡土)对群体利益的自觉不断扩展、逐步融合成复合式社区精神的过程。④

汉口寓居者通过个人的号来表达他们对汉口文化的认同,如孙楚池(湖北的池塘)、徐临汉(靠近汉口或临近汉水)、汪会汉(在汉口相会)。⑤ 同化的另一个更为直接的表现就是寓居者经常娶本地女子或其他客居人的女子

---

① 如汪璧湘(1818年《汉阳县志》卷二五,46页)和吴长庚(1867年《汉阳县志》卷一九,10~11页)。

② 《申报》光绪九年四月三日;罗威廉:《晚清城市中的叛乱及其敌人:1883年汉口的密谋》(见邹谠主编:《中国的政治领导层与社会变迁:远东研究中心论文集》:第4集,芝加哥:1979—1980),88~89、99~100页。

③ 何炳棣:《中国会馆史论》(台北:1966),107页。

④ 窦季良:《同乡组织之研究》(重庆:1946),18、80页以及散见全文。

⑤ 这三个人都来自徽州。范锴:《汉口丛谈》卷三,13页;《汉口紫阳书院志略》卷八,44页。

为妻。① 我们已看到，许多人不管他们是否已经入籍汉阳，都在汉口建立宗族的支系。一些家族，如来自徽州的汪家的几个支系，在汉口的居住历史可追溯到几个世纪以前，但他们仍愿意做"寓居者"。这些家族的子孙从来没回过家乡，他们在客居城市成长，一生都和当地的绅商打交道。几代以后，许多家族逐渐衰败，开始融入汉口的一些下层民众。但是，即使那样，他们也可能会保持某些身份特征以及对故乡的感觉。

马克斯·韦伯所建立的中国城市理想模式，最具代表性地说明长期以来西方学者对中国城市的认识。毫无疑问，他们都是根据当时的报道而认为城市的大部分人口都是由移民和对家乡地区仍有深厚情感的寓居者构成。在提出中国城市类型单一或只有历时性变化这一假设性论断的过程中，韦伯概括说：中国城市居住者对他们所居住的地方没有什么情感认同。后来的一些社会学家也进一步论述了这一观点，他们甚至在最近还强调中国社会中存在的非官方的"逃避法"，它在事实上给那些雄心勃勃地往上爬的人，提供了一个逆城市化的自由天地。例如：在日本，负责任的城市意识有发展，有利于"现代化"，它促进了"乡村地区的（商人、工匠）和武士的永久性迁出"。这和中国的情形形成鲜明的对比："中国的绅士、商人、工匠常常是在城市里赚钱，然后回到乡村消费。"② 这样，就形成了一个悖论：一方面，中国城市使它们的寓居人口脱离乡村的束缚和宗族的精神压迫；另一方面，却又以"亲族"和同乡关系为基础，在城市里建立起特殊的"亚社区"。

他们对户籍的态度表明，帝国晚期城市居民能冷静地更实际地看待他们对家乡的奇特依恋之情。一些汉口家族的历史证实了施坚雅的推测："在城市居住的几代时间以内，家乡的特征还是很明显。"③ 从他们参与各种慈善活动和公益事业中可以看出，他们越来越认同自己的客居地方身份。但是，至

---

① 关于通过婚姻的同化，参见窦季良：《同乡组织之研究》，82~83页；藤井宏：《新安商人研究》，载《东洋学报》，第36卷，第2期，46页，第4期，140页；彼得·戈拉斯（Peter Goals）《清代前期的行会》，见施坚雅主编：《中华帝国晚期的城市》，564~565页。

② 吉尔伯特·罗兹曼（Gilbert Rozman）：《中国清代和日本德川时期的城市网络》（普林斯顿：1973），88页。

③ 施坚雅：《导言：清代中国的城市社会结构》，见施坚雅主编：《中华帝国晚期的城市》，539页。

少是为了一些功利目的，如找工作或获得城市里同乡的物质和金钱帮助，多数非本地的汉口居民仍和家乡地区保持联系。

政治学家罗伯特·梅尔森（Robert Melson）和霍华德·沃尔普（Howard Wolpe）在一篇探讨文化各层级的论文中，简洁地阐释其观点说："共同的变革使得社会身份逐渐层累而不是替代。"① 因此，没有理由认为中国城市居住者对家乡身份的认同——可以称作他的"出生地身份"（native identity），就一定会阻碍他成为移居或寓居的地方社会中的一员——可以称作他的"居住地身份"（locational identity）。于是汉口的一个徽州人可以很轻易地成为汉口人，而不必取消他作为徽州地方经济社会体系中某一地方人的身份特征（事实上，许多汉口寓居者私下里仍想要合法地保持这种多重身份）。这种居住地身份的发展促进了菲利普·柯亭（Philip Curtin）所说的"地方团结"——一种在城市居民中普遍存在的情感——的形成，而这种"团结"，正如我们即将看到的那样，在19世纪汉口社会中越来越突出、明显。②

最后，我们应该特别注意梅尔森和沃尔普将身份的层累分成"共同的变革"和"社会流动"两个时期。在各种文化背景里，特别是在发生重要社会变革时期，各种各样的、"自我觉醒的""亚族群"人口之间的相互交往，似乎是商业中心城市所特有的现象。例如：克利福德·吉尔兹（Clifford Geertz）对发展中的印度尼西亚城镇的研究表明，在19世纪50年代，这些城镇主要接纳一些"高度职业化的小商人，他们形成紧密结合的地方群体，

---

① 罗伯特·梅尔森（Robert Melson）和霍华德·沃尔普（Howard Wolpe）：《现代化和地方自治主义政治：理论探索》，载《美国政治学评论》，第64期（1970年12月），1126页。正如日本社会学家中根枝所观察到的那样，中国人已逐渐能接受这种多重身份的存在。与日本人"群体身份是主要的，而其他身份是次要的"相反，中国人认为"不可能在几个群体中决定哪个群体是最重要的。只要群体的性质不同（就像出身身份和特意选择的汉口地方身份），中国人就看不出有什么矛盾，认为同时属于不同的群体是一件很自然的事情"（中根枝：《日本社会》，英国，哈姆兹沃斯：1973，22页）。

② 菲利普·柯亭（Philip Curtin）：《地理向心性和殖民隶属关系》，第八届世界经济史讨论会论文，布达佩斯，1982年8月。在最近对这一领域的分析中，柯金提出"地方团结"就是"生活在特定区域——城市或乡村——的人们同该地区的其他人享有共同的优势、劣势以及利益。因此，除了共同的社会阶层、共同的宗教信仰和共同的生活方式之外，空间位置是另一个人类团结的原因"。（承作者同意引用）

以专营某一类贸易"①。中世纪的伦敦也是由不同郡份的商人阶层占主导地位，他们在参与建设一个强大的商业都市和为他们的客居城市赢得革命性的政治权力而激烈斗争时，仍和家乡地区保持联系。② 在接下来的一章中我们将看到，这种个人身份的层累以及由此引起的"亚族群"之间的竞争与合作，是19世纪汉口社会流动的主要原因。

---

① 克利福德·吉尔兹（Clifford Geertz）：《小贩和王公：两个印度尼西亚城镇的社会发展和经济变化》（芝加哥：1963），12页。
② 西尔维亚·斯瑞普（Sylvia Thrupp）：《中世纪伦敦的商人阶层》（安阿伯：1962），228页。

第8章
行会结构

在19世纪的汉口，引导社会和经济生活最重要的因素并不是地方官府、士绅派系、家族或个别豪强巨头，而是经常在西方著作中称为"行会"的协会组织。在汉口，行会的势力是显而易见的。1888年，一位老资格的英国外交官曾经这样描述一个行会的总部："在我看来，它是中国最好的现代建筑之一。"① 好几层楼的行会会所，外墙上装饰着明亮的瓷砖，很容易在城市景观中占据主导地位。除了物质上的富有，行会势力主要反映在它本身的数量及其成员的数量方面。汉口的成年男性人口，可能有一半以上归属于某一类型的行会，很多人也许还不止加入一个行会。据民国《夏口县志》记载，汉口有100多个行会，据我们所知，这是一个估计过低的数字。② 而个别行会可能拥有数千成员。

行会是次一级的经济组织。它们处于次要地位，是因为它们既位于核心家庭（家、户）这一基本社会单元之上，也位于商行（号，或者也同样称为家或户）这种基本经济单元之上。无论它在成员标准和功能范围方面怎样千变万化，经济因素一直是决定行会的主导因素。行会成员是自愿参加的，而不是强行归属的。尽管可能存在强迫加入的情况（确实存在），但决定加入在根本上还要经过选择。具有某种特征，例如来自同一个地方，在决定资格时经常发挥作用，但具备这些特征并不意味着自动成为行会成员。在汉口，还有其他一些不是行会的自愿组织（例如：善堂和街区团体），它们与行会的差别在于，它们在本质上不是经济组织。

---

① 克雷门特·艾伦（Clement F. R. Allen），他所描述的是汉口山陕会馆的新会堂。参见英国外交部档案：《外交使节与领事有关贸易和金融的报告：中国。关于1887年汉口贸易的报告》，年度报告系列，第380号，1888年，14页。
② 1920年《夏口县志》卷五，22~34页。这个低估的原因将在下文进行讨论。

汉口的行会界定其成员的标准可能有三种：（1）共同的职业类型（同业）；（2）共同的地理来源（同乡）；（3）在生产和市场层级——我们可以大致称为"经济阶层"——中处于相同的地位。每一个行会在这些标准中采用一个或者一个组合起来的标准来界定其成员，按照它们觉得适合的原则确定或窄或宽的限制。这个选择过程，及其在19世纪的变化，将是本章探讨的重点。

总的说来，在本文研究的时期，职业类型和地域来源比经济阶层在决定汉口行会的组成和结构时更为重要。也就是说，行会的构成是纵向的，而不是横向的。因此，在本项研究中，我将回避直接讨论阶级因素。据说，阶级分析方法将充分揭示在19世纪的最后25年中，传统商业领域里是如何开始慢慢地出现由资本家或劳工组成的行会的，但是，直到1889年，这种行会在所有汉口行会中仍只是极小的一部分。

至于职业类型，历史学家经常分为商业行会（商帮）和工匠或者手工业者行会（工帮），而且，这些类型划分对于19世纪汉口的居民来说，也是十分熟悉的。但是，在确定行会的组成方面，这种笼统的划分方法，并没有太大意义，而弄清某一行会专门从事何种特殊商品的贸易和生产，则要重要得多。与其他地方不同的是，从事经销产品的汉口行会也同样介入生产过程中（如制茶或冶金），这样，商帮和工帮之间的差异就显得不那么重要了。

同样，人们有时把单纯或部分以地理来源为基础的行会，简单地根据成员与寓居地之间的关系，区分为本地行会（本帮）或客居行会（客帮）。①然而，与商帮、工帮的划分一样，在汉口，这种差异比较模糊，因为几乎所有的商人和工匠最初都来自中国其他地方，其原籍千差万别。因此，在论述汉口行会的组成时，我们可以忽略本帮与客帮之间的差别，而集中讨论地缘集团（同乡会）的具体来源。

一、行会的称谓与正式地位

在汉口，用于指称行会或准行会组织的称谓五花八门。尽管有时这些称

---

① 例如，在 H. B. 马士（H. B. Morse）、仁井田陞、今堀诚二的著作中，都是这样划分的。关于这一问题的概述，可以参见斯波义信：《中国城市的研究概况——以法制史为中心》，载《法制史研究》卷二三（1974），191页。

谓用得十分准确，但在另一些情况下又使用得相当宽泛。事实上，汉口在行会称谓方面的差异比其他主要商业中心要更模糊一些，当地报道者常常对此感到非常懊恼。① 我认为，这种称谓的模糊性正说明汉口居民所看到的组织，范围十分广泛，适应性也非常之强。

1. 行（就像"银行"或"现代银行"中的"行"）。加藤繁和斯波义信曾经论证说："行"最初的本义是指经营相同生意的一排店铺；唐代市场制度崩溃之后，"行"逐步在全中国流行开来，并慢慢地演变成指那些相对脱离政府控制的、"更为接近自主贸易的组织"②。到了清代，这种用法绝大部分来自流通领域。在汉口，"行"用得最多的是指某一单一的（通常是批发）商业店铺或者某种特定商品的整个贸易，比如在涉及汉口"八大帮"或"八大行业"时使用"行"的概念。更具体地说，"行"经常被用作"牙行"或"经纪行"的略称。不过，这个称谓还偶尔用来指那些类似于行会的组织——或者仅用一个"行"，或者合起来称为"齐行"（贸易联合）。

2. 帮。这个词，可用更现代的词"帮会"来替换，与英语中的 guild 一词最为一致。很多学者相当宽泛地解释这个称谓，并用它来指称各种各样的经济组织；而简·夏奈沃斯（Jean Chesneaux）等学者则把它狭义地理解为由相同的经济阶层（较低的）或共同的地域来源组成的集团："一个帮仅仅是由数十个或最多几百个，为了能够找到工作，或者为了摆脱由于语言或方言障碍所带来的孤独，而团结在一起的没有技术的劳动工人组成的。"③ 事实上，在中华帝国晚期，这个称谓被广泛地用于指称各种各样的不

---

① 例如，日本报道者在日清贸易研究所编纂的《清国商事指南》（上海：1892）第 1 卷，965 页中就表现出这样的困惑；同样的困惑见于《申报》光绪五年十一月二十日。

② 加藤繁：《中国商人的"行"或"会"》，载《东洋文库研究部论文集》，第 8 期（1936），65～80 页；斯波义信：《宋代的商业和社会》（伊懋可主编，安阿伯：1970），"引用资料"第 1 页；劳伦斯·J·C·马（Lawrence J. C. Ma）：《宋代中国的商业发展与城市变迁（966—1279）》（安阿伯：1971），60 页；斯波义信：《中国城市的研究概况——以法制史为中心》，载《法制史研究》，第 23 卷（1974），189 页。

③ 简·夏奈沃斯（Jean Chesneaux）：《中国劳工运动，1919—1927》（斯坦福：1968），117 页。

同结社。① 在汉口,"帮"最普遍地用来指那些船夫群体,他们通过同乡关系、在汉口使用同样的停泊地点以及经常承担同样的任务而结合在一起。看来这一用法很可能与"行会"本义的起源有着密切的关系——长期以来,"帮"是指在漕运系统中,为了防止某些自然灾害和水贼的侵扰,将漕船捆绑在一起;之后,"帮"逐步延伸为指船夫互保组织。可能大多数汉口船夫的"帮"都是专门性群体,尽管有些"帮"与更为正式的同乡会建立起了联系,并且至少有一个帮(河南省的船夫帮)最终建立起一个永久性的会所。② 在汉口,"帮"更为普遍地被用来指那些没有稳定家庭的职业群体,或者更确切地说,是指那些没有不动产的游离群体(即便如此,它还是经常可以与诸如会馆、公所之类词语互换)。③ 这些帮没有正式的会所,他们或许是在当地茶馆或者是在寺庙里集会(这些地方不一定就可以看做属于他们的特殊空间),也可能附属于那些有自己会所的较大团体。"帮"这个称谓,在汉口被用于指称数以百计的团体,既包括诸如苦力、乞丐之类较低阶层的团体,也包括那些较为高贵的、银行家和茶商的行会。其中有很多但并非全部是建立在同乡基础之上的。

3. 公所。"公所"的字面意义是"公共会堂",它被用来指行会组织所拥有和占据的房屋及地基。"公所"也指组织本身,但显然仅仅指拥有自己会所的组织。因此,当河南船夫帮买到自己的会所时,会所和"帮"都成为"公所"。一般说来,根据贸易行业组成公所要比根据籍贯组成公所多,但在汉口,这种区别并不总是明确的。前辈学者霍西·保罗·摩尔斯(Hosea Ballou Morse)和 D. J. 马克格万(D. J. MacGowan)分别把这个称谓翻译为"工匠行会"和"贸易聪明",这两种截然不同的译法,正表明了它所指的机构及其组成成员的性质十分含混。④

---

① 参见苏珊·曼因·琼斯(Susan Mann Jones):《上海宁波帮及其金融势力》,见伊懋可(Mark Elvin)和施坚雅主编:《两个世界之间的中国城市》(斯坦福:1974),78 页。
② 1920 年《夏口县志》卷一,19 页。
③ 参见《申报》光绪五年十一月二十日;水野幸吉:《汉口》(东京:1907),294 页。
④ 霍西·保罗·摩尔斯(Hosea Ballou Morse):《中国的行会》(伦敦:1909),7~9 页;D. J. 马克格万(D. J. MacGowan):《中国行会》,载《皇家亚洲学会华北分会学报》,第 21 卷,第 3 期(1886),134 页。

4. 会馆。与"公所"一样,"会馆"既指一座建筑,也指占有它的组织。会馆是一个永久性地缘组织的驻地。摩尔斯把它译成"兄弟会",马克格万则译为"商业会客室",都不完全合适,但把这两种译法叠加在一起,却正反映了这种组织的功能范围。严格地说,会馆并不是贸易组织,但在下文我们将看到,实际上它们几乎不可能脱离贸易。

5. 其他称谓。在汉口的地缘组织和贸易组织,还有一些常常是名不副实的官方称谓。其中有徽州和宁波、绍兴的行会使用的"书院"。徽州同乡会的正式名称是"紫阳书院",使用这个名字是为了纪念朱熹在苏州附近建立的一个书院。也许是经过慎重考虑之后做出的一种回应,后来宁波同乡会采用了"(王)阳明书院"的名字。事实上这两个机构都办有学校,但是"书院"并不是特指这些学校,而是指同乡会所有的团体机构,学校在其总体结构中只占一小部分。另外一些行会则采用意义各不相同的各种寺庙(寺、庙、庵)作为自己的名称,而这些行会的主要活动当然是商业的,而不是宗教的。

* * *

给行会起一个令人尊敬的或者是很容易引起误解的名称,这种奇怪的现象,关系到他们的正式章程,特别是他们的法律地位。徽州同乡会的创建者之一吴积隆,在17世纪就写道:"汉镇为仕商辐辏重地,各省皆藉庙貌,以名会馆"①,暗示此类组织的真实情况被其名称所遮蔽了。真实的疑虑促使汉口的商人不愿给他们的组织取一个更切合实际的名称,但是同样有根据证明,公共关系因素也可能在发挥作用。奉祀神明或者纪念朱熹、王阳明之类的文化英才,为经济活动提供了一个冠冕堂皇的招牌,这些经济活动就不会轻易受到官方或公众舆论的攻击。

本章将把关注点集中在那些性质相对稳定、得到地方官府和大众舆论承认、代表城市社会某一特殊利益集团的团体。这一界定比它最初出现时更为狭隘。近来,有几位学者都指出:在中华帝国晚期城市中,非正式的或专业组织在社会经济中所发挥的作用比现存文献中所反映的要大得多,而我们关于汉口的研究倾向于支持这种观点。非正式的"帮"——包括劳工帮伙、秘

---

① 《汉口紫阳书院志略》卷八,15页。

密会社，以及真正的行会或初始行会机构——数量上远远超出继承他们的正式组织。艾米特·阿西尼（Amitai Etzioni）曾对"组织"下过一个定义，有助于我们辨识什么是"正式组织"：

> 组织是为了特定目的而有计划地建立或重建的社会单元（或人类群体）……组织须具备如下特征：(1) 明确区分劳动、能力和相互间的责任，这种区分不是随意或按传统模式进行的，而是以提高特定目标的实现为准则作过周密筹划的。(2) 有一个或更多的权力中心，这种权力中心控制着组织共同的努力方向，并引导组织朝这一目标努力；这些权力中心也必须不断考虑组织的行动，并在必要时，调整其结构以提高其效率。(3) 员工可以替换，例如：可以辞退不满意的员工，任命他人接替其职位。①

在有深思熟虑的追求目标、联系密切的内部结构这些前提条件之外，我还要给"组织"再加上一个限定条件，那就是，其群体结构与目标至少要相对长期地稳定。有了这些标准，汉口的经济组织就与那些完全为了相互需要而自发地暂时结合在一起的群体区分开来了。

我认为，在清代，以下三方面因素标志着一个同业或同乡组织已具备正式组织的特征：(1) 拥有或长期租用一个会所，把它作为该组织单独使用的集会场所和商业办事处；(2) 拟定并公布控制该组织成员的规章制度；(3) 在一定程度上取得地方官府对该组织存在的权利给予法律上的承认。前两者本质上是内部事务，仅仅需要行会成员对长期保持已有会所与章程表示赞同，并做出决定募捐或通过其他方式筹集必需的经费。② 当然，第三点就不仅需要行会内部的决心，还需要地方官府的支持。

在西方，习惯上把中华帝国晚期的行会看做不合法的。一位学者说："行会从来就不在法律范围之内；他们在法律之外成长，并且作为组织，它

---

① 艾米特·阿西尼（Amitai Etzioni）：《复杂的组织》（新泽西州，恩格坞克利弗：1964），3页。

② 然而，即使这两点无法做到，也并不说明行会的规模或资源就确实受到限制。例如：尽管盐商同业组织是汉口最有能力和享有盛誉的群体之一，但它直到1889年才出版正式的规章，并搬进自己永久性的行会会堂（1920年《夏口县志》卷五，29页）。

们不承认法律，也不要求法律给予保护。"① 就成文法典意义上的法律而言，这一观点应当说是比较公正的。我阅读了各种法律条文以及由清代中央政府编集的案例汇编，都未能发现有关管理同业与同乡组织的规定，也没有要求它们向中央或地方官府登记。② 然而，这些群体一般会向本地或地区官员提出申请，努力使他们团体的存在得到公认。例如，17世纪末，当汉口徽州社团的领导人决定正式建立他们的同乡会时，他们请求汉阳府和湖北巡抚衙门给予同意。③ 同样，汉口开埠以后，只是在恳请道台并得到道台同意以及正式备案（在案）之后，汉口茶业公所才算是正式建立起来。

那么，"在案"与行政管理之间有什么关系？官方承认没有改变行会的财政情况，国家并没有发给成立团体的许可证，也没有要征收团体税。然而，通过提供认可，官府承认一个行会有权存在，并根据它所制定的社团规章去运行。尽管法律并不要求行会需要获得许可证，但有关法令要求官员要警惕那种建立垄断性联合企业（霸开总行）的行为④，而且，是否给予承认，也是表示官府是否认同行会行为的一种有效的重要手段。总的来说，汉口的官员对于当地商业组织在获得批准和正式承认方面持一种宽松态度。一位报道者指出："汉皋地方辽阔，商贩辐辏，各业皆有帮口，有会馆，既可以议规整条，复可以敦睦乡谊，两有裨益，故官宪亦不之禁。"⑤ 但也有一些组织潜存着垄断的可能性，其申请承认的报告被官府扣留不准。

显然，官方的承认可以给行业或地缘组织提供很大的便利。官府的承认给组织在处理其组织内事务以及与外界势力（包括竞争对手、诉讼当事人、缔结契约的其他各方和普通大众）打交道时赋予了合法身份。通过给行会规章盖章（钤印），官府给这些规章赋予了法律力量。因此，茶业公所的规章中包括这样的一款：

---

① F.L.戴逊（F.L. Dawson）:《传统中国的法律与商业：清代法规〈大清律例〉及其对商人阶层的意义》，见《中国论集》卷二（1948），84页；另请参阅：《今日远东印象及海内外杰出的中国革命党人》（伦敦：1917），218~219页。
② 有关这一问题的资料，包括《大清律例》、《大清律例汇集便览》、《大清会典》、《大清会典事例》、《户部则例》。
③ 《汉口紫阳书院志略》卷三，2~3页。
④ 《大清律例汇集便览》卷一五，2~3页。
⑤ 《申报》光绪五年十一月二十日。

本章程已呈报汉口道,并蒙立案。若有茶牙不遵成法,故违规章,除本公所成员概不与之交易外,仍递解公堂,呈请惩处。①

在本书第一部分,我们已经看到,盐业、钱业以及茶业公所在行业管理以及在与本地及外国竞争者争夺市场和资金的对抗中,都通过这种方式使用了其权威。② 在非商业事务中,一个组织可以吁请官府同意,保护其集体财产免受诸如侵占、堵塞出入通道,以及街头暴力等地方性城市问题的打扰。③ 就是这些便利,而不是那些加强管理的欲求,才是促使汉口行会请求官方同意的真正动力。

当然,默默无闻也有其方便之处。更为重要的是,对于很多较小的行业与地缘组织来说,谋求获得官府承认是不值得的。甚至像徽州同乡会这样强大的组织,也是在非正式存在了 27 年之后,才决定到官府去登记的。④ 同样,组成汉口茶业公所的六个分省茶帮没有一个曾经单独申请官府承认。

因此,汉口的行会一般分属两种类型。两者在法律地位上的差异,并非一种是合法的,另一种是非法的,或者一种是正统的,另一种是非正统的;而是一种获得了相当复杂的官方批准,另一种却没有得到这种批准。虽然一些未获批准的组织(例如那些船夫的帮会)时常参与非法的或者非正统的活动,通常官府会试图压制这种活动,而不是这些组织本身。所有"公所"、大多数"会馆"以及某些"帮"看来都是获得批准的,而"香会"、大多数"帮"以及类似行会的秘密会社无论是否遭到禁止,都没有被批准。两种的差异取决于官府在多大程度上能够尽力间接地控制这些组织,以及这些组织能在多大程度上相应地使用官方的保护。

---

① 《汉口茶叶公所规条》(1889),见东亚同文会:《支那经济全书》(大阪:1908—1909)卷二,672~674 页;全汉昇:《中国行会制度史》(上海:1933),182~185 页。

② 茶业公所与破产的英国公司麦克莱公司(Mackeller and Company)的债权人之间的冲突,提供了一个很好的例证。参见本书第四章,以及英国外交部档案,228/436。

③ 例证可见《汉阳紫阳书院志略》卷八,22、57、60、74~76 页;《汉口山陕西会馆志》卷一,10 页;卷二,25 页。

④ 《汉口紫阳书院志略》卷三,13 页;1920 年《夏口县志》卷五,22 页。

二、地缘组织

尽管早在 15 世纪初，中国就可能已出现了孤立的会馆，但一般认为，这种机构产生于明朝万历年间，在清朝康熙年间不断发展，并逐渐定形。与此同时，各种相关的组织形式，比如结构松散的同乡会，具有强烈地缘色彩的客栈，开始在制度上逐步形成一种标准模式。① 在明朝末年，汉口可能就存在一些这样的组织，但在清朝征服战争所带来的破坏中没有保留下来。不管怎样，文献记载所见最早的会馆建立于 17 世纪下半叶，当时汉口形成了几个最大和最有势力的团体。到 19 世纪，有一项估计说，大概全中国 40%的会馆位于湖北，而汉口的会馆数量仅次于帝国首都。② 这些同乡会来自广大的地理区域；1892 年，汉口海关税务司报告说，11 个省在汉口有代表本省的会馆，许多省在汉口有几个会馆。③

1. 目标。在中华帝国晚期，有几个普遍的因素影响着会馆的形成。其中最重要的因素，也是研究这一问题的大多数日本和许多西方学者所极其强调的，就是商业。为了找寻新市场，商人们来到一个城市，在那里建立起代表其家乡利益的组织。何炳棣虽然也承认区域间商业扩张的作用，但他认为，在会馆作为一个机构形成的阶段，另外有两个主要因素，即旅行去参加科举考试，以及广泛的移民运动。④ 前一因素在汉口可能只发挥了很小的作用，因为武昌（湖北乃至湖广地区的考场位于武昌）有各省会馆；移民因素，我们在上一章已经讨论过，认为它虽然在整个湖北会馆的建立中发挥了主要作用，但在汉口会馆的建立过程中所起的作用却只是次要的。然则，毋

---

① 何炳棣：《长江中上游各省会馆的地理分布》，载《清华中国研究学报》，第 2 期（1966 年 12 月），20~21 页。窦季良：《同乡组织之研究》（重庆：1946），21~23 页。何炳棣认为中国的第一个会馆是明永乐年间（1403—1424）安徽芜湖人在北京建立的会馆。

② 何炳棣：《中国会馆史论》（台北：1966），74 页；吉尔伯特·罗兹曼（Gilbert Rozman）：《中国清代与日本德川幕府时期的城市网络》（普林斯顿：1973），132 页。

③ 海关总税务司系：《十年报告，1892》（上海：1893），191 页。

④ 何炳棣：《长江中上游各省会馆的地理分布》，载《清华中国研究学报》，第 2 期（1966 年 12 月），121~122 页；《中国会馆史论》，67、74 页。

庸置疑，汉口所有地缘组织建立的根本推动力，是贸易。

汉口最早、最奢华的同乡会会所都位于汉口的后面，建在后湖之滨，沿着构成汉口与内陆边界的汉水故道排列开来。这些会所都是由那些寓居汉口的外地商人建立起来的，很明显是为了方便同乡行商把他们的商品运到邻近陆路商道终点的大市场去。① 这种合法的同乡会性质的机构很多带有某种神圣的信仰色彩，但可以确定，事实上他们的主要目标仍然是商业。所以，建于康熙年间的福建会馆，界定其目的就是"管理商业，推进善举"；同样古老的江西会馆所公布的一系列规章制度，几乎都与商业事务的运作有关。②

表 8—1　　　　　　　　汉口同乡会建立的目的，1889 年以前

	目标	提到的次数
族群目的	维护乡情	2
	维持本籍	3
	祭神（故乡的神）	1
	合计	6
商业目的	管理集体商业活动（营业）	4
	控制集体商业活动（主权业）	1
	保护、促进成员的商业活动（维持商业）	4
	研究商业发展（研究商业）	4
	维护商业规章（维持帮规）	1
	提高集体收益（维持公益）	3
	合计	16
其他目的	商讨集体事务（议事）	2
	建立并管理集体财产（提倡实业）	1
	从事慈善活动（慈善事业）	2
	合计	5

资料来源：1920 年《夏口县志》卷五，22~34 页。

---

① 叶调元：《汉口竹枝词》卷六，2 页；刘文岛：《汉口市建设概况》（汉口：1930），第 1 卷，第 1 章，5 页。

② 1920 年《夏口县志》卷五，24 页；《汉口江西会馆公议》（无日期），见东亚同文会：《支那经济全书》，第 2 卷，562 页；全汉昇：《中国行会制度史》，106 页。

民国《夏口县志》保存了有关汉口会馆的广泛资料，据此，我们可以较全面地总结出汉口会馆的目标理念。① 在这个表格中，组织建立这一栏显示，所有准行会机构均建于1889年之前，其中有一半多一点（共45个）要求其成员必须是同乡。② 然而，这些同乡会中的21个陈述了其建立组织的一个或几个目的，这些目的（在表8—1中所显示的）表明，这些组织不仅仅是自卫性的"兄弟会"，其中的大多数在根本上而且公开宣称是以经济为导向的。

2. 成员资格。有些学者认为，中华帝国晚期城市里的次级经济组织一直较小，但这种看法却得不到汉口和其他商业中心的主要地缘组织的证实。例如，最近的一项研究表明，19世纪70年代后期，上海的汕头会馆宣称拥有两万到三万名成员。③ 依靠现有材料推算出来的汉口类似团体的成员数量（大部分是依靠那些向行会工程捐款的记录），表明汉口单个行会的成员数量

---

① 1920年《夏口县志》卷五，22~34页的列表是民国初年由汉口行会联合会的头面人物编纂的。它列出了179个各种类型的行会，并大都提供了会所的地点、建立时间、组成成员、目的和建筑历史等方面的资料。这些资料对地方行会史研究来说，最主要的局限性有两点：（1）它仅仅包括那些拥有它们自己会堂的组织，从而非常明显地排除了那些为数众多的租用或借用集会地点的"帮"；（2）它所列的只包括了在编这份资料时仍然存在的行会，排除了那些因太平天国运动破坏等原因而不再存在的行会，从而曲解了那些有利于后者的例证。尽管如此，它仍然保留了一些真正有用的资料，甚至能允许我们做一些谨慎的量化研究。在本章的余下部分，我们使用这一材料对汉口行会所作的具体分析并没有导致其他的解释。何炳棣曾经分析过这些材料，尽管不是很集中，但对很多具体例证的观察，我与何教授的意见是一致的。在很多方面，何炳棣的研究工作给我分析帝国晚期的行会提供了出发点。

② 在179个行会中，有123个行会保存了其成员标准的纪录。这123个行会中，又有81个明确记载是建于1889年前，而且我们能够准确无误地估计另外还有10个行会也创建于此前。余下的32个行会，据记载有23个建于1890年之后，我们估计另有9个也创立于1890年后。经过进一步分析，我又从91个建立于1889年之前的行会里排除了两个，因为它们仅仅代表属于表格中记录的另一个组织分散在别处的一块地产，（而不是独立的行会）。在剩下的89个行会中，共有45个行会（即占总数的51%）包含了对其成员资格要求的地缘限制，44个行会（占总数的49%）没有此种限制。

③ 加里·G·汉密尔顿（Gary G. Hamilton）：《19世纪中国的商人组织：勾结还是联合?》，载《清史问题》，第3卷，第8期（1977年11月），57页。

虽然比较低，但仍然是相当惊人的。山陕会馆，是一个较大的但不会是汉口最大的同乡组织，在19世纪七八十年代，据认为拥有超过1 000名成员；同一时期，广东会馆看来至少有500名成员。① 甚至像山西钱帮那样对成员资格限制得非常严格、狭隘的行会，也有一百多个成员。②

由于其成员的性质不是很明确，会馆的规模问题就更复杂化了。具备会员资格的单元到底是个人还是商行？很多证据表明，汉口较大的同乡会的会员单元主要是商行。1883年的一个诉讼案件曾经提到一个茶行"属于长沙公所"；而另一份资料则提到汉口的钱庄以钱庄的身份分别属于各自省份的同乡组织。③ 最重要的是，在山陕会馆的记载中，提到公所成员时几乎从不用个人的姓名，而是使用标准的三个字的商号名称，称为"某某号"。也就是说，行会习惯上把成员称为"各号"④。这些现象引导仁井田陞总结说：只有"代表其商号的管理者"才被认为是会馆的成员。⑤ 然而，不管是商号的全体职员，还是只有管理者才能属于行会，只有商号才能成为会员这一点就充分显示出汉口的同乡会，与那种为了寻求精神寄托而建立起来的地缘组织，有着根本性的不同。可是，在行会规模的另一端，则是为数众多的小规模的地缘组织，其个人成员的资格无疑是正式的。⑥

行会成员的资格限制有多严格？尽管很多汉口的居民只属于一个行会，但这并不是必要的，也并非普遍如此。例如，我全面考察的六个地缘和行业组织的规章制度中，没有一个包括有禁止成员同时属于其他行会的条款（虽

---

① 《汉口山陕西会馆志》卷一，《申报》光绪四年八月二十一日。
② 《汉口山陕西会馆志》卷一；仁井田陞：《清代汉口山陕西会馆和山陕西行会》，载《社会经济史学》，第13卷，第6期，510页。
③ 卞宝第光绪九年十月二十一日片，见总理衙门档案："湖北英人交涉"；东亚同文会：《支那经济全书》，第6卷，610~612页。
④ 《汉口山陕西会馆志》卷一，15页；在山陕会馆各种工程捐赠名单表上，绝大多数也都是用商号（"号"）来指称各行会成员的（《汉口山陕西会馆志》卷一，11、21~28页；卷二，13页）。
⑤ 仁井田陞：《清代汉口山陕西会馆和山陕西行会》，载《社会经济史学》，第13卷，第6期，509页。
⑥ 有一个典型的例证，即提到各种汉口会馆成员时，把它们称为"会客"（见《申报》光绪五年四月十日）。

然它们可能禁止其成员参与其他贸易）。① 如果一个同乡会不从事特定的贸易，那么看起来它的成员可能同时属于控制其职业的行会。例如，在19世纪后半期，汉口的钱庄既分别属于其各自省份的同乡会，也属于钱业公所。个人也可能在私人角色上属于一个行会（可能是以地缘为基础），同时又属于与其生意有关的另一个行会（可能是同业行会）。而且，同乡会所代表的家乡区域是可以互相重叠的，人们看起来可以自由选择加入任何或者所有与其出生地相适宜的同乡会。

3. 接纳成员的地区。几乎没有例外，同乡会都选择通常使用的政区或语群作为界定其家乡地区的标准，虽然这些家乡地区的范围大小差别很大。在表8—2中，我们对45个来自本项研究所涉及时段的同乡会的组成做了分类，发现县（一个单独的县或几个县联合在一起）是会馆组织比较倾向的单元。② 对于这种现象，一个解释是县这种单元更可能从事某一或某几种特殊的贸易行业，而且有些县（比如湖北黄陂县）在汉口就有不止一个会馆作为这个县的代表。更抽象一点说，一个同乡会所代表的地域范围的大小和同乡会所处城市到故乡的距离，这两者之间的大致关系，和它汇集成员的区域是密切联系在一起的。例如：大多数代表单个县的会馆所代表的县靠近汉口附近（如黄陂县）或者是长江中游地区内部的其他地方。代表几个县的会馆所代表的县基本上是距离比较远的地方，大多数通常位于高度商业化的长江下游地区，包括徽州、绍兴和宁波府，但也有一些不是很出名或非政区单元的区域。以省份或几个省份命名的同乡会所代表的省来自更远的地方（福建、山东、云南、贵州）。之所以会这样组成同乡会，是因为人们很容易认识到，

---

① 这六个组织包括徽州会馆（见《汉口紫阳书院志略》卷八，74~76页）、山陕会馆（见《汉口山陕西会馆志》卷二，9~11页）、江西会馆（见东亚同文会：《支那经济全书》，第2卷，562页；全汉昇：《中国行会制度史》，106页），以及米牙公所（见根岸佶：《中国行会研究》［东京，1938］，244~245页）、茶业公所（见《支那经济全书》，第2卷，672~674页；全汉昇：《中国行会制度史》，182~185页）、天平公所（见《支那经济全书》，第2卷，641~642页；全汉昇：《中国行会制度史》，133~134页）等三个同业组织。实际上，商行不仅仅属于一个行会的现象在19世纪台湾的鹿港就已经出现。见多纳尔德·R·德格洛珀（Donald R. Deglopper）：《一个十九世纪台湾海港城市的社会结构》，见施坚雅主编：《中华帝国晚期的城市》（斯坦福：1977），646页。

② 选择这45个同乡会的过程，参见上文的注释。

相对于这些同乡会成员与寓居地土著之间在文化上的显著差别而言，同乡会所代表的地区内部的区域文化差别，就算不上什么了。山陕会馆的历史说明，它所代表的两个省，经常是竞争多于合作的；只有当山西和陕西人发现他们同处在一个像汉口这样相当陌生的环境中时，他们才可能联合在一起。①

表 8—2　　　　汉口地缘组织在建立时接纳成员的地区，1644—1889

所代表的地域单元	数量
小于一个县	2
一个县	14
几个县或一个府	19
几个府	1
一个省	5
两个省	2
非地理单元（穆斯林组织）	2
总计	45

资料来源：1920 年《夏口县志》卷五，22~34 页。

对于规模和距离之间关系的进一步解释将考虑到贸易的路线：商人群体来自的地方越远，越可能在沿途汇集一些天然的盟友。施坚雅正确地指出：尽管地缘组织的成员汇集地区几乎总是表达为政区单元，"然而，现有证据说明，各同乡会吸收会员的范围总是经济层级中这一级或那一级的集市体系或贸易体系"②。因此，很多汉口的同乡会所代表的几个县并不属于同一个府；一个由六个没有行政联系的江西省的府组成的同乡会，通过各行政单元在商业上的相互依赖而结合在一起；一个同乡会联合了湖南五个分属不同府的县，五个县都位于沿湘江河谷的商路上。

这种商业上的相互依赖性可以支撑一个复合式的同乡会，甚至当所代表的较低一级行政单元跨越较高一级行政单元（比如省）边界时，也是如此。施坚雅引用了汉口苏湖公所（建于 1891 年，未包括在我们的例子中）

---

① 《汉口山陕西会馆志》，"序"，1 页；仁井田陞：《清代汉口山陕西会馆和山陕西行会》，载《社会经济史学》，第 13 卷，第 6 期，504 页。
② 施坚雅：《导言：清代中国的城市社会结构》，见施坚雅主编：《中华帝国晚期的城市》（斯坦福：1977），543 页。

的例证，它代表江苏省苏州府和浙江省湖州府。① 另一个例子是中州会馆，它在建立时包括跨越河北、河南两省边界的四个县。在一个例子中，甚至超出了清政府控制的范围：在19世纪末期，汉口的广东会馆合并了一个香港公所。② 因此，如果说在徽州、绍兴同乡会的组织过程中，基本的族群忠诚发挥了作用的话，那么，与此形成鲜明对照的是，看来很多汉口的同乡会仅仅是建立在基于商业输出与销售网络的实用主义的团结基础之上的。

事实上，一些地缘组织吸收成员的范围有各种各样的地域单元类型，而不仅是单纯根据行政单元来界定的，这有助于解释某些地缘组织吸纳成员的地域范围何以会发生重叠和嵌套的现象——例如，为什么代表江苏省内部不同地方体系的会馆（如金庭会馆、元宁会馆和上元会馆）可以与单独代表整个江苏省的同乡会在汉口共存？在一个非常典型的例子中，一个江苏省苏州府无锡金庭市场体系中的人，在汉口不仅可以加入自己狭窄范围的金庭会馆，同时也可以加入苏州会馆，还可以加入江苏会馆或者三者任何形式的联合组织。对于他的职业来说，这一经济体系具有怎样的重要性，是他决定加入何种组织的最有力的因素。许多地缘组织既受到贸易的限制，也受到地域的限制，这也是导致其吸纳成员的范围重叠的原因之一。例如，与汉阳县相邻的黄陂县就在汉口有四个独立的、按专门职业组成的同乡会。

4. 单一行会与复合行会。为了考察行会的结构，我们可以有效地区分"单一"和"复合"行会。单一行会的内部是一致的，无法区分的。它们可能是较小的非正式组织（帮），也可能是较大的正式组织（会馆、公所等）；它们可能是按同业、同乡关系建立起来的，也可能是两者相结合而形成的。与此相对应，复合行会的内部是不一致的，可以区分的。也就是说，他们是合并了两个或更多单一行会的较大的伞状组织。它们几乎全是正式的组织，但可能是通过同乡或同业的不同纽带而结合在一起的。现在，我们先来集中讨论复合式的同乡会。

---

① 施坚雅：《导言：清代中国的城市社会结构》，见施坚雅主编：《中华帝国晚期的城市》（斯坦福：1977），543页。
② 张寿波：《袖珍汉口商业一瞥》（1911），23页。

汉口拥有几个这种由专门化的行业组织合并而成的同乡会。例如，四川会馆就包括四川草药帮和四川船夫帮。① 汉口的另一些复合式会馆则包括比其"母帮"有着更严格地域限制的同乡帮。例如，山东同乡会就分为几个代表省内不同县或府的分会（当时人认为，组成山东同乡会的各分会可以分成两组：一组是沿海路、水路来往于山东和汉口之间的，另一组是横越中原陆路来到汉口的。这种解释强调贸易路线对决定行会结构有着重要意义）。② 汉口一些大型的复合会馆有几种类型的分会。例如，山陕会馆的23个成员帮既包括地缘、同业组织，也包括两者相结合的组织。③

组合进复合式会馆的单一行会在多大程度上仍能维持其自身组织的完整，是很不相同的。一般说来，他们既要运用仪式手段来保持其自身的团体身份（比如祭祀他们自己的神祇），从功能需要上讲，又必须加入复合行会（特别是那些控制其交易商品的贸易组织）。复合式行会中亚单元的完整性通常可以在会馆建筑群的布局上反映出来。岭南（广东）同乡会分为四个会堂或神殿：粤魁堂，凤城堂，禺山堂和古冈堂，分别代表着南海、顺德、番禺、新会四县。④ 山陕会馆建筑群里也有许多较小的神殿，为其成员帮发挥着同样的作用。然而，也有一个成员帮非常独立的例子：山西茶业行会（红茶帮），尽管一直是复合式山陕同乡会的稳定成员之一，却在同时一直把自己的会堂设在远离"母会"会堂的地方。⑤ 我们还想起这个山西茶帮是19世纪70年代组成汉口茶业公所的六行之一。因此，一个既基于同业又基于同乡的单一行会显然可能分别以地缘和业缘为纽带，加入两个不同的复合行会。看来，这种组合模式要比那种建立在某种根深蒂固的、"神秘的"乡土观念基础之上的结合要更为紧密。

5. 外部联系。在汉口等城市中的同乡会与其代表的家乡地区之间存在

---

① 全汉昇：《中国行会制度史》，101页。我从孔飞力（Philip Kuhn）关于19世纪团练组织的著作中借用了"单一结构"和"复合结构"这两个术语。窦季良也看出了同样的区别，用他的话来说就是"简一"和"繁复"。

② 1920年《夏口县志》卷一二，11页。

③ 《汉口山陕西会馆志》卷一，20页。

④ 1920年《夏口县志》卷五，22页；根岸佶：《中国的行会》（东京：1953），43页。

⑤ 《汉口山陕西会馆志》卷二，38页。

着怎样的联系？尽管实际上客居者对故乡的感情变得越来越淡漠，会馆仍十分注重培育个体客居者与其故乡之间的联系，因为这种联系是维系同乡会凝聚力的十分重要的规范性因素。例如，我们已看到，同乡会把所有曾经在家乡地区入籍的人（本籍人）都看做同乡，并不总是要求成员的现籍仍在家乡地区。最终回归家乡的观念也同样是一个非常重要的组合原因。因此，江西会馆才会在其正门刻上"死在江西"几个大字。① 徽州会馆拥有一块墓地，表面上只是在能够把亡人运回家乡最后下葬之前，暂时客葬异乡；然而，很少有证据表明客死异乡者最后被送回故乡安葬了（无论如何，汉口的旅居者经常是永久的被埋在汉口）。②

旅居汉口的商人组织有时将钱汇回家乡，特别是有危机时。例如，19世纪70年代晚期，中国西北地区长期遭受旱灾和饥荒，山陕会馆为各种各样的救灾活动汇寄了大笔的钱款回家。然而，这一举措需要会馆管理者特别做出决定，而且汇寄的款项并非来自为此目的设立的长期基金，而是暂时从一项为正在同时进行的工程项目征集的经费中挪用的。③ 没有一个会馆现存预算记录表明，存在着为了减轻家乡地区负担而设立的长期基金，也没有任何会馆规章专门规定了这样做的程序。

我们已谈到，那些代表偶尔聚集在一起的商人群体的汉口会馆，既不是由于地方生产专业化提出了迫切需要，也不是为了解决经常使用的商路上共同地点所可能发生的事件，而是通过诚挚的信仰以及长期培育的团体认同感结合在一起的。汉口的这种组织包括四个主要给汉口提供了商业与社会领袖的会馆：徽州会馆、山陕会馆、广东会馆和宁波—绍兴会馆。在这些群体中，除了汉口之外，他们共同忠于的与其说是各自的家乡，不如说是遍布全中国主要商业城市的、与汉口会馆相同的组织构成的网络。由于组成会馆的商人都隶属于某一在各主要城市都拥有分号的连锁商行，而这些主要城市里又都有本乡会馆，这样，由会馆组成的这一网络就得到了进一步加强。施坚雅曾经谈到，行会之间的这种联系起到了传递商业情报的作用。他特别指出："报信人从南京的徽州会馆把市场与价格信息送到汉口的徽州

---

① 徐焕斗：《汉口小志·民生志》，2页。
② 《汉口紫阳书院志略》卷八，62～63页。
③ 《申报》光绪四年三月八日。

会馆。"① 这些组织的成员出版的商路指南,提供了他们经常传递商业情报的进一步证据。这些会馆网络的存在,使人们确信,它们已经与自己所宣称的、对家乡的忠诚之间没有什么太大关系了。

尽管有一些证据说明汉口的重要会馆与其他地方代表同一家乡的会馆之间存在着合作关系,但并没有材料可以证实它们已正式加入到一个统一的城市间组织中去了。我们知道,汉口的岭南(广东)会馆是 1744 年在湘潭老岭南会馆的基础上重建和扩展的,湘潭是平时广东—湖广商路上另一个重要商业城市。② 而且,正如彭泽益所指出的那样,一些事实的背后也许隐藏着更为传统的东西。比如,各省会馆往往在全国各城市都使用同一个名字:广东总是用"岭南会馆",江西则用"万寿宫",而福建通常用(但在汉口不是)"天后宫"③。然而,汉口的徽州和山陕会馆现在仍保存着大量的文献记载,虽然两地都有众多会馆分布于全中国,但这些文献却完全没有提到其他城市里的徽州或山陕会馆,更不用说任何与它们的组织联系了。因此,来自汉口的证据看起来支持加里·G·汉密尔顿(Gary Hamilton)的观点:"绝大多数区域组织在每一个地方都是独立建立起来的,与其他地方建立的组织之间没有组织联系。换言之,会馆是严格的地方组织,即使他们的组织者是非地方的。"④ 我们将看到,通常最强有力的诱惑(随着时间而加强的)是加入位于寓居城市而代表其他家乡地区的同乡会,而不是加入位于别的地方而代表相同家乡地区的同乡会。

---

① 施坚雅:《导言:中国社会的城乡》,见施坚雅主编:《中华帝国晚期的城市》,271 页。作者没有注出这份材料的出处。
② 全汉昇:《中国行会制度史》,94~95 页。
③ 彭泽益:《19 世纪后期中国城市手工业商业行会的重建和作用》,载《历史研究》,1965 年,第 3 期,71~102 页。
④ 加里·G·汉密尔顿(Gary Hamilton):《19 世纪中国的商人组织:勾结还是联合?》,载《清史问题》,第 3 卷,第 8 期(1977 年 11 月),62 页。对汕头同乡会的研究,使汉密尔顿的观点受到冲击。上海与南京等地汕头同乡会作为"家乡"所指定的吸收会员的区域,存在着非常大的差别。他总结说:"一个身在某地人厌倦离群索居的生活,他希望加入另一个地方的同乡会……因此,这样的会馆不需要对某一特定社会体系保持强烈的忠诚。"虽然某些同乡会(比如徽州人)在界定家乡地区时没有汕头人那样灵活,但汉密尔顿的分析仍然是与我们此前有关商品生产与销售在决定这种同乡会构成模式中所起作用的结论相一致的。

今堀诚二等日本学者强调中华晚期帝国城市社会中的地缘组织是封闭的、普遍带有保守性，而来自汉口的证据则与这一认识相矛盾。① 作为对日本学者的回应，何炳棣关于汉口的研究的结论令人信服。他认为："从前，学者们对这一问题的印象是，会馆的普遍存在正反映出中国普遍存在着强烈的地方特权，并因此阻碍了中国的现代化。事实与此恰恰相反……会馆机构便利了区域间贸易和社会整合。"② 我进而认识到，会馆作为一种共同推进社会发展的"公共组织"形态，介于狭隘的乡土观念与世界观念之间。③ 据此，在汉口这样的中华帝国晚期城市里，总的说来，会馆在地方社会发挥着积极作用。

三、业缘组织

在汉口最早的同业组织类型中，成员的资格标准要求既是同乡，同时又从事同一行业。这种组织形式是市场在大多数贸易商品方面普遍走向地方专业化的结果。本书第二章已揭示了诸如糖、麻、豆类及煤之类的原产品生产与贸易方面的地方专业化，对于手工产品和加工产品来说，地方区域甚至更可能在生产和销售领域有效地控制着垄断权。例如，尽管汉口的很多行会从事丝绸贸易，但由于江苏、浙江的丝绸产品的品种非常有特点，所以形成了一个由江浙商人垄断的单独的贸易门类。④ 因此，监督丝绸贸易的汉口行会把经营这一贸易的人严格限制在江浙人范围内，并不必然来源于在某种程度上较为普遍的传统的乡土观念。

---

① 请特别参阅今堀诚二在《中国的社会构造》中有关"行会商人"的讨论（东京：1953，259页），以及斯波义信对今堀诚二观点的概括性评论（《中国城市的研究概况——以法制史为中心》，载《法制史研究》，第23卷，191页）。其他日本学者有关中国行会的研究也经常反映出相同的观点，如西里善行：《关于清末的宁波商人：浙江财团的起源研究》，载《东洋史研究》，第26卷，第1期，10~11页。
② 何炳棣：《长江中上游各省会馆的地理分布》，载《清华中国研究学报》，第2期（1966年12月），122页。
③ 罗伯特·梅尔森（Robert Melson）和霍华德·沃尔普（Howard Wolpe）：《现代化和地方自治主义政治：理论探索》，载《美国政治学评论》，第64期（1970年12月），1119页；加里·G·汉密尔顿（Gary Hamilton）：《中国城市的区域组织：一项比较研究》，载《社会、历史比较研究》，第21卷（1979年7月），346~361页。
④ 1920年《夏口县志》卷五，34页。

虽然行会要求其成员既是同乡，又是同业，完全合乎情理，但到19世纪，在汉口，已经出现另一些各种各样的行业组织，它们不要求其成员都是同乡。例如，天平公所在18世纪成立时就制定的章程中说："四方各行师徒汇聚汉口，此皆为吾行必当发达之兆。"① 虽然它说明非地缘同业行会的发展比地缘为基础的同业行会的发展要晚，但早在清初，成员来自不同地区的同业行会就已经出现了。汉口第一个这样的行会——也许是全中国的第一个——是很有实力的米市公所，在1678年召集起来草拟了一份章程，呈请地方官府批准。章程起首即称：

> 吾等莞汉镇米市，以米牙为业。若无公同集会之所，则无以商定行规，必致众议相异，轻重不一，将违吾等之初愿，以谷米为民食所依之故也。若轻重且不一，何以明吾等为公之心，复何以卫吾行之诚信？故集同业之众于兹，以划一交易，且重申行规。②

尽管他们希望自己提出的建议能得到地方官府的支持（考虑到谷米的重要地位以及米市运营受到大众的公共监督），但汉口米牙们实际上正在从事一项革命性的事业，那就是反对地方官府习惯上不准建立"企业联合的垄断机构"的做法。如同中国的历史学家邓拓指出的那样，他们成功地获得官府支持他们建立一个独立的、范围广泛的私人组织，以控制整个帝国各大市场中大部分重要商品的全部贸易，这是中国社会经济史上无法替代的里程碑，它标志着"城市阶层"（市民）自我意识能力的出现。③ 在汉口，很多其他行业组织追随米市公所，开始超越狭隘的同乡原则向前发展。到1889年，汉口近一半拥有长期驻所的行会（包括会馆）在成员的资格上没有严格的地缘限制。④

---

① 东亚同文会：《支那经济全书》，第2卷，641~642页；全汉昇：《中国行会制度史》，133~134页。
② 根岸佶：《中国行会研究》（东京：1938），244~245页。（此处引文未能查对原文。——译者）
③ 邓拓：《论中国历史几个问题》，第2版，183页，北京，1979。
④ 也就是说，在1889年以前的89个行会中的44个行会的成员标准是有地缘限制的（上文已做了讨论），其余的45个行会中，20个行会既有地缘限制又有行业限制，25个仅有地缘限制。

汉口的同业组织也可以分为单一式与复合式两种类型。也就是说，单一结构的行会在内部是同一的、不能再分的，它既可以是由同业和同乡结合起来的（就像江浙的丝绸商人一样），也可以把不同地理来源的人组合到一个单一行会中（比如天平公所和米市公所）。另一方面，在复合式同业行会中，"同业"在成为成员"帮"方面发挥着更为严格的成员标准作用。

一般说来，看来有三个因素在区分复合式同业行会中的单一行会方面发挥着作用。首先，在寓居城市里，他们有各自的营业范围。例如，木作公所包括在汉口、汉阳做木工活的"文帮"和在武昌做木工活的"武帮"①。其次，是在行业内部存在专业分工。例如，铜器公所分为专门经营水烟筒的"大行"和专门出售铜首饰的"小行"②。最后，也是最常见的，是根据地缘划分成单一式行会。19世纪70年代正式形成的汉口茶业公所，合并了六个省的茶帮，就是一个例子。以下所要讨论的竹木业与中草药行业中的复合式行会，也属于第三种类型。

1. 竹木业行会。武汉的竹木市场是从小到大慢慢发展成为中国同类市场中最重要市场的。③ 与许多其他商品一样，木材贸易也是作为奢侈商品贸易开始的。从明后期开始，来自江西的商人在全国销售他们本地产的棉布，并把汉口作为他们的转运中心。这种棉布的销售地区之一是贵州的苗河流域（原文如此——译者），在那儿他们发现了稀有的、质地非凡的木材。因此，到清初，江西商船开始在他们从贵州的回程中装运这种木材，并在汉口出售。

然而，只是到19世纪初，随着湖南商人开始从他们的家乡输入大量木材进入汉口，武汉才成为普通品质的竹木贸易的重要中心。1769年，在靠近汉阳城一边的江中出现了一个淤积而成的沙洲，后来越淤越大，很快被命名为鹦鹉洲。鹦鹉洲的形成为大宗廉价木材贸易提供了便利。装载木材的大驳船在这里停泊并装卸，确实比在汉口要容易得多。因此，到19世纪40年代，

---

① 《申报》光绪八年五月二十九日。
② 《申报》光绪五年三月七日。
③ 这里关于木材行业的论述基本上依据武汉工商联合会档案：《汉阳鹦鹉洲竹木市场史略》（手稿，1964）另外，还参考了《申报》光绪二年四月二十二日和光绪九年七月二十四日，以及《鹦鹉洲小志》。

鹦鹉洲已经在中国最大区域间木材贸易中占有最重要的地位。即便如此，鹦鹉洲木材市场发展的黄金阶段仍然是在清军从太平军手中收复武汉以后。官军开始建立一支镇压太平军的水师，为此，他们几乎是全部依靠在武汉购买木材。此后不久，18世纪中国政府颁布的禁海令被废除，从而刺激了航海帆船的大规模生产。再加上矿山资源不断开发以及自强工业的迅速发展，对鹦鹉洲木材的需求达到了前所未有的地步。

武汉木材行业的历史充满着三个主要行会间的不断冲突，偶尔也会发生暴力事件。首先来到这里的是两个江西商人的行会：江西帮（以汉口的临江会馆为总部）和由移民到鄂东黄州府的江西籍商人组成的黄帮。在19世纪中期汉口本身的木材市场受到鹦鹉洲上的附属市场侵蚀之前，这两个行会一直控制着汉口的木材市场。对于江西人来说，不幸的是湖南商人已经首先占据了这个沙洲，当时，鹦鹉洲作为停泊地的优势已经很明显，湖南人实际上已牢牢控制住沙洲沿岸、登洲地点及其与汉阳江岸之间的狭窄河道。面对拥有更好的市场设施以及家乡地区就出产木材的竞争者，江西帮和黄帮很快就退出了木材行业，太平天国运动后，他们未能恢复在汉口市场的权利。

第二个进入木材行业的商人群体是汉帮（或者叫北帮，因为他们来自湖北），代表着汉水流域。这些商人在贸易体系中处于较低的一级，而且一般为江西和黄州商人充当地方代理商。然而，当江西帮与黄帮崩溃之后，他们却生存下来，并最终通过长期努力，提高了他们在市场中的重要性。

第三个群体是19世纪初期才开始来到这里的湖南人。作为一个整体，湖南商人一般以南帮而著称；但实际上，他们分为18个独立自主的"帮"，每帮各自代表其省内一个地方，并各自经营其家乡的一种木材。这18个帮吸纳成员的地区又分属五个主要的木材产地：长沙、衡州、宝庆、常德和辰州五个府。然而，并不是行政单元，而是运输路线决定着这些单一式"帮"组合成复合式组织的模式：18个帮根据他们到武汉经过的水路分属于两个主要的复合式联盟。其中一个称为"东湖"，因为参加这个帮的所有小帮都走经过洞庭湖东面的路线，它包括来自湘水、资水、耒水流域的商人。在行政上，它基本包括长沙府、衡州府和宝庆府。第二个联盟帮称为"西湖"，其成员都走经过洞庭湖西面的路线。它代表了沅水流域，包括了常德和辰州府

(参见图 8—1)①：

图 8—1 湖南木材生产中心

当湖南木材帮试图通过建立正式的会所以寻求正式确定他们在武汉的组织地位时，他们利用了自己的联盟与行政区划基本没有关系这一便利条件。道光年间，鹦鹉洲尚不够稳定，不能在上面建设大型主要建筑，这些帮的会

---

① 这一现象为施坚雅关于河流体系在中华帝国晚期商业和地域联系的形成过程中具有重要作用的论点提供了强有力的证据。在来自宝庆府的木材商人组织的内部结构中，我们可以发现更进一步的例证。鹦鹉洲中两个来自宝庆的帮，分别称为"大河"、"小河"帮。大河帮由来自邵阳县的商人组成，小河帮则由来自新化县的商人组成，但是两者都不排斥对方成员参加。与两帮相对应的区域单元是穿过县境的河流流域。

所就建在汉阳城外的江岸上。这四个会所分别是：（1）安益会馆，代表宝庆府的安化和益阳县（原文如此，误。安化、益阳二县属长沙府。——译者）；（2）祁阳会馆，只代表祁阳一个县；（3）郴桂会馆，代表衡州府的郴县和桂阳县；（4）无量殿，代表衡州府除了郴县、桂阳县之外的县和长沙府所有的县。关于这四个帮的组合，我们只要看一看地图，就可以知道水运路线是他们组合的基础。

随着太平天国运动之后木材市场的重新开放，以及其间鹦鹉洲的进一步淤积、稳定，20多个湖南会馆在洲上建立。大多数会馆或代表单独的木材帮，或代表小群体的帮，但大规模的东湖会馆和西湖会馆也建在洲上。1865年前后，一个独立的、拱形的两湖会馆完全由湖南木材商人团体建立起来，将东湖帮和西湖帮联合在一起。在随后十几年里，这个联合组织取得了极为重要的发展，1875年，他们重建并扩大了其会馆规模，并且在19世纪90年代初再次扩大。

随着武汉木材市场在太平天国之后的不断扩张，湖北汉帮的商人也试图重申他们此前分享贸易的权利。19世纪70年代初，他们向府衙提出诉讼，要求打破湖南人对鹦鹉洲停泊地的垄断。汉阳知府樊国太认为这是本地帮控告客帮，并且主张，既然鹦鹉洲是汉阳县的一部分，并且至少一部分汉帮商人来自汉阳县，那么，所有或大部分生意就应当转交给汉帮商人。他进而对湖南人课以罚款，以惩罚他们长期以来将本地商人排斥在鹦鹉洲木材贸易之外。湖南人拒绝屈服，于是两帮之间暴发了激烈的争吵。据一些资料记载，这种争吵顺水而下，一直扩展到九江、南京的湖北和湖南人社团之间。

随后，湖南木材商上诉到他们两个全国著名的同乡曾国藩和左宗棠那里（这两个人都与木材贸易有关）。在曾国藩的要求下，湖北巡抚进行了干预，否定了汉阳知府樊国太的决定，使双方达成了协议。木材经销和运输权仍然由湖南人控制，但是木材贸易的中介经纪则全部交给了汉帮。达成这个协议之后，湖北商人开始申请牙帖，并在鹦鹉洲上建立了牙行。

作为这种调解的具体表现，曾国藩和左宗棠出面，说服湖南人同意汉帮商人进入先前全部由湖南人组成的两湖会馆，"两湖"之称，如今顺理成章地重新解释为代表"湖南"和"湖北"，而不再是"东湖"和"西湖"了。这样，两湖会馆实际上成为第一个完全包括武汉木材市场的贸易组织。曾国藩和左宗棠试图通过1875年向会馆重建工程慷慨的捐赠，来平息因为他们强行要求放宽行会成员标准而产生的敌意。湖南和湖北联盟此后也曾经历过一些动荡时刻，但直到清末仍保持着很大的势力。

2. 药材业行会。虽然武汉木材市场成立于清初，但药材贸易却至少可以追溯到明初。① 在汉水改道并导致现代汉口形成之前，药材市场位于汉阳城外的商业中心南市，在那里，很多地缘性药材帮通过各自专门经营几种本地品种的药材而瓜分了市场。这些帮中，最繁荣和最有影响的是代表四川、江西、陕西汉中县（原文如此，当作汉中府——译者）和河南怀庆府的帮。各帮都只是所属同乡会馆的一个组成部分（由于药材贸易在早期具有决定性的重要地位，他们在同乡会中的作用通常是主要的），但并未兴起面向已有市场的行业组织。

明代后期汉水改道之后，四川药材行会首先认识到新崛起的汉口作为仓库和市场活动的潜力。从汉口兴起开始，四川帮就为了垄断汉镇药材船的停泊地点而进行了长期的但最终没有胜利的斗争；与鹦鹉洲不同，汉口在实际上需要不断扩大以适应越来越多的新来者，这一现实使四川药材帮的努力归于失败。因此，1689 年怀庆商人修建了怀庆会馆，有时也称为药王庙。不久，江西帮也来了，他们联合来自本省的棉布和药材行会，建立了宏伟的万寿宫，或者叫江西会馆。接着到来的是浙江宁波的一部分商人，最后是汉中帮。每一个后来的地方药材帮都要在其已立足的竞争者的地盘之外，溯汉水江岸或沿长江江岸，立桩圈地，以作为码头和仓库用地。

然而，这些年中汉口码头和地产虽然相对宽余，但内地种植药材的地区却很快到达了其发展的极限。因此，汉口的药材行会首先在有关药材收集地区的问题上发生了严重冲突。汉口每一个经营药材的商人和牙人的地缘行会都有自己的产品生产和收集代理网络，而且它们都声称在某一地区有垄断性权利。例如，江西商人不仅拥有江西省全境的传统权利，还控制着湖南一些药材种植区——那种在本书第二章描述过的经济殖民地。这种经济殖民是专门化的商品生产；也就是说，尽管湖南商人强烈排斥江西人在湖南省境内收集木材，但看来他们并没有在药材行业获得同样的权利。事实上，也许正是

---

① 本节论述主要取材于武汉市工商业联合会档案：《武汉药材行业历史沿革》；以及 1920 年《夏口县志》卷五，22 页；《药行街》，载《长江日报》，未记下日期；全汉昇：《中国行会制度史》。

江西商人相对迅速而体面地退出武汉木材市场，反过来影响到他们得到默许可以在湖南收集药材，这种惊人的巧合，给我们对中华帝国晚期点缀着互相联系的特殊商品国内经济殖民的商业图景留下了惊鸿一瞥。

尽管有关药材收集权的冲突可能很早就在汉口爆发了，但真正成为问题还是在太平天国后的重建过程中。在商业自由的新环境下，不仅到处是机会，也到处充满着市场混乱的可能性。江西药材帮首先打破了固有格局，掀起了一场前所未有的运动，试图从怀庆帮手中夺取河南禹州的药材产区，从汉中帮手中夺取西安药材产区。这些地区的药材种植者与本地商人看来很快高兴地对这种竞争性标价做出了积极回应，而不是仍然忠于他们的老主顾。这样，汉口的怀庆帮和汉中帮被迫起来反攻。

他们选用的武器与我们在考察中外茶叶贸易时所见的一样：联合抵制。这一事件的详情不是很清楚，但看来怀庆帮和汉中帮联合决定不向汉口的江西买主出售他们的地方药材，而这些买主转而给输入药材到汉口的同乡施加压力，迫使他们停止对有争议的产区进行渗透。事实上，怀庆和汉中商人从给他们带来侵害的行会得到了一份满意的赔偿金，以补偿他们所受到的损失。

联合抵制为已经进行了一段时间的、旨在建立一个有严格规章与仲裁力的同业行会的运动提供了决定性的推动作用。随着胡林翼对牙行制度进行了改革，许多规则也被运用到药材业中来（如质量的控制），但官府特许经纪人制度并不能消除像"江西人入侵"这样残酷的竞争。而且，药材商人们也声称他们也并不完全相信那些试图获得牙人执照的人都是正直的。此外，他们还希望各牙人群体确定的惯例，能和它们打交道的药材商人的地缘组织的惯例，尽可能地统一起来。

于是，1870年4月，在开市之前，在汉口活动的所有药帮领袖汇聚药王庙（奉祀药材行业神的庙，由怀庆会馆所有和掌管），并共同草拟了一份面向全行业的规则（行规）。除了陈述一般性原则之外，他们还按照药材的地域来源，确定了一份汉口药材行业的34种主要药材贸易的清单（迄今仍保存着）。清单上的每一种都有十一款标准来规范其贸易，要求所有汉口药材商人遵守。这些标准包括药材交易的容器类型（例如，木箱）、销售单元的大致重量以及所允许的误差比，以及付款时银两的成色。规则还进一步具体规定了每宗交易中买主支付款、卖主获得款、牙人佣金以及货物运送过程中的损耗等各自所占的比重。

采取这一规则,并不表明建立起了正式的、行业范围的药材公所。相反,各省药帮均作为独立实体继续存在着,而且通常也只是其本省复合式会馆的组成成员。我没有发现任何有关药材行业作为一个整体曾经建立会所或要求为此目的而捐献的纪录。然而,在采用这一规则之后,药材行业作为一个整体越来越多地采取某些正式组织的做法。在1870年第一次聚会之后的三年里,药材行业的各省药帮领导人每年都在药王庙聚会一次。1874年,他们将聚会地点转移到汉阳郊外一座风景如画的山寺里。在年会上,行业领袖们祭祀药神,商讨修改行规,调整度量衡标准和价格方针,选举"首事"作为当年本行业的正式代表,与地方官府打交道,并与其他行业的领导人进行一些日常协商。

总之,在木材与药材行业,特别是在那些19世纪后半期建立的行业组织中,广泛采用了面向全行业的规章制度。起初,在这两个行业中首先按省建立了生产、收集和销售网络的"省帮";然而通过组织化手段,解决各帮网络的联结点必然会产生的各种冲突。在木材与药材行业,这种变化是伴随着太平天国运动所导致的贸易断裂和胡林翼在太平天国运动后所进行的牙商改革而发生的,西方人的到来看起来没有对这种变化带来直接的影响。

四、结构变化的趋势

在一篇重要的理论文章《社会结构和组织》中,社会学家亚瑟·L·斯蒂奇考伯(Arthur L. Stinchcombe)指出:

> 考察任何一种组织的历史,我们都会发现,某一种组织在根本上都存在着许多种发展可能性;在此后相对缓慢的发展过程中,也许会有一些新的可能性滋生出来,从而产生出在总体上与同一领域的其他组织类型完全不同的组织类型……我们对这些可能性表现出浓厚的兴趣,是因为事实上,在某一时段由一些组织所构成的社会结构,可能完全不同于另一时段由这些组织构成的社会结构。①

---

① 亚瑟·L·斯蒂奇考伯(Arthur L. Stinchcombe):《社会结构和组织》,见詹姆斯·G·马奇(James G. March)主编:《组织手册》(纽约:1965),154页。

换而言之，虽然很多组织类型都有长期的发展历史（斯蒂奇考伯使用的是美国大学联谊会的例子），但值得注意的却是在其历史发展的某些时刻，某一种类型组织的创立及其结构，与它作为一种特定组织的发展方向之间，存在着某种联系。这种联系非常重要，因为变化中的外在社会环境既允许又要求建立新型的组织，而这种新型的组织可能就在现存的普通类型的结构中孕育产生。

民国《夏口县志》"汉口各会馆公所"表共包括了 179 个完全不同的组织，当时人认为它们在总体上都属于一种类型，也就是我们所说的"行会"。然而，如果我们沿着斯蒂奇考伯所指示的路线，超越时间维度去考察这些组织的结构变化的话，那么，我们可以发现，变化主要是沿着四个主要路线发生的。

1. 在新建立的组织中成员标准的变化。1920 年《夏口县志》提供了全部行会建立和成员标准的资料，根据这份资料所反映的信息，我们制成了便于分析的表 8—3。我们发现，在 17 世纪、18 世纪，仅仅以共同职业或共同行业为原则建立的组织在全部新建行会中居于绝对少数（21%），到 19 世纪上半叶占有微弱多数（54%），而在从太平军手里重新夺取汉口到地方工业化开始这一段时间里，则居于大多数（76%）。而且，在 1890 到 1920 年（《夏口县志》出版之年）的 30 年里，新建行会中的大多数（69%）纯粹是出于行业方面的共同点而建立起来的，这使我们确认，本书研究时段内的变化方向并非一种暂时的失常现象，而是与更长时间范围的变化趋势相一致的。

表 8—3　　　　汉口行会在建立之初的成员标准，1644—1920 年

建立时间	成员标准			
	仅是同乡	同乡兼同业	仅是同业	合计
1644—1722	5	7	3	15
1723—1795	8	2	3	13
1796—1856	5	1	7	13
1857—1889	2	7	29	38
1890—1920	2	8	22	32
总计	22	25	64	111*

资料来源：1920 年《夏口县志》卷五，22~34 页。

*这个总数代表 1920 年《夏口县志》列表中既包括成员标准又有建立的大致日期的所有行会。

虽然我们所举的例子规模较小，分析其构成又很困难，但这些数据仍然令人信服地说明：在次级经济组织（指行会——译者）中，同业逐步取代同乡成为决定成员资格的条件。如果不是太平天国运动后行会的建立既以同乡又以同业为基础的现象有所抬头的话，那么，同业取代同乡作为成员资格之决定性因素的趋势还会更为明显。存在着很多经营单一产品、由某一县的人组成的行会，它们来自与汉口直接毗邻的鄂中各县，而且它们可能在太平天国之前就已经存在了，只是因为它们没有正式的公所而受到忽略没有被记载下来。

如果我们与得自日本学者大谷孝太郎汇集上海资料的某些认识相比较，就可以发现，汉口行会的这种发展趋势具有更广泛的意义。表8—4是根据他的资料整理出来的"会馆"（我们所指的是地缘组织）和"公所"（同业组织）建立时期。在上海，和在汉口一样，19世纪初同业行会建立赶上了同乡会的建立，并在太平天国之后成为新建立行会的大多数。其他学者也指出在这一时期全中国都有相同的现象。窦季良（研究重庆）和何炳棣（研究各个地方）都谈到，行会越来越以职业为基础，这种趋势主要源于在中国城市环境下乡土联系的萎缩。何炳棣总结道："总之，无论起初同乡情感如何之深，同业组织的经济优势是迟早要胜过它们的。"① 本项研究的结论一般性地支持何教授的这一观点。然而，同业组织的不断普遍化，可能还有一个更普通的原因——从事特定行业的个体商行，会不断强化其身份界定。重田德、藤井宏以及其他学者都指出，中国商行在经营商品方面的专门化，一直是渐进式发展的，直到光绪年间才加速进行。② 这确实是同业组织越来越优先发展的结果。无论我们把同业行会的增加归因于乡土观念的弱化还是行会功能的专门化，行会的同业化过程都可以解释为韦伯所谓"理性化"的一个例证。我们已看到，汉口所有行会实际上都越来越淡化对成员标准的要求，而这背后有着明显的经济考虑；显然，"同行"这种形式能更好地适应个体成员追逐利润的需求。

---

① 何炳棣：《中国会馆史论》，102页；窦季良：《同乡组织之研究》（重庆：1946），18页和全书各处。

② 重田德：《关于清初湖南米市场的一点考察》，载《东洋文化研究所纪要》，第10期（1956年11月），597页。

表 8—4　　　　　　　　　　清代上海行会的建立

时期	会馆	公所	总计
康熙	0	1	1
乾隆	4	4	8
嘉庆	3	2	5
道光	2	5	7
咸丰	0	4	4
同治	3	8	11
光绪	11	18	29
总计	23	42	65

资料来源：大谷孝太郎：《上海的同乡团体及同业团体》，转引自傅衣凌：《明清时期商人及商业资本》（北京：1956），39页。

2. 现存组织中成员标准的放宽。建立于17、18世纪的一些为数不多但十分重要的汉口行会，到19世纪末，通过放宽一个或更多的成员资格标准扩大了其范围。这样做最常见的方式是扩大吸纳成员的地区。例如，在康熙年间仅仅代表广州府四个县的岭南会馆，后来逐渐代表了整个广东省。这种狭窄地域纽带（毫无疑问，通过这种纽带，寓居城市中的异乡人仍在引进那些远在故乡的人）的打破与上文谈到的乡土观念的弱化是一致的。

成员资格标准放宽的第二种方式不能用这种形式来解释。它包括把建立在同业、同乡基础之上的行会正式地开放为可以由不同业但不能不同乡的商人组成的行会，这样，在放弃职业专门化的同时，仍保留了以群体团结的乡土基础。例如，单怀会馆最初仅代表来自河南和河北四个县的草帽商人，但后来逐步欢迎任何来自这四县的商人参加。行会的这种扩张也许可以用地缘群体的商人逐步进入其他商品交易领域来解释——对单怀商人而言，就是加入鸦片输入贸易中。

放宽成员资格标准的最后一种方式是上面两种方式的组合，也就是说，建立在同业、同乡基础之上、吸纳成员的地区十分狭隘的行会，相继或同时对那些其他行业的和来自其家乡毗邻地区的人解除了加入行会的限制。例如，汉口的江苏会馆在康熙年间初建时仅是来自一县的红纸商人的组织，但最后，它代表了所有在汉口的江苏人，不管从事何种贸易。

第二、第三种放宽方式反映了乡土观念与乡土联系的弱化，因为它们突破了以狭隘的地方感情作为大多数行会基本组织原则的状况。然而，这并不意味着他们认为不能再把地缘本身作为组织原则了。

3. 复合式同业组织的构成。复合结构的行会，亦即合并了几个专业组织的"母组织"，在清代汉口建立得越来越多。常常是一些以同业、同乡为基础的较小组织联合在一起，经营某种特定商品，由此形成的组织通常称为"某某业公所"。对于一些较小组织来说，要在他们的关系基础之上，建立起较大的行业组织，有两种方式可供选择：他们可以合并成较大的行会，从而正式地取消他们各自的行会界定，其结果可能不是一个真正的多元化群体，而是一个没有地缘限制残余的、完整的行业组织。显然，这种模式是在1678年米市公所建立之后产生的。① 更常见的方式则是，各子行会只是简单地联合成一个较大的组织，同时仍然保持其各自的完整性。这里值得争议的是，由于它们表现为同乡会联盟，这种复合组织保留了很多乡土特征。然而，我相信，在实际运作过程中，一旦集体公所建立起来，地缘限制就会越来越弱化。例如，我们已看到，最初由三个地方钱帮组成的汉口钱业公所，不久之后即允许（或可能是要求）第四个省的钱帮加入。与此相类似，由六省茶帮建立的汉口茶业公所，虽然一直非正式地称为"六帮"，但看来包括至少八个省的茶商。② 因此，通过合并与联盟建立起来的行业公所，最终的结果看来大同小异。

以管理城市中某一行业的各方面为目标的复合式公所，在汉口出现得很早。早在17世纪，就建立了米市公所，可能还有一两个类似的组织。然而，只是在汉口最后一次摆脱太平军的控制之后，在随后的区域贸易重建过程中，单一行业的公所才成为当地商业组织的普遍形式。据说，在这一时期，走在最前面的是1858年建立的"京货公所"，它是由全汉口从事京式手工艺品制作的各帮联合成立的。③ 随后，控制其他行业的类似组织也很快建立起来（见表8—5）。大约有12个类似的组织，如纱业公所、布业公所、铜业公所、石膏公所等，无法确定其建立时间，表上也没有列出，但它们很可能也

---

① 1920年《夏口县志》卷五，22页。

② 关于钱业公所，请参阅本书第五章；关于茶业公所，请参阅本书第四章。在19世纪后期，山陕会馆仍被称为"十帮"，虽然它已经包括了20多个帮。

③ 1920年《夏口县志》卷五，27页。

是在这一时期建立的。①

表8—5　　　　　汉口复合式同业行会的建立，1796—1889年

组织	建立时间
京货公所	1858
面帮公所	1862
粮行公所	1862—1864
纸业公所	1868
钱业公所	1871
皮货公所	1877
油业公所	1878
建绒公所	1887
运商公所	1889
茶业公所	1889

资料来源：1920年《夏口县志》卷五，27~30页。

因此，我们注意到，在这一时期，不仅是新的组织形式占据了主导地位，而且行会的命名也标准化了，"公所"取代了此前五花八门的名称。面向单一行业的复合式行会不仅在太平天国运动后、汉口开埠之前已成为一种发展趋势，而且大多数经营那些从无海外市场的产品（如京货、面条、粮食和纸）的早期行会都是面向单一行业的复合式行会。它们代表了一种完全本土化的革新——新行会建立过程中所显示的趋势，正可以恰如其分地解释为行会正从对乡土联系的依赖中解脱出来。

4. 复合式地缘组织的构成。然而，在汉口却同时存在着另一种与此迥然不同的发展趋势，它使我们关于汉口正在发生一场"理性化"组织变革的简单阐释模式受到冲击：即仅按地缘关系组合而成的大型复合式会馆也在不断发展。虽然这种类型的组织在汉口很早就存在，但在19世纪后半期，其数量不断增加。

当代表相同家乡省份或地区内部较小地域单元的同乡会合并成为一个代表全省或全地区的大型组织时，一个复合式同乡会馆就建立起来了。一

---

① 1920年《夏口县志》卷五，34页。

个典型的例子是山陕会馆,它在太平天国运动前就已经在汉口存在很长时间了,但在太平军占领汉口期间被解散。在重建岁月里,从前的各"子帮"分别独立重建,只是到19世纪80年代,他们才决定以从前的模式重新联合。其结果是组成了一个比从前范围更广、规模更大的行会。① 与山西和陕西人不同,另一些省或地区的群体没有在汉口成立联合组织的较早历史。例如,历史悠久的徽州同乡会和太平府同乡会只是到19世纪晚期,才联合建立了一个代表所有安徽人的会馆。宁波同乡会接纳了在南京的部分宁波同乡,并联合绍兴同乡会,形成了宁绍会馆。同样,因为它们的关系极为密切,福建和江西会馆一起建立了一个复合组织,代表两个省。② 到清末,一个地方评论者报道说,在汉口,十几个像这样的区域性组织已逐步合并了从前为数众多的"小团体",从而几乎完全控制了所有代表地缘的领域。③

这种变化趋势的方向和时间选择,既对汉口社会的性质提出了疑问,却也同时反映出,汉口社会的发展具有某种普遍性。例如,窦季良在有关重庆的经典性研究中发现,大型复合式会馆的建立更普遍地采用了一种与汉口截然相反的模式:首先建立一个省份范围上的同乡会,然后再逐步从内部划分为一些严格按吸纳成员的区域限定的"子帮"④。重庆与汉口在这方面的差异,可能是由于两个城市移民的性质不同所导致的。在重庆,重要的移民浪潮主要是由人口增长引起的,移民原籍所属的省份为早期组织的建立提供了最早的纽带,只是到后来,随着移民人口的增加,较小的地域群体才足以支持建立代表自己的"子帮"。与此相反,在汉口,大多数非本地的"亚族群"并不是靠移民联系,而是靠行商或商贩之间的联系,来界定彼此之间的地域关系的,从而使地方产品区域或地方市场体系在界定地域关系时,意义远大于更广范围的省内联系。

中国历史学者杜黎专门研究了1736—1839年上海的行会,他也谈到大型省份同乡会存在着一个"分化"的过程,这与窦季良所谈到的重庆的情形很

---

① 《汉口山陕西会馆志》卷一,11页以及全书各处。
② 1920年《夏口县志》卷一二,11页;张寿波:《袖珍汉口商业一瞥》(1911),22~23页。
③ 张寿波:《袖珍汉口商业一瞥》(1911),25页。
④ 窦季良:《同乡组织之研究》,34页始。

相似。他引用鸦片战争前的中国社会已经出现资本主义萌芽的趋势作为证据，认为这种分化进程与劳动分工进程是联系在一起的。① 另一方面，根岸佶发现，在上海，总体趋势是趋向于一种相反的方向——小帮联合成较大的复合式组织，就像汉口的情形一样。② 但根岸佶的证据大部分来自于太平天国运动后。这可能与杜黎的认识形成某种调和：杜黎认为，早在18世纪末和19世纪初，就存在着一种内部分化的趋势，同时，原来内部一致的那些帮也显示出杂乱无章的现象；因此，19世纪50年代以后，就出现了一个与此前的分化趋势背反的进程，即合并与联合进程，从而使集体联系得到普遍加强。看来，杜黎是首先认定在他的研究时段内，"趋于分化"是"主要特征"，然后借此提出存在着这种两个阶段的过程。上海的两阶段模式可能也适用于汉口：在汉口，同样是在太平天国运动后的数十年中，合并成更大的复合式会馆，才成为特别突出的潮流。

何以会如此？在上海行会研究的基础上，根岸佶提出，太平天国运动后，以省为单元的同乡会越来越多。这种趋势是与整个晚清时期"省"作为一个独立单元地位不断提升，以及建立在损害对较小地域单元和整个帝国的忠诚基础之上的、对"省"的忠诚的不断加强，是联系在一起的。③ 在一定程度上，汉口的情形也是如此。然而，它并不能解释整个趋势。山西商人与陕西商人、福建和江西商人之类的合并，看来并不是由省级行政单位，而是由商品流动来决定的。因此，我将要简要谈到，太平天国后合并成大型地缘组织的趋势——同时伴随着合并成较大的行业组织的趋势——也许正是探寻地方城市社会中特定因素的最佳途径。

五、结构变化和组织发展

在19世纪，汉口经济组织中的结构变化主要有四种趋势：（1）在新建立的行会中，越来越倾向于以"同业"取代"同乡"作为吸纳成员的标准；

---

① 杜黎：《鸦片战争前上海行会性质之嬗变》，提交给"中国资本主义萌芽学术研讨会"的论文，南京：1981年5月。

② 根岸佶：《中国的行会》（东京：1953），36~42页。根岸佶提供了一份复合式的上海广东会馆的组成表，把会馆内部的15个帮按照其等级顺序清楚地排列出来。

③ 根岸佶：《中国的行会》，39页。

(2) 在现存行会中，成员的标准放松了，在地缘与同业两方面都放宽了限制；(3) 越来越频繁地合并成为复合式行业组织；(4) 同样，合并为复合式地缘组织也变得更为经常。总的说来，从这些变化趋势中，我们可以总结出汉口商业社会变化方向的几点一般性的认识。

首先，乡土观念与乡土联系正在明显地弱化。即使是在并非由"同业"直接取代"同乡"作为维系行会的决定性因素的情况下，也抛弃了吸纳成员的狭隘的地域限制，而倾向于向更为广阔的区域开放。在一定程度上，这为中国本土也存在着"理性化"过程这一论点提供了证据——在韦伯看来，这种"理性化"进程仅仅在欧洲存在过，在中国没有发生过。虽然汉口的早期商业行为并非真正意义上的"非理性"行为，中国商人的活动也是以争取商业利润的最大化为目标的，而不是为了达到其他的目的；但是，"同行"取代"同乡"作为行会成员的标准，显然因缘于对市场的功利性关注。从事区域贸易的商人，在沿着相同商路的商人间日益增加的合作中，逐步总结出经验，越来越清晰地认识到行业组织的优势与效益。当然，同业商人在寓居城市中长期居住在一起，也有助于这种组织的形成。我们在第七章已看到，这种同业聚居的居民区，通常会导致更为实际的本地观念，以及乡土联系的松弛。

其次，在这种普遍走向组织理性化的环境下，归属性纽带（在汉口行会中，主要是地缘性归属）仍在发挥作用。社会科学家指出，在其他文化背景下的"社会流动"——卡尔·德奇（Karl Deutsch）所提出的概念——中，类似的归属性纽带也发挥着作用，这些观点也许可以借用过来，以解释这种组织理性化与归属性纽带并存的明显矛盾。① 对于我们来说，罗利·罗德夫（Lloyd I. Rudolph）和苏珊娜·赫伯·罗德夫（Suzanne Hoeber Rudolph）有关19、20世纪印度种姓组织所发挥作用的研究，具有很大的

---

① 罗伯特·梅尔森（Robert Melson）和霍华德·沃尔普（Howard Wolpe）在《现代化和地方自治主义政治：理论探索》（《美国政治学评论》第64期）一文中对此做出了有价值的分析。我追随他们使用了卡尔·W. 德奇在《社会流动和政治发展》一文，见杰逊·L. 芬克（Jason L. Finckle）和理查德·W. 盖博（Richard W. Gable）主编《政治发展与社会变迁》（纽约：1960）中所提出的"社会流动"概念。

参考价值。① 我认为，这些种姓组织与19世纪汉口的地缘组织起着大致相同的作用。两者都可以界定为"半归属性"组织，因为两者都是以"个人归属"为基础的自愿组织。两者都代表了相当广泛的社会阶层，并把他们的成员团结在一起，共同进入宏大的社会政治过程；相对于其他类似组织以及国家来说，它们也都有着明确的利益关注点，并且是组织独立社团活动的有效的工具。

再次，在上述四种趋势的背后，存在着一种组织发展的基本趋势。无论这种发展是通过放弃地缘纽带、还是通过刻意利用这些纽带来完成的，我认为，这种发展都是以他们在帝国晚期市场上积累的经验为基础、成员在个人追求与利益追求方面都采用一种"理性"原则的结果。而且，不管这种发展是通过扩大现存群体的边界，还是通过与其他相关群体联合完成的，它都反映出在参与世界性城市事务的过程中，狭隘的乡土联系势必受到侵蚀。另外，根据罗德夫夫妇的分析，印度种姓组织联合成为"Mukklator"组织的过程，与此极为类似：

> "Mukklator"的社会和政治身份仍然基本隶属于特定地方内部的社会与文化社会，然而，正是由于种姓组织力图通过提升和扩展Jati（非正式的归属性等级群体，类似于中国的地缘"帮"）以削弱血缘等因素的重要性，再加上在种姓组织的联合过程中，成员可以选择，于是血缘因素的重要性就受到了进一步削弱……由于血缘组织与自愿组织之间、归属性组织与选择性组织之间的差别越来越模糊，种姓组织联盟逐步打破了传统与现代的界线。②

通过对更为广泛的文化所作的十分有价值的探索，梅尔森（Melson）和沃尔普（Wolpe）提出了一个普遍性认识："在社会流动环境中……公共组织将趋向于消解或扩大其传统边界，以将更多的他们能够认同和有益于联盟的群体与个人包括进去……与这种公共组织传统边界的消解、扩张相伴随的，

---

① 罗利·I·罗德夫（Lloyd I. Rudolph）和苏珊娜·赫伯·罗德夫（Suzanne Hoeber Rudolph）：《传统的现代性：印度的政治发展》（芝加哥：1967），33、63~68页。

② 罗利·I·罗德夫和苏珊娜·赫伯·罗德夫：《传统的现代性：印度的政治发展》，99页。

则是维系传统组织的纽带和观念——乡土联系与乡土观念——在不断弱化。"① 清代后期汉口行会的扩张,支持这一理论。行会在一个共同的较高等级政区单元或经济区域或贸易路线上,找到了与自己从事同一行业、同属一地的关系更为密切的群体,认定它们可以与自己建立起"有意义的联盟"。在第九章中,我们将进一步考察扩张和联盟的过程,认为这种扩展与联合都是立足于寓居城市的现实需要之上的——在根本上,也许是旅居需要和故土情感的妥协。扩张的整个过程表明,一个行会组织逐渐由排他性组织转变为非排他性组织。

六、结构革新的进程

虽然我们已考察的某些趋势是渐进的(特别是在新成立的行会中,同行取代同乡成为成员资格的要求,更是一个渐进的过程)。但是,看来斯蒂奇考伯的假设还是成立的,即无论是行会的大量建立,还是行会结构的革新,都倾向于集中在某一时段。第一个时段是在清代征服后的几十年里,后来很多声名远扬的行会都是在这一时期建立的。第二个时段更为明确,那就是19世纪下半叶。是什么引发了第二个阶段的革新和发展?

我曾经谈到,可以用"社会流动"概念来描述汉口历史的这一阶段。然而,使用这种概念,我们必须跳出其原有内涵的窠臼。1855年至1889年间汉口所经历的社会流动,基本上不是对西方式"发展"模式的仿效,而是各种社会力量汇聚激荡的结果——太平天国运动扫荡了长期以来引导地方社会和经济行为的规范和限制,当时存在着一种普遍趋势,即要求重建社会结构,并掌握或控制各种社会力量。毫无疑问,1890年之后,继续进行的社会流动进程的某些具体表现,完全可以描述为"追赶现代化";但是,必须注意到,这些方面并非是引发社会流动的动因,而是在社会流动进程中加入其中并有时可能在一定程度上会引导社会发展进程偏离其固有方向的因素。

---

① 罗伯特·梅尔森和霍华德·沃尔普:《地方自治团体的近代化和政策:理论探索》,载《美国政治事件回顾》,第64期(1970年12月),1123、1125页。

在太平天国运动之后的数十年中，有几方面因素促进了综合性行业组织的普遍发展和地缘联系的普遍弱化。毋庸置疑，首要的因素是直接对外贸易的出现。所有参与对外贸易的中国商人现在都希望团结起来，以面对其西方贸易伙伴，这种欲求是汉口茶业公所之类的组织之所以建立起来的主要动因之一。① 然而，与西方打交道仅仅是众多情况中的一个因素，因为这一时期汉口的直接外贸很大程度上仍局限于单一产品的输出。

第二个因素发端于19世纪50年代胡林翼重新修订牙行规章。我们在第六章中曾指出，湖北巡抚制定的新体制不仅要求汉口拥有更多的牙商（代理全省有关事务），而且设立了此前不需要的政府特许市场管理人。在大多数情况下，这意味着以行业范围为基础，普遍地强化了对度量衡和交易程序的控制，而在此之前，是由地缘性商人组织根据其各自习惯来管理本行业中属于其自己部分的贸易活动的。与牙行体制扩张紧密联系在一起的，是国家给牙商及各行业头面商人赋予了集体财政责任：一个典型例证就是1867年官府发布公告，要求所有汉口盐商"互保互结捐纳拖欠"②。加强标准化和行业范围内的"互保"，都在根本上推进了商人组织的发展，使它超越了地缘限制。在盐、木材和药材行业，改革在这方面产生的影响最为典型。

第三个因素是省和地方官府开始主动地直接干预市场，并侵夺行会管理自身事务的传统特权。毫无疑问，这种主动性部分源于胡林翼、官文所进行的税收结构调整，主要为了支持本省供养的大量军队。我们已看到，这种新的税收结构比太平天国运动前更为依赖于商业资源。而且，政府设立了一种前所未有的征税的集权机构，即湖北盐茶牙厘局，以有效地监督和协调其已大大扩展的市场利益。新的管理设计实际上迫使许多行业的汉口商人重新组合成更为明确的贸易管理组织，以证明国家没有必要设立如此发挥直接作用的行政管理机构。因此，湖北盐茶牙厘局最初试图为茶叶出口贸易制定详细程序的努力，结果引发了"黑茶行"事件，最后导致六个各省茶帮首先合并成一个非正式组织，然后又发展成为控制全部茶业的正式组织。严格说来，也正是19世纪70年代地方官府试图控制城市信贷市场的企图，直接促使三

---

① 1920年《夏口县志》卷五，30页。
② 《北华捷报》1867年11月9日。

个省的钱帮联合起来，于 1871 年成立了汉口钱业公所。

第四个因素是太平天国运动后汉口市场上出现了前所未有的竞争局面，并因此而导致了市场失序。这一因素在促使行会成员标准由"同乡"向"同行"转变方面起到了至关重要的作用。茶叶贸易中质量控制的疏忽（劣质品和缺斤少两），金融市场上不计后果的发行银票、逃避债务，药材行业中习惯形成的产品区域受到侵蚀，凡此，都直接导致了 19 世纪 70 年代综合性行业管理组织的建立。对那些规模较小的生产者和消费者来说，被迫接受行业范围内的控制，有利有弊；但对于汉口商业企业来说，这些控制措施则受到几乎一致的欢迎。我认为，它对于城市社会的最终影响，在根本上是进步的。

以上的第四个因素，亦即太平天国运动后汉口自由的社会经济环境，也是促进组织发展的基本要素——无论是同乡组织，还是同业组织。太平天国运动的最后几年中，在汉口，可以明显地察觉到普遍存在着一种文化困惑与惶恐；当城市从叛乱中恢复过来，人们仍然是终日惴惴不安；在随后的重建岁月里，城市上空一直弥漫着这种空气。许多旧的商业和社会规范已经过时了，新型的商业企业几乎没有什么社会责任感，普遍奉行机会主义。与这一时期的快速城市化相伴随，犯罪率不断上升，人们越来越觉得漂泊不定，没有稳定感。山陕会馆在其新修增订章程的序言中说："迩来世风日下，人心益摇。"① 面对社会和商业的失范，行会提供了补救之法就是不断扩大自己的组织，并对组织结构进行高度监控。毫无疑问，这一时期新建立的行会日益增加的背后，一定会有这样的感觉；同时，我也相信，那些成立于叛乱之前的行会，如今更认识到有必要重新确定其组织地位——它需要一个正式的会所（太平军占领之后，城市房地产价格大幅度下降，它们更可能负担得起购买地产的费用了），也需要到官府去登记以获得正式承认。

当然，促生这一正式组织建立浪潮的，并非仅仅是人们的危险意识。太平天国运动后，汉口也为那些有影响、可以有效地调动人力与资本的组织提供了前所未有的机会。在市场发展、不动产经营和公共设施管理（承担这一方面的责任是走向地方权力的必经之路）等方面，太平军的占领留

---

① 《汉口山陕西会馆志》卷二，9 页。

下了一个真空，有待于汉口的行会做好准备去填补，这就要求行会扩大其组织，理顺其组织结构。山西与陕西人在讨论太平天国运动后集体财政的管理时说："二省之人心齐如一，务使本会稳如泰山；且持之以恒，务以营求利益为要。"① 为了更全面地理解这些利益，我们在下一章中将考察行会的功能。

---

① 《汉口山陕西会馆志》卷二，35 页。

第9章
行会功能

在清代，特别是在 19 世纪下半叶，汉口的行会通过扩展其群体的范围和选择性地放宽其成员的标准，而逐步扩大了它在制度上的范围。本章将主要从以下四个方面讨论行会所发挥的作用：（1）文化功能，诸如祭祀和主持戏剧表演，以培养群体意识；（2）商业功能，比如规范贸易、努力追求成员在地方市场中的行业利益等；（3）团体功能，有些金融活动必须有一个组织才行；（4）社会服务功能，包括仅向行会成员以及向全部城市人口提供的服务。当然，这些功能是互相联系的，也未能涵盖行会活动的所有功能。

一、文化功能

历史学家与社会学家们越来越意识到，所谓"理性经济"的目标乃是追求一种真实的情形，而这种情形又贯穿了优先权、目标和禁忌之类的文化界定。这意味着清代汉口的行会也同样通过这种认识的觉醒，特别是由于汉口所有行会群体的身份都是与其作为传统文化（包括信仰和意识形态）传播者的作用联系在一起的，而逐步走向经济的"理性化"。

在某些社会环境中，特别是在那些充满危险与不确定因素的社会里，宗教信仰是经济组织构建的一个非常有意义的手段。所有文化背景下的行会都会利用这一事实。不过，在欧洲，行会的宗教功能往往与商业组织本身相脱离，而与信徒之间的"互助、友爱"相互迭加在一起[1]，而汉口的行会则在很大程度上有赖于它本身就信奉友爱。一个行会在建立公所之前，总是在汉

---

[1] 西尔维亚·斯瑞普（Sylvia Thrupp）：《中世纪伦敦的商人阶层》（安阿伯：1962），228 页。

口众多寺庙中的某一座寺庙里聚会；会所建成之后，也往往称为某某庙、某某殿或某某庵，通常也仍然充作宗教场所。这里奉祀的神也常常与行会故乡地区的神联系在一起。例如：山陕商人在他们寓居的任何地方都会建立起关羽（三国时的英雄，特别是他也来自西北地区）的神庙①；因此，汉口山陕会馆建立的多功能中心建筑就叫"关帝庙"。神系也总是与渗入族群身份和行会结构中的层级排列相对应。例如：规模较大而且是复合结构的广东公所，就是集中在一个共有的中央大庙祭祀全省的保护神，其次是以"四邑"为基础的"帮"成立了一个较大的公所，在旁边分别建了几个"堂"，祭祀各自县的地方神。② 在规模更大的复合式山陕会馆中，也存在着同样的排列布局（正如 349 页图 9—1《山陕西会馆建筑平面图》所反映的那样）。

不仅建立在同乡联系基础之上的行会具有这种信仰功能。每一个贸易行业，即使从事这一行业的人来自四面八方，也总是有一个或几个对应的神，而且当这一行业开市之时，全行业的人都要被召集到一起，集体进香，以祈求神的保佑。③ 例如，汉口官煤船户公所定期聚会的一个主要目的，就是祈求其行业神保护他们的安全，并赐福给他们。④

宗教仪式也是行会活动的一个重要部分。除了惯常的祭祀，大部分行会在每年春、秋季节都要举办大型的祭祀活动（这些仪式的费用在一个行会组织的年度支出中占有重要的比例）。行会章程条例表明，人们非常严肃而且相当热情地做这些事。例如：山陕会馆就规定，在每半年举行一次的祭祀之前，要按照礼仪将里里外外打扫干净，适时翻新法衣，购买、储存香烛及其他物事；徽州同乡会的《汉口紫阳书院志略》则用很大的一卷记载其组织历史上关于祭祀的各种适当礼仪。⑤ 这些仪式与祭祀不仅有助于行会的凝聚，对每个行会成员来说，也可以得到精神需要上的满足。正如韦伯有关新教教徒群体的分析所揭示的那样，广泛的实用主义并不排斥诚挚的宗教信仰，两者甚至是可以互相加强的。在这一方面，遍布全国商业领域的山陕或徽州商

---

① 何炳棣：《中国会馆史论》（台北：1966），67 页。
② 全汉昇：《中国行会制度史》（上海：1933），94~95 页。
③ 《申报》光绪六年九月五日。
④ 《汉口官煤船户公所公议》，转引自全汉昇：《中国行会制度史》，110 页。
⑤ 《汉口山陕西会馆志》卷三，9~11 页；《汉口紫阳书院志略》卷四。

人群体就像欧洲的犹太商人、印度次大陆的古特拉商人以及在撒哈拉以南非洲的伊斯兰商人一样。在每一种情况下，生意上的风险与辛劳都更强化而不是弱化了对他们共有的神的信仰。①

由于某一群体的界定是与对某一特定神的崇奉密切联系在一起的，所以这一群体总是通过某些方式宣称自己对那个神的尊奉特别虔诚。这部分表现为竞相炫耀行会总部的光辉特别是祭礼中心大殿的富丽堂皇。在为纪念关帝庙建成而立的石碑上，山陕公所指出：之所以把关帝庙建得如此富丽堂皇，乃是试图向来自全国各地的商人群体展现本行会信奉的神有着非凡的伟力。②像1876年在鹦鹉洲的湖南竹木公所出资举办"灯会"，也是一种公共展示，同样也起到了强化信仰与自我宣示的作用。由于竹木生意在过去几年里增长了三倍，所以行会决定赞助这一地区的灯节，以答谢神明，并娱乐当地父老。来自武汉三镇的人们群集在这里，观看湖南商人组织制造的挂满灯笼的壮观的龙舟。③ 两年后，富有的广东商人也承办了一件同样的事，500多广东商人捐资赞助面向全市居民开放的中秋节特别仪式。④

此前一些研究者往往过分强调这种节日表演潜含着把部分利润交给公共事业"消耗"掉的意图，可是，其中显然也包含着宗教抚慰的诚挚愿望，族群或职业因素也在发挥作用。中国各地都定期举行戏剧或竞赛的公共表演，这些演出对于其家乡地区或行业所信仰的神来说，有着特别的意义，也有很多比汉口行会宏大的中央戏台（见349页图9—1）还要有名的戏台。演出也被用于庆祝某一行会所取得的特别成就。我们已看到，1889年，茶业公所为了庆祝其新大楼的落成，连续演了几场大戏，隆重地招待当地的中外达官显宦与富商名流。⑤ 与此相对应，山陕会馆为建成20周年而举办的大型公共戏剧演出却吸引了社会不同阶层的各色人等，人们乱糟糟地挤进会馆大院，不

---

① 关于贸易散居的一般情形，参阅菲力普·D·卡顿（Philip D. Curtin）：《前殖民化非洲的经济变迁：奴隶贸易时期的衰落》（威斯康星州，麦迪逊：1975），59~66页；关于宗教所起的作用，特别参阅66页。
② 《汉口山陕西会馆志》卷一，7页。
③ 《申报》光绪二年四月二十二日。
④ 《申报》光绪四年八月二十一日。
⑤ 艾伦（Allen）致沃尔什姆（Walsham），1889年9月2日，英国外交部档案，228/878。

少人在随后发生的混乱拥挤中受到伤害。①

有时候,行会更愿意利用"族群意识",而不仅是利用信仰。徽州公所也许是最典型的例证,叙述其历史的《汉口紫阳书院志略》中有一章追溯"道统",就从孔子经过徽州的文化巨子朱熹一直叙述到书院自身。② 这种谱系强化了群体意识,而且给徽州人以一种比这个城市中其他商人优越的感觉。正如行会所宣称的那样,"惟江汉名区,南北往还,会馆之设,所在多有。而新安之以书院名者,独以文公之乡而重也"③。在随后的一些年里,其他群体也纷纷模仿这种做法,其中不仅包括绍兴公所(他们以新儒学神殿中唯一可与朱熹相抗衡的王阳明的名字,来命名其公所会堂),还包括那些严格按贸易行业组织的群体,比如米商组织的米业公所,竟然把他们的公所会堂命名为"凌霄书院"——意思是"非常卓越的学院"④。

学校是许多行会组织的一个组成部分,其作用是为准备参加国家科举考试的寓居商人子弟提供教育(因为按照本籍的标准,他们不能进入县学)。例如,记载徽州公所的专志,《汉口紫阳书院志略》,有一章全面记载学校的经管运作。⑤ 我们将在有关行会社会服务作用的讨论中进一步阐述其教育功能,这里只需要指出:在所有行会组织的学校里,都特别重视意识形态与道德伦理的培养,这是中华帝国晚期教育本身所具有的重要民族特征之一。因为同样的原因,徽州公所建筑群中还包括一座正式的讲堂,行会成员可以定期在这里集会,聆听关于"道"的阐释。⑥ 然而,徽州公所的规章制度中并没有——其他汉口的行业行会或同乡会也没有——单独的条款,来专门控制其成员个人的道德操守,当然,那些直接源自行业行为和与行业惯例直接有关的道德操守不包括在内。

19世纪江西会馆的布局,最为充分地显示出这种信仰链、乡绅式的自信以及对故乡的自觉荣耀。江西会馆建筑群是汉口最辉煌的建筑群之一,三座主殿都用从江西运来的熠熠生辉的琉璃瓦覆顶;中庭有一座亭子,中间挂着

---

① 《申报》光绪七年十月二十五日。
② 《汉口紫阳书院志略》卷二。
③ 《汉口紫阳书院志略》卷八,7、8页。
④ 《申报》光绪七年闰月二十五日;1867年《汉阳县志》卷六,16页。
⑤ 《汉口紫阳书院志略》卷五。
⑥ 《汉口紫阳书院志略》卷八,7页。

一个非常华丽的灯笼，会所的人们在闲暇时间，围坐在那里品茗吟诗；亭子的两侧有两个金鱼池，用来自苏州太湖湖底的贵重的太湖石联结着；建筑群的最后面有一座精致的佛堂，墙壁上是一位来自江西庐山禅寺的著名高僧的书法与绘画。建筑群的内大门和外大门之间有两个大戏台。①

商人群体在从事自己日常职业的同时，一直努力声称自己是文化传统的保护人，因为很多人都认识到，按照传统观念，不这样做，就会受到普遍的歧视。例如：徽州人一直断然否认商业是他们首选的职业，实在是因为其故乡十分缺乏可耕地，除了接受这种谋生手段之外还能有什么选择呢？② 同样，长期以来，这也是山西商人为他们到处流寓编织的阐释体系中的一部分。③然而，在19世纪，特别是在太平天国运动后，这种不安的自我意识似乎逐步减低了。重要的是，19世纪下半叶，那些多元化的、以职业为基础的行会组织越来越喜欢使用世俗的、事务性的名称——"公所"，而不再使用那种更具意识形态与精神倾向的"书院"或"庙"了。也许，在太平天国运动后这个日益混杂的城市里，越来越没有必要再使用道德说教的外衣去平衡外来资产者与较低阶层的本地人之间的关系了；当然，与此同时，当地商业与社会中也确实存在着一种世俗化的总体趋势，而且，那些儒家色彩较重的群体（来自徽州、江西和山西）也已经被没有或较少儒家色彩的商人势力（来自宁波和广东）所取代了。④

我不打算一般性地讨论这种世俗化或者非乡土化进程在帝国晚期是否完成这样的问题，而只想举一个例子：19世纪80年代，较晚成立的、没有族群限制的盐业公所在自己的公所会堂建成之前，选择了一座庙作为其聚会之所（大概也是为了祭祀）。总的说来，文化使命的复杂网络是制度与组织行

---

① 蔡乙青（蔡辅卿）：《闲话汉口》，载《新生月刊》，第6卷，第3期，43页；徐焕斗主编：《汉口小志·民生志》，2页。

② 《汉口紫阳书院志略》卷七，7页。

③ 佐伯富：《清代的山西商人》，载《史林》，第60卷，第1期（1977年1月），7~8页。当然，农耕的局限与某一特定的同乡团体决定去投身于贸易之间存在着一定的联系。关于欧洲与此类似的情况，可参阅皮雷纳（Henri Pirenne）：《中世纪城市：起源和贸易的复兴》（普林斯顿：1969），82~83页，特别是其中关于威尼斯的论述。

④ 正如藤井宏在《新安商人研究》第4部分（《东洋学报》第36卷第4期，115~145页）所指出的那样。

为以及涉及商业行会各层面的商业行为的基础。然而，我们已看到，太平天国运动后，伴随着结构性的变化，这些文化使命也呈现出某些自由化倾向。茶业公所主动选择一个西方商人作为自己的"公正人"，让他发挥行会的某种官方作用，尽管他并不是正式的行会成员，这也许是此种文化转向的最好体现。这种注重实效与普遍标准的选择过程，在此前是不可能存在的。

二、商业功能

事实上，所有汉口的正式行会组织最基本的原则就是集体监督与培育商业，其根本性的目标也就是尽可能地整合成员们的商业利益。即使不是按照同业原则组织起来的行会，也必须承担起促进行会成员在职业上互相帮助的责任，比如通过同乡关系，引入故乡的金融从业人员和潜在顾客。行会领导者也常常充当交易合同的仲裁人，并在解决成员之间的商业纠纷中发挥有效作用。① 同样，也充当本行会成员与其他行会成员之间的仲裁调停人（为了追求共同的利益，可以通过委托两个行会，一起承办一场戏剧表演，最终达成某种合作关系）。② 两个行会的会首也可以协商解决两个行会个体成员之间冲突，比如当不同船帮行会成员就船只停泊地点发生争论时，两个会馆的管事就出面会商解决。③

行会也为其成员的商业企业提供某些有用的便利。主要是给同乡或同行业的行商提供宿膳之所，有时候，行会本身就是由原本供给同乡或同业的旅店发展而来。很多较大的行会，比如太平公所，也向成员提供存放货物的货栈或牲畜栏。④ 按照惯例，也总是由行会出面集资，以获得商业码头的所有权。不仅那些最大、最富有的行会要建设码头，那些较小的从事水运的行帮，诸如湘赣边界地区萍乡、醴陵二县的船夫行会也要建设码头。⑤ 事实上，

---

① 参阅李瀚章光绪六年八月二十八日、同治十一年十一月二十九日启，见台北"中央研究院"近代史研究所藏：总理衙门档案："湖北英人交涉"。
② 日清贸易研究所：《清国商事指南》（上海：1892），965 页。
③ 《申报》光绪九年七月二十四日。
④ 《申报》光绪五年四月十日。
⑤ 1920 年《夏口县志》卷五，31 页。

建设和集体拥有码头经常是创立行会的主要动因之一。因此，行会是资本集聚的重要手段之一。这些资金的大部分基本上用于商业目的的金融资助，但我们也将看到，这种资助并不局限于行会的投资方面。

是行会，而不是地方官府和朝廷，在日常商业活动中发挥了基本管理机构的作用。例如，制定与维护度量衡标准，被公认是各个控制各自商品贸易行业的行会的职责范围；早在1678年，米市公所就公开宣告："凡米行中人，若以米市牙人身份与行商交易，必先赴公所申取天平、衡器，不可径自采用各有之器。"① 官府鼓励并支持行会主动采取这些措施，而且在某些情况下（比如钱业公所制定当地银两标准与银、钱兑换率），这些活动被看做半官方性质的。②

行会详细规定了吸纳新成员、培训雇员以及生意运营方面的程序。直到20世纪初，一位日本驻汉口领事在描述商业交易的程序时，仍然提及汉口没有一整套商业行为的系统规范，而只有各个行会单独制定的规章制度。③ 行会决定每年贸易季节的开市与闭市、每一个商店或商行的规模、成交与发货的程序、契约文书的形式以及其他相关事宜。④ 茶业公所在试图制定汉口中外出口贸易的行为规章方面最终取得了成功，从而成为已有行会特权得到扩展的仅有范例。

因为在地方官府看来，大部分行会都是支持社会秩序的建设性力量，所以它们积极支持行会制定自己的内部规章制度以及仲裁行会成员与非行会成员之间发生的商业纠纷。⑤ 然而，这种协作氛围并未完全消解行会与官府之间的紧张与冲突。一方面，我们已经看到行会作为一个压力集团，在努力从国家那里争取特别让步的过程中是如何发挥作用的；另一方面，官府也能够采取一些措施，特别是采取一些公然抑制贸易的措施，以迫使行会履行其社会义务。

地方官府一直非常警惕行会垄断化的两种基本方式：一是操纵市场价

---

① 《汉口米市公所制定帮规》，转引自根岸佶：《中国行会研究》（东京：1938），244~245页。(此处引文未能查对原文。——译者)

② 1920年《夏口县志》，未编页之表格部分。

③ 水野幸吉：《汉口》（东京：1907），293页。

④ 参阅《申报》光绪二年二月八日；水野幸吉：《汉口》，293页；东亚同文会：《支那经济全书》（大阪：1908—1909），第2卷，641~642页。

⑤ 李瀚章同治十一年十一月二十九日片，见总理衙门档案："湖北英人交涉"。

格,二是过分狭隘地限制行业准入门槛。地方官府的职责是保证商品流通维持在一个尽可能高的水平上,并在总体上保证市场价格不受操纵地自由浮动。虽然行会非常自然地希望他们的商品能卖出尽可能高的价钱,但行会的希望与官府在这一点上并不必然产生冲突,因为官府认识到必须将价格维持在一定的水平上,才能维持市场的稳定,而这也是行会向社会负责的基础。行会可以间接地控制价格,就像 1887 年茶业公所拒绝出售二季茶那样。更直接的策略则是通过强制执行售卖顺序以减少竞争。这种办法允许单个的卖主与单个的买主可以通过议价来决定上下浮动市价,但不允许买主选择接受由另一位参与竞争的卖主提出的较低价格。许多行会强制实行这种排序制度,官府不仅赞同这种做法,而且在汉口盐市复制了这种制度。① 行会没有认识到有必要把这些精心设计的市场控制措施形成清楚的条例,只有铜器经销商在 1889 年规定其成员不得在其他成员正与买主议价时削价销售。② 这种大胆的步骤只有在得到地方官府的特别允可之后才能实行,而后者也仅仅是作为一种特例给予许可的。③

大部分汉口行会都很乐意甚至是渴望接纳所有符合其行业或同乡条件的候选人成为其成员。实际上,大部分情况下,都要求新来者加入行会。江西公所章程规定:"凡(具备资格的潜在成员)新至汉口者,欲事生业,须于一年内入会。若延误一月(超过这个时限)以上,公所概不认纳。"④ 虽然行会有时候为了阻止过多的竞争者加入,会向后来者征收比创始成员多得多的入会费⑤,但大多数行会都更关心容纳所有可能的生意人,而不是试图将贸易限制在已有的成员范围内。在成员资格方面,他们都是"贸易保护

---

① 李瀚章光绪六年八月二十八日片,见总理衙门档案:"湖北英人交涉"。

② 《申报》光绪五年四月二十五日,转引自彭泽益:《十九世纪后期中国城市手工业商业行会的重建和作用》,载《历史研究》,1965 年,第 1 期,84 页。

③ 参阅本书第六章有关汉口桐油商人情况的讨论。

④ 《汉口江西会馆公议》,转引自东亚同文会:《支那经济全书》,第 2 卷,562 页(此处引文未能查对原文——译者)。西方观察者也多次提到中国行会对所有符合准入条件之普遍原则的商人都是"开放的",参见《今日远东印象及海内外杰出的中国革命党人》(伦敦:1917),218 页。

⑤ 全汉昇与彭泽益都特别强调这一点,参见全汉昇:《中国行会制度史》,106页起;彭泽益:《十九世纪后期中国城市手工业商业行会的重建和作用》,载《历史研究》,1965 年,第 1 期,77 页。

论者"，而不是"垄断论者"。另一方面，行会非常热衷于将贸易控制权牢牢地掌握在自己手中。例如：铜器公所一直坚持1879年制定的规章：在汉口，只有属于铜器公所并经过它授权的商店才能生产并出售铜制的管乐器；天平公所则规定其所属工匠不得在任何未经公所特别授权的地方经营衡器。①

地方官府一般支持这些限制。但《申报》1880年1月的关于一个事件的报道说明，这种支持是有限度的。② 这篇文章报道说：一些汉口的职业流动鱼贩试图组织一个行会性质的组织"齐行"，其总部设在一条僻巷中的"陶圣庵"里。鱼贩们自己集资欢宴两天，并演出戏剧以突显对他们的行业神——岳神——的尊崇。他们起草了一份章程，其中的一人被指定保存包括所有得到"齐行"认可的鱼贩名字的"簿籍"。这个行会并不排斥其他鱼贩参加，任何鱼贩只要按照要求发誓遵守大家都赞同的规章并交纳一定数量的（但并不是微不足道的）五串铜钱给集体金库（公项钱），就可以成为会员了。然而，所有未登记入会的个体鱼贩自此之后将被禁止贩鱼到汉口市场。这些规定、程序与汉口其他行会所采用的规章、程序非常相似，他们无疑也希望地方官府能支持他们的做法。可是，官府这一次却看得更广阔一些。在冬季农闲时节，城市郊区的许多"无靠穷民"依靠偶尔贩运鱼虾到汉口市场去卖以维持生计。专业鱼贩们试图剥夺他们的这种生计来源，不仅将加剧周边乡村的贫困，还会促使本来就不稳定的城市市场进一步展开争斗。因此，官府虽然表面上对不得不予以干涉表示了真诚的歉意，但仍然没有同意鱼贩行会未入会者不得贩鱼的禁令。然而，官府也没有解散刚刚成立的行会，或者宣布它别的规章与程序没有效力。

国家既然奉行一种抑制贸易的家长主义政策，就必然要不断平衡商业与其他方面的关系。③ 行会的限制日益增加，意味着官府直接干预市场的必要性越来越小（在帝国晚期，政府的这种作用越来越趋向于具文，政府也不再有能力发挥此种作用），而行业内部领导者的集体责任则在不断加强。另一

---

① 《申报》光绪五年四月二十五日，转引自彭泽益：《十九世纪后期中国城市手工业商业行会的重建和作用》，载《历史研究》，1965年，第1期，84页。另请参阅东亚同文会：《支那经济全书》，第2卷，641~642页。

② 《申报》光绪五年十一月二十日。

③ 参阅本书第六章关于胡林翼论证希望实施牙贴继承制度的讨论。

方面，行会势力逐渐增强，限制不断强化，则可能导致对其他贸易者的排斥，抑制商品的必要流通（在纳税的前提下），并危及市场价格的自由浮动，从而与官府的愿望产生抵触——官府希望确保给消费者提供适当的商品、向从事生产与运输的人提供适当的雇用机会。这样，行会与官府就必须达成某种互相包容与协调，只有在某些特殊情况下，比如1880年所发生的鱼贩公所事件，才需要明确的界定。

虽然太平天国运动后行会面向竞争者开放的限制越来越清晰地表现出来，但并不存在什么新的发展，也没有特别直接针对外国人的限制（且不论那些对西方商人的不信任与怀疑）。① 全汉昇曾经谈到，在19世纪最后25年里，许多中国行会倾同于投入更多的精力与西方的经济挑战作斗争②，然而，在汉口，行会逐渐加强控制的直接动因却主要是认识到不负责任的商业行为日益增加，而这种行为不仅败坏了商品品质，也危及市场秩序。这种情况的出现，在本质上并非由于西方人的到来（当时人就这样看，我们也这样认为），而是由于太平天国运动后商业社会越来越普遍的道德沦丧，西方人的到来只不过是加剧此种情况的原因之一而已。

在一项以部分汉口史料为基础的有影响的研究中，中国历史学家彭泽益对太平天国运动后行会复兴的原因得出了同样的结论。但是，在论证过程中，彭泽益却提出了一个与我们这里的认识截然相反的推论，他认为，行会是"封建政府控制贸易和经济的传统垄断工具"。他断言，正是由于太平天国运动后朝廷的控制再度加强，导致了行会的大规模重建，其总体力量也逐步发展。与此同时，这些年中贸易的复苏与显著发展使竞争日趋激烈，而行会制度则努力抑制这种竞争，并取得了一些成效。按照彭泽益的观点，除了日益激烈的竞争，行会还面临着两个更为特殊的障碍：一是西方"自由贸易"观念的引入，二是中国民族资本主义意识的产生。在彭泽益看来，中国式的行会在根本上与正在萌芽状态下的资本主义格格不入；它们在本质上仍是一种主张强化商业控制的力量，因此，随着中国社会从封建主义向资本主义和半殖民主义的演进，它们就演化成一种城市"封建残余"，尽管在很长

---

① W. F. 迈耶（Mayers）、丹尼斯（N. B. Dennys）、金（C. King）:《中国和日本的通商口岸大全》(伦敦：1867)，445页。

② 全汉昇:《中国行会制度史》，115、182页。

时间里它们一直是城市里不可忽视的势力之一。①

彭泽益将中国的行会定性为"封建的"（这一观点多少与韦伯及西方发展理论家的看法有某种契合），至少就我们研究的时段而言，这种观点根本就不值一驳。汉口的行会既不对抗资本主义，也并非高度垄断；而且，我们关于1883年拒售茶叶事件的讨论表明，认为他们在本质上就反对西方的"自由贸易"观念，实际上未能抓住这次对抗事件的根本点。

中国学者，以及受他们影响的西方学者，已经注意到将晚清的行会定性为"反动的"或"封建性的"，与近来新公布的更具"资本主义"特征的商会资料之间，形成明显冲突。② 另一方面，包括今堀诚二等人在内的日本学者则对晚清的商业持一种激进的观点，认为20世纪初期的组织化革新是行会自身发展的直接结果。③ 我们关于1890年之前汉口行会的研究似乎支持后一种观点。如果说很难想象诸如徽州公所之类占主导地位的儒家化的商业精英会是后来那些组成汉口自治商会的西方化商人群体的先驱性基础的话，那么，也同样难以理解包括具有世界眼光、主张革新、久经世故的广州与宁波商人在内的20世纪商人社团，早在19世纪60年代，就已经开始控制汉口经济了。正是在这些人的掌握下，帝国晚期的行会表现出极强的组织适应能力。

三、团体功能

汉口贸易中的团体活动和同乡组织，最初源于与财政有关的边缘性问

---

① 彭泽益：《十九世纪后期中国城市手工业商业行会的重建和作用》，载《历史研究》，1965年，第1期，71~73页。在最近的一篇文章中，彭泽益将此前的一段时间，即大约从1790年到1840年，界定为"排他性"行会在数量上大幅度增加的阶段。他认为，这意味着这一阶段的经济在总体上已经僵化，并且武断地推论说：城市商业资本的畸形发展，是以损害总体经济的发展为前提的，从而把这一阶段定为"停滞阶段"。参见彭泽益：《清代前期手工业的发展》，载《中国史研究》，1981年，第1期，50、52页。

② 周锡瑞（Joseph W. Esherick）：《改良与革命：辛亥革命在两湖》（伯克利：1976），69页以及全书各处。

③ 今堀诚二：《中国社会的构造》（东京：1953），298~301页。

题：一些小型仪式与活动总要花费部分钱财，这类事情越来越成为团体的中心问题，于是随着团体逐步成长为拥有资产的实质性实体，行会成员在本质上也就成了股东。在这里，我使用"团体（或法人实体，corporate）"这个词，并不具有任何技术性的严格限定：我所谓的"团体功能"，仅仅是为了将包括行会运营其所有资产的集体金融事务在内的行会活动，与那些行会成员个人的商业运营活动，区分开来。①

汉口官煤船户公所章程表明，团体年度开支主要包括筹备行会的戏剧演出、祭神、支付公所雇员薪金以及履行公共慈善义务。② 这是一份相当卑微的汉口行会运作预算的简要清单，它只包括用于维持不动产的花费，而这一部分不动产涉及的城市群体正在日益增加。大部分行会宣称，包括日常祭祀以及伴随戏剧演出的大型半年度献祭在内的典礼开支，是他们最大的年度开支。③ 例如：徽州公所的记录表明，1806 年，在春、秋两祭上共花费千余两银子，还要加上香费用约一百两，以及日常祭祀用的香烛与纸张等项开支的年度预算二三百两。④ 对于山陕会馆来说，虽然到 19 世纪末，日常开支所占的比重越来越小，但在整个预算中，它仍是最大的一项。这两个行会的一般管理费用与日常开支，相对于其房屋、地基等不动产支出而言，只是非常小的一块。会馆各处照明灯所用的油也占了不小的一笔开支——徽州会馆的这一项花费每年接近一百两。相反，支付给诸如守门人、清洁工与守夜人之类

---

① 对中国习惯法素有研究的日本学者仁井田陞，曾经在对汉口山陕会馆做了研究的基础上，得出这样的认识："会馆这种类型的组织，至少到清朝后期，已经表现为一种实体性的自治力量，其责任、义务也已经与个体商人区分开来。"但是，他无法确定这是否可以说已经完成了——用德国法哲学的术语来说——从"Genossenschaft"（"公司"、"行会"、"协会"或"合伙"）到"Körporschaft"（"法人团体"或"法人实体"）的过渡。(仁井田陞：《清代汉口山陕西会馆和山陕西行会》，载《社会经济史学》，第 13 卷，第 6 期，516 页) 我通过对汉口行会更为广泛的研究，发现：在整个19 世纪，这些组织经常被看做一种独立的法人，除非我能够确定西方法律环境下的"团体"概念及其所包含的责任与义务限定，并不适合于对中国行会的界定。不过，我们在这里最感兴趣的主要是行会作为一种群体性社团，在资本与人才动员方面，是怎样行动的。

② 引自全汉昇：《中国行会制度史》，110 页。
③ 《汉口紫阳书院志略》卷八，7 页；《汉口山陕西会馆志》卷二，35 页。
④ 《汉口紫阳书院志略》卷六，47~49 页。

的仆役工人的薪水却只占微不足道的份额，例如，徽州会馆雇用的七个守门人每年收到的薪水合起来竟不足一两（原文如此，当误，应作"不足一百两"。——译者）。负责会馆消防和保管消防设备的人薪水要多一些（徽州会馆的水龙工食银每年为八十四两）。最后，虽然行会拥有很大的地基，而且除了会馆总部之外，还拥有不少市区土地，但他们每年要为拥有的不动产支付的税却非常之少。徽州公所每年为此支付的费用不足二两，只占年度开支总数的 0.1%。

上述行会的年度预算没有包括我们已经注意到与他们相关的两项开支，它们是被分开计算的。一项是慈善活动方面的花费，对此，我们将在下一部分讨论。另一项由于建设、购买、发展和翻新不动产而产生的非日常开支。很多行会都把置备运输工具以及诸如码头、货栈、牲畜栏等建设项目放在首要位置上。然而，最重要的建设项目则是建筑行会会所。

建筑行会会所具有非凡的重要性，也有很大的感情意义。我们已看到，决定建设一个永久性的集会场所，是从像劳工帮伙、饮酒俱乐部之类的非正式组织向受人尊敬的正式组织过渡的一个重要标志。因此，行会会所的设计不仅要考虑到它的功能，还要把它作为显示这一群体荣耀的纪念碑加以考虑。同乡会竞相把自己的会所建设得"金碧照耀"，在城市里"雅冠众携"①。正因为此，江西会馆在正面镶嵌了光彩夺目的瓷砖，而绍兴会馆使用的熠熠生辉的碧玉石柱更是名扬三镇。更具代表性的是，徽州人认为他们的会馆将"超越群伦"②；而山西人则声称："久闻汉镇为仕商辐辏重地，各省皆籍庙貌，以名会馆，金碧辉焕，互相矜尚。何以独有山陕会馆如此卑小？"③ 有时，会馆建筑群会不断扩展，跨越几个城市街区，从而形成一种复杂的分散结构。以行业为基础的行会（同业行会）在制造声势方面要稍微低调一些，但是，像盐商、茶商们的主要会所在建设时，也同样是伴随着喧天锣鼓和盛大的宴会。④

那么，汉口的行会又有哪些收入来源可以供给这些日常与非日常的开支

---

① 《汉口紫阳书院志略》卷一，8 页。
② 《汉口紫阳书院志略》卷八，15 页。
③ 《汉口山陕西会馆志》，"图说"，4 页。
④ 艾伦（Allen）致沃尔什姆（Walsham），1889 年 9 月 2 日，英国外交部档案，228/878；1920 年《夏口县志》卷五，29~30 页。

呢？最基本的收入来自行会成员交纳的入会费。早在清朝前期，米市公所起草的第一份章程里就规定："凡入行者须纳会银十五两"①；江西公所成员们的经济水平要低得多，它要求"凡至汉口开店者（江西人），须纳四百钱为入会之资"②。这是一项附加收费条款，原有的收费标准是：凡江西公所成员开设分店者，须纳二百钱；雇用新学徒一名，须纳五百钱；学徒晋升为正式成员，须另纳五百钱。天平公所要求其成员每雇用一位新雇员要交纳一千钱。③ 这些行会的章程还详细规定了对不合作成员的罚款标准：违反会规的成员以及未能告发违规行为的同业伙伴，都将被课以一千钱的罚金。

除了这些一次性的入会费和罚款，许多行会还征收固定的月规或年费。④ 特别是在同业行会里，规费的数额很可能是按照个体成员所经营业务的价值来确定的。例如：米市公所要求其成员按其年收入额的 0.8% 交纳年费。有时候，行会对它所经手的商品交易征收一份固定的佣金，而不是等到年底才征收年费。比如，茶业公所就向所有在汉口市场上售卖的茶叶抽取 1.6%（交易量较大时）或 0.4%—0.5%（交易量较小时）的份额作为自己的佣金。⑤ 同样，官煤船户公所也规定：任何自官船局运煤者，无论所用之运船为何种类型，每运煤一担（约合 133.5 磅）均须纳钱一文……凡在汉口碇泊之船，于船局领札之后，仍须至公所造簿，以核实其所运之担数。⑥ 行会所征收的这些规费，通常也称为"厘金"（在它作为一种制度性的税收名称之前很长时间里），往往并不是行会正常规章制度的组成部分，而是得到行会成员公认的、为了筹措某一特殊项目所需经费（通常是为了筹集建设资金）

---

① 《汉口米市公所制定帮规》，转引自根岸佶：《中国行会研究》（东京：1938），244~245 页。

② 《汉口江西会馆公议》，转引自东亚同文会：《支那经济全书》，第 2 卷，562 页。

③ 《武汉天平同业行规》，见东亚同文会：《支那经济全书》，第 2 卷，641~642 页。

④ 清水泰次：《中国的家族与村落》（东京：1928），116~126 页。

⑤ 《汉口茶业公所规条》，见东亚同文会：《支那经济全书》，第 2 卷，672~674 页。

⑥ 转引自全汉昇：《中国行会制度史》，110 页。

而采取的措施。例如：为了筹集盐业公所会所大楼的建设经费，盐商们每运一船盐要交纳十两银子。①

会馆的收入有时候会因为得到其个体成员的自愿捐赠而有所增加（同业行会很少得到这样的捐赠），这些捐赠或者是完全主动的，或者是为了响应某种特别的捐献倡议。这种捐赠通常是现金，有时也有不动产——它们或者是彻底捐献，或者由会馆付一点象征性的补偿，即将所有权转让给会馆。② 尽管19世纪中期一位愤世嫉俗的来访者称"不知募化布施缘，会馆僧人自有钱"③，但大部分捐献倡议仍往往是与特殊的建设项目联系在一起的。

如果说大部分向成员商业交易征收的额外规费以及那些捐献倡议一般是借口为行会会所建设筹资的话，那么，在建设项目完成之后，这些额外规费却很少取消。例如，1906年海关对汉口盐业公所的报告指出：盐业公所每船盐运征收十两的规费，最初的理由是为了筹措公所会所的建筑经费，然而，这项收费在会所建成之后一直持续了将近20年。④ 随着集体收入的逐步增加，汉口的行会拥有了更多的财富与声望，于是，"法人团体"就越来越成为其组织性特征的核心。早期的米市公所以及后期较小的行会主要是通过向成员征收会费与交易佣金，以支付行会不太高的运营费用；与此相反，19世纪汉口的主要行会已经开始利用这种特殊的收入渠道以集聚资本。不久，这些行会就把年度财政预算的兴趣完全放在投资方面了。因此，他们开始为管理行会资本和收入制定细致的规章与程序。

行会的投资一般有两种类型。一是投资于商业企业，特别是投资于金融业，这在太平天国运动后越来越普遍。有关地方官府强令行会坚决支持经营失败的信贷机构的报道（例如要求绍兴公所支持几家当铺，以及要求广东公

---

① 1920年《夏口县志》卷五，29～30页。1878年到1891年间，广东公所为了重建它的会所，也同样按照商业交易的百分比向其成员征收规费，见全汉昇：《中国行会制度史》，95页。

② 参见《汉口山陕西会馆志》卷二，36页。

③ 叶调元：《汉口竹枝词》卷五，7页。

④ 海关总税务司：《食盐生产与税收》，见"海关系列专刊"第81号（上海：1906），102页。

所支持几家钱庄)①，暗示着行会是这些商店或钱庄的主要投资者。后来，1891年，茶业公所支持成立了汉口第一家中国人所有的现代银行，这项投资表明，行会非常愿意在自己的行业之外投资于可获利的冒险事业。② 遗憾的是，此类投资的原始资料没有保留下来。

第二种更为普遍的投资类型是投资不动产——除了行会自己所有的地产和特别用于生息的市区土地之外。这些不动产有的已经开发，有的就是由行会开发的，有的则有待开发。偶尔可能会有可耕地，但现存资料说明，即便是这些可耕地也几乎都是在市区范围内。实际上，在行会出现之初，它就投资于城市土地；但是，直到18世纪末，这种投资才开始加强；到19世纪下半叶，这种投资非常普遍地发展起来。③ 这样，行会作为一种法人团体，其城市土地所有者的地位日益重要起来。幸运的是，我们有大量关于不动产投资的资料可资利用，其中最主要的叙述，见于徽州会馆与山陕会馆的文献中。

1. 紫阳书院（徽州会馆）。清代前期，汉口的徽州商人社团把自己的总部和部分聚会场所放在位于汉口靠近陆地一侧的田园郊区的两座小庙里。康熙后期，徽商群体渐趋繁盛，规模渐增，影响也越来越大。于是，1694年，同乡群体中3个为首的人就召集了24位最具影响力的成员，一起商讨，计划建立一个盛大的朱熹学院（以及同乡会馆），其选址位于汉口城区的中间（汉脉中区），核心建筑是精心设计的会堂，称为"尊道堂"。领导人之一吴积隆受委托起草了一份《与同乡书》，恳求徽州同乡向这一项目捐款。大家群起响应，纷纷自愿捐款，很快就筹集了足够的经费。同乡会全体推举出4位项目管理人（董事）和24位助理管理人（协董），其中4位董事中3人是最初召集会议的人。同乡会在市区循礼坊获得了四亩土地（相当于半英亩稍多一点），其周围早已集聚了很多徽州移民。几位有身份的徽州人自愿但明显有点犹豫地把他们的房屋卖给了同乡会，自己临时搬到其他地方去，以便

---

① 《申报》光绪七年闰月二十五日；凯恩（Caine）致韦德（Wade），1872年3月1日，英国外交部档案，228/515。

② 苏云峰：《中国近代化之区域研究：湖北省》，第一次年度报告（台北"中央研究院"近代史研究所，1974），122页。

③ 海关总税务司：《十年报告，1892》（上海：1893），191页。

为计划兴建的会所腾出地方。在最初提出构想 11 年之后，这个包括大约 100 个房间与独立建筑设施的建筑群，花费了将近一万两银子，终于于 1704 年落成。其中最值得注意的是为某些成员提供的寝室以及在大仪门（戟门）之上设置了一个戏台（平台）。如此宏大的工程建设，正反映出徽州社团在盐及其他主要行业中的主导地位。①

18 世纪，新安书院（即紫阳书院，亦即徽州会馆）的团体财产与不动产不断增加。1717 年，书院建了一座与尊道堂毗连的西厅；1721 年，增建了一个大讲堂（六水讲堂）；1743 年，添建义舍，以供同乡游商暂寓之所；1775 年，添建了几座附属祠堂。此外，在这个世纪里，还多次扩展寝舍与藏书楼。虽然徽州同乡会在汉口其他地方也购买、开发了几处集体所有的地产（比如，在后湖边上拥有一座小寺庙，准提庵），但它所拥有的大部分地产还是在新安书院这个不断扩展的建筑群为核心的、被人们称为"新安坊"的街区里，它在汉口中心城区最重要的一部分，在 18 世纪前期的一段时间里，四周都有坊墙环绕着。

徽州街区的横向扩展与一条和汉水平行的城市交通干道交叉。会馆的中心建筑尊道堂位于中街之北，南面面向汉水。越过中街，向南直到汉口最主要的通衢正街，正街直对着新安坊的大仪门（戟门），只有通过几条小巷继续前行。这条街主要是由徽州同乡会建立起来的，但白天它一直向公众开放着，并形成汉口最繁华的商业区之一。最初称为"新安巷"的街道，很快就因这个名称不再适用而改称为"新安街"，只有很少几条横街可以得到这样的名称。1775 年，徽州同乡会对新安街作了一次彻底的改造，改建成一条"康衢"。越过正街，新安街又要经过一座门，然后继续南行，直到江岸。1734 年，徽州同乡会在那里建造了汉口最主要的码头建筑群，称为"新安码头"或者"新码头"。虽然计划主要是面向徽州同乡会成员的，但这个码头仍然被描述为"义埠"，并且在收取租金和服务费的前提下，开放给普通大众使用。

除了码头之外，在这些年中，徽州人还有计划地开发了几项扩大公共资产的项目，包括一条主要公共街道、一所学校和一个公共渡口（下文还将对这几项活动作全面讨论）。徽州同乡会还积聚了不少供出租的地产，

---

① 《汉口紫阳书院志略》卷三，2~3、13 页；卷七，7~9 页；卷八，15、39 页。

其租金收入用于支付持续不断的建设项目。这些财产一般是商用的，虽然徽州同乡会成员可以优先承租，但会员资格显然并不是承租的必要条件：租赁的主要目标乃是团体的收益。一份 1734 年的资料描述了一个典型的出租资产：这是一个单独的街区，包括十六家店铺、两个厨房和一个大会堂或货栈。行会给这个街区估价是 1 000 两，而其年租金却高达 360 两。因此，即使是在 18 世纪前期，投资此类不动产，其首批投资不用三年就可以收回，这说明对于行会来说，投资以获取更多的收入，有着十分广阔的运作空间。①

1788 年，新安书院以及徽州同乡会的很多其他资产都受到洪水严重破坏。在进行了几次零星的修复之后，1796 年，召开了一次全体会议，同乡会决定承担起重建全部建筑群这一重任。这次重建涉及书院的各个部分以及大部分同乡会供出租的房地产，全部工程相继在 1798 年至 1805 年间完成。特别值得注意的是在建筑群内部及其四周的道路方面，下了很大功夫。据说，"昔之水巷透迤、洿泥濯淖者"，如今都已成为"矢直砥平"的通衢了。至于那些沿街的店铺，"今之所见栉比鳞次，乃昔之竹屋参差、犬牙交错者"②。几项相关工作，诸如设立消防队（水龙局），购买并清扫郊区的义阡地，也于同时完成。为了纪念这些工程完成，同乡会于 1806 年刊行了自己的志书（即《汉口紫阳书院志略》——译者）。

这些事业所需的经费是如何筹集并运营的？1796 年的同乡会全体会议将责任委托给一个由 26 个指定的项目管理人组成的董事会，其总负责人即汪衡士。汪衡士几乎是马上就遭遇到与其他成员间的问题。有人表示怀疑同乡会现有的资金是否足够实现如此宏大的计划。他们认为，如果工程中途被迫停止，他们将无颜面对同乡父老。看起来，他们特别担心到最后不得不向"外人"借贷。汪衡士斥责了他们的胆怯，发帖要求徽州同乡捐输。两年后，同乡会认为募集到的资金已经足够，于是正式开工。据说，在每一项工程兴工之前，董事们都要极其认真地审核预算。

然而，事实证明，怀疑态度是有根据的。开工不久，由于受到白莲教的

---

① 《汉口紫阳书院志略》卷八，47~48 页。也可参阅同书卷三，6~12 页，卷七，52、56~57 页，卷八，7、25、54、60 页。

② 《汉口紫阳书院志略》卷七，52~53 页。

威胁，不得不从建设基金中拿出部分经费资助征募团练；而且，支出的总趋势超出最初的估计。到 1804 年，工程亏空已接近四千两，而计划准备改造的一条街巷需要花费大约一万一千两。同乡会发现，如果要继续工程建设，还必须要一万五千两。这时只有租金收入一项是可靠的，但它无法在短期内产生出这么大一笔钱来。于是，为了应付以后的资金匮乏，同乡会决定向行会成员商人的所有交易征收"厘金"；此外，还对捐献办法进行了重大改革，以弥补 15 000 两的巨大亏空。

新的捐献办法是在行会成员中间发行一种债券。每 100 两为一筹，共发行 150 筹，总计正好是 15 000 两亏空之数。显然是由于受到了一些压力，所以决定"随人度力受筹"。每筹岁给还 16 两，因此，10 年之后，持筹者就可以获得 60 两的利息（子金），或者说年利率为 6%。事先对发行此种债券的可行性作了充分论证、设计。当发行债券时，同乡会每年收入的房租除了支付书院花销之外，还有 2 000 至 2 300 两的盈余；预计每年要支付给债券持有人的利息总计是 2 400 两（每筹 16 两，共 150 筹，总计为 2 400 两），"岁取屋租之入给焉，即有不足，所乏无几。10 年之后，以有余补不足，补之而有余，则皆书院之余矣"①。

到 19 世纪初，徽州同乡会汇聚的不动产数量已令人吃惊。为了保护同乡会名下的这些财产，管理人决定向汉阳知府陈情：

> 窃汉镇新安书院，供奉文公，历为徽郡士商公所。置有基地、市屋，司事轮年承管，收取租息，以备春秋二祀之需。自康熙七年（1668），至乾隆六十年（1795），先后买置公产契约六十七纸。唯恐年代久远，契约繁多，辗转流交，或有遗失散漫，无凭稽核。谨将各契汇录成簿，呈请钤印发执，裨有稽查；并恳给示勒碑，用垂久远。庶公产无虞废失，客民永戴鸿慈。②

汉阳知府同意了这一要求，并命令将这些契约抄本保留在知府衙门里，以后如遇诉讼，可作为官方根据。

---

① 关于 1796 年至 1805 年间重建工程的讨论，见于《汉口紫阳书院志略》卷七，52~54 页；卷八，23~30、57~59、62~63 页。
② 《汉口紫阳书院志略》卷八，60 页。

幸运的是，1806年《汉口紫阳书院志略》刊印了全部六十七份契约文本，从而不仅展现了徽州公所所有的地产，而且展现了清代城市地产所有权的观念。① 这些房地产充分地显示出19世纪初之前较大的汉口行会在投资方面的巨大潜力。除了自己占有与使用的多种地产（实际上，在六十七块地产中，只有五块是公所直接使用的）之外，徽州公所还出租数十处地产：(1) 新安街上两块较大的街区，合起来共有市屋三十六家；(2) "无基浮屋"31处，包括瓦屋、土窨、竹屋、草屋等结构的店铺与住房，都在新安书院附近和新安街上②；(3) 新安码头市屋十家；(4) 后街一处较大的市屋，也在循礼坊（循礼坊后街桥头市屋）；(5) 正街一处较大的市屋，距新安街不远（循礼坊正街市屋）；(6) 沿熊家巷的一排店铺，在人智坊（原文如此，当属循礼坊。——译者）；(7) 散处汉口各地的另外八处得到广泛开发的房地产；(8) 在汉水对岸的汉阳县城里的一个较大且重要的店铺与住宅街区；(9) 许多较小的地产，包括市区的小块花园和一些乡下的稻田、麦地。这些地产中的大部分都是用同乡会的资金购买的，而且很多也是由同乡会自己作为投资开发的。所有这些财产，都由特别推选的同乡会官员司事负责管理。司事每年轮换，轮换前则由同乡会之总管理人公同审核其经手钱款。③

《汉口紫阳书院志略》中刊印了一份获取所有权的契约文书，使此类行会的土地交易行为清楚地显现出来，并提供了行会之间互相协作的证据——我们即将转入这一论题。这份文书是1804年徽州公所与浙宁公所（宁波）缔结的《调换墨据》：

---

① 《汉口紫阳书院志略》卷六。我希望在另外的研究中再对这些文献作进一步的介绍与分析。

② 这里所谓的"无基"，显然是指地产所有者拥有建筑的权利但却不希望在其上建设房屋。参阅斯波义信：《宁波及其腹地》，见施坚雅（G. William Skinner）主编：《中华帝国晚期的城市》（斯坦福：1977），418页。（这里的"无基浮屋"应当是指在没有土地所有权的土地上建筑的房屋，"无基"即没有土地本身的基地所有权［相当于农业用地中的"田底权"］，而新安书院购进这一批"无基浮屋"，也只是购买了其上的使用权［相当于农业用地中的"田面权"］，至于其地基，有的本来就属于新安书院，有的则不详，可能较大部分原属新安书院。作者此处之解释大致是对的，但仍不够清晰。——译者）

③ 《汉口紫阳书院志略》卷八，76页。

缘我两郡人士荟萃汉皋，均径创立会馆，崇祀先贤，敦睦桑梓。兹因浙宁公所重新建造，限以基址浅窄，未遂赛宏敞规模，视得公所屋后毗连隙地，系属新安书院发祥之三元殿屋外余基。盖思阖郡公业，非价值可容求训，爰请托居间，再四同诣新安书院情商俯凑，蒙议慨允。

今浙宁公所公将原置南京会馆前首住屋一所、铺面一所，又新置循礼坊程姓铺屋三间，检同契据，交与新安书院执业，过户输粮；新安书院公将三元殿前照墙外西南隙地，划割一块，深计四丈，其宽前计三丈，后计二丈七尺……调换与浙宁公所，合锦成造。至落成之后，浙宁公所永以墙为界，此外隙地，原系新安书院本业，浙宁公所后人不得饰词侵占。①

在这份文书上署名的有三名浙宁公所董事、四名新安书院董事以及作为见证人的12位来自两个公所的其他成员。虽然似乎新安书院签订了一份相当困难的契约，但这一事件表明，在这一时期，另一些像浙宁公所这样的正在扩张的行会，也正在从事重建工作与不动产投资。

徽州会所留下了一份1806年团体财政的详细记录②，这份记录表明，在一个欣欣向荣的商业城市里，集体企业会有很高的收益率。这份记录上记载的所有收入都来自不动产出租——也就是说，徽州公所实际上没有直接经营买卖，也没有在商业企业上投资。本年的全部收入是4 404两（别的记载说来自租金的年收入平均超过4 300两，那么，本年的收入也不例外）。③ 1806年，得自公所拥有并出租的乡下田产的收入只有6两，不仅表明徽州公所投入此类土地的资金在全部投资中占有很小的比例，也大致说明了这种投资何以如此之少的原因。与此形成鲜明对照的是，来自两排新安街上市屋的租金合计是2 249两（其面积大约等于或小于乡下的田产）。在收益率方面，投资乡下田产显然无法与投资市区地产相比，特别是当投资者能够提供更具吸引力的开发前景时。

与这份总收入相对比，徽州公所1806年的全部年度运营支出只有1 830

---

① 《汉口紫阳书院志略》卷六，33页。
② 同上书，46~49页。
③ 《汉口紫阳书院志略》卷八，29页。

两，仅占全部总收入的42%。余下来的58%到哪里去了？账目没有特别指明用途，但实际上这一部分被认为是用于"修理、新置各铺"，也就是用来再投资那些可获利润的项目了。① 盈余资金还被用于1804年所发行债券的年息。

对于1806年之后的徽州公所，我们只有一些断断续续的资料。1822年出版的汉口见闻札记《汉口丛谈》表明，直到那时，徽州人仍然是在汉口社会与经济领域占据主导地位的同乡社团②，可是，在太平天国运动以及随后的盐业领域的变迁之后，徽州商人似乎是渐趋衰落了，他们不再被看做汉口商业的领导力量了。然而，尽管商业衰落了，但徽州公所却保留了一项在这个城市里获取收入的重要资源，并便其地方力量的地位得到保护，那就是拥有土地。徽州人暂时成为某种意义上的"老财"。没有资料能说明徽州公所是如何在太平军占领期间很好地使其财产完整地保存下来的。当太平军将这个城市夷为平地时，建成区的地产理所当然地失去了其大部分价值；在这一过程中，毫无疑问，一些土地的名分也陷入混乱之中。然而，我的总体印象是，团体拥有的财产要比个人名下的地产安全一些（我们看到，早在19世纪初，公所即将地产向官府申报、登记，并把拥有的全部地产刻石宣示）。因此，太平天国运动后，徽州公所逐渐演变为一个城市地产的法人团体。

至少是公所建筑群前面的新安街部分，在太平天国运动后曾经重建过，样式非常华丽、时尚。到19世纪70年代，这里又成为汉口最为热闹的地区之一，也是一个非常繁荣的市场。③ 沿街的店铺仍然归徽州公所所有，并由公所出租，租金很高，主要经营玉器、丝绸之类的奢侈品。在重建岁月里，新安街曾经被那些希望沿着同样道路发展商业街区的个人或团体企业（比如江西公所）作为成功的例子引证过。④ 而在这个城市中，最著名的足以与它相媲美的，也几乎同样古老的机构，则是山陕会馆。

2. 山陕会馆。1683年，在徽州商人建立其同乡会前10年，在汉口的山

---

① 《汉口紫阳书院志略》卷六，49页。
② 范锴：《汉口丛谈》，全书各处。
③ 《申报》光绪五年七月十二日。
④ 《申报》光绪六年十月九日，光绪七年七月二十八日。

西、陕西人的联合同乡会建立了第一座正式的会所,"春秋楼"。虽然他们公开宣称建设此一会所的目的是为了给商业商讨提供一个场所,但其布局却是按礼制设计的。整个建筑群被围墙环绕着,穿过一座威严的大门,进到院子里,正对面是最前面的主殿;大门的背后是一座宏大的戏台,向内对着院子。1719年,在一位同乡地方官的捐赠帮助下,对这座会堂进行了一次大修。①

在整个18世纪和19世纪,山陕会馆是汉口具有重要地位的大企业。它在汉口的后面购买了一块土地,建立了一座补助性的"瘗旅公所",向本乡商人提供寄宿、医疗保健以及丧葬等服务。它还将紧靠会馆中央建筑群背后的一片荒地改造成几条供步行者出入的街道,并于19世纪初建了两座石桥,以方便频遭洪水侵袭的汉口后街民众出入通行。这些街道与石桥在19世纪30年代彻底废弃了。这里距宝林庵很近,它最初是山西布业行会的总部,布业行会最后并入了较大的山西同乡会。山陕联合同乡会及时地占有了从会馆中央建筑群延伸开来的周围土地,左边靠近了位于城市中央的徽州公所,右边则向宝林庵所在的面向陆地一边的城市边缘拓展。借助那些"补助资金",同乡会逐步买进了这一地区的全部土地,于是,人们就把这一地区称为"山陕里"了。虽然这些地产都是指明用于集体事务的,但其中的相当部分被特别开发以获得租金收入,但通常并不总是出租给同乡会的成员。②

和汉口大部分地区一样,山陕会馆及其他的所有集体财产都在1854年受到太平军的破坏,而且汉口收复十余年之后,曾经被辉煌的山陕会馆占据着的大部分地区仍然是一片废墟,长满了野草。在这中间,从前属于山陕联合同乡会的一些较小的组织开始各自分散地重建起来,大部分一直栖居在租借的寺庙一角或茶馆里。然而,也有一些成员开始试图一点点地努力复兴从前的联合同乡会。例如,1863年,山西烟草帮开始在从前会馆建筑群的前面重

---

① 关于山陕会馆最初的建设和这一次大修,留下来的资料非常之少。我们见到的资料主要有《汉口山陕西会馆志》,"序",1页,以及卷一,7页;1920年《夏口县志》卷五,24页;仁井田陞:《清代汉口山陕西会馆和山陕西行会》,载《社会经济史学》,第13卷,第6期,504页。

② 1920年《夏口县志》卷五,24页;《汉口山陕西会馆志》卷一10页以及卷二44页。

建一所较小的关帝庙；几年后，山西药材帮开始建设建筑群中一个次要的神殿，武圣庙。① 这些年中，这些努力还没有促使山陕公所承担起全面重建整个会馆建筑群的重任。

1870年，最有势力的山西钱帮在最终确认汉口已经得到了新的军事安全保障以及商业复兴之后，召集在汉口的26个山西或陕西人的单一帮会集会，并直接呼吁为了重振山陕商人的声威，应联合起来，重建从前的会馆建筑群。重建工程于1875年正式开工，一直持续了20年。到1881年，建筑群的核心建筑、具有纪念意义的春秋堂最终建成，举行了一个正式的落成典礼，演了几场大戏，开始启用会馆。中心建筑群几乎是完全按照中式风格建设的，只是一些辅助设施采用了西式设计（附带说一下，这些西式的辅助设施正是由徽州公所的成员提供的）。它赢得了中外建筑评论家的一致好评。虽然地处几个街区的深处，但从汉水江面上仍可以清楚地看见这个主体建筑群，它成为汉口天际线上的标志性风景。它不仅包括公所主要的集会会堂和寺庙，而且包括几座附属神殿（分别奉祀文昌帝君、圣母、七贤以及各种各样的佛祖等），用于特别的祭祀，并供会馆下属行会作为议事之所（参见图9—1，图9—2）。②

主体建筑群完成之后，重建工程并未中止，此后，公所转向修复所有附属与僻远建筑以及公所成员专用道路方面。其中最引人注目的工程主要是通向会馆建筑群的主干道（关帝庙巷），修复这条街道，显然是受到徽州公所修建新安街的影响，因为它与新安街一样，也正处在壮丽的会馆大门与寺庙之前。与此同时，山陕会馆终于获得了属于自己的码头——马王庙，从而极大地便利了会馆建筑群与新的外国租界及中国轮船招商局所属新的现代轮船设施之间的交通。③

---

① 《汉口山陕西会馆志》卷一，11~12、17页。

② 《汉口山陕西会馆志》，图表部分，以及卷一，11~12页；《申报》光绪四年三月八日，光绪七年九月二十五日；英国外交部档案：《外交使节与领事有关贸易和金融的报告：中国。关于1887年汉口贸易的报告》，年度报告第380号，1888年，14页。

③ 《汉口山陕西会馆志》，图表部分，1页，以及卷三，44页；1920年《夏口县志》卷五，24页。

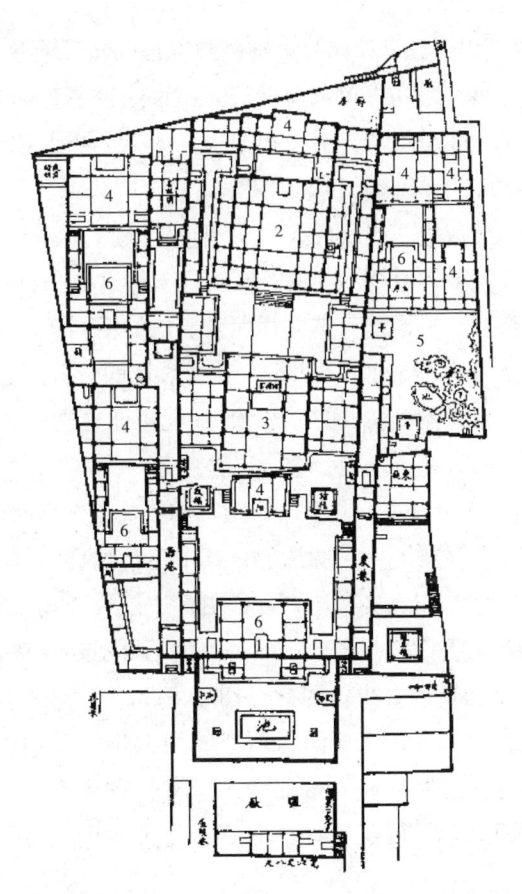

图 9—1 山陕会馆平面图，1889 年（采自《汉口山陕西会馆志》）

1. 大门 2. 春秋楼 3. 关帝庙 4. 次殿 5. 花园 6. 戏台

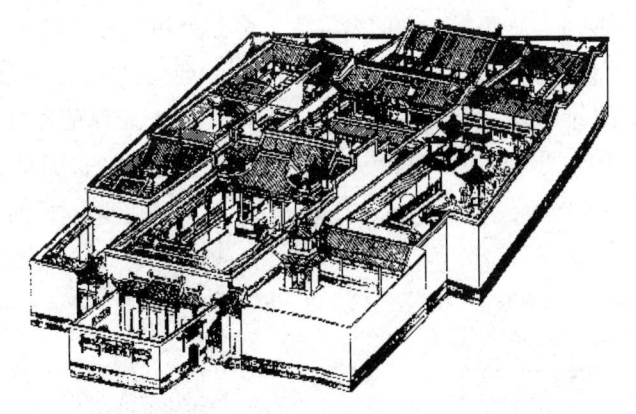

图 9—2 山陕会馆，1889 年（采自《汉口山陕西会馆志》）

如此宏大的工程项目是如何筹集资金与管理的？根据春秋堂落成纪念碑铭文记载，当山西钱帮最初提出重建动议时，也遇到了普遍的怀疑（与徽州公所的情形一样）。同乡会成员不仅担心能否有足够的资金完成这一工程，有的人还怀疑1870年的汉口能否保证其军事安全，或者其商业前景是否值得去做这样的事情。赞成这一提议的人去"逐个"说服那些各种各样的单一行帮，最终取得了大家的同意。① 最积极地发言支持这一项目的两位钱帮领导人，武有庆和赵淑智，被推选为工程管理人。他们不同于已经重组的多元化的山陕同乡会里那些每年轮换的司事。工程项目的管理人也是要每年轮换的，但武有庆被任命为整个项目的"总董"，他担任这一职务长达20年，把自己杰出的才华与心血都贡献给了这一工程。

在1870年第一次会议上，同乡会希望只靠成员自愿捐款来筹措重建项目的经费。为了募捐，散发了一封劝捐信，其中包括这样的句子："独木难支大厦。吾等既欲行此大事，故敬请众同乡注意，各尽己力，慷慨解囊。吾等愿积少成多，集腋成裘。"② 然而，山陕的狐狸毛可不是容易剪到的，当年通过募捐征集到的资金非常之少。因此，1871年秋天，召开了第二次会议，通过了一个提议，即所有在汉口的山西或陕西人出售货物，都必须交纳一部分用于公共事业与慈善事业的附加费，以支付重建费用。大家共同拟定了一份包括二十四个商品行业的收费清单，并决定从下一个贸易季节开始征收。③

这一措施取得了很大成功，征集到的资金比募捐而来的多得多——在此后的二十年里，用这种办法共征集到249 066两银子。可以确定身份的大约有1 159位捐助者，一些是个人的名义，大多数是用商号的名义，也有一些用的是商号群体（如"太原和汾州众棉号"）的名义。然而，与徽州公所一样，管理人的雄心最终超过了他们的资源，重建工程的账单最后高达271 461两，从而留下两万多两的亏空④（造成亏空的部分原因是由于管理人挪用了部分建筑经费，用于救济1877年至1878年间在华北严重的旱灾中遭

---

① 《汉口山陕西会馆志》卷一，12、17页；《申报》光绪四年三月八日，光绪七年九月二十五日。

② 《汉口山陕西会馆志》卷一，14页。

③ 同上书，14~15页。

④ 同上书，21、28页以及卷一各处。

受打击的家乡地区）。幸好，在此之前，工程管理者很有智慧地运用其资金，而且到这时，山陕公所已经可以从其他渠道获得可观的收入，具体地说，就是那些持续投资进行再开发的不动产可以收取租金了。

由于山西、陕西人在太平军占领期间很少留在汉口，返回也相对慢一些，所以在太平天国运动后，山陕公所在证明它对曾经相当广大的不动产的所有权以及驱逐非法侵占者方面遭遇到一些困难。于是，公所的几位"老成"之士，就深入挖掘残存下来的资料，并审核其他所有权的证据，以便向汉阳知县提交一份全面的申请。至少是部分地出于他们的杰出工作（也因为他们有能力不断给官员们赠送礼物），他们重新获得了太平天国前公所拥有的几乎全部地产。①

在重建岁月里，重新获得的地产得到开发与拓展。最引人注目的也许是关帝庙巷的变化，那是出入公所建筑群的主要街道。虽然这一地区的大部分从前都是由公所成员占用的，但由公所作为法人团体所拥有的部分，还不到沿街房地产的一半。19世纪后半叶，公所作了很多努力，以将所有土地收归己有。例如：现在保留下来的一份单据，是一位个体行会成员将部分沿街房地产转让给公所的，公所为此支付了10万钱。② 与此同时，公所花费了相当大的一笔钱，用于这条街道的再开发，其结果是最终使它成了汉口主要的市场之一。

山陕公所还在会馆建筑群东北的山陕里以及汉口其他地方获得并开发了一些地产。例如：1877年，为了购买一排三家市屋，花费了100万钱；1892年，用25.5万钱买了一座单独的商店；1894年，支付了5.5万钱；1895年，又花了一笔6万钱。根据19世纪90年代中期的一本账簿，公所出租的地产包括：关帝庙巷上的26处发达房产，位于会馆建筑群东北方的七处发达地产，位于会馆东南方的二处发达地产，在循礼坊窄街的三处发达地产，在汉口镇外的四处发达地产以及汉口后边、滨湖地区的两块菜园地。③ 正如公所在出租地产登记时所宣称的那样，"今之所入，已逾昔之所捐，后之所入且益增"。由此，可以清楚地看出，团体事业的扩展正是团体内部团结与力量

---

① 《汉口山陕西会馆志》卷一，35页。
② 同上书，36页。
③ 同上书，45页。

发展的必然结果。①

管理如此巨大的投资，必须稳定地逐步增加关注。重新制定的公所章程包括几款有关账目管理的规定，可以概括为：

（1）按年度任命的管理人（"经营"，其地位次于公所总管理人"首事"）负责保管所有集体资产的收支记录，包括店铺、宿舍、园地以及未开发的土地。

（2）无论何人，如不交纳适当租金给公所，均不得在任何公所房产中寄居，不管是否在会馆建筑群内。如果管理人私索租金，他们要受到惩罚。

（3）租用公所房地产，按年交纳租金。所收租金纳入老匣与新匣两个账户之一，每个账户都交由司匣掌管，并按年度审核。

（4）任何公所拥有的房地产重新维修后，均需重新评估其价值。如果发现增长的租金被挪占，须全部收缴给公所。在出租房地产方面，管理人不得私自做主，更不许私自增加租金，将所得之利纳入私囊。

（5）在此前两个负责所有公所事务的总管理人之外，再增设四名总管理人，专门负责监管迅速扩展的公所资产以及由此而来的收入。尽管当初的总管理人是由来自组成联合同乡会的各帮伙的人轮流担任的，但这次增设的四个首事却只能来自山西钱帮。每年四月初八，六个首事都要替换，并对公所财产进行全面审核。②

从这五项条款中，除了可以看出钱帮在公所内部的优势地位有所加强之外，新章程还表明，公所成功地增设了专门管理行会财政事务的特殊职位，这反映出公所越来越向"法人团体"的方向演变。

山陕公所"新增资产档"称，在19世纪80年代，得自不动产投资的正常租金收入合计起来已经超过了当年全部的运营开支。③ 1896年出版的《汉口山陕西会馆志》所记1895年会馆的财政状况证实了这一点。④ 按照这项记录，1895年的所有收入，全部来自不动产出租，合计为白银964.3两、铜钱

---

① 《汉口山陕西会馆志》卷二，35~40页；仁井田陞：《清代汉口山陕西会馆和山陕西行会》，《社会经济史学》，第13卷，第6期，515页。
② 《汉口山陕西会馆志》卷二，9~11页。
③ 同上书，35页。
④ 同上书，45~47页。

828 900 枚；当年的运营支出共计银 110 两，铜钱 2 033 600 枚。如果我们按照官方规定的 1∶1 000 的银、钱比价来计算的话，那么，公所当年就出现了 351 两银子的赤字。然而，这种理想的比价无疑是没有执行的。弗兰克·金（Frank H. H. King）曾经试图确定 19 世纪后期中国城市里的铜、钱比价，他认为较普遍的比价是 1∶1 500，而且至少有一个例子大约是 1∶2 000（台湾台中，1882）。① 魏斐德（Frederic Wakeman）指出，直到 1838 年，整个帝国的平均兑换率大约为 1∶1 650。② 如果按照银、钱比价 1∶1 500 的兑换率计算的话，那么，山陕公所的财务就会有 51 两银子的些微盈余；如果按 1∶2 000 来计算的话，那每年就会有很丰富的 251 两盈余了。而真实情况很可能接近或者说更愿意接近最后的那种估计，特别是由于上述各种估算都没有考虑到公所在收租与付款时都会采取有利于自己的兑换率（要注意，那些管理人毕竟都是职业的银行家）。如果承认这一年的财政收入高于支出 251 两，而它在此前后数年中又比较典型的话，那么，山陕公所作为一个法人团体，每年也就可以获得高达总财政额度 19% 的盈余利润。

徽州与山陕公所是 19 世纪汉口最大的公所组织，但我们并没有理由认为他们是唯一采用这种形式、在这样广泛的范围内进行团体性活动的组织。至少在太平天国运动后，代表广东、宁波、绍兴、江西和福建商人的同乡会，以及米业、盐业、茶业、钱庄行业等领域的非地缘行会，在汉口的声望与势力都可与徽州、山陕公所相匹敌或者超过了它们，一些较小的行会也纷纷在汉口购买、开发不动产。清水泰次于 1928 年就曾经指出：全中国的行会都不仅拥有许多城市店铺，有时还是团体经营者以行会的名义，雇用领薪水的经理与职员经营买卖。③ 我已经指出，这种情况在 19 世纪 90 年代以前的汉口还没有出现过。可能是由于缺乏报道，也可能表明在此之后才出现这样的发展趋势，即行会从奉行贸易保护主义的同业行会逐步向资本运营的法人团体（至少是在实际效果上）演化。

在太平天国运动后的恢复时期，行会投资城市地产特别有利可图。这是

---

① 弗兰克·金（Frank H. H. King）：《中国的货币和金融政策，1845—1895》（马萨诸塞州，坎布里奇：1965），51~68 页。

② 魏斐德（Frederic Wakeman）：《广州贸易和鸦片战争》，见费正清（John K. Fairbank）主编：《剑桥中国史》，第 10 卷《晚清卷》（剑桥：1978），178 页。

③ 清水泰次：《中国的家族与村落》（东京：1928），125~126 页。

因为在太平军叛乱期间，人口大量死亡与逃离，所有权受到破坏（看起来，所有这些因素，对团体的影响要比对个体的影响小），在 19 世纪 50 年代后期与 60 年代，汉口的土地价格十分便宜。由于行会这样的组织能够迅速地集聚大批资金（通过募捐、厘金等方式），购进并开发了大块地产，于是，城市的土地所有权越来越集中。这些行动所需要的金融智慧也很快显得重要起来。1892 年，汉口海关税务司曾经谈到太平天国运动后的地界："华界里的地价越来越昂贵。如果在太平军叛乱平息之后马上购买地产的话，十分容易而且便宜；但随后价格即逐步上升，而且，中国人声称，如今汉口的地价已经与叛乱前一样高了。"① 其结果，行会的团体活动，最初不过是作为对商业或同乡友爱的一种边缘性的支持而进行的，如今却逐渐成为行会的主体功能，而且，如果行会的商业地位下降而团体经营利润却在增长的话，这一类团体活动甚至会成为其最主要的中心任务（就像徽州公所所经历的那样）。

像徽州与山陕公所这样投资非常明智的团体，在其成熟时期，投资收入相当稳定而且盈余不断增加。盈余中的大部分被用来再投资，就像山陕公所的管理者坚决承诺要做的那样。然而，1804 年徽州公所债券的发行表明，也有一部分盈余被指定用于偿还团体个体成员所做的投资，并将部分团体利润分配给那些投资者。

简言之，在清代，汉口较大的行会越来越多地团体性投资城市不动产，并逐步发展了成熟的机制去管理其财政。这一制度体现了马克斯·韦伯及其追随者们所描述的经济"理性"的基本特征：详细的资本账目清算，管理人轮换，得到地方官府保证的契约文书（在形式上有转让契约、买卖凭据以及租赁合同等）。此外，这一制度不仅给投资人提供了赢利的机会，而且建立了一种资本再投资的机制——既在获得新资产方面，也在促使现业主提高其资产价值方面。

当然，这种制度中见不到主要的"现代"因素——工业生产。然而，似

---

① 海关总税务司：《十年报告，1892 年》（上海：1893），179 页；艾伦（Allen）致沃尔什姆（Walsham），1889 年 9 月 2 日，英国外交部档案，228/878；彭泽益：《十九世纪后期中国城市手工业商业行会的重建和作用》，载《历史研究》，1965 年，第 1 期，79 页。

乎没有理由认为行会体制在投资于工业时就不能随之发展成为复杂的金融机构。事实上，到19世纪90年代，随着第一家现代银行的建立，至少是有一个行会，即茶业公所，发展到了这一步。这家银行的成立，说明通过旧式行会团体的传统商业方式集聚起来的资金，完全可以有合适的渠道成为汉口早期工业化的资本。

四、社会服务功能

我使用"社会服务功能"这一概念，乃是试图借此讨论行会作为一种法人团体所从事的公益、慈善活动。在19世纪，这些活动既可以向内——仅仅面向行会成员，也可以向外——面向行会所在的社会共同体（社团）。行会慈善机构并不是汉口唯一的社会服务资源，但行会在地方公益慈善事业中发挥了核心作用。

慈善工作（善举）有时被认为是行会组成的一个基本原则（参见表12）。特别是对于同乡会来说，情况确实如此，它不仅要推进家乡地区的商业影响，还要为本乡人在寓居这个城市期间提供帮助。然而，不受地缘限制的行会也赞成这样的目标，比如官煤船户公所就宣称，"进行公共慈善活动"是其主要目的。① 与帝国晚期许多文献中的表达方式一样，这里的"公共"（公）首先意味着而且也主要是"集体"。也就是说，汉口行会的慈善活动是从自我关怀与培养衍生而来的（在很多情况下仍然保留着这种限制）。在汉口，这种自我关怀与培养开始于向那些贫困的行会成员提供棺木与葬地，也可能包括诸如向他们提供食物和衣服之类的其他活动。②

从关心行会成员发展到向行会所在的城市街区提供慈善服务，是一个不太大但非常重要的进步。19世纪20年代，盐商行会建立了（非正式的）汉口第一家"善堂"，向附近街区的穷人提供食物，这标志着当地行会以街区为基础的慈善活动开始走向制度化。③ 19世纪三四十年代，很多其他商业行

---

① 《汉口官煤船户公所公议》，转引自全汉昇：《中国行会制度史》，110页。
② 1920年《夏口县志》卷五，24页；仁井田陞：《清代汉口山陕会馆和山陕西行会》，载《社会经济史学》，第13卷，第6期，503、505页。
③ 《申报》光绪二年四月二十二日。

会模仿这种做法，但只是到太平天国运动后，汉口涌现出近 100 家善堂，这才成为城市生活的日常特征。虽然就全国而论，这种慈善活动一般是与士绅慈善活动联合在一起的，但在汉口以及其他一些重要商业中心，这些机构往往是行会的一种分支机构，其经费也主要是来自商人的捐款。①

汉口行会之所以承担起以街区为中心的慈善责任，另一个原因是由于它是所在街区地产的所有者。早在善堂建立之前，出于对所拥有的不动产的关心，行会早就开始承担起所在区域的文明建设、消防等事务的责任。例如，早在 18 世纪，徽州公所就拓宽、修直并重新铺设了经过新安书院建筑群前面的一条"义路"，从而第一次使这条街道改造得适合于货物运输；其领导人满意地谈到，这项工程得到了其他行会的普遍称赞。1800 年前后，徽州公所购买并拆除了一座邻近的建筑，以打通街巷，从而使全社区去汲水的人不再需要躲避那些阻碍正常通行的水洼了。② 19 世纪初，江西公所在流经汉口的一条小河上架设了一座供公用的桥梁③；同样，在 18 世纪，当玉带河洪水时常泛滥时，山陕公所在靠近其地产的地方建了两座石桥，以供出入之用。这两座石桥于 1834 年和 20 世纪又重建了两次。虽然公所无疑从这些桥上得到了收益，但它还是声称他们这样做是出于对饱受洪水之灾的街区的"同情"，而且，重建也是一种"义举"，有利于所有"居民行人"④。

消防是行会承担的另一项由关心其团体财产派生出来的社区服务。行会经常捐赠土地作为火路、火道，用于防止大火蔓延，并供消防队员进入和居民逃离；它也经常给这些火路的清扫与建设提供经费。⑤ 在维护消防设施方面，行会既是社区的赞助人，又是社区与地方官府之间的媒介。例如，当山陕公所成功地恳请地方官府禁止侵占此种火路时，行会宣称它不仅代表本行

---

① 我将另外详细考察汉口善堂组织的历史。关于其他重要商业中心里由行会负责的善堂，请参阅爱德华·罗兹（Edward Rhoads）：《广州的商会：1895—1911》，见伊懋可（Mark Elvin）、施坚雅主编：《两个世界之间的中国城市》（斯坦福：1974），104 页；杜黎：《鸦片战争前上海行会性质之嬗变》，提交给"中国资本主义萌芽学术研讨会"的论文，南京：1981 年 5 月。

② 《汉口紫阳书院志略》卷三，12 页；卷七，56~57 页；卷八，28~30 页。

③ 1920 年《夏口县志》卷五，23 页。

④ 《汉口山陕西会馆志》卷二，44 页。

⑤ 同上书，44 页；《汉口紫阳书院志略》卷八，26~27 页。

会的成员，还代表所有毗邻的居民。① 行会也维持消防组织：水龙和水会，为它们配备人手与设备。汉口的行会直接组建并提供经费的这种水会有数十个，其中包括徽州公所于 1801 年建立的一个，谷商公所于 19 世纪 60 年代建立的一个，以及山陕公所于 1880 年建立的一个。② 徽州公所与山陕公所的水会分别雇用了 44 人和 46 人。

行会逐步超出所在社区的范围，而趋于把自己的赞助扩展到整个城市。例如，1806 年，徽州公所建立了一座渡过汉水的义渡。③ 很多行会也都建立了义学。虽然这些往往冠以商人群体的法人团体名称的义学和书院主要是为了教育行会成员的子弟而建立的，但也接受一些行会外的学生；而且，在很多情况下，主办的行会也非常高兴地宣称，他们相信这对于整个城市社会都是有益的。正如徽州公所在有关其学校的宣告中所称："汉口四方杂处之人，亦无不沐浴熏陶，感发兴起，则书院之为功于人心风俗者，又不独六邑（徽州府属的六个县）之人被其泽也。"④ 值得注意的是，徽州公所界定其学校服务的地区是"汉口四坊"（作者这里对文献的理解有误，上引文献原作"汉口四方杂处之人"，非特意强调"汉口四坊"——译者），而不是汉阳县或整个武汉地区——这表明汉口镇虽然在行政区划上不是一个政区，但行会却有意识地把它看做一个非正式的、由居民自我管理的单元。

也许行会以全市名义承担的最重要的公共服务还是地方防卫。例如，在 1799 年前后，白莲教起义威胁到汉口的时候。当时，白莲教起义军占领了距汉口不足百里的重要县城孝感，汉口"居民闻此，皆苍黄怖恐"。然而，徽州公所却在汪衡士的领导下，开始组织自我防卫力量，并引人注目地继续修建它宏大的公所会堂建筑群，从而在此动乱之际为稳定其余汉口民众起到了表率作用。直到帝国军队到达汉口并负担起防守责任之前，汪衡士本人在保持城市居民的稳定方面发挥了重要作用，从而使徽州公所在此危机时刻提高

---

① 《汉口山陕西会馆志》卷一，10 页。
② 《汉口紫阳书院志略》卷八，26~27 页；1867 年《汉阳县志》卷六，第 16 页；《汉口山陕西会馆志》卷二，11、41 页。
③ 《汉口紫阳书院志略》卷七，52 页。
④ 同上书，15 页。关于行会主办学校的一般情况，参见何炳棣：《中华帝国成功的阶梯：社会流动的诸方面，1368—1911》（纽约：1962），196 页起。

了在地方控制体系中的声誉与威望。① 半个世纪以后，在太平军鼎盛时期，事实证明汉口在总体上是基本不设防的。太平军两次都未遇抵抗就攻下了汉口，可是，当1853年8月湖北巡抚常大淳决定选择这里对太平军的第三次攻击进行一场悲壮的、注定要失败的抵抗时，他主要的支持和有组织的援助都来自汉口的几个行会。② 同样，当19世纪六七十年代捻军多次威胁汉口时，由行会领导的防守活动也频繁地见于记载。显然，汉口的重要行会代表了那些希望保卫城市的大部分人的利益，他们在汉口拥有大量的不动产和库存货物，也希望继续保持获利的机会。他们也拥有最好的组织手段以领导防守活动。太平天国运动后，这种动因与组织因素结合起来，促使行会在一定时期内成为维护和平的力量，以对抗来自城市内部与外部的动乱根源。在19世纪后期的几十年中，这种力量逐步发展成为一种称为"商团"的常设私人武装，它在清末的混乱岁月里发挥了巨大的地方性作用。③

某些当代学者，比如今堀诚二，曾经对清代行会的公益慈善事业持怀疑态度。他们认为，虽然这些活动被宣称是有益于"公共"的，但事实上，决定项目选择的却是行会自身的狭隘利益，同时也极大地鼓励了行会成员的"优越感"④。一些当时在汉口的观察者也表达了同样的讥讽。1850年，来访的叶调元就记下了一些嘲讽的诗句："每帮捐助数千银，市价稍提便转身。如此阴功容易做，领钱仍是出钱人。"⑤ 虽然叶调元明确指出他所说的是"所谓"的慈善活动，但他并没有提供另外的详情或者到底是哪一种特别的活动。

毫无疑问，利润与自身利益是促使汉口行会捐助公益事业的重要动因。但在另一方面，很多情况下，单纯地使用功利主义进行解释看来还是不够的。例如，1877年到1878年间，中国西北地区遭受旱灾，不仅当地的山陕公所调集了大笔来自团体与个人收入的款项去救济其家乡地区，而且，根据湖北藩司颁布的表彰公告，汉阳与汉口诸行会踊跃捐助，"官绅商富亦均尽

---

① 《汉口紫阳书院志略》卷八，23~25页。
② 陈徽言：《武昌纪事》，见《太平天国资料丛刊》（上海：1953），第4辑，587页。
③ 参见1920年《夏口县志》卷五，18页。
④ 今堀诚二：《中国的社会构造》（东京：1953），286~292页。
⑤ 叶调元：《汉口竹枝词》卷五，1页。

心竭力，或捐或劝"，共捐银 7 620 两；此确为自愿之善举，未见特选其捐助之对象者。这份公告特别表彰了 14 个汉口的同业行会，包括盐业、菜油业与杂货业的行会。①

显然，儒家学说中的公共思想至少是部分影响了行会的善举。然而，1877 年、1878 年间的赈灾活动是一个例外，因为受益的是汉口之外的一个贫困地区；大部分行会的善举都表现出一种希望在其所处社会（或者是在行会所处的街区，或者是在整个城市）内部居于领导地位的渴望。窦季良认为，行会社会服务活动的扩展表现为清代的组织不再仅仅强调狭隘的群体利益（乡土利益），而更主要依靠其所在社会的整体利益（社区利益）来界定其身份了。② 窦季良指出：这种变化也不时地受到官方压力的推动（如在抵抗太平军保守汉口的过程中所发生的那样，或者频繁地征用盐商的匣费以支付地方官府主持的公共工程），但行会也经常在官府面前强调社区的需要（比如在反对侵占的活动中）。然而，在大多数情况下，行会总是把他们主动倡议的活动说成是为了适应行会成员与非行会成员的邻居们共同的社区需要。③ 在汉口，行会对其较为狭隘的团体目标的追求，特别是为了获得并开发紧邻行会建筑群以及散处城内各处的不动产所做出的努力，似乎并没有阻碍而是强化了这一类公共服务。赢利性事业的不断增加，甚至在表现上也促使行会更多地与家乡地区疏远，而更多关注发展在汉口的根基以及利益。

* * *

越过行会这一层面，而把目光扩展到整个城市范围内加以考察，这些演变反映出地方自治力量的发展已经走出了第一步。施坚雅曾经这样描述这一进程：

> 我们可以清楚地看到，面向全市范围、协调城市服务的领导结构有两个发展路线：一是由商人组织发展起来的，另一个是从士绅组织发展起来的（虽然这两条路线从来就不是互不相涉的，而且在 19 世纪，它们越来越互相结合在一起了）。在商人方面，最重要的发展是最初只向

---

① 《申报》光绪四年十月四日，三月八日以及十月一日。
② 窦季良：《同乡组织之研究》（重庆，1946），18 页，以及全书各处。
③ 同上书，33、80 页。

其成员提供服务的行会与同乡会，逐步扩展到了公共服务领域。①

然而，为了表明他们的性质已经超越了社区范畴，也为了更全面地证明它在全市范畴内的领导作用，汉口的行会不得不超出其群体范围（已经相当扩大了）。通过行会间联系与联合体系的建立，逐步实现了这一目标，而这正是我们最后一章所要讨论的主题。

---

① 施坚雅：《导言：清代中国的城市社会结构》，见施坚雅主编：《中华帝国晚期的城市》（斯坦福：1977），549页。

第10章
行会与地方权力

组织的发展及其功能的多元化,也意味着汉口行会逐步发展为一种地方力量。本章将考察行会内部各种权力的配置、彼此间的合作及其与朝廷中的地方代表之间的关系,进而对行会的总体力量及其对城市自治的影响程度做出评价。

一、汉口行会内部的权力分配

福建公所在成立之初即宣称,汉口行会之根本性宗旨乃是"自治自立之公团"①。换言之,行会及其全体成员有权制定行会政策及其运营决策。然而,日常的事务性决定必然不可能都由全体成员投票做出,而只能委托少数行会官员以行会的名义做出。这些行会官员一般(但并不总是)是以集体名义而不是以个人名义活动的。

这些行会官员,专门性的称呼往往是"统事"或"首士"②。在复合式同业行会中,那些地缘性子帮的首脑人物共同分享母组织内的决策权,但一般会有一个人在这些平等的人们中间较为突出,其地位也相对长期地稳定。因此,虽然茶业公所由"六帮"统事领导,但在当时的英文文献中被称为"经理"以及在数十年的来往信函与公告上署名的,却只有一个人,那就是张寅宾,他是茶业公所的创始人之一,在英文文书中,他也自称是"主

---

① 1920年《夏口县志》卷五,24页。
② 《申报》光绪十三年四月三十日;李瀚章光绪六年八月二十八日片,见总理衙门档案:"湖北英人交涉"。

席"①。茶业公所每年选举十二位成员，按月轮流负责监督行会的运营，并共同对全年的全部管理事务负责。与茶业公所一样，很多行会都长期指定一个人负主要责任。②

大型同乡会的领导模式则更为复杂。清水泰次在撰于民国时期的论著中指出：一般说来，这种同乡会往往每年选举四位统事，每人负责一季，但四人共同负责全年事务。通常，还会有12位副统事辅佐他们，每位副统事负责一个月。③ 20 世纪初，一位在汉口的日本人报道说，他发现当地行会有两个层级的管理者，即总管各项事务的统事和次一级的司事，其任职期限都是一年和一个月，资历与任职期限之间并没有必然联系。④ 根据地方史料，汉口的江西、宁波以及徽州会馆都是由统事集体负责管理的（宁波公所有三位统事，徽州公所有四位统事），其任期为一年。⑤ 徽州会馆也设有两种次级的行会职员：一是单独任命的管理会馆集体财产的"司事"，其服务期限以年度计算；二是为管理某些具体的集体事业项目而间断设置的项目管理人（主事），其任期与项目相始终。⑥

山陕会馆的事务头绪纷杂，面也铺得很开，所以其管理体系也更为复杂。构成山陕会馆的每一个子帮都有自己的管理人，称为"首士"（其性质与上述司事完全不同）；这些首士们一起组成一个代表整个行会的管理委员会，称为"山陕会馆十帮首士"（实际上远远超出十个帮）。⑦ 每年从这些人

---

① 《申报》光绪十三年四月三十日；艾伦（Allen）致沃尔什姆（Walsham），1889 年 9 月 2 日，英国外交部档案，228/878；汉口茶叶权重章程，1886 年 5 月 1 日，英国外交部档案，228/831。

② 海关总税务司：《食盐生产与税收》，见"海关系列专刊"第 81 号（上海：1906），102 页。

③ 清水泰次：《中国的家族和村落》（东京：1928），116~126 页。

④ 东亚同文会：《支那经济全书》（大阪：1908—1909），第 2 卷，565~566 页。

⑤ 关于江西公所，参阅《汉口江西会馆公议》，见东亚同文会：《支那经济全书》，第 2 卷，562 页；《申报》光绪六年十月九日。关于宁波和徽州会馆的情况，请参阅《汉口紫阳书院志略》卷六，33 页。

⑥ 《汉口紫阳书院志略》卷八，74~76 页；卷七，7~9 页。

⑦ 《汉口山陕西会馆志》卷一，15 页；湖南木材商人的两湖会馆的领导机构与此相类似，由各子帮首士轮流担任整个复合式行会的管理人（见武汉市工商联合会档案：《汉阳鹦鹉洲竹木市场史略》，稿本，1964）。

中选出两位成员充当"首人",掌控会馆的所有大小事务,并立誓"诚心为公,处事公平"。财政事务则由称为"经管"的次级职员负责打理,他们也按年度轮换。① 至于重建会馆建筑之类的特殊项目,则由一个单独的总董负总责,其任期与项目期限相一致,并置有几位按年度轮换的项目董事辅佐他。②

显然,至少是汉口大型同业行会与同乡会根据其规章制度确立的管理结构,完全符合艾米特·阿西尼(Amitai Etzioni)等组织理论家给"正式组织"的领导标准所作的界定。行会不仅"有一个或更多的权力中心,这种权力中心控制着组织共同的努力方向,并引导组织朝这一目标努力",而且存在着非常明确的任职轮换制度。③ 至少在原则上,它们并非受到世袭家族的控制。然而,这些正式的体制到底在怎样程度上能真实地反映行会普通成员的意愿?④

在所有已知的情况下,汉口行会的官员都是在每年一度的全体成员会议上选举产生的。工程项目管理人也同样是在专门为此目的而召开的会议上由全体成员选举的。这种选举领导人的过程被称为"公推"⑤。虽然大部分被提名的人都是事先在一个头面人物的小圈子里推选出来的,但毕竟都要经过正式的选举过程,并要获得对选举过程的集体合法性的承认。在这方面,汉口的行会可以说是本土民主传统的策源地。

然则,行会内部是否存在着一个垄断行会官员选举并掌握真正权力的精英阶层?在形式上,不存在这样的垄断;在现存清代汉口行会的规章制度里,没有一个章程特别单独指定一个与前工业化时代英国行会里那种"穿特殊制服的"成员相对应的那一类成员——只有他们才有资格当选为行会官员并制定政策(也许正由于这个原因,一位早期的英国观察者认为中国行会比

---

① 《汉口山陕西会馆志》卷二,9页。
② 《申报》光绪四年三月八日。
③ 艾米特·阿西尼(Amitai Etzioni):《复杂的组织》(新泽西州,恩格坞克利弗:1964),3页。
④ 今堀诚二及其他一些赞同中国经济组织"共同体"理论的日本学者强调指出,行会受到商业资本家的操纵。
⑤ 《汉口紫阳书院志略》卷七,7页;徐润:《徐愚斋自叙年谱》(上海:1910),14页描述了汉口茶业公所的选举情况。

欧洲行会"更为民主")。① 然而，在实际上，看来有四个因素对行会官员的选举产生了影响：(1) 士绅身份；(2) 特许经纪人的地位；(3) 个人财富与生意上的成就；(4) 家族关系网络。

1. 士绅身份。具有士绅身份的人成为行会领导人，可以更有效地就行会利益与地方官府打交道，因此，在大部分大型的汉口行会中，绅士资格乃是当选管理人位置的一个不便明言的前提条件。例如，山陕会馆把他们的领导人称作"士商"②。事实上，这并不是一个非常困难的限制性先决条件，因为大部分较大的行会都会有很多士绅成员（无论他们是捐纳的，还是通过科举考试的）可供选择。在一些主要行会里，士绅身份是提供领导人职位的必要条件，但不是充分条件。

2. 经纪人身份。中国与日本学者都认为，经纪人（牙商）在行会的决策结构中占据突出地位，而且也有很多可靠的实际理由支持这一看法。③ 牙商向官府负责管理市场、征收商税，并保证所有参与本行业的商人都有良好的品行。由于行会是满足这些要求的便利工具，所以，牙商兼充行会领导人也就是理所当然的了。然而，另一方面，由于牙商与本行业内的零售商之间存在着内在的利益冲突，这又很可能会造成行会普通成员对牙商主导地位的抵制。

事实上，汉口行会内部牙商垄断的事例很少见于报道。更为常见的情况是，当牙商加入某一行会时，他们在根本上更倾向于建立一个单独的组织。例如，早在17世纪后期就成立的米市公所就是由牙商单独建立的；而在木材行业，则是由单一的湖北牙商行会与湖南商人联合起来，组成了一个更高层级的复合式两湖会馆。另一方面，19世纪的茶业公所则把牙商排除在其成员之外，尽管茶业公所与牙商们合作，并在重大决策方面争取他们的协作；药材公所则是药材商人们针对胡林翼在药材行业强制推行牙商制度做出具体

---

① 《今日远东印象及海内外杰出的中国革命党人》（伦敦：1917），218页，"行会"。关于前工业化时代英国行会里"穿特殊制服的成员"，请参阅西尔维亚·斯瑞普（Sylvia Thrupp）：《中世纪伦敦的商人阶层》（安阿伯：1962），12页。

② 《汉口山陕西会馆志》，图表部分，1页。

③ 内田直作在《中国商业结构的基础——牙行制度之再检讨》一文中对牙商的主导地位作了特别有力的讨论，载《一桥论丛》，第22卷，第2期（1949年8月），70页。

应对而建立起来的（虽然没有资料表明它是否正式地把牙商排除在外）。当然，许多管理诸如造纸、制鞋、制衣等精致手工艺行业的较小的行会，完全不存在牙商。

最近，上海历史学者杜黎在一篇很有启发意义的研究论文中，阐述了清代行会从作为官府剥削工具的、由牙商垄断或控制的"封建行会"，逐步演变为个体商人与牙商拥有同等代表权的行会，再进而发展成为不包括牙商、只包括纯粹商人的行会的转变历程。杜黎认为，这种趋势是与私人商业企业日益增长的资本积累联系在一起的，在根本上又是与他有关中国商业社会开始向资本主义转变的观点相一致的。① 汉口的行会没有能够提供像上海行会表现的模式那样的明确证据，但我们已注意到，汉口行会的转变方向与上海行会大致相同——即逐步走向"私域化"。

3. 个人财富与生意上的成就。中日学者们有一个得到更为广泛支持的假说，那就是认为富有的行会成员可以利用行会的组织资源牟取私利。例如，加藤繁在一篇文章（显然是一篇表达基本观念的文章）中写道："行的成员商人并不总是为了共同利益一起努力，行中的富有商人往往横行霸道，欺凌贫穷的成员，牟取自己的利益。"② 今堀诚二指出，由于有钱往往就意味着在地方上有势力，所以那些富有的商人就可以利用需要他们与地方官府打交道这一事实，操纵行会，为自己牟私利，压榨那些处于行会（因而也就是他们自己）保护之下的、没有充足资源的小群体。③ 而且，很多学者都认为，富人之所以愿意负担行会的财政支出，是因为他们希望按照同样的比例分享权力与利益作为回报。

至少在表面上，汉口的一些史料支持这些论点中的某一部分，但在总体上，史料却并不一定能够证实这些学者们共同的假设，即认为帝国晚期行会在本质上是由富豪控制的。1850 年，叶调元用他惯用的讽刺语调写道：那些富商们通过向行会慷慨解囊以在行会成员中间取得信誉，但这种慷慨实际上

---

① 杜黎：《鸦片战争前上海行会性质之嬗变》，提交给"中国资本主义萌芽学术研讨会"的论文，南京：1981 年 5 月。杜黎的结论是建立在他有关上海的苏州—松江棉布商之组织史的研究基础之上的。

② 加藤繁：《中国商人的"行"或"会"》，载《东洋文库研究部论文集》，第 8 期（1936），67 页。

③ 今堀诚二：《中国的社会构造》（东京：1953），274 页。

是虚假的表面文章，一旦真正需要他们的时候，他们往往逃得无影无踪了。①1888 年山陕会馆决定在主要从会馆最具影响力的子帮山西钱帮推选产生的四位轮年首人之外，再增加两名从全体成员中产生的首人，这为我们提供了更为具体的证据。②显然，这是一个得到山陕会馆全部 26 个子帮大多数同意的公众决定。正如窦季良所指出的那样，对于中国行会的普通成员来说，个人财富与事业上的成功是他具备管理集体资产之财政能力的最好证明。③山陕会馆规定行会管理层中必须包括钱业人员，也正是为了这一原因；我们已看到，这一措施很快就被事实证明对于会馆财产的经营与发展是非常正确的。

4. 家族关系。成为行会领导人的最后一个潜在条件并不取决于他是否具备管理才能，而取决于他是否符合在清代社会经济生活中仍然残存的"天命论"原则——即存在着这样一种倾向：某些家族世世代代占据着行会中的领导地位——那些认定帝国晚期商业属于"封建"性质的学者们特别强调这一点。对于这一现象，窦季良在他的著作中提供了一个很宽容的解释：由于行会最初的资金是依靠某些特定成员的奉献而取得的，所以在以后行会选择领导职位时，也就理所当然地优先考虑这些成员的后裔。④

表 10—1 对 18 世纪徽州会馆所进行的重要建设项目的管理人情况作了分析。据此可以看出，某些家族在汉口行会中一直占据着主导地位。虽然这四个项目的 95 个领导人总共涉及 20 个不同的姓，但其中的三分之二（约 63％）却都属于三个最常见的姓。虽然我们不能确定汪、吴、余三姓在这方面到底发挥了怎样的决定性作用，但看来确实存在着子孙繁盛的家族控制行会的情况。更清楚地说（虽然未能包括全部情形），同样是来自 19 世纪徽州会馆的材料表明：余士炯，一位来自休宁县的商人，于 19 世纪 40 年代来到

---

① 叶调元：《汉口竹枝词》卷五，1~2 页。(《汉口竹枝词》卷五没有与作者此处所引文意完全相当的诗句，唯可大致相当者为卷五第三首："每帮捐助数千银，市价稍提便转身。如此阴功容易做，领钱仍是出钱人。"原注称："得议叙者，卖之更得四六回转。为善最乐，此其一征已。"盖作者综合原诗之意而译为英文，故无法回译。——译者)

② 《汉口山陕西会馆志》卷二，11 页。

③ 窦季良：《同乡组织之研究》（重庆：1946），24~25 页。

④ 同上书，28~29 页。

汉口，并担任了徽州会馆的统事；他的儿子余能培和孙子余绳铸相继继承这个职位。①

表10—1　徽州会馆重要建设项目管理人的姓氏，1704—1801

工程项目 与完成时间	管理人 总数	汪姓	吴姓	余姓	汪、吴、余 三姓合计	三姓所 占比例
初建工程，1704	24	6	3	6	15	63%
码头建设，1734	12	2	6	0	8	67%
街道建设，1775	33	11	5	5	21	64%
总体重建，1801	26	6	3	7	16	62%
合计	95	25	17	18	60	63%

资料来源：《汉口紫阳书院志略》卷八，43~44页。

有些学者认为，在清代，家族对行会官员职位的控制程度非常明显地在不断减低。② 根据上文所引述的材料，至少是在19世纪的汉口，这种情况很可能曾发生过。我们在第八章中曾描述了行会的结构性变化——地缘组织逐步转变为排他性的同业组织，以及在很多仍维持同乡组织形式的组织中，逐步扩大其吸纳成员的区域，在这里，还应当再来讨论一下家族控制的变化。对于行会成员来说，选择领导人的标准也许越来越倾向于领导人是否具备个人财富与成功的生意、是否有能力接近相关的负责官员及其个人领导才能，而不再是其家族背景。显然，张寅宾之所以得以在太平天国运动后的数十年中一直雄踞茶业公所之首座，并非因为其家族血统，而是因为他有能力做出艰难的决断，可以压服那些不驯服的成员以维护行会的团结，以及可以圆熟地与道台、海关洋税务司等人打交道。据说，徽州会馆的余能培之所以得到其同乡们的尊敬，也主要不是因为他是余士炯的儿子，而是因为他在关乎贸

---

① 1920年《夏口县志》卷一五，28页。
② 苏珊·曼因·琼斯（Susan Mann Jones）：《上海宁波帮及其金融势力》，见伊懋可（Mark Elvin）和施坚雅主编：《两个世界之间的中国城市》（斯坦福：1974），84页起。斯瑞普对伦敦市政厅议员的研究发现，在日新月异的城市环境下，家族在支配组织领导权方面的重要性也在不断衰减。参见西尔维亚·斯瑞普（Sylvia Thrupp）：《中世纪伦敦的商人阶层》（安阿伯：1962），83页。

易发展前景的重大事务方面的看法能够得到大家的一致赞同，并且在筹集资金方面很有能耐。① 汪衡士的情况也许更为典型，他于1801年被推举为徽州会馆重建工程的总负责人（主事）。当时，他已年逾七十，之所以被推为主事，是因为他是行会公认的德高望重的"翁"，更重要的是因为，他"少长于市，故娴于世务"②。

* * *

我注意到，如果行会领导人是由"公选"产生的，那么，实际上在每一种情况下，有关行会成员利益的重大决定，都不是仅仅由这些领导人做出的，而是特别召集行会成员协商之后才做出的。有时候，参加会议的人只是扩大了的行会领导层。例如，1887年茶业公所关于暂停出卖二季茶的决定，1878年山陕会馆关于挪用行会资金以赈济家乡省份灾荒的决定，以及1880年山陕会馆关于大幅度扩展其所属水龙队的决定，都是由这样的团体做出的。③ 然而，更为常见的情况则是，重大的决定一般是由专门召开的全体成员会议做出的。这些会议称为"会议"或"公议"，汉口行会资料中经常提到这些会议。毫无疑问，那些普通的选举会议上的"公众评议"，必须辅之以更为重要的行会成员们私下的协商，尽管如此，仍有很多证据表明，只有通过集体选举程序，讨论的问题才能真正解决（就像徽州同乡会为准备重建会所而举行的会议那样）。全体会议主要是为了就诸如颁布新的行会规章、承担重要的投资项目以及采用新的集资方式之类的事务做出决定。④ 他们还定期集会，商讨如何惩治违反行会规章的成员，或者采取怎样的行动对付外人。⑤ 也有一些突然召集的会议，比如1886年，茶业公所为了联合抵制英国公司威尔士公司（Welsh and Company）拒绝接受公正人在重量方面的仲裁，

---

① 1920年《夏口县志》卷一五，28页。
② 《汉口紫阳书院志略》卷八，25页。
③ 《申报》光绪十三年四月三十日，四年三月八日；《汉口山陕西会馆志》卷二，41页。
④ 根岸佶：《中国行会研究》（东京：1938），244~245页；东亚同文会：《支那经济全书》（大阪：1908—1909），第2卷，641~642页；《汉口山陕西会馆志》卷一，10页，卷二，9页；《汉口紫阳书院志略》卷七，54页，卷八，7页。
⑤ 关于惩治行会成员的规定，参见《汉口米市公所制定帮规》第五款，见根岸佶：《中国行会研究》，244~245页。

就召开了一次特别会议。①

那么，汉口行会的领导层在怎样的程度上剥削或压制行会普通成员？霍西·保罗·马士（H. B. Morse）认为，由于中国商人并非"市民"，也不是"基尔特公社社员"，所以，"法律没有给予个人任何适当的保护以抵制集体性行会组织的压迫"②。但是，法律曾赋予同业行会成员可以抵制牙商及其他既得利益集团之压迫的权利，而且行会成员经常使用这种权利，从而提供了与摩尔斯的观点相反的证据。同样，许多汉口行会的章程一而再再而三地反复明确禁止（越到后来对这一点的强调越频繁）行会官员滥用权威和集体财产（比如出租行会房地产，或挪用行会资金以牟取私利），不仅说明此类弊端的确是一个问题，也反映出行会确曾采取各种措施以制止此种行为。一旦犯罪行为暴露出来，犯罪的行会官员马上就会遭到众人的唾弃。③

无论是地方法律文书，还是较晚的报刊，都没有留下关于汉口行会领导人因为压制或粗暴对待行会同伴而直接受到来自内部或来自外部的惩罚的记载。在汉口，行会制度至少在表面上看来，运转得非常令人满意。从另一方面看，行会领导人的身份给张寅宾之类的商业资本家带来了另一种十分重要的附加权力，而这种力量不同于那种基于诸如财富、士绅身份或家族关系等个人属性之上的权力，并且比后者更具有决定性。即便是最为专制和长期任职的汉口行会领导人，也在很大程度上需要效忠于行会的全体成员。

总之，汉口行会的权力分配，与罗伯特·达尔（Robert Dahl）对当代美

---

① 嘉托玛（Gardner）致沃尔什姆（Walsham），1886年8月25日，英国外交部档案，228/831。本书第四章对这一事件作了讨论，请参阅。

② 霍西·保罗·马士（Hosea Ballou Morse）：《中国的行会》（伦敦：1909），5页；也可参见《今日远东印象及海内外杰出的中国革命党人》（伦敦：1917），219页。

③ 例如，《汉口山陕西会馆志》卷二，9~11页所记山陕会馆章程中就有几款这方面的规定。一个行会官员滥用权力的例子是安徽会馆的郑之富（音译），1909年，他被发现挪用了集体资金一千两投资于自己的生意。对郑之富采取了包括解除其行会官员职务在内的惩治措施，但更为有效的是，他被汉口的安徽同乡驱逐了出去（见武汉市工商联合会档案：《武汉市汪玉霞食品厂沿革》，手稿）。另一个例子是吴均宣（音译），药材公所的管理人。19世纪90年代，他为了祭奠自己过世的母亲，向当地一座寺庙捐纳了一笔修缮费；为了弥补此项开支，他擅自向行会成员额外征收了一笔款项。为此，他受到指控（见武汉市工商联合会档案：《武汉药材行业历史沿革》，手稿）。

国城市政治选民所作的类型分析非常类似。各行会的领导阶层都集中掌握在达尔所谓"政治阶层"的手中——其成员无论是自己确实喜欢,还是由于具备我们曾经讨论过的那些品性,其行为显然都比其余的人更具有政治倾向。而且,汉口此种政治阶层的关键品质也与在美国城市中所发现的情况相一致:(1)它并非"封闭的"或"静态的"集团;(2)它并未构成一个明确追求区别于广大普通成员的集团利益的"均质阶层";(3)它不仅代表全体成员,而且向全体成员负责。①

二、行会间的结合与行会联盟

在中古与近代中国,城市里的行会似乎更倾向于协作,而不是竞争。加藤繁考察了宋代的行会之后,得出这样的结论:"即使他们不是同'行',只要他们一直是属于某一'行'的商人或者同在城市里的其他人,他们都会十分重视自己是某一'行'的成员,并且为了其相互间的利益而互相帮助。"②在19世纪的汉口,行会间的合作不仅表现在商业事务方面(比如茶业公所与盐业公所为降低厘金税而合作进行游说),还表现在团体活动方面(比如徽州同乡会与宁波同乡会交换房地产)。早在19世纪初期,在不少城市里,这种协作精神就促使产生了多少带有某种正式性质的城市范围内的行会联盟。

窦季良发现,在19世纪的大部分时间里,重庆最重要的会馆活动都不是单独的,而是以"八省"联盟的名义进行的。这为我们考察行会发展的历程提供了一个出发点。根据窦季良的研究,道光时期,随着越来越多的行会设立了会首,特别是这些会首越来越频繁地集会以解决冲突或面对共同的问题,行会逐步联合起来。行会领导人逐步将此种集会正式固定下来,并于19世纪40年代的某个时候从他们中间共同推举出两位专职的"总理首事",还在市中心建立了一个永久性的办公室。此后,地方官府实际上承认了这一团

---

① 罗伯特·达尔(Robert Dahl):《谁在统治?美国城市中的民主与权力》(纽黑文:1961),特别是89~91、164页。

② 加藤繁:《中国商人的"行"或"会"》,载《东洋文库研究部论文集》,第8期(1936),66页。

体的仲裁权与决定权；最后，这一团体逐步行使起控制整个城市各方面事务的权力。当石达开部太平军进攻重庆时，行会的权力达到了顶峰，它负责组织防卫、社会治安、教育以及其他公众事务，用窦季良的话说，承担起了"中央政府的责任"。直接威胁消除之后，行会联盟放弃了其最为广泛的权力，但在整个19世纪，它在提供地方领导力量方面仍然一直发挥着重要作用（例如，1862年，当地暴徒攻击了天主教堂，法国提出巨额赔偿，行会联盟独自支付了赔偿金）。①

清水泰次与今堀诚二等日本学者也曾经讨论过重庆的"八省"组织。②今堀把它定性为一种"行商"组织，他认为这是中国城市社会的特征，并指出湖南、广东与台湾城市里也存在着这样的发展过程。他认为，这种行会联盟，是20世纪商会在组织上的前身。与窦季良不同，今堀把这种联盟看做压制性的，而不是代表性的，他认为行会联盟的兴起是汇聚在一起的商业资本力量不断征服城市的一个步骤。

来自其他商业中心的证据表明，这种城市范围内的行会联盟是普遍的，而且它们越来越成为商人用以试图影响经济决策的工具。例如，早在1857年，湖北西部沙市"十三行"（包括来自四川、山西、陕西、徽州、宁波、黄州、福建、湖南、汉阳、武昌、江西以及金陵的商人）就联合起来，试图阻止胡林翼在沙市强行征收厘金，但这次努力没有成功。直到20世纪初，他们一直在一个长期性的会所定期集会，并推举一个成员作为"主席"，代表他们向地方官府就行会的共同利益进行交涉。③

近年来，一些英文研究成果突出地显示出，在清代后期，行会联盟越来越多地为了更为公开的政治目标而团结起来。例如，爱德华·罗兹（Edward

---

① 窦季良：《同乡组织之研究》，32~38页。
② 清水泰次：《中国的行会》，316~319页；今堀诚二：《中国的社会构造》（东京：1953），295~301页。
③ 关于沙市的情况，请参阅胡林翼在道台金逸亭禀上的批示，咸丰七年七月，见《胡文忠公遗集》（1866）卷八，31~34页；海关总税务司：《十年报告，1892—1901》（上海：1902），248~249页；苏云峰：《中国现代化区域研究：湖北省，1860—1916》（台北：1981），51~52页。汉密尔顿（Hamilton）在《19世纪中国的商人组织：勾结还是联合？》（《清史问题》，第3卷，第8期，1977年12月，50~57页）一文中曾报道了上海的汕头鸦片行会，也提供了一个同样为了追求具体的经济利益而进行广泛的行会合作的例证。

Rhoads）指出，1899 年，广州"七十二行"的正式联合，是经过长期准备的结果；这种联合结束了此前单一行会不介入政治的传统，并试图鼓动商人对导致"百日维新"失败的朝廷中保守派的政变做出反应。① 更具争论性的是，伊懋可（Mark Elvin）认为，同样的城市范围内的行会联盟是 1905 年上海成立的中国第一个现代自治政府的前身。② 施坚雅总结了这些研究成果，提出中华帝国晚期可能存在着一种早期的"非正式的'自治'政府的组织模式"：

> 这里引出了一个疑问，即全城范围内的领导结构，在本质上是否可能没有间断性？……换言之，在面对特殊威胁或机会时，这种全城范围内的领导机构充分发挥了其活动与动员作用；这些非常时期的活动与动员是否可能周期性地给其他隐伏的政治结构带来某些活力？
>
> 在中国，行会联盟只有在受到官府的特别鼓励时才可能出现，但是，这并不意味着在一些商业城市里，如果官府认为并无冒着正式联合起来的商人权力的潜在威胁的必要，事实上等同于地下自治政府的非正式组织就不能存在。③

汉口行会联合的历史看起来支持这种理念化的认识。有证据表明，在整个 19 世纪，宗教仪式逐步在组织上将离散的商人团体黏合在一起。例如，在各商业季节开始时，某一行业的所有参与者，不论是否属于同一行会，都会一起来参加香会，祭祀本行业的保护神，当场商讨本年的规则。④ 豆芽公所、面帮公所、淮盐运商公所（在 1889 年建立起单独的会所建筑之前）以及上埠与中埠杂粮斗级公所等五个不同行业的行会总部都设在汉口的某一个雷祖

---

① 爱德华·罗兹（Edward Rhoads）：《中国的辛亥革命：广东的实例，1895—1913 年》（马萨诸塞州，坎布里奇：1975），24~25、36~37 页。
② 伊懋可（Mark Elvin）：《中国上海的绅士民主政治，1905—1914》，见盖瑞主编：《中国近代政治结构研究》（伦敦：1969），42~43 页。伊懋可的研究受到窦季良的某些影响，请参阅伊懋可：《中国历史的模式》（斯坦福：1973），293 页。
③ 施坚雅：《导言：清代中国的城市社会结构》，见施坚雅主编：《中华帝国晚期的城市》（斯坦福：1977），522、552 页。
④ 《申报》光绪六年九月五日。

殿里，通过宗教仪式也同样可能加强彼此间的联系。① 至少是最后两个组织，看来已经通过某种方式联合起来；上述五个行会也以礼敬共同的保护神为基础建立起非正式的联系，而且，因为这些雷祖殿的僧道互相之间有很密切的联系，也进一步强化了这些行会之间的联系。

由此，我们可以进一步推论，早在太平天国运动前，半正式的行会联盟就已经出现了。第一个半正式的行会联盟被称为"上八行"，它联合了汉口几个最赚钱的商业行业：铜铅、绸缎布匹、药材、纸张、银钱、典当、油烛以及杂货。第二个半正式的联盟被称为"下八行"，代表汉口各种主要的手艺作坊。上八行的行头定期在沈家庙聚会，下八行行头则在三义殿聚会。表面上，他们聚集在一起只是为了敬神，但正如当时一位评论者所指出的那样，也是为了协调生意上的活动。② 然而，除了知道它们存在这一事实之外，我们对这两个汉口早期的行业联合会所知甚少。

对于太平天国运动后的情况，我们知道得要多一些。没有证据表明在太平军占领汉口并将这座城市摧毁之后，下八行仍然存在，虽然这也很可能仅仅是由于现存史料方面的缺环所造成的。然而，上八行却仍然存在，只不过换了一个新名称，"八大行"或"八大帮"，而且他们仍然一直定期在沈家庙聚会。虽然其数量仍然继承过去的"八"个，但实际上，这个复兴的行业联合会代表了汉口众多的主要批发行业，包括那些新兴的著名行业，如茶业和钱庄业。③ 八大行显然不是普遍成员组成的组织，而是一个由它所代表的行会管理者组成的、控制性的管理委员会。八大行的最顶端是一个"老总"，由委员会选举产生。19世纪七八十年代的很多年中，一直由刘子涛（其籍贯不详）担任"老总"。他是一位举人，曾做过知县，退休之后在汉阳开设了

---

① 《湖北汉口镇街道图》(1877)；《武汉城镇合图》(1890；武汉：1980年重印)；1920年《夏口县志》卷五，22~34页。

② 叶调元：《汉口竹枝词》卷一，1~2页；刘文岛：《汉口市建设概况》(汉口：1930)，第1卷，第1章，6页。太平天国运动前的这些组织，与其称为"行会联盟"，不如称为"行业联合会"更妥当一些，因为不少单独的行业还没有形成包括整个行业的行会。

③ 《申报》光绪九年四月三日；蔡乙青（蔡辅卿）：《闲话汉口》，载《新生月刊》，第6卷，第1~2期，77页。

一家刘天保药店,作为药店老板开始了其买卖生涯。① 我们将看到,八大行在汉口发挥了相当广泛的准官方作用。

除了由各自的管理者在上层联合起来组成管理委员会之外,太平天国运动后的数十年里,汉口主要批发行业的行会还通过协调它们在社会福利与公共安全方面具体职能上的辅助性行动而加强了彼此间的联系。我们在第九章已经看到,行会在这方面的活动包括经常性的资助善堂。从 19 世纪 70 年代开始,这些善堂按惯例总是与官方公开进行的一年一度的"冬防"一起行动——为了帮助城市人口渡过淡季,并确保社会的安宁,他们系统地发放食物,并采取其他的救济措施。尽管直到我们所研究的时段之后的若干年,当地善堂之间才形成了完全意义上的合作关系——其标志是 1908 年汉口慈善会的建立,那是一个由汉口善堂管理者共同建立起来的、多元化的现代社团服务组织——但善堂之间不断加强联系的趋势,却在很早就可以看得出来。②

水会、龙局等消防组织之间的协作同样强化了给它们出资的行会之间的联系。在 19 世纪,这些水会、水龙局——不管它是由行会直接举办的,还是由行会的分支机构善堂举办的,或者是由非行会的士绅组织主办的——理所当然地越来越作为一个全城范围内的体系而发生作用,并逐步明确地划分了各自负责的区域,还经常联合起来共同扑灭大火。③ 而且,当消防队作为民间资助的准军事力量而从事其他目的的行动时,特别是在危机时刻,更需要相互之间建立起密切的协作关系。在 1883 年一起流产的秘密会社起事期间,由八大行资助的消防队组成了一个自治性的网络,维护城市安宁,并在官军搜捕筹划叛乱的头目时,负责预防可能发生的抢掠。④ 此次事件之后不久,汉口的行会开始把消防队的主要职能转变到维护治安方面,并把它的名称也

---

① 武汉市工商联合会档案:《武汉药材行业历史沿革》(稿本)。
② 1920 年《夏口县志》卷五,19 页;汉口善堂联合会:《各善堂创立沿革及实业情况》(汉口:1945)。关于"冬防",请参阅《申报》光绪四年四月三日。我希望在下卷中对冬防作进一步全面的探讨。在 1900 年前后,广州也将全城的善堂合并了起来,请参阅爱德华·罗兹 (Edward Rhoads):《广州商会,1895—1911》,见伊懋可与施坚雅主编:《两个世界之间的中国城市》(斯坦福:1974),104 页。
③ 1867 年《汉阳县志》卷六,15~16 页。
④ 罗威廉:《晚清城市中的叛乱及其敌人:1883 年汉口的密谋》,见邹谠主编:《中国的政治领导层与社会变迁:远东研究中心论文集》,第 4 集(芝加哥:1979—1980),71~111 页。

改成了"商团"。与其前身相比,商团之间的协作显然更为密切。直到清朝灭亡,这些商团一直是汉口主要的公共安全组织。1910年,它们仿效当年善堂联合的先例,把这些商团合并成一个单独的全城范围内的组织,"汉口各团联合会"①。

行会之间的联合终于发展成为完全正式且具有官方意味的组织。首先,1898年,汉口最重要的行会都被合并进了汉口商务局,它是作为对"百日维新"时期朝廷发布的诏令的回应,在张之洞的支持下建立起来的。虽然缺乏明确的证据,但地方史料暗示,在汉口,这一命令之实施正意味着现存的"八大行"领导结构得到了官方正式的法律承认,当然,他们需要接受两个官商(候补道王秉恩与程仪洛)作为这个组织的"总理"②。其次,在武昌首义以及清军的反攻所带来的彻底混乱中,全体汉口行会组成了一个囊括全城范围内所有行会在内的联合会——"各会馆公所联合会"。它陈述之所以做出这一决定性行动的原因是,认识到"处处可见抢掠之事……吾等不得不预作防备,并竭忠尽智,以保公众之平安"③。与半个世纪前重庆八省联盟在太平天国运动的危机期间所采取的行动一样,它声称自己已几乎具备官府的全部权力,这一民间商业群体组成的联合会已有能力代表整个城市社会,并对它负起责任。与重庆八省联盟或汉口自身早期的"八大行"不同的是,后两者仅仅包括城市中最有势力的行会,而汉口各会馆公所联合会则包括一百多个类型、规模与社会阶层各不相同的组织。当清王朝崩溃之际,他们的行动表明,至少在危急时刻,他们确实是汉口值得信赖的一支合法统治力量。

三、行会力量兴起过程中官府的作用

1911年,汉口的行会群体逐步地去填补帝国地方行政机构崩溃所留下的

---

① 1920年《夏口县志》卷五,18页。

② 张之洞:《南皮张宫保政书》(1901)卷一二,18~20页;武汉市工商联合会档案:《汉阳鹦鹉洲竹木市场史略》(稿本,1964)。

③ 1920年《夏口县志》卷五,22、29页。中华民国建立之后,汉口"各会馆公所联合会"放弃了其控制功能,但直到20世纪20年代,它一直代表着汉口的行会与行会成员。

权力空白。这似乎反映出：当官僚机器仍保存部分活力时，它在一定程度上成功地压制了行会与行会联盟对权力的争夺。汉口商会的成立虽然首先是出于官府的鼓励，但在另一方面，它也是对帝国晚期在汉口早已形成的行会组织受到官府保护这种模式的直接发展。

行会当然热衷于得到官府的保护。为了得到官府的庇护，它们往往给那些可以向它们提供通往地方和省级官府的特殊途径的、地位较高的会外赞助人，授予"会首老爷"之类的荣誉头衔（胡林翼的同族胡一爹有好几年一直拥有湖南木材公所授予的这种头衔）。① 官员自己也可能成为同乡会的成员，并向居住在汉口或其周围地区（包括省府武昌在内的十分方便的地区）的某些同乡提供帮助。人们对商业与某地科考成就之间的关系都非常清楚，从而使汉口主要的同乡会都能经常准确地发现其同乡在附近地区所担任的官职。例如，在18世纪，一位徽州籍的汉阳知府定期地礼节性造访汉口徽州会馆的集会，而《汉口紫阳书院志略》则对这些年中在书院里宴请众多的地方与朝廷官员极力铺陈。②

和其他寓居者一样，官员们也觉得需要祭祀他们自己家乡的神祇，而汉口的行会则很快就去利用他们所提供的接近官府的潜在资源。徽州会馆夸耀许多大员在任职武汉期间经常在会馆神殿里致祭。③ 林则徐是一位担任湖广总督的福建人。1838年春节，他在日记里写道："诣汉镇福建会馆、天后宫行香毕。"④ 两个月后，他对另一次造访留下了更为详尽的记录：

> 天后神诞，诣汉镇福建会馆主祭。前一月，同乡司事请匾对，即为制就……昨日先遣巡捕赴汉镇会馆悬挂；今日黎明渡江亲祭，礼毕回署。⑤

行会通过各种方式，精心培育这种与官员的联系，并从中获得好处。当然，最重要的是得到对其商业活动的积极支持。当他们对商业利益的追求与当地官府的希望发生矛盾时，像湖南木材公所这样的行会就会设法谋求左宗

---

① 武汉市工商联合会档案：《汉阳鹦鹉洲竹木市场史略》（稿本，1964）。
② 《汉口紫阳书院志略》卷二，2~3页。
③ 《汉口紫阳书院志略》卷七，9页。
④ 《林则徐集·日记》（北京：1962），275页（道光十八年一月八日目下）。
⑤ 同上书，282页（道光十八年三月二十三日目下）。

棠之类有势力的官员干预他们的利益（就像福建会馆通过请求林则徐题写匾额而获得他的保护一样，木材公所在19世纪后期也相继向诸如彭玉麟、刘坤一之类著名的湖南人恳求书法作品，并将它们展出）。而且，官方赞助人也是行会团体项目重要的资金来源。例如，1719年，时任湖北巡抚的山西人张连登就向山陕会馆的维修捐了一大笔钱。① 赞助人也可能来自在非常远的地方担任官职的同乡。例如，云南与广西学政都曾向1798—1805年徽州会馆建设工程捐助重金。②

除了直接的经济援助，官员的支持还表现为发布有利于行会团体利益的合法指令。徽州会馆档案里保存了许多证明材料，表明徽州同乡会经常采用公开宣布官方告示的方式保护其集体不动产：禁止擅自占用属于行会或与行会邻近的土地；不得从它的周围搬运不受欢迎的东西（比如脏土粪便之类）经过主要街道，以"有碍行旅"；小摊小贩均应在划定的地盘里叫卖，不得进入住宅区。③ 山陕会馆的历史也表明，它也同样擅长得到官府对其财产与活动的保护。④ 也许，最令人惊异的是，19世纪70年代末，当地官府直接从业主手中征用了马王庙（除了庙本身外，它还附带着一个码头、一个牲口厩和一些市场建筑），因为据说管理它的是一群腐化堕落的道士（是否有妨害治安之嫌？），随后把这一价值高昂的财产交给了山陕会馆，理由是山陕同乡会的成员使用这座庙及其附属设施最为频繁，而且由他们管理这一建筑群最符合公众利益。⑤

从官员的角度来看，与汉口行会保持一种良好的关系，事实证明也有多方面的益处。有时，行会成员的商业与社会行为会受到审查。例如，1869年，汉口巡检周缵文传唤了广东会馆的首事，指控他擅自搜查一位在管理行会财政方面失职的成员的财产。⑥ 地方官员也会对危急时刻行会发挥的作用表示感激，比如当行会帮助赈济那些因洪水或其他灾害而大量流入城市的难民的时候。一般说来，人们公认行会热衷于参加儒家学说所提倡的仁爱活

---

① 《汉口山陕西会馆志》卷一，7页。
② 《汉口紫阳书院志略》卷三，3页。
③ 《汉口紫阳书院志略》卷八，22、47~48、57、60、62~63、74~76页。
④ 《汉口山陕西会馆志》卷一，10页，卷二，35页。
⑤ 1920年《夏口县志》卷五，24页。
⑥ 李瀚章同治八年七月五日片，见总理衙门档案："湖北英人交涉"。

动，对汉口社会的稳定做出了重要贡献。

我们对汉口的研究已表明，早在19世纪初，行会及其他民间力量就已经担负起社会协调与社会福利功能，因为在暴烈的湖北白莲教起义以及随后丘陵山区持续不断动荡的双重打击下，当地官府与湖北省府早因财源枯竭而变得衰弱不堪，根本无力发挥这种社会协调作用，也无力提供社会保障。在19世纪，特别是在太平天国运动后困难重重、动荡不安的数十年中，这种作用不断扩张，进入许多此前官府不曾提供的领域，因为这时候城市社会不断地提出许多新的、更为复杂的需求。在传统的与革新性的社会服务两方面，行政机构都把责任推给了满怀信心、跃跃欲试的当地城市民众和本地经济领导阶层了。汉口官府年年叫嚷的所谓"冬防"实际上是由民间自行运作的，而它心甘情愿地依赖行会领导的消防与治安系统以在危机时刻维持平安，凡此，都说明官府已经把很多责任推给民间社会力量了。

在对待"八大行"的问题上——"八大行"提出了一些包罗广泛的要求，似乎显示出它已向官府垄断的政治权威提出了公开挑战——官府热切地试图抓住机会，把越来越多的地方权力转让给当地自治部门。例如，1883年，当觉察到密谋者起事的企图之后，汉口同知张藕芳做的第一件事就是召集八大行的首脑人物在他们的总部（沈家庙）开会，把日常治安职能移交给他们。① 至少从那时起，汉口道台每个月都要与重要绅商特别是八大行的首脑们会面两次，以商讨地方治安事务。这样的会议于阴历每月初一在沈家庙开一次，另一次于每月十五日在四官庙召开。② 而且，在19世纪下半叶的大部分时间里，八大行还被官府利用作为一种征税机构，负责征收"九九商埠捐"③。至少有一次偶然的机会，八大行的财政与公共安全职能联系在一起，即1891年，它受命负责筹措并管理一支水上巡逻船队（负责巡逻汉口及其

---

① 参见罗威廉：《晚清城市中的叛乱及其敌人：1883年汉口的密谋》，见邹谠主编：《中国的政治领导层与社会变迁：远东研究中心论文集》，第4集（芝加哥：1979—1980），71~111页。

② 武汉市工商联合会档案：《武汉药材行业历史沿革》，手稿。

③ 武汉市工商联合会档案：《武汉药材行业历史沿革》。这种税收是非常规的，可能也是非法的，它是地方官府为了供自己使用而强行征收的；其始于何时，没有记载。19世纪90年代初，张之洞废除了这一税种。

附近地区）的创建与运营的费用。①因此，无需惊奇，当他们于 1898 年提出建立一个全城范围的商人组织时，当地官府不过是对一个早已得到依赖的组织予以正式承认而已。

总之，有理由认为，19 世纪行会结构及其活动领域的扩展，意味着地方权力的私域化，而此种私域化又是 20 世纪的政治瓦解的序曲。然而，在另一方面，它也可以看做在日趋衰落的帝国统治之鼓励与保护下成长起来的一种更具影响力与现代性的城市控制机构的源头。

四、行会与城市自治

本章及上一章的研究表明：在汉口，（1）行会关心与控制的领域已远远超出了统辖其所属成员及其行业的范畴；（2）在 19 世纪的大部分时间里，已经存在着行会的联合和行会联盟；（3）这些行会联盟逐步采取措施，担负起城市整体利益的责任；（4）所有这一切都得到当地官府的委托与支持。这些认识是否适合于学者们对中华帝国晚期行会之政治与社会地位的已有认识？我们马上就可以看到，长期以来一直占据西方人在这一问题上的中心位置的观点——"商人行会没有足够的力量就其关心的社会公共事务发表意见，更不用说在统治秩序方面了"②——其实是不成熟的。同样，马克斯·韦伯所谓中国行会的力量"只包括在具体群体利益的特定问题上行使特定组织的具体权力"的看法③，也严重低估了中国行会组织的作用。那么，我们对行会作用的重新认识，对于帝国晚期的城市，特别是对于城市自治问题的讨论，究竟意味着什么？

只有分别符合三个标准，我们才能说存在着城市自治。首先，一个城市必须被看做一个独立的政治单元。在清代行政法中，汉口从来就不是一个完全独立的政治单元，也许除了帝国首都之外，没有一个城市符合这一标准。直到进入民国一段时间之后，汉口镇才成为独立于其所在腹地的"特别市"。然而，自从清初以来，汉口一直是一个由府同知、通判和县丞、巡检统辖

---

① 《益闻录》1891 年 12 月 9 日。
② 瞿同祖：《清代地方政府》（马萨诸塞州，坎布里奇：1962），168 页。
③ 马克斯·韦伯：《城市》（纽约：1958），83 页。

的、相对独立的行政单元。而且，在整个19世纪，行会联盟以及由它协调组织的慈善与安全系统（例如，1883年，由八大行负责管理的安全巡逻）也已经清晰地把自己的权限限定在汉口镇的城区范围之内。到19世纪末，无论是在官府看来，还是在平民眼中，汉口都是一个明确的城市实体了。

城市自治的第二个前提条件是存在着自我意识的居住人口，或者用韦伯的话说，是存在着"城市社团"。韦伯式传统坚决否认中国城市具备这种特征，而且认为，在中华帝国"城市人的特殊品质"中，也从来不存在韦伯式的"公民权"（并不等同于选举权，但与"市民共同体"中的个体成员所拥有的权力与义务比较相近）。① 然而，我们已经看到，有很多证据表明，来自各地长期居住在汉口的居民逐步形成了作为汉口居民的"地方认同感"，并加强了与城市同伴们的"地方内聚力"，而行会范围的扩展以及行会在全城范围内的联合，进一步促进了这一进程。伊懋可总结说：

> 19世纪的行会联盟绝非有势力的外来人的组织。它也不是单纯保护商人利益以对抗"士绅"利益的组织。它们象征着以商业和拥有土地为基础的新的城市精英势力联合起来了。中国传统社会后期的商人并非一个处于弱势的社会阶层，而是受到尊敬并具有很大影响力的市民阶级。②

城市自治的最后一个前提条件是要获得外部权威机构对市民自决权的正式承认。显然，这样的承认从来就不曾发生过，而且事实上按照清代律法，也不可能有这种承认。最早发现中国城市中存在着行会联盟的学者今堀诚二指出：虽然在欧洲这些行会联盟成功地从封建君主那里取得了自治特权，但在中国，行会联盟却未能取得同样具有实质性的保证，因而中国也就不可能产生城市自治。③ 可是，皮雷纳（Pirenne）等欧洲中古史学者据以界定此种自治的许多具体权力——制定、颁布、实施商业法规的权力，筹措公共工程经费与管理公共工程的权力，以及建立并控制军队的权力，等等——汉口的行会与行会联盟都在相当程度上拥有这些权力。而且，这些权力的运用日益频繁，其使用权限又是与自治城市的权限基本上是一致的。

---

① 马克斯·韦伯：《城市》，83页。
② 伊懋可：《中国历史的模式》（斯坦福：1973），293页。
③ 今堀诚二：《中国的社会构造》，303页。

在 19 世纪的汉口，理论上的政治权威体系与事实上的政治权威体系之间似乎存在着一个巨大的鸿沟。实际上，一种实质层面上的自治已经出现，它拥有真正的权力，并在官府与地方社会领导层之间达成了某种平衡；在 19 世纪的发展历程中，这种平衡逐步向后者倾斜。正式宣称的权力与非正式实际运作的权力之间所存在的这种差异，并非只有汉口才有，而是多元社会的地方政治中普遍存在的现象。人类学家艾利克·沃尔夫（Eric Wolf）指出：

> 经济与政治权力之正式结构的旁边并列着或在其缝隙、空白处交融着各种各样的非正式结构，二者并存不悖。……有时候，这些非正式组合依附在正式结构之上，就像藤壶粘附在锈迹斑斑的船底一样。而在另一些时候，非正式的社会关系有责任像战斗中的部队那样，给正式机构补充新鲜血液，以确保正式机构的运行。在另一些情况下，我们发现正式的制度设计非常雅致，但却不切实用，只能在其对立面建立起非正式的机构。

这种情形并不意味着正式结构本身没有意义或者没有力量。沃尔夫指出："我曾经谈到过的非正式结构是对此种制度的补充。它们通过其实际存在的方式发挥作用，并维持其自身的存在，而这种存在方式如果不是先于存在本身就已存在的话，那它一定是在非正式结构形成之后慢慢形成并稳定下来的。"① 这些概念可以用来很好地描述 19 世纪汉口官方权力与行会权力之间复杂的平衡关系。

---

① 艾利克·沃尔夫（Eric Wolf）：《多元社会中家族、友情及恩主与受庇护者之间的关系》，见班顿（Michael Banton）主编：《多元社会的社会人类学》（纽约：1966），2 页。人类学家往往把地方层面上的非正式联系定性为个人关系"网络"，而不是把它上升到"团体"或"组织"的高度。参阅巴尼斯（J. A. Barnes）：《网络与政治进程》，见斯沃兹（Marc J. Swartz）主编：《地方政治：社会与文化考察》（芝加哥：1968），107~130 页；米切尔（J. Clyde Mitchell）：《非洲城市研究的理论走向》，见班顿主编：《多元社会的社会人类学》，37~38 页；米切尔：《城市背景下的社会网络：关于中非城镇人际关系的分析》（曼彻斯特：1969）。按照拉皮杜斯（Ira Marvin Lapidus）在《中世纪晚期的穆斯林城市》（马萨诸塞州，坎布里奇：1967）187 页的观点，正是这种人际关系构成了中世纪穆斯林城市权力与城市自治的基础。虽然人际关系在中国也同样发挥作用，但在这里，权力的主要载体已发展到正式组织（行会）的层面上。

结　语

19世纪的中国社会并不是停滞的，也不是冷漠地等待着外来刺激的震动，然后才做出反应或仿效外国模式。当然，震动确实来临了。在汉口，直到19世纪90年代，人们才强烈地感受到这种震动，其结果是给这个城市生活的各方面带来了巨大变化。然而，在此前一个世纪里，汉口社会也同样在变化之中，只不过是沿着由中国自身社会经济发展的内在理路所规定的道路而已。在本项研究中所揭示的几乎所有变化都可以解释为西方人到来之前的独立发展；在一定程度上，只是在1861年开埠之后（也许在此之前），汉口才感受到西方人的存在，而对于大部分变化来说，西方人的到来只不过是强化了正在进行的变化趋势而已。

本书所揭示的变化可以概括为四个方面，即商业变化、个人身份的变化、社会结构变化和社会组织变化。在商业方面，政府财政对贸易的依赖日益增加。政府财政支出不断增加，田赋收入已无力负担，中央政府越来越希望在以长江中游为中心的区域间贸易方面寻求支持，省里的大员则指望汉口的当地官员，而所有希望最终都落到汉口商人身上。多少与此有些矛盾的是，伴随着财政依赖的日益增加，政府对商业的控制却戏剧性地松弛下来（在食盐贸易方面，则表现为直接国家所有制的废除）。我曾经指出，这是至迟自17世纪以来，中国经济中的诸多领域不断走向"私域化"的长期变化趋势的一个组成部分。19世纪中期，胡林翼、官文及其继任者们主政的湖北省府一贯奉行牺牲对商业的控制，以鼓励增加财政收入的政策，从而促进了这种变化趋势。胡林翼在牙行制度方面的改革，为这一模式提供了一个突出的但并非孤立的典范。事实上，在汉口商业领域，商人自治全面取代了官府的直接控制。

由此造成了两方面结果。商人们可以摆脱法律障碍，而且通常得到官府的鼓励，去追求已开展了一段时间的商业"理性化"行为了，这包括更广泛地使用契约手段和担保方式、采用新的合伙结构与资本积聚方式，特别是进一步扩大金融与信用机构。与此同时，城市商人经济上的独立——特别是由于在集体组织方面得到了锻炼——使他们在非经济领域也占据了很好的优势地位。

至于个人身份方面，清代人口的空间流动（特别是太平天国运动后）造成了某些人群地方身份的多元化。首先，在移入汉口的移民中间，依附于出生地的狭隘的乡土观念日渐淡薄；令人惊异的是，甚至在那些自称为寓居者的人们中间，也是如此。这种现象促进了明确的城市意识的兴起，以及真正意义上"城市阶级（市民）"的出现——邓拓发现，早在18世纪，这两者就已经出现；而马克斯·韦伯则认为，直到20世纪，中国也没有这两种东西。1801年，徽州会馆选举汪衡士作为其建筑项目的经管人，其根据就是他"少长于市，故娴于世务"。这种观点最明确不过地证明了市民以及市民意识的存在。长期居住在汉口的人们逐步融入到一个内部团结的氛围中，而一些公共自保行动——如19世纪60年代大众性的筹资并管理汉口堡城墙的建设——也促进了城市意识的形成。这样，"汉口人"的身份也就逐步形成了。虽然韦伯拒绝承认，但事实上，在19世纪中国城市中，不仅形成了城市阶级，也出现了城市社团。

汉口的城市阶级远不是均质的。虽然从没有一个单一的集团真正地垄断所有的经济机会，但太平军占领导致的人口衰减与商业断裂仍然给汉口市场秩序带来了一场大规模的调整。正如胡林翼所观察到的那样，太平天国运动前汉口著名的头面商行和家族，在官军重新占领汉口之后，已所剩无几。更为重要的是，商业势力更是变化多端，湖南人利用他们本省的官员作为保护伞，或者依靠从前在曾国藩用以反对太平军的地方军队湘军中的伙伴关系，宁波人借助自己在金融管理方面的优势，最后广东人利用与西方人打交道的技巧及联系，拼命地挤进曾经由较有文化而保守的徽州人和山西人占据主导地位的商业精英阶层。在商界，茶叶、木材、棉花、菜油等行业的零售商与牙商以及从事其他商品交易的商人，现在都在热切地盼望着取得与太平天国运动前贵族般的盐商、米商一样的名望与地位。而且，在非精英层面上，也同样普遍存在着明显的社会经济多元化趋势，这是因为当19世纪六七十年代社会经济的恢复迟迟徘徊在最低点时，获得信贷非常容易，从而使各种背景与资本化水平的人都可以进入商业冒险领域。

在汉口社会结构的变化方面，还存在着两种趋势，虽然我在本书中并没有直接讨论它们，但这里还是有必要说明。第一是长期不能得到充分就业的城市下层逐步增加，加上由于太平天国运动后市场越来越开放所导致的压力，使社会不稳定感越来越强烈。第二，与第一点相联系，在城市人口内部，自我意识的阶级差别开始出现。① 在19世纪七八十年代，这种趋势虽已出现但仍较为微弱；到19世纪90年代与20世纪的最初十年间，随着自强工业化运动的开展，这种趋势迅速明朗化了。

在社会组织方面，最为显著的变化是汉口行会的发展，这不仅表现在行会对其所代表行业的控制方面，还表现在行会规模、团体资产以及功能范围等方面。在成员资格方面，这意味着从一种排外主义的取向转移到一种更为广泛的取向上。在社团服务方面，行会越来越主动地关注整个城市。这种对城市整体的关注也许最初出现于19世纪初白莲教起义威胁汉口期间，当时汉口盐商不顾南京盐务监督部门的反对，独自从其集体基金中挪用了部分资金，创办了一支地方团勇，用于整个城市的防卫。然而，行会行动范围与预设权限的扩展，以及对联合行动与联合组织的推进，却是在太平天国运动后社会大变动的环境下才特别突显出来。这种社会大变动在很大程度上可以看做对这一时期商业与社会失序所做出的必要反应。当意识到社会即将崩溃时，依靠建立民间组织以渡过难关，在中国历史上并非没有先例——例如，希拉里·比特（Hilary Beattie）最近的一项研究表明，在清初的几十年中，安徽乡村的宗族力量就被有计划地正式组织起来，以弥补不稳定的官府统治②——对于19世纪后期的汉口来说，不同寻常的是它的城市地位，以及商人在这些活动中发挥了主导作用。

对汉口来说，结果是形成了一个以行会为中心的、实质层面上的市政管理机构，它在1911年的政治危机中得到了全面的发展。到19世纪的最后几十年里，在汉口，事实上已经形成了一种权力配置，官僚机器在汉口实际进

---

① 我在《中华帝国晚期的城市控制：汉口的保甲体系》与《晚清城市中的叛乱及其敌人：1883年汉口的密谋》两篇文章中曾经对这些复杂的问题做了初步探讨，请参阅。

② 希拉里·比特（Hilary Beattie）：《中国的土地与宗族：明清安徽桐城县研究》（剑桥：1979），特别是93~94、114~115页。

行的所有官方与半官方行动中的作用已大幅度降低。如果按照拉皮杜斯（Ira Lapidus）的说法，城市自治与强加于其上的帝国统治不能看做互相排斥的两种选择，而应当看做一个连续统一体的两极。① 那么，尽管晚清汉口的官僚体系仍然看起来相当强大，但当时的汉口在这一连续统一体中的位置早就靠近自治这一极了。这说明，政治功能的逐步普及化是与经济力量的"私域化"平行展开的（虽然前者要比后者滞后很多）。

在汉口，这种政治普及化是与太平天国运动后城市社会经济的多元化相对应的。罗伯特·达尔（Robert Dahl）曾经把这种多元化的政治体制定义为"受到众多不同的领导集团控制，而每一领导集团又都使用不同的政治资源组合"②。达尔认为，这种体制并不需要平等。事实上，他所研究的美国城市本身恰恰远离平等。这种多元化模式看来并不仅仅适用于典型民主制度占统治地位的社会。关键在于权力基础的多样性，也就是说，掌握权力的人在很大程度上要向其支持者负责，同时又要在整个统治体系中发挥重要作用。按照这一定义，"八大行"控制的汉口完全可以被看做在一个相对独立的多元化政治制度的治理之下，而不是受到专制主义国家或封建地主阶级的统治。

把19世纪的中国城市与当代美国城市过分类比显然是愚蠢的，但指责中国城市没有形成欧洲中世纪市镇共同体所出现的那种特殊的城市自治现象，看来也是不正确的。我们在过去的历史发展过程中未能找到我们认为是进步的指标，可能仅仅意味着那些指标只是西方发展道路上的独特指标，或者我们对这些指标所作的界定过于狭隘。同样，我们所界定的"理性化"或"现代化"进程也可能只发生在其各自拥有特性的文化情境之中。在中华帝

---

① 拉皮杜斯（Ira Marvin Lapidus）：《中世纪晚期的穆斯林城市》（马萨诸塞州，坎布里奇：1967），4页。

② 罗伯特·达尔（Robert Dahl）：《谁在统治？美国城市中的民主与权力》（纽黑文：1961），特别是86页。这里必须说明，我使用"多元化"这个词——不仅在涉及社会认识时，用来指汉口"亚族群"和行业群体的多样化，而且在涉及政治理解时，用来指这些群体代表们所介入的决策结构——是为了描述已经存在的情况，而不是为了描述一种理念。关于"多元化"理念以及使用这一概念所可能带来的问题，请参阅约翰·希汉姆（John Higham）：《现代美国思想中的族群多元化》，见所著《致送于我：美国城市中的犹太人与其他移民》（纽约：1975），196~230页。

国晚期，此种特性之一就是国家的性质。国家对正统意识形态的垄断（通过精英们的舆论），再加上政府对社会的渗透效果非常之低，从而使形成城市自治既没有必要、也无人希望引发法律上的冲突——比如，通过要求制定自治宪章之类的举措，引发这样的冲突。更可能的情况是，在帝国统治的空隙处，就为城市与乡村的地方自治留下了足够的回旋余地。

韦伯及其门生们认为，城市自治是现代社会发展的必要前提。如果这个假设是正确的（本书并未对此提出挑战），那么，本书有关19世纪的中国已出现实质上的城市自治的观点，也就意味着有两种可能性的选择：（1）中国将沿着自身的发展道路，最终发展到可与西方相比拟的工业资本主义社会；（2）如果中国没有像这样发展，其原因也不会是由于这些城市未能得到充分发育，从而未能充分发挥其必需的催化剂作用，而只能在其他方面寻找原因。当然，在19世纪90年代及此后中国本土的文化发展事实上受到西方干预而彻底偏离其固有方向之后，这些仅仅停留在假设层面上的选择也就没有任何意义了。

最具决定性的变化进程在19世纪的汉口也已开始起步。明确的城市意识的兴起，自我觉醒的阶级差别的出现，经济领域中商人集体自治的不断增加，在非经济事务方面商人越来越多地承担起官方或半官方性质的责任，凡此，都显然有利于在城市领导集团中形成资产阶级。这种初生状态的资产阶级是在一个本质上属于前工业化而且只是受到很少西方影响的环境中诞生的。可是，按照严格的中国式理解，这种环境却是高度开放的，"世界主义"的，因为它会合了密集的人群，接纳了众多不同"亚族群"类型的移民。从乔治·西蒙（Georg Simmel）到罗伯特·利德菲尔德（Robert Redfield），西方古典城市学家都反复强调在这种环境下发生心理与文化变革的内在可能性。① 而且，无论是在参与全国性市场开发的过程中，还是在越来越多地接近制定政策的当地与省级官员（比如通过湖北盐茶牙厘局）的过程中，汉口商人都日益走向政治化。随着他们对政府商税政策以及政府将这些商税花在

---

① 乔治·西蒙（Georg Simmel）：《大城市及其精神生活》，见索罗金（Pitirim A. Sorokin）、西门曼（Carl C. Zimmerman）和盖宾（Charles J. Galpin）主编：《乡村社会史资料选编》（明尼阿波利斯：1932），特别是第1卷247页；路易斯·沃斯（Louis Wirth）：《作为生活方式的都市生活》，载《美国社会学学报》，第44卷（1938），特别是15页；罗伯特·利德菲尔德（Robert Redfield）：《城市中的文化作用》，见《利德菲尔德论文集》（芝加哥：1962），第1卷，333页。

毫无效益的地方的愤怒日益增加，商人们越来越与帝国政体离心离德。到19世纪的最后几十年，这些潜在的对抗性还远没有结出果实。不过，1886年，一位汉口的新教传教士在家信中写道：

> 虽然人们仍然畏惧当今的官府，也并不比从前更信仰富于智慧与思想的民主主义，但毫无疑问，人们正在探寻各种不同的出路，而且其中显然存在着我们的生活印迹。最近，与法国之间令人不满的冲突，在大众思想意识上产生了一些前所未有的问题……很明显，人们都渴望发生某些变化。①

1911年，武汉三镇及其他城市里的年轻的中国资产阶级，以异乎寻常的速度站在了支持革命政府的一边。实际上，在19世纪的最后几十年里，在汉口从事纯粹国内贸易和买办贸易的领域，发生了好几起商业活动，都是最初支持建立民国的著名活动。② 当然，这种反应在很大程度上是以19、20世纪之交所发生的一系列国内、国际巨变为前提的，但也是长期以来中国城市社会不断变化的结果。

---

① 理查德·威尔逊（Richard Willson），1886年7月3日信，《汉口书简》，第6卷，见伦敦传教会档案。

② 参阅皮明庥：《武昌首义中的武昌商会和商团》（《历史研究》，1982年，第1期）一文中有关蔡辅卿、徐荣廷二人生涯的讨论（66～67页）。蔡辅卿起初是宁波水产商行的汉口代理商，而徐荣廷则是皮货和药材零售商。关于1911年城市商人的活动，请参阅上揭皮明庥文；周锡瑞（Joseph Esherick）：《改良与革命：辛亥革命在两湖》（伯克利：1976）；爱德华·罗兹（Edward Rhoads）：《广州商会，1895—1911》，见伊懋可与施坚雅主编：《两个世界之间的中国城市》（斯坦福：1974）；白吉尔（Marie-Claire Bergère）：《资产阶级的作用》，见芮玛丽（Mary C. Wright）主编：《革命中的中国：第一阶段，1900—1913》（纽黑文：1968），229～296页。

主要参考文献

Abe Takeo, "Beikoku jukyū no kenkyū-Yōsei shi no isshō to shita mita" (Supply and demand of grain in the Yung-cheng period), in Abe, *Shindaishi no kenkyū* (Studies in Ch'ing History), Tokyo, 1971, pp. 411~522.

安部健夫. 谷米需求之研究——拟作为〈雍正史〉的第一章. 见：安部. 清代史研究. 东京，1971. 411~522

Annales de la propagation de la foi, 10~25 (1837—1853).

传信年鉴. 10—25 卷（1837—1853）

Balazs, Etienne, *Chinese Civilization and Bureaucracy*, New Haven, 1964.

白乐日. 中国文明和官僚制度. 纽黑文，1964

——, "Les Villes chinoises," *Recueil de la Société Jean Bodin*. 6 (1954), pp. 239~261.

中国乡村. 见：让·博丹学会文集，卷6，1954. 239~261

Beal, Edwin G., Jr., *The Origins of Likin, 1853—1864*, Cambridge, Mass., 1958.

比尔. 厘金的起源，1853—1864. 马萨诸塞州，坎布里奇，1958

Bishop, Mrs. J. F., *The Yangtze Valley and Beyond*, London. 1899.

毕晓普夫人. 长江河谷及其远方. 伦敦，1899

Blakiston, Thomas W., *Five Months on the Yangtze.*, London. 1862

布莱基斯顿. 在扬子江上的五个月. 伦敦，1862

Bowers, Alexander, "The Yang-tze-kiang and the New Treaty Ports," *The Chinese and Japanese Repository*, 1 (1864), pp. 269~270.

鲍尔斯. 扬子江与新开通商口岸. 见：中国与日本杂纂. 第1卷，1864. 269~270

Bryson, Mrs., *John Kenneth Mackenzie, Medical Missionary to China*, London. 1891; repr. San Francisco, 1977.

布利逊. 约翰·肯尼思·麦肯兹与教会医学传入中国. 伦敦, 1891 年; 旧金山, 1977

Cha Shen-hsing, *Ching-yeh-t'ang shih-chi* (Collected poems from the Ching-yeh studio), n. d.

查慎行. 敬业堂诗集. 未著出版日期

Chang Chih-tung, *Nan-p'i Chang kung-pao cheng-shu* (political writings of Chang Chih-tung), 1901.

张之洞. 南皮张宫保政书. 1901

Chang Kuo-hui, "Shih-chiu shih-chi hou-pan-ch'i Chung-kuo ch'ien-chuang te mai-pan-hua" (The compradorization of Chinese native banks in the second half of the nineteenth century), *Li-shih yen-chiu*, 6 (1963). pp. 85~98.

张国辉. 十九世纪后半期中国钱庄的买办化. 见：历史研究, 1963, 6: 85~98

Chang P'eng-fei, ed., *Han-k'ou mao-i chih* (Commercial gazetteer of Hankow), 1918.

张鹏飞编. 汉口贸易志. 1918

Chang-shih san-hsiu chia-p'u (Genealogy of the Chang family, third revision), 1876.

张氏三修家谱. 1876

Chang-shih tsung-p'u (Genealogy of the Chang clan), 1948.

张氏宗谱. 1948

Chang Shou-po, *Tsui-chin Han-k'ou kung-shang-yeh i-pien* (Handbook of current industry and commerce in Hankow), 1911.

张寿波. 袖珍汉口工商业一瞥. 1911

Ch'ang-chiang jih-pao (Yangtze River daily), occasional articles on Wuhan local history, 1960−1980.

长江日报：有关武汉历史的散见文章. 1960−1980

Chao-Li-Ch'iao Tea Factory with Central China Normal University, Department of History, *Tung-ch'a chin-hsi* (Yang-lou-tung tea. past and present).

Wuhan, 1980.

赵李桥茶场. 见：华中师范大学历史系. 洞茶今昔. 武汉，1980

Ch'en Hui-yen, "Wu-ch'ang chi-shih" (A record of events at Wuchang), in *T'ai-p, ing t'ien-kuo tzu-liao ts'ung-k'an* (Collected sources on the Taiping Heavenly Kingdom), Shanghai, 1953, pp. 577~606.

陈徽言. 武昌纪事. 见：太平天国资料丛刊. 上海，1953. 577~606

Ch'en Hung-mou, *P'ei-yuan-t'ang ou-ts'un kao* (Draft writings from the P'ei-yuan studio), 1866.

陈宏谋. 培远堂偶存稿. 1866

Chesneaux, Jean, *The Chinese Labor Movement, 1919-1927*, Stanford, 1968.

夏奈沃斯. 中国劳工运动，1919—1927. 斯坦福，1968

China Directory, 1874, Hong Kong, 1874; repr. Taipei, 1971.

中国指南. 香港，1874；台北，1971

"Chinese Partnerships: Liability of the Individual Members", *Journal of the Royal Asiatic Society, China Branch*, n. s. 22, no. 1 (1887), pp. 39~52.

中国的合伙制：个体成员的责任. 见：皇家亚洲协会中国分会学报，22 (1)，1887：39~52

Chinese People's Bank, *Shanghai Branch*, comp., *Shang-hai ch'ien-chuang shih-liao* (Historical materials on Shanghai native banks), Shanghai, 1960.

中国人民银行上海分行. 上海钱庄史料. 上海，1960

Chin Ta-k'ai, "Wu-han ch'eng-chen te yen-pien" (The evolution of the Wuhan cities), *Hu-pei wen-hsien*, 5 (October 1967), pp. 62~67.

金达凯. 武汉城镇的演变. 见：湖北文献，5 (1967，10)：62~67

Ch'ing Palace Archives, National Palace Museum, Taipei.

清宫档案. 台北，"故宫"博物院

Chou-pan i-wu shih-mo (Complete record of barbarian management), 1929-1931; repr. Taipei, 1970-1971.

筹办夷务始末. 1929—1931；台北，1970—1971

Chu, T. H., *Tea Trade in Central China*, Shanghai, 1936.

T. H. 朱. 华中的茶叶贸易. 上海，1936

Ch'ü Chih-sheng, "Chung-kuo te ya-hang" (Chinese brokers), *She-hui k'o-hsueh tsa-chih*, 4 (December 1933), pp. 480~490.

曲直生. 中国的牙行. 见：社会科学杂志，4（1933，12）：480~490

Ch'ü, T'ung-tsu, *Local Government in China under the Ch'ing*, Cambridge, Mass., 1962.

瞿同祖. 清代地方政府. 马萨诸塞州，坎布里奇，1962

Ch'üan Han-sheng, "Ch'ing-ch'ao chung-yeh Su-chou te mi-liao mao-I" (The rice trade of Soochow in the mid-Ch'ing), *Bulletin of the Institute of History and Philology, Academia Sinica*, 34 (1969), pp. 71~86.

全汉昇. 清朝中叶苏州的米粮贸易. 见：台北"中央研究院"历史语言研究所集刊，34（1969）：71~86

——, *Chung-kuo hang-hui chih-tu shih* (History of the guild system in China), Shanghai, 1933.

中国行会制度史. 上海，1933

——, and Richard Kraus, *Mid-Ch'ing Rice Markets and Trade: An Essay in Price History*, Cambridge, Mass., 1975.

与克劳斯合著. 清中叶的米市场与贸易：价格变动的研究. 马萨诸塞州，坎布里奇，1975

Cooper, T. T., *Travels of a Pioneer of Commerce (in Pigtails and Petticoats)*, London, 1871.

库柏. 商业先驱旅行记. 伦敦，1871

Cornaby, W. Arthur, *Rambles in Central China*. London, 1896.

考纳比. 漫游华中. 伦敦，1896

Crissman, Lawrence W., "The Segmentary Structure of Urban Overseas Chinese Communities," Man, 2, no. 2 (1967), pp. 185~204.

克瑞斯曼. 中国海外城市社团的组织结构. 见：人类学，2（2），1967. 185~204

Curtin, Philip, "Geographical Centrality and Colonial Dependence," paper prepared for the Eighth International Economic History Congress, Buda-pest, August 1982.

柯金. 地理向心性和殖民隶属关系. 见：第八届世界经济史讨论会论

文．布达佩斯，1982，8

Customs Gazette, 1871-1874.

海关公报．1871—1874

Dahl, Robert A., *Who Governs? Democracy and Power in an American City*, New Haven, 1961.

达尔．谁在统治？美国城市中的民主与权力．纽黑文，1961

Dawson, F. L., Jr., "Law and the Merchant in Traditional China: The Ch'ing Code, *Ta-Ch'ing lü-li*, and Its Implications for the Merchant Class," *Papers on China*, 2 (1948), pp. 55~92.

戴逊．传统中国的法律与商业：清代法规〈大清律例〉及其对商人阶层的意义．见：中国论集，2 (1948)：55~92

Dean, Britten, *China and Great Britain: The Diplomacy of Commercial Relations 1860-1864*, Cambridge, Mass., 1974.

迪安．中国与英国：商务交涉，1860—1864．马萨诸塞州，坎布里奇，1974

——, "Sino-British Diplomacy in the 1860s: The Establishment of the British Concession at Hankow," *Harvard Journal of Asiatic Studies*, 32 (1972), pp. 71~97.

19世纪60年代的中英关系：汉口英租界的建立．见：哈佛亚洲研究学报，32 (1972)：71~97

DeGlopper, Donald, "Social Structure in a Nineteenth-Century Taiwanese Port City," in G. William Skinner, ed., *The City in Late Imperial China*, Stanford, 1977, pp. 633~650.

德格洛柏．一个19世纪台湾海港城市的社会结构．见：施坚雅主编．中华帝国晚期的城市．斯坦福，1977．633~650

DeRoover, Raymond, *Money, Banking, and Credit in Medieval Bruges*, Cambridge, Mass., 1948.

德路福．中世纪布鲁日的货币、银行和信用．马萨诸塞州，坎布里奇，1948

Deutsch, Karl W., "Social Mobilization and Political Development," in Jason L. Finckle and Richard W. Gable, eds., *Political Development and Social Change*,

New York, 1966, pp. 205~226.

德奇. 社会流动和政治发展. 见：芬克，盖博主编. 政治发展与社会变迁. 纽约，1960. 205~226

DuHalde. J. B., *A Description of the Empire of China and Chinese Tartary*, London. 1738.

杜霍尔德. 中华帝国与鞑靼纪事. 伦敦，1738

Eberhard, Wolfram, *Collected Papers*, Volume 1：*Settlement and Social Change in Asia*, Hong Kong, 1967.

埃伯哈德. 选集（1）. 见：亚洲的聚落与社会变迁. 香港，1967

——, "Data on the Structure of the Chinese City in the Pre-industrial Period," *Economic Development and Cultural Change*, 4（1956）, pp. 253~268.

前工业化时期中国城市结构资料. 见：经济发展与文化变迁（4），1956

——, *Social Mobility in Traditional China*, Leiden, 1962.

传统中国的社会流动. 莱顿，1962

Elgin, Lord, *Letters and journals of James*, *Eighth Earl of Elgin*, ed. Theodore Walrond, London, 1872.

额尔金. 詹姆斯·额尔金伯爵八世的通信与日记. 沃尔朗编. 伦敦，1872

Elvin, Mark, "The Gentry Democracy in Chinese Shanghai. 1905–1914," in Jack Gray, ed., *Modern China's Search for a political Form*, London. 1969, pp. 41~65.

伊懋可. 中国上海的绅士民主政治，1905—1914. 见：盖瑞主编. 中国近代政治结构研究. 伦敦，1969. 41~65

——, "Market Towns and Waterways：The County of Shanghai from 1480 to 1910," in G. William Skinner, ed., *The City in Late Imperial China*, Stanford, 1977, pp. 441~474.

市镇与水道：1480—1910年间的上海县. 见：施坚雅主编. 中华帝国晚期的城市. 斯坦福，1977. 441~474

——, *The Pattern of the Chinese Past*, Stanford, 1973.

中国历史的模式. 斯坦福，1973

——and G. William Skinner, eds., *The Chinese City Between Two Worlds*,

Stanford, 1974.

与施坚雅共同主编. 两个世界之间的中国城市. 斯坦福, 1974

Esherick, Joseph W., *Reform and Revolution in China: The 1911 Revolution in Hunan and Hubei*, Berkeley, 1976.

周锡瑞. 改良与革命：辛亥革命在两湖. 伯克利, 1976

Etzioni, Amitai, *Complex Organizations*, Englewood Cliffs. N. J., 1964.

阿西尼. 复杂的组织. 新泽西州, 恩格坞克利弗, 1964

Fairbank, John K., ed., *The Cambridge History of China*, Volume X: Late Ch'ing, Part One, Cambridge, 1978.

费正清主编. 剑桥中国史（10）晚清卷. 剑桥, 1978

Fan K'ai, *Han-k'ou ts'ung-t'an* (Hankow compendium), 1822; repr. Taipei, 1974.

范锴. 汉口丛谈, 1822；台北, 1974

Fei Hsiao-tung, *China's Gentry: Essays on Rural-Urban Relations*. Chicago, 1953.

费孝通. 中国绅士：城乡关系论文集. 芝加哥, 1953

Feng Hua-te, "Ho-pei sheng ya-shui hsing-chih chih yen-pien (The changing nature of brokerage taxes in Hopeh), in Fang Hsien-t'ing. ed., *Chung-kuo ching-chi yen-chiu* (Studies on the Chinese economy), Changsha, 1938, vol. 2, pp. 1067~1080.

冯华德. 湖北省"牙税"性质之演变. 见：方显廷主编. 中国经济研究. 长沙, 1938（2）. 1067~1080

Feng-shih tsung-p'u (Genealogy of the Feng clan), 1946.

冯氏宗谱. 1946

Feuerwerker, Albert, *China's Early Industrialization: Sheng Hsuan-huai and Mandarin Enterprise*, Cambridge, Mass., 1958.

费维恺. 中国的早期工业化：盛宣怀和官办企业. 马萨诸塞州, 坎布里奇, 1958

Foster, Mrs. Arnold, *In the Valley of the Yangtze*, London, 1899.

福斯特. 长江流域. 伦敦, 1899

Fu I-ling, *Ming-Ch'ing shih-tai shang-jen chi shang-yeh tzu-pen* (Merchants and commercial capital during the Ming and Ch'ing dynasties). Peking, 1956.

傅衣凌. 明清时代商人及商业资本. 北京, 1956

Fujii Hiroshi, "Shin'an shōnin no kenkyū" (A study of the Hsin-an merchants), *Tōyō gakuhō*, 36 (1953–1954), no. 1, pp. 1~44; no. 2, pp. 32~60; no. 3, pp. 65~118; no. 4, pp. 115~145.

藤井宏. 新安商人研究. 见: 东洋学报. 36 (1953—1954), 1: 1~44; 2: 32~60; 3: 65~118; 4: 115~145

Geertz, Clifford, *Peddlers and Princes: Social Development and Economic Change in Two Indonesian Towns*, Chicago, 1963.

吉尔兹. 小贩和王子: 两个印度尼西亚市镇的社会发展和经济变迁. 芝加哥, 1963

Gill, William, *The River of Golden Sand*, London, 1883.

吉尔. 金沙江. 伦敦, 1883

Great Britain, Foreign Office, Archives. Public Record Office. London.

英国外交部档案, 伦敦: 公共档案馆

——, Commercial Reports by Her Majesty's Consuls in China. Nos. 1~6 (1880–1885).

英国驻华总领事商业报告 (1~6), 1880—1885

——, *Diplomatic and Consular Reports on Trade and Finance: China. Report for the Year 1887 on the Trade of Hankow*, Annual Series, No. 380, 1888.

外交使节与领事有关贸易和金融的报告: 中国。关于1887年汉口贸易的报告. 年度报告系列 (380), 1888

Great Britain, House of Commons, *British Parliamentary Papers*, 1861–1866.

英国议会下院:《英国议会公报》, 1861—1866

Green, Henrietta, *Henrietta Green, a Memoir*, Ashford, England, 1891.

格林. 格林回忆录. 英国, 阿什福德, 1891

Hamilton, Gary G., "Nineteenth Century Chinese Merchant Associations: Conspiracy or Combination?" *Ch'ing-shih wen-t'i*, 3, no. 8 (December 1977), pp. 50~71.

汉密尔顿. 19世纪中国的商人组织: 勾结还是联合. 见: 清史问题, 3 (8): 50~57

——, "Regional Associations in the Chinese City: A Comparative Perspective," *Comparative Studies in Society and History*, 21 (July 1979), pp. 346~361.

中国城市的区域组织: 一项比较研究. 见: 社会、历史比较研究 (21), 1979, 7. 346~361

Han-k'ou Lao-shih ts'u-p'u (Genealogy of the Lao lineage of Hankow), 1755.

汉口劳氏族谱. 1755

Han-k'ou Shan-Shen-hsi hui-kuan chih (Gazetteer of the Shansi-Shensi Hui-kuan of Hankow), 1896.

汉口山陕西会馆志. 1896

Han-k'ou Tzu-yang shu-yüan chih-lüeh (Brief gazetteer of the Tzu-yang Academy of Hankow), ed. Tung Kuei-fu, 1806.

汉口紫阳书院志略. 董桂敷主编. 1806

Hankow Benevolent Hall Alliance, *Ko shan-t'ang ch'uang-li yen-ko chi shih-yeh ch'ing-k'uang* (History and activities of the various benevolent halls), Hankow, 1945.

汉口慈善会. 各善堂创立沿革暨事业情况. 汉口, 1945

Han-shang hsiao-wen chi (Collected poems of the Leisure Moments Society of Hankow), ed. HuanYing-ch'ing, 1911.

汉上消闲集. 宦应清编. 1911

Han-shih tsung-p'u (Genealogy of the Han clan), 1946.

韩氏宗谱. 1946

Han-yang-fu-chih (Gazetteer of Hanyang prefecture), 1747.

汉阳府志. 1747

"Han-yang fu yü-t'u" (Map of Hanyang prefecture), 1901.

汉阳府舆图. 1901

Han-yang hsien-chih (Gazetteer of Hanyang county), 1818.

汉阳县志. 1818

Han-yang hsien-chih (Gazetteer of Hanyang county), 1867.

汉阳县志. 1867

Han-Yang hsien-shih (Unofficial gazetteer of Hanyang county), 1884.

汉阳县识. 1884

"Han-yang hsien yü-t'u" (Map of Hanyang county), 1901.

汉阳县舆图. 1901

Han-yang Yao-shih ts'u-p'u (Genealogy of the Yao lineage of Hankow), 1923.

汉阳姚氏族谱. 1923

Hao, Yen-p'ing, *The Comprador in Nineteenth-century China: Bridge Between East and West*, Cambridge, Mass., 1970.

郝延平. 19世纪中国的买办：东西间的桥梁. 马萨诸塞州，坎布里奇，1970

Hatano Yoshihiro, *Chūgoku kindai kōgyōshi no kenkyū* (Studies in the history of modern industry in China), Kyoto, 1961.

波多野善大. 中国近代工业史研究. 东京，1961

Hill, David, *Hoopeh, China: Its Claims and Call*. York, 1881.

希尔. 中国湖北：它的需要与要求. 约克，1881

——, *Twenty-five Years in Central China, 1865–1890*, London, 1891.

在华中的25年，1865—1890. 伦敦，1891

Ho Ping-ti, *Chung-kuo hui-kuan shih lun* (On the history of Landsmannschaften in China), Taipei, 1966.

何炳棣. 中国会馆史论. 台北，1966

——, "The Geographic Distribution of *Hui-kuan* (*Landsmannschaften*) in Central and Upper Yangtze Provinces." *Tsinghua Journal of Chinese Studies*, n. s. 5, no. 2 (December 1966), pp. 120~152.

长江中上游地区会馆的地理分布. 见：清华中国研究学报（2），1966，12. 120~152

——, *The Ladder of Success in Imperial China: Aspects of Social Mobility, 1368–1911*. New York, 1962.

中华帝国成功的阶梯：1368—1911年的社会流动. 纽约，1962

——, "The Salt Merchants of Yang-chou: A Study of Commercial Capitalism in Eighteenth-Century China," *Harvard Journal of Asiatic Studies*. 17 (1954). pp. 130~168.

扬州盐商：关于18世纪中国商业资本主义的研究. 见：哈佛亚洲研究学报（17），1954. 130~168

Hou Wai-lu, *Chung-kuo feng-chien she-hui shih lun* (On the history of Chinese feudal society), Peking, 1973.

侯外庐. 中国封建社会史论. 北京, 1973

Hsia-k'ou hsien-chih (Gazetteer of Hsia-k'ou county), 1920.

夏口县志. 1920

Hsiao Chih-chih, "Han-k'ou tsu-chieh" (The Hankow concession area). *Wuhan ta-hsueh hsueh-pao*, 4 (1978), pp. 77~80.

萧致治. 汉口租界. 见：武汉大学学报, 1978, 4: 77~80

——, "Wu-han ma-t'ou kung-jen ko-ming tou-cheng shih" (The revolutionary struggles of Wuhan dockworkers), unpublished discussion paper, 1972.

武汉码头工人革命斗争史. 未发表的讨论文章. 1972

Hsiao, Kung-chuan, *Rural China: Imperial Control in the Nineteenth Century*. Seattle, 1960.

萧公权. 乡土中国：19 世纪的专制统治. 西雅图. 1960

Hsiao Yao-nan, *Hu-pei ti-fang chi-yao* (Outline of river control works in Hupeh), 1924.

萧耀南. 湖北堤防纪要. 1924

Hsien-chuang-i-kung nien-p'u (Chronological biography of Yü-t'ai), ca. 1865.

裕庄毅公年谱. 约 1865

Hsü Huan-t'ou, ed., *Han-k'ou hsiao-chih* (Brief gazetteer of Hankow), 1914.

徐焕斗. 汉口小志. 1914（当作 1915——译者）

Hsü Jun, *Hsu Yü-chai tzu-hsu nien-p'u* (Autobiography of Hsü Jun), Shanghai, 1910.

徐润. 徐愚斋自叙年谱. 上海. 1910

Hsü Ta-ling, *Ch'ing-tai chüan-na chih-tu* (The system of sales of official ranks and degrees in the Ch'ing period), *Yen-ching hsueh-pao*. Special Issue 22 (1950).

徐大龄. 清代捐纳制度. 见：燕京学报. 22 (1950)

Hu Chao-ch'un, *Hu-shih i-shu* (Surviving works of Hu Chao-ch'un), ca. 1915.

胡兆春. 胡氏遗书. 1915

Hu Chao-hsi, *Chang Hsien-chung t'u-Shu k'ao-pien* (An investigation of Chang

Hsien-chung's butchery of Szechwan), Chengtu, 1980.

胡昭曦. "张献忠屠蜀"考辨：兼析湖广填四川. 成都, 1980

Hu Lin-i, *Hu wen-chung-kung i-chi* (Complete works of Hu Lin-i), 1866; repr. Taipei, 1972.

胡林翼. 胡文忠公遗集, 1866；台北, 1972

——, *Hu wen-chung-kung i-chi* (Complete works of Hu Lin-i), 1875.

胡文忠公遗集. 1875

"Hu-pei Han-k'ou-chen chieh-tao t'u" (Street map of Hankow), 1877.

湖北汉口镇街道图. 1877

Hu-pei t'ung-chih (Consolidated gazetteer of Hupeh), 1920.

湖北通志. 1920

"Hu-pei t'ung-chih chih-yü" (Collected materials for a prospective Hupeh provincial gazetteer), comp. HungLiang-p'in, manuscript, ca. 1885.

湖北通志志余. 稿本. 约 1885

Hu-pu tse-li (Statutes and precedents of the Board of Revenue), 1865; repr. Taipei, 1972.

户部则例, 1865；台北, 1972

Huc, M., *A Journey Through the Chinese Empire*, New York. 1859.

胡克. 中华帝国旅行记. 纽约, 1859

Hung Liang-chi, *Ch'ien-lung fu-t'ing-chou-hsien t'u-chih* (Atlas of administrative units under the Ch'ien-lung reign), 1803.

洪亮吉. 乾隆府、厅、州、县图志. 1803

Hung-shan-miao Lo-shih tsung-p'u (Genealogy of the Lo clan of Hung-shan-miao), 1918.

洪山庙罗氏宗谱. 1918

Imahori Seiji, *Chūgoku no shakai kōzō* (Chinese social structure), Tokyo, 1953.

今堀诚二. 中国的社会构造. 东京, 1953

——, "Shindai ni okeru goka no kindaika no hasu" (The modernization of business partnerships in the Ch'ing period), *Tōyōshikenkyū*, 17, no. 1 (1956), pp. 1~49.

清代合伙的现代化倾向——以"东"、"伙"分化形态为重点. 见：东洋史研究, 17（1）. 1956：1~49

Inspectorate General of Customs, *Chinese Life-boats, Etc.*, Special Series No. 18, Shanghai, 1893.

海关总税务司. 中国的救生艇及其他. 见：海关系列专刊（18），上海，1893

——, *Customs Rules and Regulations for the Shipment and Discharge of Cargo, and Harbour and Pilotage Regulations in Force at the Treaty Ports.* Customs Papers No. 5, Shanghai, 1876.

海关法令与规章：关于通商口岸货物的装运、课税以及港口的停泊与领航. 见：海关公报（5）. 上海，1876

——, *Decennial Reports, 1882—1892,* Shanghai, 1893.

十年报告, 1882—1992. 上海, 1893

——, *Reports of the Commissioners of Customs on the Practices at Each Port in the Matter of Privileges Conceded and the Facilitation of Business Generally*, Office Series No. 8, Shanghai, 1876.

有关通商口岸租界当局之特权事务及其贸易促进活动的报告. 见：海关系列专刊（8），上海，1876

——, *Reports on the Haikwan Banking System and Local Currency at the Treaty Ports*, Office Series No. 13, Shanghai, 1878.

关于通商口岸海关金融制度和地方货币的报告. 见：海关系列专刊（13），上海，1878

——, *Reports on Trade at the Ports in China Open by Treaty to the Foreign Trade*, Shanghai, 1865—1889.

中国通商口岸对外贸易报告. 上海. 1865—1889

——, *Salt, Production and Taxation*, Office Series No. 81, Shanghai, 1906.

食盐生产与税收. 见：海关系列专刊（81），上海，1906

——, *Tea, 1888*, Special Series No. 11, Shanghai, 1889.

茶，1888年. 见：海关系列专刊（11），上海，1889

I-wen-lu, Shanghai, 1879—1899.

益闻录. 上海，1879—1899

Jardine, Matheson and Co., Archives, University Library, Cambridge University.

怡和洋行档案,剑桥大学,大学图书馆

John, Griffith, *A Voice from China*, London, 1907.

杨格非. 来自中国的声音. 伦敦, 1907

Jones, Susan Mann, "Finance in Ningpo: The 'Ch'ien Chuang,' 1750 – 1880," in W. E. Willmott, ed., *Economic Organization in Chinese Society*, Stanford, 1972, pp. 47~77.

琼斯. 宁波的金融业:"钱庄", 1750—1880. 见:威尔穆特主编. 中国社会中的经济组织. 斯坦福, 1972. 47~77

——, "*The Ningpo Pang* and Financial Power at Shanghai," in Mark Elvin and G. William Skinner, eds., *The Chinese City Between Two Worlds*, Stanford, 1974, pp. 73~96.

宁波帮及其在上海的金融势力. 见:伊懋可、施坚雅主编. 两个世界之间的中国城市. 斯坦福, 1974. 73~96

Katō Shigeshi, "On the Hang, or the Associations of Merchants in China," *Memoirs of the Research Department of the Tōyō Bunko*, 8 (1936), pp. 65~80.

加藤繁. 中国商人的"行"或"会". 见:东洋文库研究部论文集(8), 1936. 65~80

Kennedy, Thomas L., "Chang Chih-tung and the Struggle for Strategic Industrialization: The Establishment of the Hanyang Arsenal, 1884 – 1895," *Harvard Joumal of Asiatic Studies*, 33 (1973), pp. 154~182.

肯尼迪. 张之洞与战略工业化的努力:汉阳兵工厂的建立, 1884—1895. 见:哈佛亚洲研究学报 (33), 1973. 154~182

Kitamura Hironao, "Shindai no shōnin shichō ni tsuite" (On commercial markets in the Ch'ing period), *Keizaigaku zasshi*, 28, no. 3 (1952), pp. 1~19.

北村敬直. 关于清代的商品市场. 见:经济学杂志, 28 (2). 1953: 1~19

Kokuryūkai, comp., *Tōa senkaku shishi kiden* (Records and biographies of pioneer East Asian patriots), Tokyo, 1933, repr. Tokyo, 1966.

黑龙会编写. 东亚先觉世系记. 东京, 1933 年;东京, 1966

Kosaku Torizō, *Chūgoku bōeki kikō no kenkyū* (A study of the commercial structure of China), Tokyo, 1949.

上坂西三. 中国商业结构研究. 东京, 1949

Kuan-ch'iao Ling-shih tsung-p'u (Genealogy of the Ling clan of Kuan-ch'iao), 1883.

官桥凌氏宗谱. 1883

Kuang-hsü Hu-pei yü-ti chi (Atlas of Hupeh in the Kuang-hsü reign), 1894.

光绪湖北舆地志. 1894

Kuei-shih tsung-p'u (Genealogy of the Kuei clan), 1935.

桂氏宗谱. 1935

Lapidus, Ira Marvin, *Muslim Cities in the Later Middle Ages*, Cambridge, Mass., 1967.

拉皮杜斯. 中世纪晚期的穆斯林城市. 马萨诸塞州, 坎布里奇, 1967

Latourette, Kenneth Scott, *The History of Christian Missions in China*, New York, 1929.

拉特瑞特. 中国基督教传教史. 纽约, 1929

Lettres édifiantes et curieuses, écrites des missions étrangères, Vols. 9~13: *Mémoires de la Chine*, Lyon, 1819.

耶稣会士书简集 (9~13). 见: 中国杂纂. 里昂, 1819

Levy, Marion J., Jr., and Shih Kuo-heng, *The Rise of the Modern Chinese Business Class*, New York, 1949.

利维, 石坤寒. 现代中国商人阶层的兴起. 纽约, 1949

Lewis, Charlton M., *Prologue to the Chinese Revolution: The Transformation of Ideas and Institutions in Hunan Province, 1891–1907*, Cambridge, Mass., 1976.

刘易斯. 中国革命的序曲: 1891—1907年湖南省思想与制度的转变. 马萨诸塞州, 坎布里奇, 1976

Li Han-chang, *Ho-fei Li chin-k'o-kung cheng-shu* (Political writings of Li Han-chang), 1900.

李瀚章. 合肥李勤恪公政书. 1900

Li Shao-ling, *Wu-han chin-his t'an* (Wuhan past and present),

Wuhan, 1957.

黎少岑. 武汉今昔谈. 武汉, 1957

Li-tai chih-kuan piao (Schedule of official posts under the successive dynasties), 1780; repr. Taipei, 1965.

历代职官表. 1780. 台北, 1965

Liang-Huai yen-fa chih (Gazetteer of the salt administration of Liang-Huai), 1905.

两淮盐法志. 1905

Lin Tse-hsü, *Lin Tse-hsü chi: jih-chi* (Collected works of Lin Tse-hsu: diary), Peking, 1962.

林则徐. 林则徐集·日记. 北京, 1962

——, *Lin Tse-hsü chi: kung-tu* (Collected works of Lin Tse-hsu: official proclamations), Peking, 1963.

林则徐集·公牍. 北京, 1963

——, *Lin wen-chung-kung cheng-shu* (Political writings of Lin Tse-hsu), Taipei, 1965.

林文忠公政书. 台北, 1965

Little, Archibald john, The Far East, London, 1905.

里德. 远东. 伦敦, 1905

——, *Through the Yangtze Gorges*, London, 1898.

轻舟过三峡. 伦敦, 1898

Liu, Kwang-Ching, *Anglo-American Steamship Rivalry in China, 1862–1874*, Cambridge, Mass., 1962.

刘广京. 英美轮船业在中国的竞争, 1862—1874 年. 马萨诸塞州, 坎布里奇, 1962

Liu-shih tsung-p'u (Genealogy of the Liu clan), 1924.

刘氏宗谱. 1924

Liu-shih tsung-p'u (Genealogy of the Liu clan), 1932.

刘氏宗谱. 1932

Liu, Ts'ui-jung, *Trade on the Han River and Its Impact on Economic Development, c. 1800–1911*, Taipei, 1980.

刘翠溶. 汉水贸易及其对经济发展的影响, 1800—1911. 台北, 1980

Liu Wen-tao, *Han-k'ou-shih chien-she kai-k'uang* (Outline history of the municipality of Hankow), Hankow, 1930.

刘文岛. 汉口市建设概况. 汉口, 1930

London Missionary Society, Archives, School of Oriental and African Studies, London.

伦敦布道会档案. 伦敦, 亚非学院

——, *First Report of the Hankow Hospital, in Connection with the London Missionary Society*, Hankow, 1868.

汉口医院之首次报告, 致伦敦总会. 汉口, 1868

——, *Report of the London Mission Hospital at Hankow*, Hankow, reports for *1877-1878, 1882-1883, 1883-1885,* and *1887-1888*.

汉口伦敦布道会医院的报告. 汉口, 1877—1878, 1882—1883, 1883—1885, 1887—1888

Lu Chien-ying, *Lu wen-chieh-kung tsou-I* (Memorials of Lu Chien-ying), Taipei, n. d.

陆建瀛. 陆文节公奏议. 台北, 未著出版日期

Ma, Lawrence J. C., *Commercial Development and Urban Change in Sung China (966-1279)*, Ann Arbor, 1971.

马. 宋代中国的商业发展与城市变迁 (966—1279). 安阿伯, 1971

McElderry, Andrea Lee, *Shanghai Old-Style Banks (Ch'ien-chuang) 1800-1935*, Ann Arbor, 1976.

麦克埃德里. 上海钱庄, 1800—1935. 安阿伯, 1976

MacGillivray, D., *A Century of Protestant Missions in China*, Shanghai, 1907.

麦克吉尔威利 (季斐理). 中国新教传播一百年. 上海, 1907

MacGowan, D. J., "Chinese Guilds," *Journal of the North China Branch of the Royal Asiatic Society*, 21, no. 3 (1886), pp. 133~192.

马克格万. 中国行会. 见: 皇家亚洲学会华北分会学报, 21 (3). 1886: 133~192

Margary, Augustus Raymond, *Notes of a Journey from Hankow to Ta-Li-Fu*,

Shanghai, 1875.

马杰利. 从汉口到大理的旅行笔记. 上海, 1875

Mayers, W. F., N. B. Dennys, and C. King, *The Treaty Ports of China and Japan: A Complete Guide*, London, 1867.

迈耶, 丹尼斯, 金. 中国与日本的通商口岸大全. 伦敦, 1867

Melson, Robert, and Howard Wolpe, "Modernization and the Politics of Communalism: A Theoretical Perspective," *American Political Science Review*, 64 (December 1970), pp. 1112~1130.

梅尔森, 沃尔普. 现代化和地方自治主义政治: 理论探索. 见: 美国政治学评论. (64). 1970, 12: 1112~1130

Metzger, Thomas, "The State and Commerce in Imperial China," *Asian and African Studies*, 6 (1970), pp. 23~46.

墨子刻. 中华帝国晚期的国家与商业. 见: 亚非研究. (6). 1970: 23~46

——, "T'ao Chu's Reform of the Huaipei Salt Monopoly," *Papers on China*, 16 (1962), pp. 1~39.

陶澍对淮北食盐专卖制度的改革. 见: 中国论丛. (16). 1962: 1~39

Ming-Ch'ing Archives (Number One Historical Archives), Peking.

明清档案. 中国第一历史档案馆, 北京

"Chu-p'i tsou-che, nei-cheng" (Palace memorials, internal bureaucratic matters).

朱批奏折·内政

"Chu-p'i tsou-che, nung-min yün-tung" (Palace memorials, peasant movements).

朱批奏折·农民运动

"Chu-p'i tsou-che, ts'ai-cheng" (Palace memorials, fiscal administration).

朱批奏折·财政

"Hsing-k'o t'i-pen" (Routine memorials, Board of Punishments).

刑科题本

"Kung-k'o t'i-pen" (Routine memorials. Board of Works).

工科题本

"Sui-shou teng-chi"(Records of imperial correspondence).
岁收登记

Mizuno Kōkichi, *Kankō* (Hankow), Tokyo, 1907.
水野幸吉. 汉口. 东京, 1907

Morita Akira, *Shindai suirishi kenkyū* (Studies on the history of water conservancy in the Ch'ing period), Tokyo, 1974.
森田明. 清代水利史研究. 东京, 1974

——, "'Shōku henran'ni tsuite" (On Chinese merchant guides), *Fukuoku daigaku kenkyūjohō*, 16 (1972), pp. 1~28.
关于中国的商业行会. 见: 富国大学研究年报. (16). 1972: 1~28

Morse, Hosea Ballou, *The Gilds of China*, London, 1909.
马士. 中国的行会. 伦敦, 1909

——, *The Trade and Administration of China*, New York, 1908.
中国的贸易与行政. 纽约, 1908

Mote, F. W., "The Transformation of Nanking, 1350-1400," in G. William Skinner, ed.. *The City in Late Imperial China*, Stanford, 1977, pp. 101~154.
牟复礼. 南京的变迁, 1350—1400. 见: 施坚雅主编. 中华帝国晚期的城市. 斯坦福, 1977: 101~154

Moulder, Frances, *Japan, China, and the Modern World Economy*, Cambridge, 1977.
莫德. 日本、中国与现代世界经济. 英国, 剑桥, 1977

Murphey, Rhoads, "The City as a Center of Change: Western Europe and China," *Annals of the Association of American Geographers*, 44 (1954), pp. 349~362.
墨菲. 作为变化中心的城市: 西欧和中国. 见: 美国地理学家协会年鉴. (44). 1954: 349~362

——, *The Outsiders: The Western Experience in India and China*, Ann Arbor, 1977.
局外人: 西方人在印度与中国的经历. 安阿伯, 1977

——, *Shanghai: Key to Modern China*, Cambridge, Mass., 1953.
上海: 现代中国的钥匙. 马萨诸塞州, 坎布里奇, 1953

——, *The Treaty Ports and China's Modernization: What Went Wrong?* Ann Ar-bor, 1970.

通商口岸与中国现代化：错在何处. 安阿伯, 1970

Myers, Ramon, "Merchants and Economic Organization During the Ming and Ch'ing Period: A Review Article," *Ch'ing-shih wen-t'i*, 3, no. 2 (December 1974), pp. 77~93.

马若孟. 明清时期的商人和经济组织. 见：清史问题, 3（2）. 1974, 12：77~93

Nakamura Jihei, "Shindai Kokō bei no ryūtsū no ichimen" (One aspect of the Circulation of Hukwang rice during the Ch'ing), *Shakai keizai shigaku*, 18, no. 3 (1952), pp. 53~65.

中村治兵卫. 清代湖广米粮流通的一个方面. 见：社会经济史学, 18（3）. 1952：53~65

Negishi Tadashi, *Baiban seido no kenkyū* (A study of the compradore system), Tokyo, 1948.

根岸佶. 买办制度研究. 东京, 1948

——, *Chūgoku no girudo* (Chinese guilds), Tokyo, 1953.

中国的行会. 东京, 1953

——, *Shina no girudo no kenkyū* (A study of Chinese guilds), Tokyo, 1938.

中国行会研究. 东京, 1938

Niida Noboru, "Shindai no Kankō San-Sensei kaikan to San-Sensei hō" (*Shansi* and Shensihui-kuan and guilds at Hankow during the Ch'ing dynasty), *Shakai keizai shigaku*, 13, no. 6 (September 1943), pp. 497~518.

仁井田陞. 清代汉口的山陕西会馆与山陕西行会. 见：社会经济史学, 13（6）. 1943, 9：497~518

Nishin bōeki kenkyūjo, *Shinkoku tsūshō soran* (Guide to Chinese commerce), Shanghai, 1892.

日清贸易研究所. 清国商事指南. 上海, 1892

Nishizato Yoshiyuki, "shinmatsu no Nimbo shōnin ni tsuite-Sekkō zaibatsu no naritachi ni kansuru" (On the Ningpo merchants in the late Ch'ing: an investigation into the origins of the Chekiang financial clique), *Tōyōshi kenkyū*, 26, nos. 1 and 2 (1967), pp. 1~29, 71~89.

西里善行，关于清末的宁波商人——浙江财团的起源研究. 见：东洋史研究，26 (1, 2). 1967：1~29，71~89

North-China Daily News, Shanghai, 1869–1879.

字林西报. 上海，1869—1879

North-China Herald, Shanghai, 1858–1890.

北华捷报. 上海，1858—1890

Oliphant, Laurence, *Narrative of the Earl of Elgin's Mission to China and Japan in the Years 1857, '58,' 59*, New York, 1860.

奥利分特. 1857—1859 年额尔金伯爵出使中国、日本纪行. 纽约，1860

Oxenham, E. L., "History of Han Yang and Hankow," *China Review*, 1, no. 6 (1873), pp. 283~284.

欧克森汉姆. 汉阳与汉口的历史. 见：中国评论，1 (6). 1873：283~284

——, *On the Inundations of the Yangtze-Kiang*, London, 1875.

扬子江的水灾. 伦敦，1875

P'an Hsin-tsao, *Wu-han-shih chien-chih yen-ko* (The founding and history of Wuhan), Wuhan, 1956.

潘新藻. 武汉市建制沿革. 武汉，1956

P'an Lei, *Sui-ch'u-t'ang chi* (Collected writings from the Sui-ch'u studio), n. d.

潘耒. 遂初堂集. 无出版日期

Pao Shih-ch'en, *An-Wu ssu-chung* (Four strategies for the pacification of Kiangsu), 1846.

包世臣. 安吴四种. 1846

Parker, E. H., *China: Her History, Diplomacy, and Commerce*, London, 1901.

帕克. 中国：她的历史、外交与商业. 伦敦，1901

——, "The Hankow Dialect," *China Review*, 3, no. 5 (1875), p. 308.

汉口方言. 见：中国评论，3 (5). 1875：308

P'eng Tse-i, "Ch'ing-tai ch'ien-ch'i shou-kung-yeh te fa-chan" (The development of handicrafts the early ch'ing), *Chung-kuo shih yen-chiu*, 1981, no. 1, pp. 43~60.

彭泽益. 清代前期手工业的发展. 见：中国史研究, 1981, 1: 43~60

——, *Chung-kuo chin-tai shou-kung-yeh shih tzu-liao, 1840－1949* (Materials on the history of modern Chinese handicrafts, 1840－1949), Peking, 1957.

中国近代手工业史资料, 1840~1949. 北京, 1957

——, "Shih-chiu shih-chi hou-ch'i Chung-kuo ch'eng-shih shou-kung-yeh shang-yeh hang-hui te ch'ung-chien ho tso-yung" (The reestablishment and functions of Chinese urban handicraft and commercial guilds in the second half of the nineteenth century), *Li-shih yen-chiu*, 1965, no. 1, pp. 71~102.

19世纪后期中国城市手工业商业行会的重建和作用. 见：历史研究, 1965 (1): 71~102

P'eng Yü-hsin, "Ch'ing-mo chung-yang yü ko sheng ts'ai-cheng kuan-his" (Fiscal relations between the central and provincial governments in the late Ch'ing), *She-hui k'o-hsueh tsa-chih*, 1946; repr. in *Chung-kuo chin-tai-shih lun-ts'ung* (Essays on modern Chinese history), vol. 2, no. 5, Taipei, 1962, pp. 3~45.

彭雨新. 清末中央与各省财政关系. 见：社会科学杂志, 1946; 重刊于：中国近代史论丛, 2 (5). 台北, 1962: 3~45

——, "K'ang-Jih chan-cheng ch'ien Han-k'ou yang-hang ho mai-pan" (Foreign firms and compradores at Hankow before the War of Resistance to Japan), *Li-tun chan-hsien*, February 1959. pp. 22~29.

抗日战争前汉口洋行和买办. 见：理论战线, 1959, 2: 22~29

Percival, William Spencer, *The Land of the Dragon: My Boating and Shooting Excursions to the Gorges of the Upper Yangtze*, London, 1889.

柏西文. 龙的土地：轻舟过三峡. 伦敦, 1889

P'i Ming-hsiu, "Wu-ch'ang shou-i chung te Wu-Han shang-hui ho shang-t'uan" (The merchant associations and merchant militia of Wuchang and Hankow during the Wuchang Uprising), *Li-shih yen-chin* 1982, no. 1, pp. 57~71.

皮明庥. 武昌首义中的武汉商会和商团. 见：历史研究, 1982, 1: 57~71

Pien Pao-ti, *Pien chih-chün tsou-i* (Memorials of Pien Pao-ti), 1894.

卞宝第:《卞制军奏议》,1894

Pirenne, Henri, *Medieval Cities: Their Origins and the Revival of trade*, Princeton, 1969.

皮雷纳. 中世纪城市:其起源与贸易复兴. 普林斯顿,1969

Present Day Impressions of the Far East and Prominent and Progressive Chinese at Home and Abroad, London, 1917.

今日远东印象及海内外杰出的中国革命党人. 伦敦,1917

Rawski, Evelyn Sakakida, *Agricultural Change and the Peasant Economy of South China*, Cambridge, Mass., 1972.

罗斯基. 华南农业的变化与农民经济. 马萨诸塞州,坎布里奇,1972

Rhoads, Edward, "Merchant Associations in Canton, 1895-1911," in Mark Elvin and G. William Skinner, eds., *The Chinese City Between Two Worlds*, Stanford, 1974, pp. 97~118.

罗兹. 广州的商会:1895—1911. 见:伊懋可、施坚雅主编. 两个世界之间的中国城市. 斯坦福,1974:97~118

Richtofen, Ferdinand von, *Letters, 1870-1872*, Shanghai, n. d.

罗淑亚. 书简,1870—1872. 上海,未著日期

Robson, William, *Griffith John, Founder of the Hankow Mission*, New York, n. d.

罗伯逊. 杨格非:汉口传教事业的奠基人. 纽约,未著日期

Rörig, Fritz, *The Medieval Town*, Berkeley, 1967.

罗杰. 中世纪城镇. 伯克利,1967

Rowe, William T., "Rebellion and Its Enemies in a Late Ch'ing City: The Hankow Plot of 1883," in Tang Tsou, ed., *Political Leadership and Social Change in China: Select Papers from the Center for Far Eastern Studies*, 4, Chicago, 1979-1980, pp. 71~111.

罗威廉. 晚清城市中的叛乱及其敌人:1883年汉口的密谋. 见:邹谠主编. 中国的政治领导层与社会变迁:远东研究中心论文集(4). 芝加哥,1979—1980:71~111

——, "Urban Control in Late Imperial China: The Pao-chia System in Hankow," in Joshua A. Fogel and William T. Rowe, eds., *Perspectives on a Changing*

China: Essays in Honor of Professor C. Martin Wilbur. Boulder, Colo., 1979, pp. 89~112.

中华帝国晚期的城市控制：汉口的保甲体系．见：福格尔、罗威廉主编．中国巨变透视——C・马丁・韦伯教授纪念论文集．科罗拉多，博尔德，1979：89~112

Roxby, Percy M., "Wu-Han: The Heart of China," *Scottish Geographical Magazine*, 32 (1916), pp. 266~279.

罗塞比．武汉：中国的心脏．见：苏格兰地理杂志（32）．1916．266~279

Rozman, Gilbert, *Urban Networks in Ch'ing China and Tokugawa Japan*, Princeton, 1973.

路兹曼．中国清代和日本德川时期的城市网络．普林斯顿，1973

Rudolph, Lloyd I., and Suzanne Hoeber Rudolph, *The Modernity of Tradition: Political Development in India*, Chicago, 1967.

罗德夫夫妇．传统的现代性：印度的政治发展．芝加哥，1967

Saeki Tomi, *Chūgokushi kenkyū* (Studies in Chinese History), vol. 2, Kyoto, 1971.

佐伯富．中国史研究（2）．京都，1971

——, *Shindai ensei no kenkyū* (A study of the Ch'ing salt administration), Kyoto, 1956.

清代盐政研究．京都，1956

——, "Shindai ni okeru Sansei shōnin" (The Shansi merchants in the Ch'ing dynasty), *Shirin*, 60, no. 1 (January 1977), pp. 1~14.

清代的山西商人．见：史林，60（1）．1977，1：1~14

Shen-pao, Shanghai, 1872–88; repr. Taipei, 1964.

申报．上海，1872—1888；台北，1964

Shiba Yoshinobu, "Chūgoku toshi o meguru kenkyū gaikyō-hōseishi o chūshin ni" (A survey of studies on Chinese cities, with emphasis on legal history), *Hōsei shi kenkyū*, 23 (1974), pp. 185~206.

斯波义信．中国城市的研究概况——以法制史为中心．见：法制史研究（23）．1974：185~206

―――, *Commerce and Society in Sung China*, ed. Mark Elvin, Ann Arbor, 1970.

宋代商业和社会. 伊懋可译. 安阿伯, 1970

―――, "Ningpo and Its Hinterland," in G. William Skinner, ed., *The City in Late Imperial China*, Stanford, 1977. pp. 391~440.

宁波及其腹地. 见: 施坚雅主编. 中华帝国晚期的城市. 斯坦福, 1977: 391~440

―――, "Urbanization and the Development of Markets in the Lower Yangtze Valley," in John Winthrop Haeger, ed., *Crisis and Prosperity in Sung China*, Tucson, 1975, pp. 13~48.

长江下游河谷平原的城市化与市场发展. 见: 海格主编. 宋代中国的兴衰. 图克逊, 1975: 13~48

Shigeta Atsushi, "Shinsho ni okeru Konan beishichō no ikkōsatsu" (An investigation of Hunan rice markets in the early Ch'ing), *Tōyō bunka kenkfyūjo kiyo*, 10 (November 1956), pp. 427~498.

重田德. 关于清初湖南米市场的一点考察. 见: 东洋文化研究所纪要 (10). 1956, 11: 427~498

Shimizu Taiji, *Shina no kazoku to sonraku* (Kinship and village in China), Tokyo, 1928.

清水泰次. 中国的家族与村落. 东京, 1928

Simon, G-Eugène, *La Cité chinoise*, Paris, 1885.

西蒙. 中国的城市. 巴黎, 1885

Sjoberg, Gideon, *The Preindustrial City*, New York, 1960

斯杰伯格. 前工业化城市. 纽约, 1960

Skinner, G. William, ed., *The City in Late imperial China*, Stanford, 1977.

施坚雅. 中华帝国晚期的城市. 斯坦福, 1977

―――, "Marketing and Social Structure in Rural China," Parts 1 and 2, *Journal of Asian Studies*, 24 (1964-1965), pp. 3~44, 195~228.

中国农村的市场和社会结构 (1, 2). 见: 亚洲研究学报 (24). 1964-1965: 3~44, 195~228

―――, "Mobility Strategies in Late Imperial China: A Regional Systems Analysis," in Carol A. Smith, ed., *Regional Analysis*, New York, 1976, vol. 1, pp. 327~364.

中华帝国晚期的迁移策略：一个区域体系的分析. 见：史密斯主编. 区域分析. 纽约，1976，1（1）：327~364

Smith, F. Porter, *The Rivers of China*, Hankow, 1869.

史密斯. 中国的江河. 汉口，1869

Stinchcombe, Arthur L., "Social Structure and Organizations," in James G. March, ed., *Handbook of Organizations*, New York, 1965, pp. 142~193.

斯蒂奇考伯. 社会结构和组织. 见：马奇主编. 组织手册. 纽约，1965：142~193

Su Yün-feng, "Chung-kuo chin-tai-hua chih ch'u-yü yen-chiu: Hu-pei sheng" (A regional study of China's modernization: Hupeh province). First year's report (1974), second year's report (1975), third years report (1976). Manuscripts prepared for the Regional Modernization Project, Institute of Modern History, Academia Sinica, Taipei.

苏云峰. 中国近代化之区域研究，湖北省. 第一次年度报告（1974），第二次年度报告（1975），第三次年度报告（1976）. 向台北"中央研究院"近代史研究所提交的"区域现代化项目"前期研究成果

——, *Chung-kuo hsien-tai-hua ch'u-yü yen-chiu: Hu-pei sheng 1860－1916* (Modernization in China, 1860－1916: A regional study of social, political, and economic change in Hupeh Province), Taipei, 1981.

中国现代化区域研究：湖北省，1860—1916. 台北，1981

Ta Ch'ing hui-tien (Institutes of the Ch'ing dynasty), 1899.

大清会典. 1899

Ta Ch'ing hui-tien shih-li (Institutes and precedents of the Ch'ing dynasty), 1899.

大清会典事例. 1899

Ta Ch'ing lü-li (Statutes and precedents of the Ch'ing dynasty), 1870.

大清律例. 1870

Ta Ch'ing lü-li hui-chi pien-lan (Guide to the statutes and precedents of the Ch'ing dynasty), 1888.

大清律例汇集便览. 1888

T'an Chün-p'ei, *T'an chung-cheng tsou-kao* (Draft memorials of T'an Chlin-p'ei), 1902.

谭钧培. 谭中丞奏稿. 1902

Teng T'o, *Lun Chung-kuo li-shih chi-ko wen-t'i* (On several problems in Chinese history), 2d ed., Peking, 1979.

邓拓. 论中国历史几个问题. (2). 北京, 1979

Terada Takanobu, *Sansei shōnin no kenkyū* (A study of the Shansi merchants), Kyoto, 1972.

寺田隆信. 山西商人研究. 京都, 1972

Thompson, R.W., *Criffith John, the Story of Fifty Years in China*, New York, 1908.

汤普森. 约翰·格利菲思 (杨格非) 在华五十年. 纽约, 1908

Thrupp, Sylvia, *The Merchant Class of Medieval London*, Ann Arbor, 1962.

斯瑞普. 中世纪伦敦的商人阶层. 安阿伯, 1962

The Times, London. 1855–1889.

时代. 伦敦, 1855—1889

Tōa dōbunkai, *Shina keizai zensho* (Complete handbook of the Chinese economy), Osaka, 1908–1909.

东亚同文会. 支那经济全书. 大阪, 1908—1909

Tōa dōbunkai chōsa hensambu, *Shina kaikōjo shi* (Guide to the open ports in China), Shanghai, 1924.

东亚同文会调查编纂部. 支那开埠志. 上海, 1924

Tou Chi-liang, *T'ung-hsiang tsu-chih chih yen-chiu* (A study of local origin organizations), Chungking, 1946.

窦季良. 同乡组织之研究. 重庆, 1946

Trewartha, Glenn T., "Chinese Cities: Origins and Functions," *Annals of the Association of American Geographers*, 42 (1952), pp. 69~93.

特雷沃思. 中国城市: 起源与功能. 见: 美国地理学家协会年鉴. (42) 1952: 69~93

Ts'ai I-ch'ing (Ts'ai Fu-ch'ing), "Hsien-hua Han-k'ou" (Leisurely chats about Hankow), series of twelve articles, *Hsin-sheng yuch-k'an*, vol. 5, no. 5, through vol. 6, no. 6 (dates unknown).

蔡乙青（蔡辅卿）. 闲话汉口. 新生月刊. 5 (5) — (6)

Tseng Kuo-ch'üan, *Tseng chung-hsiang-kung tsou-I* (Memorials of Tseng Kuo-chüan), 1903.

曾国荃. 曾忠襄公奏议. 1903

Tsungli yamen, Archives, Institute of Modern History, Academia Sinica, Taipei.

总理衙门档案. 台北. "中央研究院" 近代史研究所

"Hu-pei Che-chiang Feng-t'ien Fa-Ying-Mei-O chiao-pu" (Negotiations with the French, British, Americans, and Russians in Hupeh, Chekiang, and Feng-tien), A-7-3.

湖北、浙江、奉天法英美俄交簿

"Hu-pei chiao-she O-jen i-wei-chieh ko-an" (Resolved and unresolved cases of negotiations with Russians in Hupeh). A-7-5.

湖北交涉俄人已未结各案

"Hu-pei Han-k'ou O-shang pei-p'ien" (The defrauding of a Russian merchant at Hankow, Hupeh), A-7-5.

湖北汉口俄商被骗

"Hu-pei Han-k'ou Ying-kuo tsu-ti an" (Cases regarding property leased by Britain in Hankow, Hupeh), A-9-1.

湖北汉口英国租地案

"Hu-pei Ying-jen chiao-she" (Negotiations with British subjects in Hupeh), A-7-2.

湖北英人交涉

Tu Li, "Ya-p'ien chan-cheng ch'ien Shang-hai hang-hui hsing-chih chih shan-pien" (Changes in the character of Shanghai guilds before the Opium War). paper presented to the Conference on the Sprouts of Chinese Capitalism, Nanking, May 1981.

杜黎. 鸦片战争前上海行会性质之嬗变. 提交给"中国资本主义萌芽讨论会"的论文. 南京, 1981, 5

Uchida Naosaku, "Baiban seido no kenkyū" (A study of the compradore system), *Shina kenkyū*, 48 (1938), pp. 1~22.

内田直作. 买办制度研究. 见：支那研究 (48) 1938：1~22

——, "Chūgoku ni okeru shōgyō chitsujo nokiso-gakō seido no saikentō" (The foundation of China's commercial structure: a reexamination of the brokerage system), *Hitotsubashi ronsō*, 22, no. 2 (August 1949), pp. 49~73.

中国商业结构之基础——牙行制度之再检讨. 见：一桥论丛. 22（2）. 1949，8：49~73

——, "Yōkō seido no kenkyū" (A study ot the foreign-firm system), *Shina kenkyū*, 50 (1939), pp. 187~212.

洋行制度研究. 见：支那研究 (50) 1939：187~212

United States Consulate at Hankow, *Despatches from United States Consuls in Hankow, 1861－1906*. File Microcopies of Records in the National Archives, No. 107, Washington, 1947.

美国驻汉口领事馆. 来自美国驻汉口领事馆的电讯. 1861—1906. 美国国家档案馆缩微胶卷资料（107）. 华盛顿，1947

——, Post Records, U. S. National Archives. Washington.

公文快报. 华盛顿. 美国国家档案馆

Waley, Daniel, *The Italian City-Republics*, New York, 1969.

沃利. 意大利的城市共和国. 纽约，1969

Wang Chia-pi, "Pien-nien wen-kao" (Chronological draft correspondence notebooks), manuscript. 1844－1882.

王家璧. 编年文稿. 稿本. 1844—1882

Wang Feng-sheng, *Ch'u-pei Chiang-Han hsuan-fang pei-lan* (Survey of Yangtze and Han River conservancy works in Hupeh), 1832.

王凤生. 楚北江汉宣防备览. 1832

Wang Pao-hsin, *Chi Han-k'ou ts'ung-t'an* (Continuation of the Hankow compendium), 1916; repr. Wuchang, 1932.

王葆心. 续汉口丛谈. 1916；武昌，1932

Wang Yün-wu, ed., *Tao-Hsien-T'ung-Kuang ssu-ch'ao tsou-I* (Memorials from the Tao-kuang, Hsien-feng, T'ung-chih, and Kuang-hsu reigns). Taipei, n. d.

王云五主编. 道咸同光四朝奏议. 台北，未著出版日期

Weber, Max, *The City*, NewYork, 1958. Original German edition 1921

韦伯. 城市. 纽约, 1958; 1921（德文初版）

——, *From Max Weber: Essays in Sociology*, ed. H. H. Gerth and C. Wright Mills, New York, 1958.

马克斯·韦伯社会学论文集. 盖斯与利特选编. 纽约, 1958

——, *The Religion of China*, New York, 1951.

中国宗教. 纽约, 1951

——, *The Theory of Social and Economic Organization*, New York, 1964.

社会与经济组织的理论. 纽约, 1964

Wei Ch'ing-yuan and Lu Su, *Ch'ing-tai ch'ien-ch'i te shang-pan k'ung-yeh ho tzu-pen-chu-i meng-ya* (Early Ch'ing commercial mining and the sprouts of capitalism), Peking, 1981.

韦庆远, 鲁素. 清代前期的商办矿业和资本主义萌芽. 北京, 1981

Wesleyan Missionary Society, *The Five Annual Reports of the Hankow Medical Mission Hospital*, Shanghai, 1870.

卫斯理公会. 汉口教会医院五年报告. 上海, 1870

——, *Seventh Report of the Hankow Medical Mission Hospital*, Shanghai, 1872.

汉口教会医院七年报告. 上海, 1872

Williams, Samuel Wells, *The Middle Kingdom*, New York, 1883.

威廉姆斯. 中世纪王国. 纽约, 1883

——, "The Topography of Hupeh," *Chinese Repository*, 19 (1850), pp. 101~102.

湖北地形. 见: 中国知识库 (19). 1850: 101~102

Wolf, Eric R,, "Kinship, Friendship, and Patron-Client Relations in Complex Societies," in Michael Banton, ed.. *The Social Anthropology of Complex Societies*, New York, 1966, pp. 1~22.

沃尔夫. 多元社会中家族、友情及恩主与受庇护者之间的关系. 见: 班顿主编. 多元社会的社会人类学. 纽约, 1966: 1~22

Wolseley, Garnet J., *Narrative of the War with China in 1860*, London, 1862; repr. Wilmington, Del., 1972.

沃尔西里. 1860 年与中国的战争纪事. 伦敦. 1862；特拉华，威明顿. 1972

"Wu-Han ch'ing-chen ho-t'u" (Combined map of the Wu-Han cities), 1890; repr. Wuhan, 1980.

武汉城镇合图. 1890；武汉，1980

Wuhan Municipal Archives, Wuhan. Miscellaneous documents.

武汉市档案馆. 武汉. 各种混杂在一起的文件

Wuhan Municipal Commercial and Industrial Alliance, "Han-yang Ying-wu chou chu-mu shih-ch'ang shih-lüeh" (Brief history of the bamboo and timber market at Hanyang's Parrot Island), manuscript, 1964.

武汉市工商联合会. 汉阳鹦鹉洲竹木市场史略. 手稿. 1964

——, "Wu-han pai-huo-yeh te su-yüan" (Origins of Wuhan's departmentstore business), manuscript, n. d.

武汉百货业的溯源. 手稿. 未著日期

——, "Wu-han p'iao-hao chih-t'an" (A discussion of the Shansi banks of Wuhan), manuscript, 1961.

武汉票号浅谈. 手稿. 1961

——, "Wu-han-shih Wang-yü-hsia shih-p'in ch'ang yen-ko" (History of the Wang-yü-hsia food processing plant of Wuhan), manuscript, 1959.

武汉市汪玉霞食品厂沿革. 手稿. 1959

——, "Wu-han tien-tang-yeh lüeh-t'an" (A discussion of the pawnbroking business of Wuhan), manuscript, 1962.

武汉典当业略谈. 手稿. 1962

——, "Wu-han yao-ts'ai hang-yeh li-shih yen-ko" (History of the medicinal herbs trade of Wuhan), manuscript, n. d.

武汉药材行业历史沿革. 手稿. 未著日期

——, "Wu-han Yeh-k'ai-t'ai yao-tien chien-shih" (Short history of the Yeh-k'ai-t'ai medicine store of Wuhan), manuscript, n. d.

武汉叶开泰药店简史. 手稿. 未著日期

Wuhan Progressive Education Institute, *Wu-han ti-Fang li-shih chiao-ts'ai* (Teaching materials on Wuhan local history), Wuhan, 1968.

武汉教育促进会. 武汉地方历史教材. 武汉，1968

"Ya-t'ieh" (Brokerage licenses), collection located at Tōyō Bunko, Tokyo.

牙贴. 东京东洋文库收藏

Yang, Lien-sheng, "Government Control of Urban Merchants in Traditional China," *Tsinghua Journal of Chinese Studies*, 4, no. 1 (1972). pp. 186~206.

杨联陞. 传统中国对城市商业的政府控制. 见：清华中国研究学报. 4 (1) 1972：186~206

——, *Money and Credit in China*, Cambridge, Mass., 1952.

中国的货币和信贷. 马萨诸塞州，坎布里奇，1952

Yao Hsien-hao, ed., *Chung-kuo chin-tai tui-wai mao-i shih tzu-liao* (Materials on the history of China's modern foreign trade), Peking, 1962.

姚贤镐主编. 中国近代对外贸易史资料. 北京，1962

Yao-shih tsung-p'u (Genealogy of the Yao clan), 1930.

姚氏宗谱，1930

Yazaki, Takeo, *Social Change and the City in Japan: From the Earliest Times Through the industrial Revolution*, Tokyo, 1968.

矢崎赳夫. 日本社会变化与城市：从远古到工业革命. 东京，1968

Yeh-shih tsung-p'u (Genealogy of the Yeh clan), 1873.

叶氏宗谱，1873

Yeh Tiao-yüan, *Han-k'ou chu-chih tz'u* (Songs of the bamboo branches of Hankow), 1850.

叶调元. 汉口竹枝词. 1850

Yen Ssu-sheng *ch'u meng-shan fang ch'üan-chi* (Complete works from the mountain retreat of Ch'u), n. d.

晏斯盛. 楚蒙山房全集. 未著出版日期

Ying-wu-chou Hsiao-chih (Brief gazetteer of Parrot Island), ed. Hu Feng-tan, 1873.

鹦鹉洲小志. 胡凤丹编纂. 1873

Yokoyama Suguru, *Chūgoku kindaika no keizai kōzō* (The economic structure of China's modernization), Tokyo, 1972.

横山英. 中国近代化的经济结构. 东京. 1972

译校后记

我不太了解本书作者罗威廉教授与彭雨新教授交往的经过。承萧致治教授见告，1981年1月至4月间，罗威廉教授在武汉进行了为期三个月的学术访问。其间，主要是由武汉大学历史系萧致治教授（中国近代史特别是鸦片战争史专家）负责接待并为他提供了大量资料查阅的线索及其他方便。在武汉大学访问期间，罗威廉教授曾与彭雨新教授就学术问题进行过多次交流。本书出版后，1984年12月，彭先生即收到作者寄赠的书。彭先生早年曾留学英国曼彻斯特大学经济学院，有良好的英文基础，于明清经济史更是素有精研，读到书后即深知其价值，准备着手译介。但因年事已高，不可能以个人之力完成此事，即请江溶老师（武汉市石油化工厂电视大学教师，彭先生的儿媳）帮助，先译出初稿，再由彭先生校订。大约到1988年底，江溶老师完成了大部分译文初稿，彭先生校阅了第一、第二章，并在湖北省文史馆的内部刊物《荆楚文史》（创刊号，第2期）予以发表。同时，彭先生写了一篇评介性的文章，《19世纪汉口商业行会的发展及其意义》，后发表在《中国经济史研究》1994年第4期上（现移作本书代译者序）。后来，彭先生往天津依女儿安度晚年，带走了译稿，并对译稿作了一些润饰，特别是对第四章作了细致校订。因为当时没有出版条件，彭先生虽经多方努力，出版译著之事终无着落。彭先生于1995年去世后，译稿渐有散佚，只剩下第一、二、三、四、六章（后来又找到了第五章）。

1993年前后，我读到部分译稿（第一、二章），后来又通读了全书，深为作者独到的分析视角和精深的研究所折服。由于自己的研究重心是长江中游地区特别是汉水流域的历史地理与社会经济史，所以对本书一直持有浓厚的兴趣。1999年底，知悉彭先生当年主持的这部译著仍然出版无期，我即决心承担起译稿整理、校订与促成出版之责。没想到这一任务竟然如此繁重。

一是译稿不全，只剩下一半左右，遗失部分只能补译（我译出了绪论、第五章、第九章、第十章及结语、参考文献，第七、第八章分别由魏幼红、罗杜芳译出初稿，我最后定稿）。二是原译稿除第一、二、四章外，均未译出注释；译出注释者，亦相当简略，未予全译。三是原译稿对原文所引中文文献亦未能查对，多据文意译出。因此，除了补译遗失各章，并对原译稿作了全面校订之外，还补译了全部注释，查对了大部分原书所引的中文文献（原书所引之台北"故宫"博物院与台北"中央研究院"近代史研究所所藏档案，以及部分其他文献未能查对）。因为这些工作只能在紧张的教学、科研工作之余进行，所以断断续续地做了四五年，直到现在才算完成。然译稿仍多有不尽如人意处：限于条件，原文所引之中文文献未能全部查对回译；个别表达，总觉与原文略有差池；迄今未能意识到之误译、错译之处或所在多有。凡此，则理当由我负责，更请读者不吝赐教。

几年来，学术界的许多前辈贤哲与同辈知交，特别是华中师范大学校长马敏教授，武汉大学历史系萧致治教授、石泉教授、李涵教授、陈锋教授、张建民教授，武汉大学商学院石莹教授，中国社会科学院经济研究所袁为鹏副研究员等先生，一直非常关心这本译稿的整理与出版，给予了很多支持与帮助。萧致治教授认真细致地审读了全部译稿，提出了很多宝贵意见。现在约翰·霍普金斯大学师从罗威廉教授攻读博士学位的彭先生的小女彭娟娟在原书第一、二、三、四、六章译稿的最后修改定稿过程中也发挥了很大作用。承国家清史编纂委员会编译组之青睐，经过专家审议，本书得以纳入"国家清史编纂委员会·编译丛刊"的出版计划。清史编纂委员会编译组的老师们为本书的出版付出了辛勤劳动。在此，一并表示诚挚的感谢。

彭先生去世迄今即将十年了。手捧彭先生晚年在天津时工工整整抄正的本书第四章译稿，更深切地感受到彭先生的认真与执著。这项他生前未竟的事业终于接近完成了，彭先生的在天之灵，应当会略觉欣慰吧。

鲁西奇　谨识
2004 年 11 月 25 日

HANKOW, Commerce and Society in a Chinese City, 1796 — 1889/by William T. Rowe
© 1984 By the Board of Trustees of the Leland Stanford Junior University. All rights reseved. Translated and published by arrangement with Stanford University Press.

图书在版编目（CIP）数据

汉口：一个中国城市的商业和社会：1796—1889/（美）罗威廉著；江溶，鲁西奇译.—北京：中国人民大学出版社，2016.9
（海外中国研究文库）
ISBN 978-7-300-23263-8

Ⅰ.①汉… Ⅱ.①罗…②江…③鲁… Ⅲ.①城市史-研究-武汉市-1796—1889②社会发展史-研究-武汉市-1796—1889 Ⅳ.①K296.31

中国版本图书馆 CIP 数据核字（2016）第 185735 号

海外中国研究文库
汉口：一个中国城市的商业和社会（1796—1889）
［美］罗威廉 著
江 溶 鲁西奇 译
彭雨新 鲁西奇 审校
Hankou: Yi Ge Zhongguo Chengshi de Shangye he Shehui

出版发行	中国人民大学出版社		
社 址	北京中关村大街 31 号	邮政编码	100080
电 话	010－62511242（总编室）	010－62511770（质管部）	
	010－82501766（邮购部）	010－62514148（门市部）	
	010－62515195（发行公司）	010－62515275（盗版举报）	
网 址	http://www.crup.com.cn		
经 销	新华书店		
印 刷	涿州市星河印刷有限公司		
开 本	720 mm×1000 mm 1/16	版 次	2016 年 9 月第 1 版
印 张	28.25 插页 2	印 次	2024 年 8 月第 5 次印刷
字 数	450 000	定 价	76.00 元

版权所有　　侵权必究　　印装差错　　负责调换